KB111823

韓國民族의 形成과 民族社會學

愼 鏞 廈

지식산업사

한국민족의 형성과 민족사회학

Nation Formation of Korean People
and Sociology of Nation in Korea

초판 1쇄 인쇄 2000. 12. 29
초판 1쇄 발행 2001. 1. 10

지은이   신용하
펴낸이   김경희
펴낸곳   (주)지식산업사
        서울시 종로구 통의동 35-18
        전화 (02)734-1978(대) 팩스 (02)720-7900
        홈페이지 www.jisik.co.kr
        e-mail   jsp@jisik.co.kr
                  jisikco@chollian.net

등록번호 1-363
등록날짜 1969. 5. 8

책값   25,000원

ISBN 89-423-1058-3   93910

*이 책을 읽고 지은이에게 문의하고자 하는 이는
  지식산업사 편집부나 e-mail로 연락 바랍니다.

머리말

이 책은 저자가 그 동안 한국민족과 민족문화의 기원 및 형성에 대해 사회사학의 관점과 방법에 의거해서 고찰한 논문들을 뽑아, 두 부분으로 나누어 엮은 것이다.

제1부에는 한국민족(조선민족·고려민족)과 민족문화의 뿌리를 밝히기 위해 네 편의 논문을 뽑았다. 이 부분에서 저자가 가진 문제의식은 한국민족이 기원적으로 ① 한(韓·桓·馯)부족 ② 맥(貊)부족 ③ 예(濊)부족의 3부족 연맹에 의해 '고조선 원민족'을 형성함으로써 시작했다는 3부족설을 정립하고, 이들이 거대한 '古朝鮮文明圈'을 형성했다가 민족이동을 감행했음을 밝히는 것이었다. 저자의 '고조선문명권'의 구상과 설정은 종래 세계민족사에서 풀지 못했던 '고조선어족(종래의 통칭 우랄·알타이어족)'에 속한 민족들의 문명 기원과 친연관계를 밝히는 열쇠가 될 것이라고 생각하며 연구 진행중이다. 이 논문들에서는 민족 및 민족문화의 형성과정과 함께 '民族移動'의 동태적 과정에 큰 역점을 두었다.

제2부에는 민족 및 민족문화를 연구하는 분과학문으로서의 사회사학 및 사회학적 방법을 논의한 네 편의 글을 뽑았다. 저자는 지금까지 일관되게 사실을 이론에 선행시키면서 변증법적 상호작용과 검증을 발전시키는 '實事求是'의 사회학과 사회과학을 주장해 왔다.

'민족형성의 이론'에서는 서구 민족사회학의 민족형성이론이 고대 및 전근대시대에 민족을 형성한 세계의 수많은 민족들에게는 적합도가 매우 낮음을 인지하고, 새로이 '原民族(先民族)' '전근대민족' '근대민족' '신민족'의 개념과 그 형성이론의 정립을 시도한 것이다. 저자는 한국사회사 및 제3세계의 사회사 자료에 기초한 새 이론 정립이 사회학 이론을 더욱 보편적으로 발전시키는 것이라고 생각하였다.

한국사회사와 사회학의 방법 및 발전 방향을 다룬 세 편의 글들은 저자가 공부하는 분과학문의 방법론과 연구방향을 논의한 것이다. 저자는 한국사회사학은 물론이요, 사회학 및 사회과학 전반이 실사구시의 방법으로 학문적 자주성과 독창성을 갖고 자기 사회의 현실문제와 역사문제에 대결해야 한다는 문제의식을 갖고 있다.

저자는 정년을 두 해 앞두고, 그 동안 쓴 연구결과를 저작집으로 엮어 정리하게 되었는데, 이 책을 제1집으로 내기로 하였다. 왜냐하면 저자가 평생을 공부해 온 주제인 '민족'을 기원적으로 다루었고, 또 저자가 학문적으로 평생을 바쳐온 사회사학·사회학·사회과학의 방법론을 이 책에서 다루었기 때문이다. 저작집을 엮다보니, 학문의 어려운 길을 가르쳐 주신 최문환, 이상백 선생님을 비롯한 여러 스승님들의 엄격하신 교훈과 학은에 깊은 감사와 함께 그리움이 솟구침을 억제하기 어렵다.

저작집과 이 책 출판을 맡아주신 김경희 지식산업사 사장과 교정에 정성을 기울인 서울대학교 대학원 박형민, 정준영, 김민환, 강성현 조교 및 지식산업사 직원 여러분들께 깊은 감사를 드리는 바이다.

저자는 이 책이 독자들에게 한국민족의 뿌리를 밝히고 이해하는 데 도움이 될 것을 간절히 희망한다.

2000년 12월

서울대학교 사회과학대학에서

신용하 삼가 씀

차 례

6

耽羅國의 形成과 초기 民族移動

제 2 부 민족사회학과 한국사회사

民族形成의 이론

韓國社會史의 대상과 '理論'의 문제

제 1 부
한국민족의 기원과 형성

韓國民族의 기원과 형성

1. 머리말

어느 민족이나 자기 민족의 기원과 형성과정을 알고 싶은 것은 자연스러운 지적 욕구라고 할 수 있다.

한국민족도 독자적 문자를 갖기 이전 아득한 옛날부터 오늘날까지 한국민족의 기원과 형성과정, 한국민족의 뿌리를 밝혀 알고자 하는 지적 노력을 꾸준히 전개해 왔다. 그러나 이러한 노력은 近代科學的 方法으로 문제를 규명하는 시기인 근대 초기에 나라와 겨레의 독립 자체를 일본 제국주의자들의 침략으로 빼앗기고, 역사가 일제의 植民主義史觀에 의하여 근원적으로 철저하게 왜곡되었으며 파괴되었기 때문에 결실을 이룰 수 없었다.[1]

일본 제국주의 어용학자들은 한국민족의 재독립과 번영을 근원적으로 차단하고 영구히 식민지로 지배하기 위하여 한국민족의 기원과 형성과정을 왜곡했으며, 전혀 사실과 다른 주장을 '학설'로 만들어 교육시켰다. 예컨대 한국민족의 기원은 중국이 봉해 준 箕子에

---

1) 李基白, 〈植民主義的 韓國史觀 批判〉,《民族과 歷史》(李基白韓國史學論集 第1卷), 一潮閣, 1977 ; 〈韓國社會發展史論〉,《韓國史學의 方向》(李基白韓國史學論集 第2卷), 一潮閣, 1978 참조.

의해 '기자조선'부터 시작되었다느니, 한국민족의 역사는 한나라가 식민지로 설치한 '漢四郡'으로부터 시작되었다느니, 한국민족의 역사는 처음 북방은 중국의 식민지로 시작되고 남방에는 加羅 지방에 일본이 任那日本府를 설치하여 직할식민지로 지배했다느니, '檀君說話'는 고려시대 승려가 꾸며낸 황당한 神話에 불과하다느니, 온갖 날조되고 왜곡된 역사를 꾸며내어 한국민족의 독립하여 발전하려는 정신적 의지와 노력을 근원에서 말살해 보려고 획책하였다.

한국학계는 해방 후 이러한 일제 식민주의사관을 극복하고 역사 실제에 일치하는 한국민족의 새로운 역사를 체계화하려고 모든 분야에서 적극적으로 연구하여, 이제는 상당한 성과를 축적하였다. 그러나 이 과정에서도 일제가 만든 식민주의사관의 해석이 근대의 첫 강력한 패러다임이었기 때문에 새로운 과학적 연구를 저해하는 일이 매우 많았음을 모든 연구자들이 경험하게 되었다.

필자도 젊은 사회과학도 시절부터 한국민족의 기원과 형성과정, 한국민족의 뿌리에 대해 절실하게 알고 싶었다. 그러나 아무리 관련 서적들과 논문들을 읽어도 안개 속을 보는 것같이 알 수가 없었다. 결국은 필자 자신이 민족의 기원과 형성과정을 연구하고자 하는 상태에 이르게 되었고, 약 18년 전부터 작업을 시작하여 그간 두 편의 연구논문을 발표하였다.[2]

이번 논문도 그 연장선상에 있는 것이다. 이 주제에 대한 필자의 문제의식은 韓國社會史의 한 부문으로서 韓國民族形成史이지 時代史로서의 古代史 연구는 아니다. 비록 시간적으로 고대에 일어난 사회적 사실에 대한 고찰일지라도 그러하다.

이 논문에서 필자가 시도하는 것은 한국민족(조선민족, 고려민족)

---

2) 愼鏞廈, 〈民族形成의 理論〉, 《韓國社會學硏究》(서울대학교 사회학연구회) 제7집, 한울, 1984 ; 〈檀君說話의 社會學的 解釋〉, 《설화와 의식의 사회사》(韓國社會史學會論文集) 제47집, 문학과지성사, 1995 참조.

의 기원과 형성과정에 대한 전체 패러다임 轉換(paradigm shift)이다.
이 주제에 대한 일제 식민주의사관의 해석과 그 영향을 완전히 그리
고 철저하게 극복하고, 편견없이 역사실제에 일치하는 새로운 과학
적 역사를 정립하기 위해서는 일제 식민주의사관의 그늘을 완전히
벗어나는 과감한 '패러다임 전환'이 반드시 먼저 필요하다는 것이 필
자의 생각이다.

　이 논문에서 활용하는 연구방법은 현재 유럽 학계에서 애용되고
있는 社會史的 方法이다. 사회사적 방법은 長期史·巨視史·全體史·構
造史·構造變動史·深層史를 매우 중시하는 경향이 있다. 이러한 방법
과 시각에서 이 논문은 한 시대뿐만 아니라, 수천 년간에 걸친 장기
의 사실도 자유롭게 고찰할 것이며, 필요하면 전체사적 고찰도 서슴
없이 감행하려고 한다. 그러나 이러한 자유로운 논의도 실증자료의
기초 위에 있어야하며, 철저한 과학적 방법에 의거해야 할 것이다.

　아무리 시대적으로 아득한 옛날 고대에서 일어난 사실일지라도
과학적 고찰은 반드시 실증 위에 정립되어야 한다는 것이 필자의 생
각이다. 이 논문에서 제시하는 '패러다임 전환'도 물론 포괄적 실증
위에 정립된 것이다.

　이 논문에서는 먼저 필자가 주장하는 새 패러다임을 제시한 후에,
여러 가지 세부 문제에 대한 낱낱의 실증은 몇 권의 책이 필요한 방
대한 작업이므로, 필자의 학문연구의 체력과 지력이 지속될 때까지
꾸준히 밝혀 나가려고 한다.

2. 잃어버린 또 하나의 古代文明 : 古朝鮮文明圈
　　(古朝鮮 洌水〔大同江·遼河·大凌河〕 文明)

　① 그간 인류의 학계는 최초의 古代文明으로서 ① 나일 강 유역의
고대 수메르문명 ② 티그리스 강과 유프라테스 강 유역의 메소포타

미아문명 ③ 갠지스 강과 인더스 강 유역의 고대 인도문명 ④ 黃河 유역의 고대 중국문명을 시원적 문명으로 들어 왔으며, 그후 이와 직결된 문명으로 페니키아문명과 그리스·로마문명을 들어 왔다.

이러한 시초의 고대문명에 대한 포괄적 거시적 고찰은 그후의 인류문명의 뿌리에 대한 구명에 큰 업적을 이루게 하였다. 예컨대 전혀 예상하지 못했던 인도·유러피안 語族과 아프로·아시안 語族의 발견과 같은 것도 그 가운데 하나이다.

동아시아에서는 시원적 고대문명으로서 黃河 유역의 중국 고대문명이 밝혀짐으로써, 중국과 관련된 문명과 문화의 발전은 심층에서 상당히 밝혀지게 되었다. 그런데 동아시아에서 중국과 인접해 있으면서도 중국문명·문화와는 전혀 다른 문명·문화를 창조하면서 다수의 큰 민족들이 수천 년간 독자적 국가를 형성하여 생활해 왔다. 또한 그들의 언어는 황하 유역 고대문명이 만들어 낸 中國語族과는 전혀 판이한 구조와 특징을 가진 것이어서, 세계 언어학자들은 共通祖語를 찾지 못하고 혼동을 일으킨 채 우랄 어족, 알타이 어족, 몽골 어족, 퉁구스 어족, 古아시아 어족 등 다수의 가설을 정립하면서도 역사실제에 일치하는 설명은 하지 못하고 있다. 오늘날 한국·만주·몽골·부리야트·일본·야쿠트·위그르·카자흐·키르기스·우즈베크·터키·불가리아·헝가리·바스크·에스토니아·핀란드·가레리아 등을 연결한 긴 띠를 만든 문화적 언어적 類緣關係는 어디서 기원하는 것인가?

동아시아에 황하 유역의 고대문명 이외에 우리의 문제를 설명해줄 잃어버린 다른 始源的 고대문명은 없었는가?

역사자료들을 보면, 황하 유역 고대문명과 동시대의 시원적 고대문명이 그 이웃 강들인 大同江·遼河·大凌河·灤河 유역에서도 꽃피었던 사실을 시사하는 고문헌들이 남아 있다.[3] 그러나 일제 식민주

---

3) 申采浩,《讀史新論》,《朝鮮上古史》,《朝鮮上古文化史》,《改訂版丹齊申采浩先

의사관에 의하여 학계에 씌워진 두꺼운 편견 때문에 이 고대문명들을 오랫동안 잃어버렸었다.[4]

필자는 10여 년 전부터 黃河文明에 대비되는 우리들의 '잃어버린 古代文明'으로서 '古朝鮮遼東文明'을 중심으로 '古朝鮮의 독자적 古代文明'이 동쪽으로 大同江 유역 문명과 서쪽으로 大凌河 유역 문명으로 진행되어 灤河 유역에서 황하문명과 접속하게 된다는 해석을 정립하여 대학원에서 강의해 왔다. 그런데 작년(1999) 북한 출판물들을 구입해 보니,[5] 최근 고고학계의 대동강 유역 발굴 보고는 우리들의 '잃어버린 古代文明'의 중심지가 대동강 유역이었고, 바로 이어서 遼東 지방과 遼河 서쪽, 大凌河 유역으로 西進하다가 灤河 유역에서 황하문명과 접속하게 된다는 해석의 정립을 가능케 한다고 생각하였다.

우선 북한의 고고학자들은 종래 檀君朝鮮을 부인하던 편견을 버리고 1993년 10월부터 大同江 유역의 유적들을 본격적으로 조사한 결과 주목해야 할 방대한 고고유물들을 발굴하였다. 여기에서는 패러다임 전환에 필요한 최소한의 몇 가지만 들면 다음과 같다.

우선 역사학자들이 古朝鮮文化의 특징으로 지적해 왔던 오덕형 고인돌무덤(지석묘)에서 나온 靑銅器들을 보면, 예컨대 대동강 유역 상원군 장리에서 발굴한 큰 규모의 고인돌무덤의 무덤칸에서 靑銅으로 만든 2인 교예장식품 1개, 청동방울 2개, 청동창끝 1개를 비롯한 靑銅製品을 비롯하여 돌활촉 44개, 질그릇 조각 수십 점, 사람뼈 등이 나왔다. 이 가운데에서 청동으로 만든 2인 교예장식품은 서로 어깨를 끼고 발목을 합친 2인 교예사가 각각 1개씩의 환을 들고, 또 2개의 환 위에 올라서서 재주를 부리는 형상을 제작한 것이다. 옷의

生全集》上卷(丹齊申采浩先生紀念事業會), 1977 참조.

4) 鄭寅普, 《朝鮮史研究》, 서울신문사, 1947 참조.

5) 李亨求 엮음, 《단군과 고조선》, 살림터, 1999 참조.

몸통과 팔소매, 바지에 굵은 번개무늬가 돋쳐져 있고, 얼굴에는 입·
코·눈·귀가 잘 묘사되어 있는 숙련된 기술의 공예품이다. 청동방울
은 울림통을 세로로 크게 네 등분하여 구멍을 길게 내고 몸통 위에
굵은 번개무늬를 돋친 것이다. 주목할 것은 이 숙련된 세공기술의
청동 교예장식품, 청동방울, 비파형 청동창끝의 청동 공예품이 B.C.
3000년 전반기의 제품으로 판명되었다는 사실이다.[6]

덕천시 남양 유적 제16호에서는 비파형 청동창끝이 나왔는데
5769±788년 전의 것으로 측정되었다. 상원군 용곡리 4호 고인돌무덤
의 세련된 형태의 청동단추와 5호 고인돌무덤의 세련된 형태의 비파
형 靑銅창끝은 4539±167년 전의 것으로 측정되었다.[7] 또한 평안남도
성천군 용산리의 순장무덤에서는 절대연대가 5069년 전으로 확증된
사람뼈와 함께 청동 유물조각이 나왔다.

한국(남한)에서 북한고고학과 전혀 연관없이 발굴한 보고로, 경기
도 양평군 상자포리에서 출토된 변형 琵琶形 靑銅短劍[8]과 전라남도
영암군 장천리에서 靑銅器 유물이 공반된 거주지 유적의 연대도 이
에 버금가게 오래된 기원전 유물이므로,[9] 북한고고학계의 대동강 유
역 발굴과 측정을 구태어 의심할 필요는 없다고 본다.[10]

또한 대동강 유역에서는 귀금속으로 純金 또는 金銅·銀·靑銅으로

---

6) 최응선, 〈상원군 장리 고인돌무덤을 통하여 본 고조선 초기의 사회문화상에
   대하여〉,《단군과 고조선》, 살림터, 1999, pp.481~482 참조.
7) 리진순, 〈새로 알려진 대동강류역 문명의 발생과 발전사에 관한 연구성과에
   대하여〉,《단군과 고조선》, 살림터, 1999, p.194 참조.
8) 姜弘燮·崔淑卿, 〈楊平郡 上紫浦里 支石墓 發掘報告〉,《八堂·昭陽댐 水沒地區
   遺蹟發掘綜合調查報告》, 文化財管理局, 1974, 참조.
9) 崔盛洛,《靈岩長川里住居址》Ⅰ·Ⅱ, 木浦大學博物館·全南靈岩郡, 1986 참조.
10) 한국(남한)에는 대동강 유역과 북한 전역의 靑銅器와 기타 유물의 연대측정
   결과를 의심하거나 부정하는 관계전문가들이 다수 있다. 그러나 大同江 유역의
   발굴은 북한학자들이, 遼東과 大凌河 유역의 발굴은 중국학자들이 전담하고 있
   으므로, 그들도 연구를 진전시키려면 북한학자들과 중국학자들의 발굴과 연대
   측정을 차용할 수밖에 없을 것이다.

만든 귀걸이·목걸이·반지 등 패물들도 다수 발굴되었다. 귀금속 유물 가운데에서 가장 이른 시기의 것은 금동 귀걸이인데, 글바위 5호 무덤의 것은 4425년 전 것이고, 문서당 2호 무덤의 것은 4384년 전의 것이며, 글바위 2호 무덤의 것은 4376년 전 것이었다.[11]

또한 1994년 8월에는 대동강 유역 강동군 송석리 문성당 1호 돌관 무덤에서 B.C. 12세기 경의 鐵製 거울이 발굴되었다. 이것은 대동강 유역에서는 이미 B.C. 12세기 이전에 철기 제작이 시작되어 이 지역 사람들이 鐵製鍊 및 加工技術을 갖고 있었음을 실증해 주었다.[12]

북한고고학계는 대동강 유역 일대의 방대한 발굴 결과에 의거하여 대동강 유역에서는 B.C. 4000년 후반기에 청동제품이 사용되었고, B.C. 3000년 초·중기에 청동무기가 사용되었으며, B.C. 25~B.C. 23세기에 금동 패물이 사용되었고 B.C. 12세기 이전에 철기가 사용되었다고 보고하고 있다.[13]

대동강 유역에서의 이러한 靑銅器·金銅·鐵器 사용의 연대는 황하 유역의 그것보다 수세기 더 앞선 것이다.

또 하나의 다른 지표로 농업생산력을 보면, 대동강 유역에서는 봉산군 지탑리의 신석기시대 유적 2기층에서 피와 조가 나와서 耕種農業이 시행되었음을 알려주었으며, B.C. 30세기 초엽으로 연대 측정되는 평양 남경 유적 36호 집자리에서는 벼를 비롯하여 조와 기장, 수수, 콩 등 5곡이 함께 나왔다.

이것은 대동강 유역에서는 B.C. 30세기에 논벼 생산과 밭작물 재배의 경종농업이 진행되고 있었음을 알려주는 것이다. 뿐만 아니라

---

11) 한인호, 〈고조선의 귀금속유물에 대하여〉, 《단군과 고조선》, 살림터, 1999, p.412 참조.
12) 김유철, 〈고조선시기 경제발전과 노예제도의 변천〉, 《단군과 고조선》, 살림터, 1999, p.394.
13) 허종호, 〈단군 및 고조선 역사 연구에서의 몇 가지 기본문제들과 그 해명〉, 《단군과 고조선》, 살림터, 1999, pp.232~233 참조.

남경 유적 36호 집자리에서 나온 벼알은 지름 1m 범위 안에서 흙과 함께 8~10cm 두께로 수북이 쌓여 있었으며, 벼알은 短粒이었다.[14)

또한 평안북도 영변군 세죽리 마을 유적에서는 도끼 수십개, 낫 5개, 괭이 3개, 호미 1개가 출토되었다.

곡식 낟알을 수확하는 농구인 반달칼의 증대과정을 보면, B.C. 3000년기 후반기에 해당하는 평양시 삼석구역 호남리 남경 유적 3기층과 황해도 송림시 석탄리 유적 3기층 집자리들에서 나온 반달칼의 수는 1호당 평균 남경 유적이 3.3개, 석탄리 유적이 7개나 되었다. 이것을 그 이전 B.C. 3000년기 전반기의 남경 유적 2기층, 석탄리 유적 2기층 집자리들에서 나온 반달칼의 수(1호당 평균 각각 1.7개와 2개)와 대비해 보면 2~3배가 증가하였다. 이것은 B.C. 3000년기에 대동강 유역에서 농업생산력이 급속히 증가하고 있었음을 간접적으로 알려주는 것이다.[15)

또한 대동강 유역에서는 B.C. 4000년기에 이미 누에를 쳐서 비단을 짜기 시작하였다. 평양시 남경 유적 신석기문화층 3호 집자리에서는 밑창에 누에의 먹이인 뽕잎을 그려넣은 질그릇이 나왔다. 황해도 봉산군 지탑리 제2지구에서 나온 질그릇에서는 누에를 몇 마리 반복하여 새김으로서 하나의 '번데기' 무늬를 이루게 하였다. 여기에 새겨진 누에무늬는 윗면에 10개 이상의 둥근 마디(환절)가 있고, 그만한 수의 다리가 아래쪽에 달려 있었다. 봉산군 지탑리 유적 제2지구 문화층은 늦추어 잡아도 B.C. 4000년기를 내려가지 않는다고 측정되었다. 이 누에들은 석잠누에(염색체 수 27)로서 중국의 넉잠누에(염색체 수 28)와는 염색체 수가 다른 별개 종류의 누에였다. 정백동 200호 무덤, 석암리 214호 무덤과 205호 무덤에서는 당초무늬와 구

14) 조희승, 〈잠업, 제강, 벼재배 기술을 통해 본 고조선문화의 우수성과 독자성〉, 《단군과 고조선》, 살림터, 1999, p.477 참조.
15) 김유철, 〈고조선시기 경제발전과 노예제도의 변천〉, 전게서, 1999, p.393.

름무늬 등을 수 놓은 자수비단이 나왔는데, 석잠누에에서 뽑은 명주
실로 직조한 것임이 확인되었다.[16]

②여기까지만 보아도 西海[황해]를 하나의 거대한 호수로 하고 마
주 보는 중국의 黃河 중류의 고대문명과 함께 한반도의 大同江 유역
의 古代文明을 그동안 잃어버렸던 또 하나의 고대문명으로서 새로
이 정립해야 함을 알게 된다. 뿐만 아니라 大同江 유역 고대문명이
青銅器·金銅·鐵器 등 金屬文明을 비롯하여 몇 개 문화지표에서 황
하 유역의 고대문명보다 수 세기 앞선다는 사실은, 대동강 유역의 고
대문명의 위치를 세계사에 새로 설정함을 필수적으로 요청하는 것
이라고 말할 수 있다.

즉, 인류의 始源的 古代文明은 종래의 ① 나일 강 유역 문명 ② 티
그리스·유프라테스 강 유역 문명 ③ 인더스·갠지스 강 유역 문명 ④
黃河 유역 문명에, 새로이 ⑤ 大同江 유역 문명이 추가되어 인류문
명사·세계사가 처음부터 새로이 쓰여져야 하는 것이다.

古代文明은 大同江 유역에만 있었던 것은 아니었다. 압록강 서쪽,
遼河의 동쪽인 遼東 지방에도 찬란한 고대문명이 있었다. 요동 지방
에서는 지금까지 258기, 길림성에서 154기, 모두 412기의 고인돌무덤
[大石蓋墓]이 발굴 조사되었다.[17] 이 가운데에서 개현 패방촌, 신금현
쌍방, 수암현 태로분의 고인돌무덤에서 琵琶形 青銅短劍이 출토되었
다. 중국 고고학자들은 비파형 청동단검의 연대에 대하여 대체로
B.C. 16세기부터 B.C. 14세기의 것이고, 가장 높이 보는 경우는 "대
체로 지금으로부터 5000년 좌우"라고 하였다.[18]

---

16) 조희승, 〈잠업, 제강, 벼재배기술을 통해 본 고조선문화의 우수성과 독자성〉,
    전게서, pp.473～474.
17) 金貞培, 〈中國 東北地域의 支石墓 研究〉, 《國史館論叢》 제85집, 1999 참조.
18) 허승종, 〈고조선 3왕조의 령역에 대하여〉, 《단군과 고조선》, 살림터, 1999,

고조선문화의 특징적 지표로 간주되는 비파형 청동단검을 보면, 대동강 유역과 요동 지방이 동일한 정치권과 문화권이었음이 실증된다.[19] 또한 요동 지방 출토의 비파형 청동단검이 대동강 유역 출토의 그것보다 수량이 많고 연대도 바짝 뒤좇고 있어서 선후에 약간의 혼동이 일어날 수 있다. 이 문제는 고인돌무덤과 청동기 공반 팽이그릇 문화층의 요인을 대입해 보면 과학적으로 판명된다.

우선 대동강 유역에는 무려 1만 4000여 기의 고인돌무덤이 집중되어 있다. 이것을 북한 고고학은 (a) 초기인 B.C. 4000~B.C. 3000년에 성행한 침촌형 고인돌무덤(하나의 묘역 안에 5~6기의 무덤이 밀집되어 있는 집합식 고인돌무덤), (b) B.C. 3000~B.C. 2000년 경에 성행한 오덕형 고인돌무덤(판돌을 4면에 세워서 무덤칸을 조립한 것이지만 1개의 묘역 안에 오직 1기의 무덤이 있는 개별화된 무덤), (c) 역시 B.C. 3000~B.C. 1500년 경에 성행한 묵방형 고인돌무덤(하나의 묘역 안에 1기의 무덤이 있지만 돌관을 조각돌 또는 강돌로 쌓아 만든 무덤) 등으로 분류하였다.[20] 대동강 유역에는 제1기의 침촌형 고인돌무덤도 매우 많으며 묵방형 고인돌무덤까지 변천사가 뚜렷한 데 비해서, 요동 지방에는 제1기의 침촌형 고인돌무덤은 없고, 제2기의 오덕형 고인돌무덤부터 시작하며, 그 수에도 아직은 258기밖에 발견되지 않았다.

다음으로 팽이그릇 집자리 유적을 도입해 보면, 대동강 유역 남양 유적의 팽이그릇 집자리들은 층서적으로 크게 네 시기로 구분되는데 청동기가 드러난 제3기층의 제16호 집자리는 거기에서 나온 팽이그릇을 시료로 하여 핵분열 흔적법으로 측정한 결과 지금으로부터

---

p.327 ;《고조선력사개관》, 1999, pp.54~55 참조.

19) 金貞培,〈東北亞의 琵琶形銅劍文化에 대한 綜合的 硏究〉,《國史館論叢》제88집, 2000 참조.

20) 석광준,〈평양일대 고인돌무덤의 변천에 대하여〉,《단군과 고조선》, 살림터, 1999, p.419.

5769±788년 전의 것으로 확정되었다. 이 절대연대 측정치가 제3기층의 집자리의 축조연대라는 것을 고려하면, 그보다 훨씬 앞선 제1기층의 팽이그릇 집자리들은 B.C. 4000년 초를 전후한 시기로 볼 수 있다는 것이다.[21] 요동 지방에서도 신석기 문화층은 발굴되었으나, 청동기는 최고 B.C. 3000년까지밖에 올라가지 못하였다.

따라서 고인돌무덤 문화와 靑銅器文化는 B.C. 4000년 경에 大同江 유역에서 발생하여 바로 얼마 후에 요동 지방으로 파급되었다고 볼 수 있다. 요하 유역에서도 요동 지방에서만 이러한 오래된 고인돌과 청동기가 발굴되고, 요서 쪽은 그러한 발굴물이 없다는 사실도 청동기문명의 대동강 유역에서 遼東 지방 쪽으로의 파급을 증명하는 것이라고 볼 수 있다.

고조선문화의 특징인 琵琶形 靑銅短劍은 大凌河 유역에서도 대량으로 발굴되었다. 중국 고고학자들이 大凌河 유역에서 발굴한 비파형 청동단검은 150여 개에 달하는데, 객좌현 37개, 朝陽縣 32개, 건평현 23개, 녕성현 10개 등에 집중되어 있다.[22] 이 지역 발굴물의 특징은 고인돌무덤이 없이 비파형동검이 발굴된다는 사실이다. 또한 돌관무덤이 발굴되는 경우에도 고인돌무덤없이 발굴되어 대동강 유역이나 요동지역보다 뒤의 것임을 증명해 준다. 이것은 大凌河 유역의 청동기문화가 비파형 청동단검 문화권과 정치권에서는 비교적 후기의 일이었음을 나타내는 것이라고 할 수 있다.

여기서 동아시아의 始源的 古代文明은 서해(황해)를 사이에 두고 黃河 유역 고대문명과 大同江 유역 고대문명을 두 개의 큰 축으로 형성되었음을 알 수 있다. 시기적으로 대동강 유역의 문명이 발흥하여

---

21) 리순진, 〈새로 알려진 대동강류역의 문명의 발생과 발전사에 관한 연구성과에 대하여〉, 전게서, p.191.
22)《고조선력사 개관》, p.99 ; 金貞培, 〈東北亞의 琵琶形銅劍文化에 대한 綜合的 研究〉 참조.

곧 遼東으로 파급되고 다시 大凌河 유역으로 파급되다가, 대동강·요동·대릉하 유역 문명은 灤河 유역에서 황하 유역 문명과 접촉하게 되었다고 볼 수 있다.

琵琶形 靑銅短劍文化의 정치체에 대해서는 한국과 중국의 연구들이 모두 古朝鮮임을 지적하고 있다.[23] 즉, 대동강 유역 고대문명권의 정치적 주체는 고조선 국가였다. 고조선은 단군이 건국한 고대국가이고, 한국측 고문헌들은 평안도 江東縣에 아직도 '檀君墓'가 있으며, 고구려시대부터 조선왕조시대까지 이 '檀君墓'에 제사를 지냈다고 기록하였다.

북한학계는 이 고기록들을 전설적인 것이라고 오랫동안 무시하다가 1993년부터 재검토를 하더니, 1993년 10월에 '檀君墓'를 발굴해 보았다. 그 결과 남녀의 인골이 나왔다. 두 기관에서 반년 동안 24～30차의 과학적 측정을 거듭한 결과(1994년 기준) 5011±267년의 인골임이 확인되었으며, '檀君'이 역사적 사실임이 확인되었다고 한다.[24] 한국에는 '단군묘' 인골의 연대측정에 대해 불신하거나 '단군묘' 자체를 부정하는 견해도 있는데, 이것이 부정되어도 필자의 전체 패러다임에는 영향이 없다.

대동강 유역의 시원적 고대문명과, 이를 창조한 고조선 및 단군의 실재가 다양한 고고학 발굴로 실증되고 있는 것이다.

이러한 사실들은 모두 종래의 이 문제에 관련된 세계사·고대사·민족형성사의 패러다임을 완전히 전환시킬 것을 요구하고 있다.

고대문명의 발생과 발전과정을 근대 과학적으로 연구하고 구명해야 할 결정적으로 중요한 시기에 일본 제국주의자들의 침략을 받고

---

23) 盧泰敦편, 《檀君과 古朝鮮史》, 사계절, 2000 참조.
24) 김교경, 〈단군릉에서 나온 사람뼈에 대한 연대측정 결과〉, 《단군과 고조선에 관한 연구론문집》, 1994, pp.31～34 ; 李亨求편, 《檀君을 찾아서》, 살림터, 1994, pp.54～57 참조.

일제 식민주의사관에 의해 고조선과 단군을 부정당하여 그 영향을
받은 결과, 우리는 인류의 시원적 5대 고대문명의 하나인 대동강 유
역 문명을 잃어버렸었다.

이제는 이러한 제국주의·식민주의자들의 영향을 완전히 청산하고
대담하게 새로운 패러다임을 창조하여 역사실제에 일치하는 새로운
인류문명사·세계사·민족사·민족형성사를 체계화해야 할 절실한 과
제에 당면하게 되었다.

3. 한·貊·濊 3부족의 결합에 의한 古朝鮮 國家의 형성

③ 대동강 유역 고대문명을 창조하고 대동강 유역 문명에 의거하
여 세워진 고대국가가 古朝鮮이다. '비파형 청동단검' 문화를 만든
사람들에 대해 한국과 중국의 고문헌들은 모두 이를 '朝鮮(古朝鮮)'
으로 기록하고 있다.[25]

중국의 고문헌으로서 B.C. 7세기에 齊나라 재상 管中이 지은《管
子》에는 다음과 같이 '發朝鮮'에 대해 기록하였다.

桓公(제나라 제후)이 管子에게 "내가 듣건대 海內에 귀중한 7가지 예
물이 있다고 하는데 그에 대해 듣고자 하오" 하였다. 管子가 가로되 "陰
山의 유민이 그 하나요, 燕의 자산 백금이 그 하나요, '發朝鮮'의 文皮(표
범 가죽)가 그 하나요, ……" 라고 대답하였다.[26]

桓公이 가로되, "사방의 오랑캐가 복종하지 않는 것은 아마도 잘못된
정치가 사방에 퍼져서 그런 것이 아닌가 걱정입니다. …… 發朝鮮이 朝勤

25) 李基白,〈古朝鮮의 諸問題〉,《增補版 韓國古代史論》(李基白韓國史學論集 제4
권), 一潮閣, 1995 참조.
26)《管子》卷23, 揆道篇.

을 오지 않는 것은 文皮와 태복을 예물로 요청하기 때문입니다. …… 한 장의 文皮라도 여유있는 값으로 계산해 준다면 8천리 떨어진 發朝鮮도 朝勤을 오게 될 것입니다."[27]

이 자료는 B.C. 7세기에 8천리나 떨어진 齊나라에서 '發朝鮮(밝조 선, 밝달조선, ……)'을 알고 기록하고 있으니, '朝鮮'이라는 나라는 B.C. 7세기 이전에 齊나라로부터 8천리나 떨어진 먼 곳에 실재했음 을 명확히 알려주고 있다.

또한 B.C. 4~B.C. 3세기에 나온 《山海經》에서는 '朝鮮'의 위치에 대해 "朝鮮은 列陽의 동쪽에 있는데 海의 북쪽이며 山의 남쪽에 있 다. 列陽은 燕에 속해 있다"[28]고 기록하였다.

이 기록은 '朝鮮'이라는 나라는 燕나라에 속한 列陽이라는 곳의 동 쪽에 있음을 B.C. 4~B.C. 3세기의 중국인들이 이미 잘 알고 있음을 나타내고 있는 것이다. 燕이라는 나라는 지금의 만리장성 부근에 있 던 나라이며, '朝鮮'은 그러한 燕나라로부터 동쪽에 있으면서 燕나라 와 접해 있는 나라라고 B.C. 4~B.C. 3세기 경의 중국인들은 이해하 여 기록하고 있는 것이다.

또한 《戰國策》에서는 燕의 文王에게 蘇秦이 B.C. 4세기 경의 정 세를 말하면서 "燕의 동쪽에는 朝鮮의 요동이 있다"[29]고 설명하였다.

그러므로 '朝鮮(古朝鮮)'이라는 나라가 B.C. 7세기 이전에 (후의) 만리장성 넘어 동쪽에 실재하고 있었음은 객관적으로 논란의 여지 없이 명백한 것이라고 할 수 있다.

고조선에 대한 중국측 기록이 B.C. 7세기에 보인다고 해서, 물론 고조선이 7세기에 건국된 나라는 아니다. 고조선은 중국 산동반도

---

27) 《管子》 卷24, 輕重甲篇.
28) 《山海經》 海內北經.
29) 《戰國策》 卷29, 燕策1, 참조.

안쪽에 있던 齊나라로부터 동쪽으로 8천리나 떨어진 먼 나라인데 중
국에서 그 이름과 특산품을 알고 교역까지 논의한 사실은 그보다 훨
씬 이전에 '朝鮮'이라는 나라가 실재했던 것을 중국인이 B.C. 7세기
에 기록에 남긴 것에 불과하기 때문에, 적어도 고조선은 B.C. 7세기
훨씬 이전에 후의 만리장성 넘어 동쪽에 건국해서 발전하고 있던 고
대국가였음이 명확한 것이다.

古朝鮮의 건국과정을 가장 명료하게 기록하고 있는 것은 《三國遺
事》이다. 《삼국유사》에서는 두 개의 옛 문헌을 인용하여 고조선 건
국과정을 밝히었다. 그 하나가 《魏書》이고, 다른 하나가 《古記》이다.
여기서 주목할 것은 《삼국유사》가 인용하고 있는 《위서》의 기록은
완전히 사실만을 간단히 기록하고 있고, 《고기》에서만 說話(또는 神
話)도 기록하고 있다는 사실이다. 《삼국유사》에 인용된 《위서》의 기
록은 다음과 같다.

　　《魏書》에 이르되 지금으로부터 2천년 전에 檀君왕검이 있어, 도읍을
　阿斯達(經에는 이르되 無葉山이라 하고 또한 白岳이라고도 하니 白州에
　있다. 혹은 이르되 개성 동쪽에 있다 하니 지금의 白岳宮이 그것이다)에
　정하고 나라를 開創하여 이름을 朝鮮이라 하니 高(堯)와 같은 시기이다.[30]

이것은 중국의 《魏書》라는 고문헌이 ① 이 책이 쓰여진 당시로부
터 2000년 전에 ② 檀君이라는 王儉이 있어서 ③ 阿斯達이라는 곳에
수도를 정하고 ④ 처음으로 國家를 세워 국호를 '朝鮮'이라고 했으며,
⑤ 그 건국 시기는 중국의 '堯' 임금과 같은 시기라는 것이다.

이 기록은 중국역사가의 하나가 역사적 사실을 담담하게 기록한
것임을 주목할 필요가 있다. 《삼국유사》의 저자 一然은 이 《魏書》

---

30) 《三國遺事》卷1, 古朝鮮(王儉朝鮮)條. "魏書云 乃往二千載有檀君王儉 立都阿斯
　　達(經云無葉山 亦云白岳 在白州地 或云在開城東 今白岳宮是) 開國號朝鮮 與高
　　同時."

의 기록을 그대로 전재하여 인용하고, 자기의 견해는 (괄호 안에) 잔주를 붙였다.

이 기록에 의해 '朝鮮'이라는 나라를 세운 임금은 '檀君'이며, 처음의 수도는 '阿斯達'이었고, 건국 시기는 중국 고대의 堯 임금(이 자료가 쓰여진 당시로부터 약 2000년 전, 중국 魏나라의 멸망 직후에 이 자료가 쓰여졌다면 지금으로부터 약 4300년 전) 시기와 같은 시기였다는 사실을 알 수 있게 된다. 이 기록에서는 《古記》와는 달리 '戊辰'년 등 특정한 연도를 쓰지 않는 사실 등이 이 자료의 학술적 가치를 더욱 높여 준다.

一然의 《삼국유사》는 이어서 《고기》를 인용하여 고조선이 환웅족·곰 토템족·범 토템족의 3부족 연맹에 의해 성립되었음을 신화화해서 설명하는 기록을 수록하였다.

④ 그러면 '古朝鮮'이라는 최초의 고대국가는 국왕인 '檀君'을 별도로 하고 어떠한 部族(또는 種族)들이 건국했을까?

종래 이에 대해서 '濊貊'족이 '고조선'을 건국했다고 하여 '예맥'을 한 개 부족으로 보는 1부족설[31]과, '濊'와 '貊'을 별개의 2부족으로 보아 '고조선' 건국의 '예·맥 2부족설'[32]이 논쟁적 토론을 전개해 왔다.

그러나 이 두 개의 학설은 남아 있는 문헌자료들 및 그후의 전개된 사실과 다르다. 자료들을 세밀히 검증해 보면 '한·貊·濊의 3부족이 결합하여 '古朝鮮' 국가를 형성했음을 알 수 있다.

이에 대해서는 먼저 중국측 문헌자료 하나로서 종래 고조선(또는 한민족)과 관련없는 자료라고 해설되어 온 《詩經》韓奕篇을 새로이 정밀하게 검증해 볼 필요가 있다.

---

31) 李丙燾, 〈檀君說話의 解釋과 阿斯達問題〉, 《韓國古代史研究》, 1976 참조.
32) 金庠基, 〈韓·濊·貊 移動考〉, 《東方史論叢》, 1974 참조.

커다란 저 韓의 城은 燕나라 백성들이 완성한 것일세.
선조가 받으신 命을 받들어 많은 오랑캐를 다스리셨네.
王께서 韓侯에게 追와 貊을 하사하셨네.
北國들도 모두 받아서 그들의 伯이 되셨네.[33]

周王과 韓侯를 기리기 위한 이 고대의 노래는 채록자의 주관에 의
해 문제가 발생함을 곧 알 수 있다. 《詩經》 채록자가 여기서 찬양하
고자 한 韓侯는 춘추시대 황하 상류에 있던 작은 나라 晉이 3분되어
趙·魏·韓으로 분열된 韓이다. 이 3국 가운데에서도 동북쪽을 향한
소국은 趙였기 때문에 이 '韓'은 지리상 이동이 있었다 할지라도 오
늘의 북경 및 만리장성 북동의 追나 貊과 겹치거나 국경을 맞닿을
여지가 없는 매우 먼 거리의 시종일관한 최약소국의 하나였다. 따라
서 《詩經》 채록자가 존주·존화주의의 악습관으로 周王이 韓侯에게
追·貊을 하사하고 北國들을 모두 하사했다는 기록을 남겼다고 할지
라도 이것은 '燕'과 지리적으로 겹쳐있던 다른 '韓'의 이야기이지, 황
하 상류의 약소국 '韓'의 사실은 아닌 것이다. 적어도 과학적으로는
그렇게 될 수 없다.[34]

---

33) 《詩經》 韓奕篇, "溥彼韓城 燕師所完 以先祖受命 因時百蠻 王錫韓侯 其追其貊
奄受北國 因以其佰."
34) 《毛詩正義》 卷18의 4에서 鄭玄은 《詩經》에 수록된 '韓奕'은 尹吉甫가 周의 宣
王을 기리기 위하여 쓴 詩라고 하였다. 그러나 朱熹는 이 시가 尹吉甫의 작품이
라는 것은 아무 근거없는 설이라고 지적하고, 누구의 작품인지 모르는 이 시는
韓侯가 제후의 자리에 처음 올라 周의 조정에 들렸다가 宣王의 命을 받고 돌아
갈 때 周宣王과 韓侯를 기리기 위해 작자를 잃어버린 칭송의 시라고 해석하였
다. 문제는 이 시가 역사적 사실에 전혀 맞지 않는다는 데 있다. 즉 周宣王이 貊
과 濊(追)를 다스리도록 韓侯에게 下賜한 사실도 없고 北國(소위 중국 고문헌
周禮職方氏에 나오는 九貊=九夷)을 하사한 사실도 없으며 周의 소약국 韓이 東
夷의 貊과 濊를 다스린 일도 없고 北國(九貊=九夷)들을 다스린 일도 물론 없다.
위의 역사적 사실이 있었던 것은 燕나라와 그후의 만리장성 부근에서 200년간
싸운 강대한 東夷의 韓(桓·馯·寒)이었다. 즉 東夷의 韓이 貊·濊를 지배하고 北

後漢시기에 王符가 《潛夫論》에서 "옛날 周宣王 때에 또한 韓侯가 있었는데 그 나라가 燕에 가까이 있었으므로 詩에 말하기를 '저 커다란 韓나라 城은 燕나라 백성들이 완성시킨 것'이라고 하였다. 그 뒤 韓西에 또한 韓이라는 姓이 있어 衛滿에게 伐한 바 되어 이동해서 海中에 살았다"[35]고 해서 '韓'이 여럿 있음을 지적하였다. 결국 3개의 韓이 실재해서 그후에 혼동을 일으킨 것이었다.

즉 이 때의 '韓'으로는 ① 중국 관내에 있는 고중국의 韓 ② 燕의 북쪽에 있는 東夷의 韓 ③ 위만에 패하여 다시 동쪽으로 옮겨 살고 있는 東夷의 韓의 三韓이 있었다고 인식된 것이다. 이 중에서 중국

國(九貊=九夷)의 宗主가 되었던 역사적 사실을 끌어다가 周의 韓侯를 기리는 데 섞어 넣은 것이다.

鄭玄은 이 모순을 짐작하고 '燕'을 나라이름으로 해석하지 않고 '편안한 때'라는 의미의 '安'으로 해석하여 이 모순을 해결하려고 시도하면서 '燕師所完'을 '편안할 때의 백성들이 완성한 것"이라고 해석하였다. 또 韓侯의 선조는 周武王의 아들이었으므로, 武王의 東夷의 정벌의 공을 의식하여 韓侯에게 貊·追·北國을 모두 하사하여 통치케 했다고 억지 해석을 하였다. 그러면서도 鄭玄은 자기해석이 견강부회임을 의식했는지 '燕師所完'의 "'完'자는 北燕나라에서는 '桓'으로 발음한다"고 하여 燕이 나라이름일 수도 있는 가능성의 여지를 남겨 놓는 모호한 언급을 하였다. 왜 鄭玄은 '北燕'과 '桓'을 언급했는가? 貊·追·北國(九二=九貊)을 모두 하사받거나 통치한 周의 韓侯는 없었다.

朱熹는 이 모순을 해결하기 위해 燕은 나라이름이지만 召公의 나라라고 해석하였다. 그러나 召公이 완성한 城의 제후가 貊·追·北國들을 모두 하사받아 통치한 사실이 없으니 이것도 억지이다.

《詩經》韓奕 편의 이 구절은 周宣王과 韓侯를 더욱 기리기 위한 목적으로 東夷의 韓(馯)이 요서와 河北 지방에서 쌓은 공적을 끌어다 삽입시킨 것이라고 해석하는 것이 역사적 사실과 합치되는 것이다.

여기서 東夷의 '韓'이 그후의 만리장성 동북방에 있었는가의 문제가 제기된다. 물론 東夷의 '韓'이 韓·馯·寒 등의 이름으로 실재하여 貊·濊를 통합 지배하고 北國(九貊=九夷)의 宗主가 되었었다.

설령 鄭玄의 해석을 채택하는 연구자들이 필자의 해석을 택하지 않는다고 할지라도 이것은 증명의 일부에 불과하므로 古朝鮮을 구성한 부족이 한(桓·韓·馯)·貊·濊 3부족이었다는 역사적 사실과 필자의 학설에는 변함이 없다.

35) 《潛夫論》卷9, 志, 氏姓, 第35 참조.

관내 황하 상류의 韓은, 燕의 북쪽에 있으면서 燕과 세력을 다투다가
패하여 燕의 동쪽으로 옮겨가서 살고 있는 東夷의 韓과는 별개의 것
이었다.

이 중에서 중국 관내에 있던 중국의 '韓'은 언제나 한자 표기가 '韓'
으로 나온다. 이에 대조적으로 燕의 북쪽에 있으면서 燕과 세력을 다
투다가 동쪽으로 이동해 산 韓은《尙書》에서는 '馯貊[36]'의 '馯',《漢書
地理志》의 '寒貊'의 '寒',《汲冢周書註》에서는 '寒穢'의 '寒'처럼 '馯'이
나 '寒'자로도 표시되었다. 이것은 燕의 북쪽에 있다가 燕과 세력을
다투어 패해서 동쪽으로 이동해 살았다고 한 '韓'은 東夷族의 '한'으
로서, 이것이 동이족 발음으로 '한(Han)'이기 때문에 '韓' '馯' '寒' 등
여러 가지 한자로 표기된 것이었다.《丁氏集韻》에서는 "馯의 음은
寒이니 東夷의 別種이다"고 하였다.

그러므로《詩經》에 기록된 바의 燕과 투쟁한 韓은 東夷의 別種인
韓(馯, 桓)인 것을, 周王을 빛내기 위해 중국 관내의 韓과 혼합시켜 마
치 중국 관내의 '韓'이 모든 追와 貊족과 北國 등을 하사받아 지배한
것처럼 존화주의적 사필로 왜곡한 것이다. 그러나 이것을 중국 관내
의 '韓'과, 燕과 투쟁한 '東夷'의 韓(馯, 寒, 桓)으로 구분하여 보면《詩
經》의 이 노래는 東夷의 韓(馯, 寒, 桓)이 燕과 세력을 다투었고 追와
貊을 지배했으며 모든 주변 오랑캐를 다스렸다는 중요한 역사적 사
실을 알려주고 있는 것이다.

즉 편견없이, 중국 주왕의 하사 운운한 필법을 모두 무시해 버리
고, 사실 부분만을 떼어보면 다음과 같이 (東夷의) '韓'이 '燕'의 동북
쪽 지역에 존재하여 그 주변지역을 모두 지배했음을 알 수 있다.

　① 韓나라의 저 커다란 城은 원래 韓(馯, 桓)이 쌓았었는데, 또 燕이
그것을 완성시킨 것이다.

---

36)《尙書大傳》卷18, 周官 第22 孔氏疏 참조.

② 韓(馯, 桓)은 많은 오랑캐들을 다스렸다.
③ 韓(馯, 桓)은 '追'(濊 ─ 김상기 등)와 貊을 통합하였다.
④ 韓(馯, 桓)은 北國들도 모두 지배하여 그 '伯'(우두머리)이 되었다.

일찍이 김상기 교수는 '追'의 음가는 '되' '퇴'이고 '濊'의 음가는 '회' '외'인데, '퇴'와 '회', '되'와 '외'는 서로 전환되기 쉬우며, 여기서 쓰인 '追'는 '濊'를 지칭한 별명이라고 보았다.[37]

그렇다면 이 기록에서 우리는 '濊(追)'와 '貊'을 통합한 강성한 '韓(東夷의 韓, 馯, 桓)'이 그후의 '燕'나라 지역을 지배해서, 큰 城을 쌓고 '북쪽의 나라들(北國들)'로부터도 '伯'으로 존중받으며 그들을 지배했다가 燕의 공격을 받고 城을 빼앗긴 것을 알 수 있게 된다.

즉 《詩經》 韓奕편은 東夷의 '한(韓, 馯, 桓)'族이 중심이 되어 追(濊)와 貊을 통합하고 北國(중국의 북쪽에 있는 나라들)들을 '모두' 다스리는 종주국[伯]이었음을 알려주는 기록이라고 할 수 있다.

중국인들이 지칭한 동이족들 중에서 한·貊·濊의 3부족의 결합을 알려주는 다른 문헌자료들도 단편적으로 보이고 있다.

《尙書》의 周書 원문에 "武王旣伐東夷 肅愼來賀(周의 武王이 이미 東夷를 정벌하니 숙신의 사신이 와서 축하하였다)"는 B.C. 5세기의 기사가 있다.[38] 《尙書正義》의 孔安國傳에는 이를 "海東의 오랑캐들인 句麗 扶餘 馯貊 등의 족속들이 武王이 商(殷)을 이기자 모두 길을 통하게 되었는데, 成王이 왕위에 오르자 淮水 지방의 東夷들이 반란을 일으켰으므로 成王이 이를 정벌했고 숙신이 와서 축하한 것이다"[39]라고 해설하였다. 孔安國은 이어서 '馯'은 '戶旦反(한)'으로 발음하여

---

37) 金庠基, 〈韓·濊·貊移動考〉, 《東方史論叢》, 서울대출판부, 1974, p.357 참조.
38) 《尙書》 卷22, 周官 참조.
39) 《尙書注疏》 卷18, 周書 孔安國傳, "海東諸夷 句麗·扶餘·馯貊之屬 武王克商 皆通道焉. 成王卽政而叛 王伐而服之 故肅愼氏來賀." 참조.

읽으며,《漢書》地理志에서는 '寒貊'으로 기록했다고 쓰고,[40] 孔子는
'貉'이라 하는 것은 '貊'이라고 말했다고 기록하였다. 즉 '馯貊(馯貌,
馯貉)', '寒貊'이라고 하여 馯족과 貊족이 결합한 東夷가 周武王이 商
나라를 쳐서 이긴 B.C. 5세기 경에 새 왕국 周나라와 통하게 되었음
을 기록한 것이며, 이것이 고조선을 가리킨 것임을 바로 알 수 있는
것이다. 이 때 고조선을 '馯貊'으로 표현하여 그것이 '馯'과 '貊'의 결
합민족임을 시사했을 뿐 아니라 '馯'자를 써서 '한'족은 東夷족이면서
기마민족임을 알 수 있게 하였다.

　《尙書》周書의 위 기록에 대하여《尙書正義》는 駒麗 扶餘 馯貊
등 족속이 孔君의 때에 모두 그 이름이 있었다고 기록하였다.[41] 鄭玄
은 위의 기록에 대해 "高句麗·扶餘·韓은 있으되 이 馯은 없으니 馯
은 곧 彼韓(저들의 韓)이며 음은 같고 글자는 다르다"[42]고 하여 '馯貊'
은 '彼韓(東夷)과 貊'이라고 한 것이었다.

　즉 B.C. 5세기에 해당하는 周의 武王과 成王 때에 주나라와 교통
한 東夷의 '馯貊'이 있었음은 단편적 기록으로나마 확인할 수 있는
것이다.

　또한《丁氏集韻》에서는 이미 살펴본 바와 같이 "馯의 음은 寒이
니 東夷의 別種을 일컫는 것이다"라고 하였다. 또한 '穢'를 설명하면
서《汲冢周書註》에서는 "穢는 寒穢이니 東夷의 別種이다"라고 한
것도 참고가 된다.[43]

---

40)《尙書注疏》卷18, 周書, 孔安國傳, "馯戶旦反 地理志音 寒貊" 참조.
41)《尙書注疏》卷18, 周書 孔穎達疏, "正義曰 成王伐淮夷滅徐奄 指言其國之名此傳
　　言. 東夷非徒淮水之上夷也 故以爲海東諸夷 駒麗·扶餘·馯貊之屬 此皆於孔君之
　　時有此名也." 참조.
42)《尙書注疏》卷18, 周書疏, "鄭玄云 北方曰貉 又云東北夷也. 漢書有高句麗·扶餘
　　·韓 無此馯 馯卽彼韓也 音同而字異." 참조.
43)《汲冢周書》는 10권 71편으로 된 周書인데 晉나라 때 汲郡(하남성 衛輝府)의
　　王家에서 발굴된 竹簡으로 된 書라고 전한다. 그러나 이때 발굴된 76권의 책 중
　　에는 이름이 없어, 발굴된 것이 아니라 流傳된 것이라 보는 학자도 있어서《逸

'濊'와 '貊'의 결합에 대해서는 《漢書》食貨志에 "彭吳가 穢貊 朝鮮과 개통하여 滄海郡을 설치하자 燕과 齊나라 사이가 모두 發動하였다"[44]고 하여 '穢貊'을 말하고 이들을 또 '朝鮮'과 연달아 적음으로서 '穢貊朝鮮'으로 통합해 해석할 가능성을 열어 놓았다. 또한 《史記》에서도 "左方의 王將들은 동쪽에 위치해 있는데 上谷을 거쳐 곧바로 가면 穢貊·朝鮮(또는 穢貊朝鮮)과 맞닿는다"[45]고 하여 '穢'와 '貊'의 결합 또는 '穢'와 '貊'과 '朝鮮'의 결합을 시사하였다.

즉 중국의 고문헌들은 동이의 '馯貊' '寒貊' '寒穢' '穢貊' '穢貊朝鮮'을 기록함으로써, '한과 맥의 결합' '한과 예의 결합' '예와 맥의 결합' '예와 맥과 조선의 결합'을 인지하고 있었음을 알려주고 있는 것이다.

⑤ 고조선 국가가 처음에 한·貊·濊 3부족의 결합에 의해 형성되었다는 사실을 더욱 더 명확하게 설명해 주는 자료는 '단군설화'에 나온다. 중국 고문헌 기록이 단편적이라고 증명자료로 부정하는 연구자들의 경우에도, 사회학적으로는 단군설화의 자료만 갖고서도 한·맥·예 3부족 결합이 충분히 증명된다.

《三國遺事》는 《古記》를 인용해서 다음과 같은 '檀君說話'를 기록하였다.

《古記》에 이르되 옛날에 桓因(帝釋을 이름)의 庶子 桓雄이 있어 항상 천하에 뜻을 두고 人世를 탐내어 구하거늘, 아버지가 아들의 뜻을 알고 三危太伯을 내려다보매 가히 弘益人間할 만한지라. 이에 天符印 3개를

周書》라고도 칭한다. 《汲冢周書》卷7, 王會편에서, 成王 때(B.C. 5세기 경) 천하의 제후와 四夷의 사신들이 周나라 수도에 모였는데 '穢人'이 언급되었고, 晉의 孔晁가 注를 달면서 이를 '寒穢'라고 해설하였다.

44) 《漢書》卷24, 食貨志 第 4 下, "彭吳穿 穢貊·朝鮮 置滄海郡 則燕齊之間 靡然發動" 참조.

45) 《史記》卷110, 列傳 50, 匈奴 참조.

주어 가서 세상(사람)을 다스리게 하였다. 雄이 무리 3천을 이끌고 태백산 꼭대기(太伯은 지금의 妙香山) 神壇樹 밑에 내려와 여기를 神市라 이르니 이가 桓雄天王이라고 하는 분이다. (그는) 風伯·雨師·雲師를 거느리고 主穀·主命·主病·主刑 主善惡 등 무릇 인간 360여 가지 일을 主하여 人世에 있으면서 다스리고 敎化하였다.

그때에 一熊과 一虎가 같은 굴에서 살며 항상 神雄에게 빌되, 원컨대 化하여 사람이 되어지이다 하거늘, 이때 神雄이 신령스러운 쑥 한타래와 마늘 20개를 주고 이르기를, 너희들이 이것을 먹고 백일 동안 日光을 보지 아니하면 곧 사람이 될 수 있다고 하였다. 곰과 범이 이것을 받아서 먹고 忌하기 삼칠일 만에 곰은 여자의 몸이 되고 범은 능히 忌하지 못하여 사람이 되지 못하였다.

熊女는 그와 혼인해 주는 이가 없으므로 매번 壇樹 아래서 주문을 외우며 원하기를 아기를 잉태해지이다 하였다. 雄이 잠깐 변하여 혼인하여 아들을 낳으니 이를 壇君王儉이라 하였다. (단군왕검)이 唐高(堯)의 즉위한 지 50년인 庚寅(唐高의 즉위년은 戊辰인즉 50년은 丁巳요 庚寅이 아니다. 아마 틀린 듯 하다)에 平壤城(지금의 西京)에 도읍하고 비로소 朝鮮이라 칭하였다.

또 도읍을 白岳山 阿斯達로 옮기었는데, 그곳을 또 弓(一作 方)忽山, 또는 今彌達이라고도 한다. 나라를 다스린 것이 1500년이었다.

周의 虎(武)王 즉위년인 己卯에 箕子를 조선에 봉하매, 단군은 藏唐京으로 옮기었다가 후에 아사달에 돌아와 숨어서 山神이 되니, 壽가 1,908세이었다고 한다.[46]

사회학적 관점에서, 단군설화에 포함되어 있는 신화적 요소를 접어두고 事實的 요소만을 분리하여 재구성해 보면, 단군설화는 '고조선의 건국 설화'임을 바로 알 수 있다.[47]

뒤르켐에 의하면 전 세계 거의 모든 원시부족들은 토템을 갖고 있

46) 《三國遺事》卷1, 古朝鮮(王儉朝鮮)條.
47) 愼鏞廈, 〈檀君說話의 社會學的 解釋〉 참조.

으며, 이 토템들은 동물이 가장 많고 기타 추상물 토템도 있다. 부족의 이름들은 대체로 토템 이름과 관련되어 있다.[48] 단군설화에는 3개의 토템이 나오는데 ① 태양(해) 토템 부족과 ② 곰[熊] 토템 부족과 ③ 범[虎] 토템 부족이다.

태양(해) 토템 부족은 桓因·桓雄에서 선명하게 들어나듯이 '한(桓·韓 ; Han·Huan)'부족이다. 이들은 '한울님'의 아들·자손이라고 생각하며, 태양(해)·밝음(광명)·햇빛·새빛[東光]을 숭배한다.

곰[熊] 토템 부족은 '貊'부족을 가리킨다. 《後漢書》에 "貊夷는 熊夷이다"라고 명백하게 기록되어 있다.[49]

범[虎] 토템 부족은 '濊'족을 가리킨다고 할 수 있다. 《後漢書》 東夷列傳 濊條에는 "(濊는) 해마다 10월이면 하늘에 제사를 지내는 데 주야로 술 마시고 노래 부르며 춤추니 이를 '舞天'이라 한다. 또 범[虎]을 神으로 여겨 제사지낸다"[50]고 기록하였다.

단군설화는 한울님의 자손·아들이라고 생각하는 '태양(해)' 토템 부족인 '한(桓·韓·Han·Huan)' 부족의 首長 '桓雄'이 무리 3천(다수)를 이끌고 주도하여 곰 토템 부족인 '貊'부족 및 범 토템 부족인 '濊'부족과 결합하여 '朝鮮(古朝鮮)'이라는 최초의 古代國家를 건설했다는 사실을 전해주는 口傳歷史(oral history)인 것이다.

고문헌과 단군설화는 고조선이 '한(桓·韓)'부족·'貊'부족·'濊'부족의 3부족이 '한'부족을 중심으로 결합하여 형성된 고대국가임을 알려주고 있다.

---

48) Emile Durkheim, *Le Formes Elémentaires de la Vie Religieuse* ; (영어판) Translated by Karen E. Fields, *The Elementary Forms of Religious Life*, Free Press, 1995 ; (국문판) 노치준·민혜숙 역, 《종교생활의 원초적 형태》(한국사회학연구소), 민영사, 1992, pp.153~339 참조.

49) 《後漢書》東夷列傳.

50) 《後漢書》東夷列傳 濊條.

6 '한(桓·韓)' '貊' '濊' 3부족의 결합 방식은 '한(桓·韓)'부족과 '貊' 부족은 '婚姻同盟(matrimonial alliance)'에 의한 것이었다. 이때 가장 선진적 부족으로서 고조선 국가형성을 주도한 '한(桓·韓)'부족에서 '王(天王)'을 내고, '貊'부족에서 '王妃'를 내는 규칙이 합의되었음을 단군설화는 알려주고 있다. 단군설화에서 나오는 '熊女'는 곰이 변신한 여자가 아니라 '貊'부족 여자임은 더 설명할 필요가 없을 것이다.

한국 고대민족사에서 부족들의 결합에 의해 국가를 형성할 때 '혼인동맹'의 결합방법에 의한 경우는 때때로 있어 왔다. 예컨대 高句麗는 처음 5부의 결합으로 국가형성을 이루었는데,《三國志》魏書 東夷傳 高句麗條에 의하면, 涓奴部·絶奴部·順奴部·灌奴部·桂婁部의 5부 중에서 처음에는 연노부에서 왕을 내기로 했다가 세력이 약해지자 계루부에서 계속 왕을 내게 되었다.[51] 한편 왕비는 절노부에서 계속 내었고, 이에 따라 계루부 다음으로 절노부가 높은 권위를 가졌으며, 절노부의 大人은 '古雛(加)'의 칭호를 더하였다.[52] 계루부가 왕을 내고 절노부가 왕비를 내는 '혼인동맹'의 결합방법은 매우 공고한 결합방식이어서 함부로 그밖의 부족 여자를 취하기 어려웠다.[53]

고조선 국가형성에서 '한(桓·韓)'부족과 '貊'부족의 '혼인동맹'이 처

---

51)《三國志》魏書 東夷傳 高句麗條 참조.
52) 李基白,〈高句麗王妃族考〉,《震檀學報》제20집, 1959 ;《韓國古代政治社會史研究》(李基白韓國史學論集 第5卷), 일조각, 1996, pp.65~90 참조.
53)《三國志》魏書 東夷傳 高句麗條에는 "伊夷模(고구려 山上王)는 아들이 없어 灌奴部의 여자와 淫하여 아들을 낳으니 이름이 位宮이다. 伊夷模가 죽자 즉위하여 王이 되니 지금의 고구려 왕 宮이 그 사람이다"라고 기록하였다. 즉 桂婁部 출신의 山上王이 처음에 絶奴部 출신의 왕비와 혼인했으나 아들이 없자 灌奴部 출신의 여자와 혼인해서 아들을 낳았는데, 새 왕비가 絶奴部 출신이 아니었기 때문에 '私通'을 의미하는 표현으로 '淫'하여라고 해서 공식적으로는 이 灌奴部 출신 여자와의 혼일을 인정하지 않고 絶奴部 출신 여자와의 혼인만을 인정하고 있는 것이다. 즉, 고구려는 桂婁部와 絶奴部의 '혼인동맹'을 중심으로 하고 다른 3개 부(涓奴部·順奴部·灌奴部)를 다른 방식으로 결합시켜 성립한 고대국가였던 것이다.

음 한 대의 것인지, 대대로 존중된 결합방식이었는지는 자료가 분명치 않으나, 고조선은 '한(桓·韓)'부족과 '貊'부족이 '혼인동맹'에 의하여 공고하게 결합되고, '濊'부족은 다른 방식에 의해 결합된 것이었다고 볼 수 있다.

濊부족의 고조선 국가에서의 결합양식은 어느 정도 자율권을 가진 부족 君長의 '侯國'제도에 의거한 것이었다고 추정된다. 후의 일이지만 중국의 漢이 말기 고조선을 침입한 시기에 '濊王'의 투항 기사와 '濊王'의 글자를 새긴 인장이 발견된 것으로 보아서, 고조선 형성에 참가한 濊의 王은 고조선 王儉의 諸侯의 하나로서의 지위를 인정받는 상태로 결합된 것이었음을 미루어 알 수 있다.

즉 한(桓·韓)부족과 貊부족은 '혼인동맹'으로 공고하게 결합하고, 濊부족은 族長을 諸侯의 하나로 인정받는 방식으로 결합하여 3부족이 결합해서 '朝鮮(古朝鮮)'이라는 고대국가를 최초로 형성하였던 것이었다.

종래 고조선 국가를 수립한 부족을 濊와 貊의 2부족이라고 보아온 것에 비해 한(桓·韓·馯)·예·맥의 3부족이라고 하여, '한(桓·韓·馯)'부족을 새로이 발굴 정립한 것은 매우 중요한 것이다.[54] 왜냐하면 '한'이 고조선 건국의 주역이며 王系였기 때문이다. 고조선 건국의 주역과 王系 부족이 명확히 됨으로써 그후 동아시아에서 고조선의 활동과 분화와 각 민족의 민족형성 내부 동태가 명확히 밝혀지기 때문이다.

한(桓·韓·馯)이 고조선 멸망 후 馬韓·辰韓·弁韓의 3韓을 통하여 한국 민족형성에 들어가는 것이 아니라, 그보다 수천년 앞서 고조선

---

54) 古朝鮮의 형성에 처음부터 '한(桓·韓)'부족이 들어가 주도하지 않고, 韓부족이 고조선 멸망 후 準王이 남하해서 馬韓을 설립하고 결국 三韓이 뒤늦게 韓民族 형성에 들어갔다고 본 것은 고조선 형성을 주도한 '한(桓·韓)'을 발견하지 못한 별개의 견해이다.

의 최초의 건국에 주역으로서 그리고 왕계로서 활동하여 한국민족
형성을 주도했다는 사실은 그후의 역사 전개에 매우 중요한 것임을
유의해 둘 필요가 있다. 한(桓·韓·馯)족이 고조선 건국과 고조선 민
족형성에 처음부터 주도적으로 참가했다는 사실은 고조선의 '朝鮮'
이라는 호칭, 사회구조, 태양·밝음·아침·동쪽·단군·박달 숭배사상,
고조선의 언어와 문화 유형 등 특징 형성에 획기적인 영향을 끼친
매우 중요한 사실임을 주목할 필요가 있는 것이다.

4. 檀君과 阿斯達

[7]《삼국유사》에 포함되어 있는《위서》는 "檀君王儉이 도읍을 阿
斯達에 정하고 나라를 개창하여 이름을 朝鮮이라 했다"고 하였다.
또한《고기》는 檀君이 처음에 도읍을 平壤城에 정했다가 다음에 '白
岳山 阿斯達'로 옮겼는데 이를 弓(또는 方)忽山 또는 今彌達이라고
하고, 다음에 다시 藏唐京으로 옮겼다가, 다시 단군은 아사달에 돌아
와 수를 다하고 산신이 된 것으로 기록하였다.

여기서 '檀君'과 '阿斯達' '朝鮮' '박달(白山, 白岳山)' 등의 의미 내용
을 고찰할 필요가 있다.

한·맥·예 3부족을 결합하여 고조선 국가를 건국한 초대 제왕은
'檀君'이었다. 고조선도 역사실제이고, 그 제1대 제왕 '단군'도 역사실
제이다.

고조선 건국 때에는 한자가 없었으므로 원래는 고조선 제1대 제왕
의 고조선어에 의한 호칭이 있었을 것이다. 이것을 '檀君'이라고 후
에 한자로 번역한 것이었다. 필자는 일찍이 단군은 '하느님 후손 밝
달족 임금'의 한자번역이라고 설명한 적이 있다.[55]

---

55) 愼鏞廈,〈檀君說話의 社會學的 解釋〉참조.

우선 檀君은 조선시대 학자들이 이미 지적한 바와 같이 '밝달족 임금' '밝달임금'의 한자역이라고 생각한다. 고대부터 한국민족과 동아시아 각 민족은 고조선 사람들을 '밝달족'이라는 별칭으로도 불렀다. 그리하여 고조선 사람인 '밝달족 임금'을 박달나무 '檀'자와 임금 '君'자를 빌려 한자어로 번역했다고 보는 것이다.

한편 《三國遺事》는 단군의 '단'을 '박달나무 檀'자로 표기하지 않고, '제단 壇'자로 표기하였다. 이것은 '檀' '壇'이 '단' '탄'의 소리번역일 가능성을 배제하지 않으며, 하늘에 제사올리는 제단의 번역 가능성을 배제하지 않는다. 일찍이 최남선은 몽골어에서 '天'을 '탕그리(Tengri)'라고 함을 지적하면서 '檀'은 '天'의 의미라고 주장하였다.[56] 이 경우에는 '檀君'은 '天王'의 의미이다. 단군설화에 桓雄을 桓雄'天王'이라고 표기한 것을 보면 이 해석의 가능성도 있는 것이다.

필자는 '檀君'의 한자표기는 위의 두 의미를 모두 포괄하여 이두식으로 한자표기했다고 생각한다. 한문학자들이 민족언어를 이두식으로 한자표기할 때, 민족언어의 여러 가지 뜻을 한 글자에 담은 1개 한자를 절묘하게 선택하는 예를 자주 볼 수 있다.

'檀君'의 경우에도 '밝달족 임금'이라는 뜻과 '하느님 후손 임금'이라는 뜻을 모두 담아 '檀'자를 취해서 '하느님 후손 밝달족 임금·밝달족 천왕·밝달천왕'이라는 뜻으로 '단군'이라고 표기했다고 필자는 생각한다. '단군'으로 표기하고 뜻으로 풀어서 '밝달족 임금'이라고 해석하면서 '밝달임금'이라고 읽어도 되고, 또한 음으로 이해해서 '天王'이라고 해석하고 '단군'이라고 읽어도 되며, 또한 뜻과 소리를 모두 합하여 '하느님 후손 밝달족 임금·밝달천왕'으로 해석하면서 '단군'이라고 읽어도 되는 것이다.

또한 '檀君'은 고유명사와 보통명사 두 가지 내용을 모두 갖고 있

---

56) 崔南善, 〈檀君及其研究〉, 《別乾坤》 1928년 5월호 참조.

음을 주목할 필요가 있다. 하나는 단군을 '한'부족의 君長 桓雄과 '맥'
부족의 왕비 사이에 태어나 古朝鮮을 건국한 '제1대 帝王'이요, 고조
선의 始祖라고 보는 경우이다. 이 경우의 단군은 고유명사의 성격을
가진 것이다.

　다른 하나는 '하느님 후손 밝달임금'이라는 뜻으로 古朝鮮의 역대
제왕들을 모두 일컫는 호칭으로 보는 경우이다. 즉 고조선 시조는
제1대 단군이고, 그 다음 제왕은 제2대 단군이며, 제3대 단군, 제4대
단군, 제5대 단군 …… 제n대 단군으로 내려가는 것이다. 이 경우의
檀君은 보통명사라고 볼 수 있다. 단군의 호칭 용법은 위의 두 가지
모두가 사용된 것으로 보인다.[57]

　檀君은 고조선의 帝王으로서 고조선과 그 侯國들을 모두 통치한
정치·경제·사회·행정·군사·문화적 帝王이었지 결코 巫君 또는 샤먼
(Shaman)이 아니었다. 檀君은 세습적 군주였다. 단군은 이를 위해
三相五部制의 막료=관료조직을 두었었다.

　일찍이 최남선이 단군은 君長임과 동시에 곧 巫였다고 檀君=巫君
論을 제기한 것은 잘못된 근거에 의거한 견해였다고 본다.[58]

---

57) 이러한 관행은 세계사 도처에서 볼 수 있다. 예컨대 프랑스어에서 대문자 시작
　　으로 Empereur라고 하면 나폴레옹1세를 가리키는 고유명사처럼 쓰이고, 소문
　　자 시작으로 empereur라고 하면 역대 황제들을 가리키는 보통명사로 쓰이는 것
　　과 같은 것이다. 檀君도 고조선의 건국 始祖를 가리키는 고유명사처럼 쓰이기도
　　하고, 고조선의 역대 제왕 모두에 대한 호칭으로 보통명사로서 쓰이기도 한 것
　　이었다.
58) 崔南善은 당시에도 서남부 지방에서는 무당을 '당골네'라고 부르는데, 일제 강
　　점기 시골에서 무당을 '당골'로 호칭하는 것은 檀君이 巫君이었다는 증거의 흔적
　　이라고 주장하였다. 그러나 이것은 잘못된 추론이었다. 당시 시골에서는 해방 후
　　까지도 巫女를 '당골네'라고 불렀는데, 이것은 巫女가 城隍堂·서낭당이 있는 고
　　을(골)에 사는 것이 관행이었기 때문에 무녀를 '성황당이 있는 골 여인'의 뜻으
　　로 '당골네'로 호칭한 것이었다. 즉 '당골'은 '서낭당골'의 약칭에 불과한 것이었
　　고 '당골네'는 '巫女'의 별칭이었다. 당시의 관행은 안마을에서 시집온 부인은 '안
　　골네'라고 부르고, '밤나무 마을'에서 시집온 부인은 '밤골네'로 호칭하는 것과 같

檀君을 제왕으로 한 정부조직의 三相五部의 하나에는 巫의 일을
관리하는 主命의 부서가 별도로 있었다. 단군은 오직 국가적 행사인
특정 제천의식 때에만 帝王으로서 동시에 제천의식의 長이 되는 위
치에 있었다고 볼 수 있다.

⑧ 《위서》에서 단군이 도읍을 정했다고 기록한 阿斯達은 고조선
어 '아사달'의 한자 소리표기이므로 '아사달'의 뜻을 규명하는 것이
과제로 된다.

이병도 교수는 '아사'는 '아침'이고 '달'은 '산·땅'으로서, '아사달'은
'아침산' '아침땅'의 뜻이라고 하였다.[59] '아사달'의 뜻에 대한 여러 가
지 학설이 나와 있으나, 필자는 이병도 박사의 이 해석에 찬동하는
견해를 갖고 있다.

'아사달'은 '아침산·아침땅'의 뜻을 갖고 있다. '아사달'은 아침의
햇빛이 가장 먼저 드는 땅이므로 물론 '양달'이다.[60] 따라서 필자는
'아사달'을 뜻으로 한자번역을 하라면 '朝陽'이 가장 가까운 번역이
될 것이라고 생각한다. 즉 '아사달'의 한자 소리표기가 '阿斯達'이고,
한자 뜻 번역 표기가 '朝陽·朝鮮' 등이라고 보는 것이다.

한편 《고기》에서는 처음 平壤城에 도읍하고, 다음에 白岳山 阿斯
達로 옮겼으며, 끝으로 藏唐京으로 옮겼다가, 다시 阿斯達로 돌아와
단군조선이 종료한 것으로 되어 있다. 여기서 주목해야 할 것은 '아
사달'이 '白岳山 阿斯達'로 되어 있다는 사실이다. 이 사실은 아사달

은 관행이 널리 퍼져 있었다. 따라서 '당골' '당골네'는 남자무당(박수무당)에게
대한 호칭이 아니라 여자무당[巫女]에게만 사용하는 호칭으로 '서낭당골 여인'의
준말로서 '당골네'라는 호칭으로 여자무당을 가리킨 것이었다고 본다. 따라서 무
녀호칭 '당골네' '당골'은 檀君을 巫君이라고 보는 근거가 될 수 없는 것이었다.
59) 李丙燾, 〈檀君說話의 解釋과 阿斯達問題〉, 《서울大論文集》 제2집, 1955 참조.
60) 몽골語에서 지금도 'dal'은 사람이나 가축의 '따뜻한' 피난처·'따뜻' 보호처를
의미한다. '달'은 원래 '양달'만을 가리켰던 것으로 해석된다.

을 찾기가 용이하도록 도와주는 기록이라고 할 것이다.

여기서 '白岳山'은 '白岳·白山'을 3음자로 표기한 것이고, 岳과 山을 이중표기한 곳에서 순수한 고조선어의 뜻을 한자번역 표기한 것임을 알 수 있다. 조선왕조시대 학자들이 지적한 바와 같이 '白岳'과 '白山'은 '밝달'의 한자 표기이다. 고조선족은 '하늘[天]·해[太陽]·밝음[光明]·아침[朝]'을 존숭하였다. 그리고 10월에는 신성한 산에 큰 제단을 차리고 하늘[天]을 향해 큰 제사를 올린 후에 국정도 토론하고 큰 잔치를 벌리었다.[61] 이 때 祭天의 祭壇을 설치하는 산을 '밝달'이라고 부른 것으로 해석된다.[62]'

그러므로 '白岳山 阿斯達'은 '밝달 아사달·밝달 조선'이며, 《管子》에서 나오는 '發朝鮮'과도 같다고 본다.

'밝달'은 한자로 여러 가지 소리번역을 하였다. 가장 널리 쓰인 것이 '白山·白岳·朴達·朴山·北岳' …… 등이다. 이 신성한 산을 더욱 강조하거나 전민족의 신성한 산임을 강조할 경우에는 '큰밝달'이라는 뜻으로 '太白山' '太朴山' '大朴山' '白頭山' …… 등으로 표기하였다.

그러므로 《삼국유사》의 《고기》에 의하면 阿斯達은 분리 독립된 지역이 아니라 '밝달(白岳山·白山·白岳·朴山·朴達·北岳)'의 (연이어 있는) 기슭에 위치한 아침 햇빛을 먼저 찬란히 받는 '아사달'인 것이다. 이러한 지역은 어디일까? 오늘날에도 지리적으로 비정할 수 있을까?

⑨ 《삼국유사》의 《고기》는 고조선의 첫 도읍을 平壤城이라고 기

---

61) 《三國志》魏書 東夷傳 濊條에서 기록한 '舞天'과 扶餘의 '迎鼓', 高句麗의 '東盟'이 그 한 예가 된다.

62) 崔南善, 〈不咸文化論〉, 《朝鮮及朝鮮民族》第1集, 1927년에서, 최남선은 白頭山을 滿洲語로 '不咸山(불칸산)'이라고 한다 해서 만주와 한반도 문화를 전체적으로 보는 〈不咸文化論〉을 제창하였다. 그러나 이것은 植民主義史觀의 일종인 소위 '滿鮮史觀'에 입각한 것으로서, 古朝鮮의 후국부족인 滿洲族의 한·'밝달' '白頭山'의 호칭을 기본개념으로 정립하여 古朝鮮과 民族形成史를 체계화할 수는 없는 것이다.

록했으므로 먼저 평양성을 찾아보고, 다음에 그 일대를 찾아보는 순서일 것이다. 《新增東國輿地勝覽》을 보면 평양성 안에는 그러한 곳이 없고, 인접한 동북쪽 江東縣에는 '檀君墓'가 있다고 기록되었다.[63]

구한말 일제강점기의 행정구역으로 평안남도 江東郡 江東邑(이전의 江東縣 東軒이 있던 곳, 그후 江東郡 郡廳과 江東面 면사무소가 있던 곳)에는 1913년까지 '阿達洞'이란 큰 마을(시가지)이 있었다. 일본 제국주의자들이 1910~1918년 소위 '토지조사사업'을 강행할 때, 일제 총독부는 식민지 통치를 용이하게 하기 위해 행정구역을 대대적으로 통폐합하면서, '아달동'에 다른 동을 포함시킨 것이 아니라, '아달동'을 2개로 해체하여 하나는 江東郡 江東面 阿達里로 만들고, 다른 하나는 강동군 강동면 漆浦里에 통합시켜, 그 이름마저 사라지게 되었다.[64]

이 江東縣 '阿達洞'이 '阿斯達'이라고 필자는 생각한다. 원래는 '阿斯達洞'이어야 하지만, 작명에 3음절을 택하는 오랜 관습으로 1자를 탈락시키는 경우에 '阿'를 취하고 '斯'를 탈락시킬 것은 자연스러운 것이라고 볼 수 있다. 왜냐하면 '아사'는 '아침'을 의미하는 것이고, 이 경우 '아'가 語根과 같은 것이기 때문이다. 그러므로 '아사달골·阿斯達洞'을 한자의 3음절 표기를 할 때 '阿達洞'으로 표기한 것이었다고 해석된다. 고조선의 檀君이 도읍을 정한 '아사달' '阿斯達'은 한반도의 江東邑[阿達洞]이었다고 필자는 확신한다.

또한 江東縣에는 '大朴山·朴達'과 阿斯達山이 있었다. 《신증동국여지승람》에 보면, 강동현에 '大朴山'이 있고 그 설명에 "현의 북쪽 4리에 있는 鎭山이다"[65]라고 기록하였다. 또한 《江東邑誌》의 지도에는 大朴山이 끝나는 기슭 郡衙와 秋興館 뒤에 '阿達山'이 그려져 있

63) 《新增東國輿地勝覽》 平安道 江東縣 古跡條 참조.
64) 《新舊對照朝鮮全道府郡面里洞名稱一覽》(越智唯七編), 1917, p.784 참조.
65) 《新增東國輿地勝覽》 平安道 江東縣 山川條 참조.

는데, 이것이 '阿斯達山'임은 너 설명을 요치 않는다.[66] 또 강동현 건
치연혁조에는 '朴達串村'이 나오고 그 설명에 "고려 인종 14년에 西
京畿를 나누었는데 仍乙舍鄕·班石村·朴達串村·馬灘村을 합하여 강
동현으로 하고 현령을 두었다"[67]고 기록하였다. 또한 《江東誌》 고적
조에도 '박달관촌'을 두고 그 설명에 "현의 북쪽 15리에 있으며 지금
은 勿仇知村으로 개명하였다"[68]고 기록하였다.

여기서 '大朴山'이 '太白山·大白岳·白岳山'과 같은 명칭임은 바로
알 수 있다. '朴達串村'은 '밝달(朴山·白山·白岳)'이 뻗어나온 기슭에
있는 마을'의 뜻이지만, '밝달(白岳山·白山)'의 실재를 증명하고 있음
은 더 말할 필요도 없다.

《삼국유사》, 《고기》에 기록되어 있는 "白岳山 阿斯達"은 江東縣의
大朴山[朴達] 阿斯達[阿達洞 일대]이었던 것이다.

그러면 강동현의 白岳山(大朴山, 朴達) 阿斯達(阿達洞 일대)과 '朴
達串村'의 관계는 어떠한가? 물론 '阿斯達'은 '朴達串村' 모두를 아사
달의 일부로 포함한 큰 城市였다. 그 증거로는 《신증동국여지승람》
강동현 고적조에 큰 마을들로서 '古跡'조에 넣은 마을이 ① 仍乙舍鄕
(현의 남쪽 12리에 있다) ② 岐淺鄕(현의 북쪽 3리에 있다) ③ 班石村
(현의 서쪽 20리에 있다) ④ 朴達串村(현의 북쪽 15리에 있다) ⑤ 馬灘
村(현의 서남쪽 30리에 있다) ⑥ 太子院(현의 남쪽 25리에 있다) 등이
다. 이 마을들을 구태여 모두 '古跡'에 넣어 특별히 기록한 것은 이
마을들의 큰 묶음이 바로 옛 '阿斯達'임을 말하는 것이라고 볼 수 있
다. 이중에서 '仍乙舍鄕'은 '나리마을'의 이두표기로서 王宮 및 中央
官廳이 있던 지역으로 추정된다.[69] 그러므로 '阿斯達'은 조선왕조시대

---

66) 《江東郡誌》(江東郡邑誌謄書成冊, 奎10912) 앞면 江東郡邑地圖 참조.
67) 《新增東國輿地勝覽》 平安道 江東縣 建置沿革條 참조
68) 《江東誌》(奎17481) 古跡·古邑城條 참조.
69) 《江東郡邑誌》沿革條에서는 高麗 仁宗 14년에 西京畿에서 나누어 縣을 설치했

《신증동국여지승람》이 편찬된 15세기 경을 기준으로 하면 江東縣의 현청[東軒] 마을[阿達洞]을 중심으로 적어도 현의 서쪽으로 20리, 현의 남쪽으로 12리, 현의 서남쪽으로 30리, 현의 북쪽으로 15리의 범위가 고조선의 도읍지 '阿斯達'이었다고 볼 수 있는 것이다.

강동현 阿斯達이 古朝鮮의 첫 수도 '아사달'이었음을 증명하는 매우 중요한 사실은 강동현 '아사달'에 '檀君墓'가 있었다는 사실이다. 《신증동국여지승람》에는 '大塚'이라는 항목을 넣고 그 설명에, "하나는 서쪽으로 3리에 있으며 둘레가 410척으로 속담에 檀君墓라 전한다. 하나는 현의 북쪽으로 30리에 있으며 刀ケ山(도마산)에 있는데 속담에 古皇帝墓라고 전한다"[70]고 기록하였다.

이 두 개의 무덤은 모두 檀君墓라고 필자는 생각한다. 《신증동국여지승람》의 이 기록에 현의 서쪽 3리에 있는 큰 무덤은 속담에 '단군묘'라고 전하여 왔으니, 이것이 사실이면 이것이 古朝鮮을 건국한 제1대 檀君의 묘일 것이고, 도마산에 있는 古皇帝墓[옛황제묘]는 제1대 단군의 후손제왕인 다른 역대 단군(보통명사로서의 박달임금) 중의 하나인 檀君皇帝墓라고 추정되는 것이다.

또한 현의 북쪽 35리의 錢浦里에 '皇帝壇'이라고 하는 단군의 고적이 있는데 둘레가 607척 4촌, 높이가 126척의 壇이고, 壇의 남쪽 烏崖에는 큰 굴[皇帝窟]이 있다고 하였다.[71]

강동현 阿斯達이 古朝鮮의 수도였음은 강동현에 남아 있는 古皇帝를 시사하는 무수한 지명들에서도 확인할 수 있다. 예컨대 황제

는데, 仍乙舍鄉이 곧 지금(조선왕조)의 縣內坊 龍興里이고, 班石이 곧 지금의 高泉坊 盤石里이며, 朴達串村은 곧 지금의 區池坊 龍巖里이고, 馬灘村은 지금의 馬灘坊이라고 설명하였다.

《江東郡邑誌》部坊條에서는 岐淺鄉이 지금의 縣內村에 합쳐졌으며, 班石村이 高泉村으로 개칭되었고, 朴達串村은 勿仇知村으로 개칭되었다고 기록하였다.

70) 《新增東國輿地勝覽》平安道 江東縣 古跡條.
71) 《江東郡邑誌》古蹟條 참조.

또는 황제의 도읍지를 나타내는 '龍·鳳·太子' 등과 같은 지명들이다.

《신증동국여지승람》에는 古跡 조에 '太子院'을 넣고 그 설명에 "현의 남쪽 25리에 있다. 石塔이 있고 탑 남쪽에는 連山이 있다. 속담에 古太子[옛태자]의 胎를 감춘 곳이라고 한다"[72]고 기록하였다.

또한 《江東郡邑誌》에는 '姑城'이 현의 서쪽 40리에 있는데 조선왕조시대에는 遺址만 남아 있다고 하였다.[73] '姑城'은 '고모성·곰성'으로서 단군시대의 유적임을 알 수 있다.

또한 '龍'자를 넣은 江東縣 내의 지명으로는 九龍山·龍橋·龍伏洞·龍興洞·臥龍洞·新龍洞·黑龍洞·樊龍洞·龍泉洞·龍淵洞·龍虎洞·雲龍洞·龍井里·龍福寺 등이다. 다른 현에는 이렇게 '용'자를 넣은 호칭의 큰 마을들을 집중적으로 많이 가진 현이 없다. 또한 강동현에는 '鳳'자를 넣은 지명도 많았다.

또한 '고인돌'무덤들을 나타내는 강동현 내의 지명으로는 石廩洞·立石洞·盤石洞 등이 있다. 《강동군읍지》에는 지도에 支石이 그려져 있고, 현의 서쪽 10리 文興里의 대로변 山頂에 있다고 설명하였다.[74] 또한 王陵을 나타내는 강동현 내의 고을 이름으로는 邑陵洞·邑陵里 등이 있다.

《신증동국여지승람》에는 왕국 수도에 설치하는 社稷壇이 강동현에도 있음을 기록하고 '현의 서쪽에 있다'[75]고 설명하였다. 《강동군읍지》의 지도에는 大朴山 기슭 바로 아래 社稷壇이 그림으로 그려져 있다.[76] 지금은 이것이 남아 있지 않을지 모르지만 강동현 내의 큰 마을 이름에 社稷洞·社稷里가 남아 있어서 그 실재를 증명하고 있

---

72) 《新增東國輿地勝覽》 平安道 江東縣 古跡條.
73) 《江東郡邑誌》 姑城條 참조.
74) 《江東郡邑誌》 古蹟條, 支石 참조.
75) 《新增東國輿地勝覽》 平安道 江東縣 祠廟條.
76) 《江東郡邑誌》의 地圖 참조.

다. 또한 大朴山 아래 阿達山 위의 중간 지점에 厲壇도 있었는데, '현의 북쪽 3리 大朴山 아래 있다'[77]고 기록되어 있다.

또한 강동현의 옛지명에는 '馬'자를 넣은 지명이 집중적으로 많은 것도 주목을 요한다. 예컨대 馬山·馬鶴洞·馬山洞·馬山面·馬灘村·都馬山 등과 같은 것이다.

고조선의 강동현 '아사달'은 주위에 城을 쌓은 都市·城市였던 것으로 추정된다. 《신증동국여지승람》에 '古邑城'이 당시에도 남아 있다고 했으며, "西江 동쪽에 있다. 土築으로 둘레는 5,759척이며 안에 두 개의 우물이 있다"[78]고 설명하였다. 그러나 강동현의 지명은 이 古城이 본래는 石城이었음을 시사하고 있다. 예컨대 石門洞·古城洞·石廩洞·松石洞 등과 같은 것이다.

강동현 '아사달'에서는 銅·鐵·金 등을 생산 제련하는 곳을 나타내는 '生金洞'이라는 큰 마을이 있었으며, 또한 도자기를 구워 공급하는 곳을 나타내는 陶山이라는 지명도 있었다.[79]

江東縣이 古朝鮮의 수도 '아사달'이었음은 의심할 여지가 없는 것이라고 생각된다.

북한 역사학계는 강동읍을 세밀히 답사해서 그 결과를 발표했다. 그 보고 논문에서 특히 주목되는 것은 檀君이 무술훈련을 할 때, 그가 탄 말의 발굽에 짓이겨서 산이 온통 흙으로 뒤덮었다는 전설이 내려오는 紅山[붉뫼]이 강동읍에 있다는 사실이다.[80]

고조선의 전사들이 죽으면 영혼을 말에 실어 보내는 紅山·赤山·赤峰이 있었는데, 이것이 檀君이 騎馬 무술훈련을 한 紅山, 단군의

---

77) 《江東郡邑誌》 壇壝 및 地圖 참조.
78) 《新增東國輿地勝覽》 平安道 江東縣 古跡條 참조
79) 《新舊對照朝鮮全道府郡面里洞名稱一覽》, pp.785~787 ; 《新增東國輿地勝覽》 平安道 江東縣條 備考條 참조
80) 강인숙, 〈단군의 출생지에 대하여〉, 《단군과 고조선》, 살림터, 1999, pp.282~292 참조.

무장 군인들이 기마 무술훈련을 한 '홍산(붉뫼)'를 상징화한 것이 아닌가 추정된다.

《강동읍지》에 보면 馬山이 그려져 있고, "현의 남쪽 1리에 있으며 읍의 案臺이다"[81]라고 기록되어 있다. 大朴山의 봉우리에는 쇠로 만든 말(鐵馬)이 세워져 있다고 하였다.[82] 馬山이 바로 붉뫼·紅山·赤峰이 아닌가 추정된다.

5. 밝달〔白山〕과 朝鮮·阿斯那

⑩ 필자는 제1대 단군이 제왕이 되어 건국한 나라의 호칭 '朝鮮'은 '아침이 아름답게(곱게) 빛나는 나라' '아침 해가 맨 먼저 밝게 비치는 나라' '아침의 나라'의 뜻으로서, 한자로 표시하면 '朝光鮮明·朝日鮮明'의 뜻을 가진 '아사나·아사달'의 한자 뜻번역이라고 생각한다. 동아시아 민족형성사에서 阿斯那·阿斯達·阿史那·阿史壤·阿史德 등의 호칭이 가끔 나오는데, 이때 '아사'는 고조선어로 '아침'의 뜻이며 '나'는 '나라', '달 ·더(德의 중국발음)'는 '땅'의 뜻이라고 본다.[83]

《신증동국여지승람》에서는 "朝鮮은 동쪽에 해뜨는 땅에 있으므로 조선이라 이름하였다"[84]고 하고, 이어서 중국인 해석을 "《史記》의 注 索隱에 이르기를 '朝'는 음이 潮요, 鮮은 음이 仙이니 汕水가 있으므로 이렇게 이른다"[85]고 기록하면서도 이를 취하지 아니했다. 필자

---

81) 《江東郡邑誌》山川條 馬山 및 地圖 참조.
82) 《江東郡邑誌》山川條 大朴山 참조.
83) 〈阿史德〉의 '德'은 '달(達)'의 中國語變音 표기이다. '達'은 古朝鮮祖語에서도 '대·다이·다'라고 읽은 흔적이 있다.
84) 《新增東國輿地勝覽》권51, 平安道 平壤府 郡名條.
85) 《新增東國輿地勝覽》의 註의 이 설명은 중국 魏나라 학자 張晏이 "朝鮮有濕水·洌水·汕水 三水合爲洌水 疑樂良朝鮮取名於此也"라고 한 것을 《史記》朝鮮列傳이 引用한 것을 다시 검토한 것이다. 이지린의 《고조선연구》는 이 설을 취하고

는《신증동국여지승람》의 이 해석이 가장 근접했다고 생각한다.

安鼎福은 "기자의 땅이 遼地의 태반을 封함 받아서 鮮卑의 동쪽 (鮮卑之東)에 있으므로 朝鮮이라고 칭하게 되었다"[86]고 했는데, 이 견해는 틀린 것이라고 본다. 古朝鮮이 鮮卑보다 먼저 성립하여 먼저 '朝鮮'이라고 호칭되었기 때문이다.

이 밖에 신채호·정인보·양주동 등이 각각 독자적 견해를 발표하였다.[87]

여러 견해들 중에서 필자는 이병도 박사가 '朝鮮'은 '아사달'의 한자 뜻번역이라고 본 견해를 기본적으로 찬성한다.[88] 이를 약간 세밀하게 보면, '아사달'은 고조선의 수도 이름으로서 '朝陽'으로 한자 뜻번역이 자주 이루어졌고, ('아사달'을 수도로 한) '아사나'가 더 '朝鮮'으로 한자 뜻번역이 되었다는 것이 필자의 생각이다. 그러나 '아사달'도 '아사나'의 수도로서 '아사나'의 상징으로 사용되었을 것이므로, '아사나·아사달' 양자를 모두 포괄해서 '조선'으로 번역했을 것이라고도 생각된다.

한편 '밝달·박달'은 '밝은산'의 뜻으로서, '檀·白山·朴山·朴達·朴達

있다.

86)《東史綱目》附卷 上, "朝鮮名號" 참조.

87) 申采浩,《朝鮮上古文化史》,《丹齋 申采浩全集》上卷, pp.360~361에서는《滿洲源流考》에 淸 초의 觀境을 '珠申'이라고 하고, '珠申'은 '肅申'과 同音이라고 했는데 '朝鮮'도 同音으로 '珠申'에서 나와 형성된 명칭이라고 보았다.

鄭寅普,《朝鮮史研究》, pp.52~53에서도 申采浩와 유사한 견해를 제시하였다. 申·鄭 두 분의 견해도 滿洲族이 형성되기 전에 古朝鮮 국가가 형성되었기 때문에 성립될 수 없다고 본다.

梁柱東,《古哥研究》(박문출판사), 1957, pp.380~391에서는 고대 조선족은 태양숭배 신앙을 갖고 도처에 '밝'과 '새[東]'의 지명을 남겼다고 지적하면서 '朝'를 '밝'으로 '鮮'을 '새'로 해석하여 '朝鮮'을 '밝새'로 풀이하였다. 매우 포괄적 풀이로서는 타당하다고 보지만, 역으로 '밝새'에서 '朝鮮'을 한자 뜻번역을 해내기는 어렵다고 본다.

88) 李丙燾,〈檀君說話의 解釋과 阿斯達問題〉,《서울大論文集》제2집, 1955 참조.

山' 등으로 한자번역되었을 뿐만 아니라, '倍達'로도 한자번역되었다. 이 때문에 한국민족(조선민족)을 때때로 '倍達民族'으로 호칭하는 관행이 널리 퍼지게 되었다.

'밝달'은 古朝鮮에 있는 신성한 산이고, 또 그 기슭에 수도 '아사달'이 있는 신성한 산이므로, 고조선의 상징이 되기에 충분한 명칭이었다고 볼 수 있다. 따라서 한국민족(조선민족)을 밝달족, 白(山)族, 倍達族, 檀族, 아사나족, 아사달족, 朝鮮族, 韓(馯)族, 桓族 등으로 호칭하고 옛 문헌에 기록되어도 조금도 틀린 것이 아님을 이해할 수 있게 된다.

Ⅲ 한편 도읍 또는 큰 고을 이름으로 '아사달·朝陽·왕검성'은 한반도 江東縣의 '아사달' 뿐 아니라, 대륙에 적어도 3개 이상 더 있었다.

그 하나는 《史記》 朝鮮列傳에 나오는 遼東部 '險瀆'인데, 그 주에 '險瀆'은 '王儉城'이며 혹은 '朝鮮王의 舊都'라고 해석한 것이다.[89] 이것은 오늘날의 요동 지방의 蓋平縣 '險瀆'을 가리킨 것인데, 고조선의 어느 시기에 한 때 고조선의 수도였음을 전하는 것이기는 하나 직접 '아사달'을 가리키는 것은 아니라고 할 수 있다. '밝달[白山]'과 직결된 '아사달(朝陽, 朝鮮)'의 흔적이 없이 '險瀆(王儉城으로 해석)'이 나오므로, 이것은 고조선 건국 훨씬 이후에 한때 고조선의 수도가 된 지명의 흔적이라고 볼 수 있을 것이다.

다른 하나는 요서 지방 大凌河 중류에 있는 '朝陽'지역이다. 이곳에도 白狼山이 있고 대릉하의 본 이름이 白狼水였다고 하므로 이곳도 '아사달'의 하나였다고 볼 수 있다. 이 지역은 '아사달'의 구조를 모두 갖추고 있다고 할 것이다.

또 하나의 '아사달'과 관련된 것이 永平府(지금의 北京 바로 동북지

---

89) 《史記》 朝鮮列傳, "奚隱曰 遼東有險瀆縣 朝鮮王舊都" 참조.

역) '朝鮮'縣이다. 즉 지금의 灤河 유역의 '아사달'이다. 이것은 永平府 일대가 고조선의 영토였음을 시사하는 것이다. 그러나, 古朝鮮의 발생 건국지가 되려면 신석기시대로부터 청동기시대로 이행하는 시기의 고조선문화의 유물들이 나와야 한다.[90]

'아사달'이 여러 곳에 있게 된 것은 고조선의 영토가 확대됨에 따라 고조선이 '三京五部制'를 실시하고 또 侯國制度를 실시했기 때문이었다고 생각된다.[91]

여기서 네 곳의 '아사달' 가운데 어느 '아사달'이 역사적으로 가장 오래된 '아사달'인가를 판별하는 것이 중요하다. 가장 오래된 '아사달'이 古朝鮮의 첫 수도가 되고, 나머지 세 개의 '아사달' 또는 '왕검성'은 副首都가 되거나 후에 천도한 수도가 될 수 밖에 없다. 이 문제의 해결은 ① 支石墓[고인돌무덤]의 연대와 분포, ② 비파형 청동단검의 연대와 분포 형태 등 매우 명료한 지표에 준거하여 고고학적 발굴물을 분석함으로써 해결될 수 있을 것이다.

현재까지 고고학계 보고에 의하면, 대릉하 중류 朝陽 지방에서는 비파형 청동단검과 청동기류는 많이 출토되고 있으나, 고인돌무덤은 없는 것이 특징이다. 따라서 대릉하 중류의 '朝陽'은 고조선의 부수도 또는 융성기의 천도한 수도 '아사달'은 될 수 있으나, 고조선 건국의 첫 수도 '아사달'은 되기 어렵다고 본다. 만일 이 지역에서 '고인돌무덤들'이 집중적으로 발굴된다면 그것은 별문제이다.

永平府의 '朝鮮縣(灤河 유역의 朝鮮) 지방에서는 고인돌무덤도 없을 뿐만 아니라 비파형 청동단검도 大凌河 유역 '朝陽'지구보다 훨씬 적게 나오고 있다. 그러므로 앞에서 쓴 바와 같이 고조선의 서방 최전선 영토였음은 증명되지만, 고조선이 건국된 '아사달'이라고는 볼

---

90) 鄭璟喜, 〈檀君社會와 靑銅器文化〉, 《韓國學報》 제23집, 1981 ; 《韓國古代社會文化硏究》, 一志社, 1990, pp.12~61 참조.
91) 申采浩, 《朝鮮上古史》, 《改訂版丹齋申采浩全集》上卷, p.69 참조.

수 없을 것이다.

현재 요동의 '險瀆' 지방에서는 '고인돌무덤'도 258기 산재해 있고, 비파형 청동단검과 청동기 유물들도 대동강 유역 강동현 '아사달'의 출토를 뒤좇는 매우 오래된 유물들이 발굴되었다. 이 때문에 요동 개평현의 '險瀆[王儉城]'과 대동강 중류 '아사달'의 어느 것이 먼저인가를 판별하는 것이 과제가 된다. 그러나 요동 개평현의 '險瀆'의 문제점은 비파형 청동단검과 함께 그 주변에 같은 시기 大塚·大王陵의 발굴보고가 없고, 또 그러한 것이 미발굴 상태로 실재하고 있다는 보고도 없는 것이다.

한편 대동강 유역 강동현의 '아사달' 지역에서는 북한이 檀君을 부인하던 시기에도 수천 개의 '고인돌무덤'들의 집중적 분포가 보고 되었으며, 비파형 청동단검과 청동기 유물들도 요동 지방의 것들보다 앞선 것들이 발굴되어 琵琶形 靑銅短劍文化와 細形靑銅短劍文化의 발상지가 大同江 유역이라는 해석의 정립을 가능케 해주고 있다.

또한 檀君陵을 발굴해 본 이후 특히 최근 이 일대를 재조사하더니 대동강 유역에 약 14,000개의 '고인돌무덤'이 江東邑을 중심으로 하여 분포되어 있다고 보고되었다. 또한 비파형 청동단검과 청동기들의 연대도 요동 지방의 것보다 더 올라가는 유물들을 다수 발굴했으며, 상당수의 철기 유물, 금과 금동의 패물들도 발굴되었다. 뿐만 아니라 《신증동국여지승람》 강동현 大塚조에 '檀君陵墓' 1기와 '古皇帝墓' 1기 등 2기의 단군능묘의 실재를 기록했음은 위에서 이미 쓴 바와 같다.

따라서 대동강 유역 江東縣의 '아사달'이 檀君이 고조선을 건국한 첫 수도임을 알 수 있다. 그리고 요동의 '險瀆(王儉城)'과 요서 대릉하 유역의 '아사달[朝陽]' 및 灤河 유역 永平府의 '朝鮮縣[아사달]'은 융성기의 古朝鮮의 副首都 또는 부수도급 大都市였거나 후에 천도한 수도였다고 볼 수 있을 것이다.[92]

6. 고조선의 건국 연대

⑫ 고조선의 건국 연대에 대한 문헌자료의 기록은 기본적으로 두 가지이다. 《삼국유사》의 《魏書》 인용부분에서는 "도읍을 阿斯達에 정하고 나라를 개창하여 이름을 朝鮮이라 하니 高[堯]와 同時이다" 라고 하여 檀君의 古朝鮮 건국과 중국 堯 임금의 건국이 '同時'라고 하였다.

한편 《삼국유사》의 《고기》 인용부분에서는 "唐高[堯]의 즉위한 지 50년인 庚寅에 평양성에 도읍하고 비로소 朝鮮이라 칭하였다"라 고 하면서 一然은 "唐高[堯]의 즉위년은 戊辰인 즉 50년은 丁巳요 庚 寅이 아니다. 아마 틀린 듯하다"[93]고 수정하는 淺注를 붙이었다. 《고 기》는 중국 堯 임금의 건국보다 약 50년 늦게 잡아 기록한 것이었다.

이에 비하여 《帝王韻紀》는 "帝高[堯]와 나란히 戊辰에 일어나서" 라고 하여, 단군의 고조선 건국을 중국 堯 즉위년인 戊辰年이라고 하 였다.[94]

구한말 학자들은 《三國遺事》 魏書의 인용부분과 《帝王韻紀》의 기 록을 취하여 중국 堯 임금의 즉위년인 戊辰年을 취해서 B.C. 2333년 에 고조선을 개창 건국한 것으로 계산하였다.

이 고문헌 기록들은 고조선 건국 연대를 밝히는 데 매우 중요한 참고자료가 된다. 이 기록의 문제점은 중국측 기록인 《魏書》가 고조

---

92) 고조선은 2800년이나 존속한 帝國이었고 큰 王朝만도 3번의 交替가 있었으므 로 遷都 가능성은 극히 높다. 《三國遺事》, 《古記》는 前朝鮮(檀君朝鮮)시대만도 阿斯達·平壤城·藏唐京 다시 阿斯達로 천도를 기록하고 있다. 물론 그 地理비정 의 논쟁은 별개문제로 할지라도, '遷都'의 사실만은 강력하게 시사해 주고 있다.
93) 《三國遺事》 卷1, 古朝鮮(王儉朝鮮)條.
94) 《帝王韻紀》 下卷, "東國君王開國年代幷序" 참조.

선 건국 연대를 중국보다 먼저가 되지 않도록 堯 임금의 즉위년에 맞추고, 한국의 옛 학자들은 중국의 문화적 영향과 한자문화권 속에서 공부하여 중국보다 앞선 연대의 고조선 건국을 생각하지 않은 것에 있다고 할 수 있다.

고조선 건국 연대 규명에 과학적 참고자료가 되는 것으로는 청동기시대의 시작 연대를 규명하는 고고학적 발굴물 검토가 있다. 세계사적으로 보아서 최초의 고대국가는 신석기시대가 해체되면서 청동기시대가 시작되는 과도기에 건설되는 것이 매우 많기 때문이다.[95]

앞에서 쓴 바와 같이 북한 고고학계의 발굴 보고에 의하면, B.C. 40세기 후반기에 대동강 유역에서는 이미 청동기가 사용되었고, B.C. 30세기 초·중엽에 청동무기가 사용되었음을 증명하는 여러 가지 유물들이 발굴되었다. 평안남도 덕천시 남양 유적 제16호 집자리는 5769년 전의 것인 데 여기서 나온 비파형 청동창끝은 같은 시기의 것이므로 B.C. 38세기경의 것이다. 또한 상원군(현재 평양시 소속) 용곡리 5호 고인돌무덤에서 나온 초기 비파형 청동창끝은 B.C. 26세기의 것으로 편년되었고, 덕천시 남양리 팽이그릇 집자리에서 나온 청동창끝은 이보다 더 이른 시기의 것이라고 보고되었다.[96]

한국(남한) 고고학계의 발굴 보고도 앞서 쓴 바와 같이, 경기도 양평군 상자포리에서 출토된 변형 비파형 靑銅短劍과 전라남도 영암군 장천리에서 발굴된 청동기시대 집자리 유적은 기원전의 매우 오래된 것이었다.

남북한 고고학계의 발굴 보고에서도 알 수 있는 바와 같이, B.C. 30~B.C. 20세기 경에는 한반도에서는 청동기문화가 보급되기 시작하고 있었으므로, 고대국가는 B.C. 2333년보다 약간 더 일찍 건국될

---

95) 崔夢龍·崔盛洛,《韓國古代國家形成論》, 서울대출판부, 1997 참조.
96)《조선고고연구》, 1995. 2. p.6, 전게서, p.317 참조.

수도 있는 단계에 있었음을 알 수 있다.

북한 고고학계는 앞서 쓴 바와 같이 1993년 10월 江東邑에 있는 옛날부터 '檀君墓'라고 기록되어 전해 온 단군릉을 발굴하였다. 단군 릉에서는 인골이 나왔는데, 연대가 1994년 기준으로 5011±267년 전 의 것이었다. 그렇다면 이것은 제1대 檀君 인골이 되므로, 북한 고고 학계에서도 처음에는 상당히 놀라서, 두 연구기관이 24~30차의 측 정을 거듭했는데, 그 결과 과학적으로 이 수치가 얻어지고 거듭 확인 되었다는 것이다.[97] 이것이 사실이라면 고조선의 건국 시기는 B.C. 30세기 경이 된다.

일부에서는 북한 고고학계의 연대측정 방법을 회의적으로 보는 견해가 있지만, 필자의 견해로는 과학적 측정의 결과들은 받아들일 수 있다고 생각한다. 만일 단군묘 인골의 연대측정에 오류가 있다고 후에 나올지라도 이 논문의 패러다임 구성이 변하는 것은 아니다. 단군묘는 이 논문의 실증의 작은 일부뿐이기 때문이다.

檀君墓의 발굴 결과에 가장 큰 충격을 받고 그 이전까지의 고대사 체계를 완전히 수정해서 새로 써야 할 학계는 바로 북한 역사학계와 고고학계라고 볼 수 있다. 왜냐하면 북한학계는 그 이전까지는 단군 을 비실재적 전설로 보았으며, 고조선을 연구하면서도 단군설화 등 을 가볍게 생각했었기 때문이다. 오히려 남한의 일부 학자들이 오래 전부터 민족주의자로 공격을 당해가면서도 檀君朝鮮의 실재를 인정 하고 고문헌으로라도 증명하려고 노력해 왔었다.

그러므로 북한 고고학계가 1994년부터 견해를 일신하여 檀君을 인정하고, 한국민족의 기원과 형성을 새롭게 연구 고찰하려는 방향 전환을 한 것은 고고학적 발굴로 증명된 역사적 사실을 받아들인 것

---

97) 허종호, 〈단군 및 고조선력사 연구에서의 몇가지 기본문제들과 그 해명〉, 전 게서, p.231 참조.

이리고 볼 수 있을 것이다.

현재 학계의 연구 단계로서는 고조선의 건국 시기를 아주 정확하게는 단정할 수 없다. 그러나 종합적으로 지금으로부터 약 5천년 전인 B.C. 30세기 경에 최초로 고대국가로서 '朝鮮(古朝鮮)'이라는 나라를 白岳山 阿斯達에 건국했다는 것을 역사적 사실로서 말할 수 있게 되었다.

고문헌들이 B.C. 24세기의 건국을 기록하였고, 청동기 유물들이 B.C. 38세기의 고대국가 출현 가능성을 입증해 주었으며, 檀君陵 발굴 결과가 B.C. 30세기 경의 단군의 실재를 보고하고 있으니, 한국민족의 원민족이 B.C. 30~B.C. 24세기에 최초의 고대국가로서 朝鮮(古朝鮮)을 건국하여 문명시대에 들어서고 주위에 문명을 전파했다는 사실은 말할 수 있게 된 것이다.

만일 고고학분야에서 후에 혹시라도 청동기유물과 단군릉 인골의 연대측정이 오류였다고 수정되는 경우에도 필자의 새 패러다임 구성에는 영향이 없고, 오직 고조선의 건국 연대만 고고학의 연구결과에 따라 수정될 것이다.

⑬ 고조선은 건국 이후 위만조선이 멸망한 B.C. 108년까지 무려 2800여 년간 존속한 고대국가였다.

고조선 국가는 그 사이에 적어도 3개의 왕조가 교체되었다. 鄭道傳의 《朝鮮經國典》(1139년 작)에서 볼 수 있는 바와 같이, 전통적으로 한국학자들은 이를 '三朝鮮'이라고 부르면서 檀君朝鮮·箕子朝鮮·衛滿朝鮮이라고 호칭해 왔다.[98]

이에 비하여 《龍飛御天歌》에서는 檀君이 세운 朝鮮을 '前朝鮮', 소위 箕子가 책봉을 받았다는 조선을 '後朝鮮'이라고 호칭하였다.[99]

---

98) 鄭道傳, 《朝鮮經國典》上, 國號 참조.

箕子가 책봉을 받았다는 전설은 거짓임이 이미 판명되었으므로, 여기서 檀君朝鮮의 왕조를 '前朝鮮'으로 그 뒤를 이른 왕조를 '後朝鮮(韓氏朝鮮,[100] 濊貊朝鮮[101])'이라 하고, 衛滿이 세운 왕조를 '衛滿朝鮮'이라고 호칭하기로 한다.[102]

前朝鮮의 존속 기간에 대하여 《三國遺事》, 《古記》 인용부분은 1500년이라고 하였다. 현재까지 이를 절대적으로 반박 부정할 자료는 없다.

後朝鮮의 성립 시기에 대해서는 《삼국유사》, 《고기》 인용부분에서는 "周의 武王 즉위년인 己卯"[103]라고 하였다. 《제왕운기》는 "殷 武丁 8년 乙未"라고 하였다.[104] 《應製詩註》는 "商 武丁 8년 乙未"라고 하였다.[105] 《세종실록지리지》는 "殷 武丁 8년 乙未"라고 하였다.[106] 周 武王 즉위년 己卯는 서기로 B.C. 1122년이다. 殷 武丁 8년은 중국에서도 즉위년에 대해 여러 학설이 있어서 비정하기 어려우나 통설에 따르면 B.C. 1316년이 된다. 殷 武丁 8년 설을 취하면 B.C. 14세기 초엽에 後朝鮮으로의 왕조교체가 있었던 것으로 해석된다.

고조선 유민 衛滿은 B.C. 194년에 정변을 일으켜서 후조선의 마지막 왕인 準王을 몰아내고 새왕조를 세웠으나, 여전히 국호를 朝鮮이라고 하였다. 그러므로 위만조선은 B.C. 194년부터 멸망한 B.C. 108년까지 86년간 존속하였다.

이 중에서 前朝鮮은 한부족·貊부족·濊부족 등 3부족의 결합에 의

99) 《龍飛御天歌》 卷1, 第9章 참조.
100) 李丙燾, 〈'箕子朝鮮'의 正體와 소위 '箕子八條敎'에 대한 신고찰〉, 《韓國古代史研究》, 1976 참조.
101) 金貞培, 《韓國古代의 國家起源과 形成》(高大出版部), 1986, pp.7∼9 참조.
102) 李鍾旭, 《古朝鮮史研究》, 一潮閣, 1993, pp.205∼256 참조.
103) 《三國遺事》 卷1 古朝鮮(王儉朝鮮)條.
104) 《帝王韻紀》 下卷, "東國君王開國年代幷序" 참조
105) 《應製詩註》 命題十首 始古開闢東夷主, 참조.
106) 《世宗實錄地理志》 참조.

히여 B.C. 30세기~B.C. 24세기 경에 처음으로 고대문명과 고대국가를 수립한 왕조이다. 이들은 '한'을 '桓'으로 자주 번역하고, 또 왕족을 '桓·밝달·白·發·倍達·阿斯那·阿斯達' 등으로 표기한 왕조였다. 단적으로 단순화시키면 그들은 팽이그릇 토기와 고인돌무덤[支石墓], 琵琶形 靑銅短劍 문화를 창조하여 보급한 왕조였다.

後朝鮮은 왕족 '한'을 '韓·馯'으로 표기한 왕조였으며, 비파형 청동단검과 함께 細形銅劍과 鐵製武器 문화를 창조하여 보급했으며, 騎馬戰術을 전군대에 보급한 왕조였다고 볼 수 있다.

7. 고조선의 政治·社會·文化 일단과 古朝鮮文明圈

⑭ 고조선 국가 내정의 기본구조는 世襲君主인 檀君을 제왕으로 하여 그 아래 三相五部 제도의 막료조직,[107] 관료조직을 두었다.[108]

《三國遺事》,《古記》의 인용에서는 3상은 風伯·雨師·雲師로 구성되었다. 3상의 명칭이 기후와 관련된 것은 농업경작과 관련된 것이지만, 이것은 최고위 관직명이었다. 비유하면 부여의 최고위 관직 명칭이 馬加·牛加·楮加·拘加 등 동물과 관련된다. 이 3상 중에서 풍백이 제1의 宰相 격이었다. 첫째를 가리키는 '伯'자에서 이를 알 수 있고, 그 다음부터는 '師'로 구분되어 있다.

3성 아래의 행정체계의 구분은 5부로 나누어져 있다. 단군설화에

---

107) 愼鏞廈,〈民族形成의 理論〉, 1984, p.44에서 "'환'부족의 통치체제가 風伯·雨師·雲師로 3분되어 기능이 분화되어서 각각 곡물과 질병과 형벌 …… 을 담당하는 幕僚들을 分立시키고 그 하위체제를 細分하여 정비한" 선진성이 있다고 지적하여, 그후 檀君說話 해석논문에서 이 '막료조직'의 행정지배체제 그림을 그렸다.

108) 李康植,〈'古記'에 기록된 神市組織의 構造와 機能〉,《慶北大經商大論集》제15집, 1987을 과문하여 1996년에야 처음 받아 읽게 되었는데, 매우 세밀한 분석과 정밀한 그림을 그린 것을 알았다. 과문하여 미리 참조하진 못했지만, 매우 독창적인 논문이었다.

서 "主穀主命主病主刑主善惡 凡主人間三百六十餘事 在世理化"는 "穀 命 病 刑 善惡 등 무릇 인간의 360여 사를 맡아서 人世를 다스리고 교화하였다"고 하였다. 이 때 '主'자를 한 번만 사용하여 "主穀命病刑善惡 凡人間三百六十餘事"라고 하지 않고 구태여 穀·命·病·刑·善惡 앞에는 매번 '主'자를 붙여 "主穀·主命·主病·主刑·主善惡 凡主人間三百六十餘事"라고 한 것은 主穀과 主命과 主病과 主刑과 主善惡 사이에 칸막이를 분명히 하여 통치 행정 업무의 구분, 즉 행정조직의 분립을 동시에 나타내기 위한 것이었다고 해석된다.[109] 즉 1) 穀(농업·식량·목축……)을 주로 다루는 부서와 2) 命(天命·운명·祭天·祭神……)을 주로 다루는 부서와 3) 病(질병·의약·치료·악귀 퇴치……)을 주로 다루는 부서와, 4) 刑(죄·형벌·재판……)을 주로 다루는 부서와 5) 善惡(윤리·교육·敎化……)을 주로 다루는 부서로 나누어서, 여기서 인간의 모든 일(일년 365일에 비유하여 360여 가지 일)을 분담·관장하여 다스리도록 한 것이었다.

檀君은 桓雄의 아들이므로 桓雄의 위의 三相五部制度를 계승했을 뿐만 아니라 더욱 발전된 官制를 만들었으리라고 추정된다.

한편 《揆園史話》에서는 '檀君八加'제도라는 관직제도가 있었다고 하면서 이를 설명하였는데, 이를 정리하면 다음과 같다.[110]

虎加…… 모든 加들을 총괄 ……… 큰아들 夫婁를 임명
馬加…… 主命 담당 ……… 옛 神誌씨를 임명
牛加…… 主穀 담당 ……… 高矢씨를 임명
熊加…… 主兵 담당 ……… 蚩尤씨를 임명
鷹加…… 主刑 담당 ……… 둘째 아들 夫蘇를 임명
鷺加…… 主病 담당 ……… 셋째 아들 夫虞를 임명
鶴加…… 主善惡 담당 ……… 朱因씨를 임명

109) 尹世復,〈檀君考〉,《建國大學術誌》 제2집, 1959 참조.
110)《揆園史話》, 檀君記 참조.

狗加 …… 分管諸州 ……… 余守己를 임명

위의 관직체계는《삼국유사》의 三相五部制度와 비슷하지만,《규
원사화》자체가 근세에 쓰여진 책으로서 僞書로 지적되고 있는 만
큼, 전승을 수록했다 할지라도 얼마나 신빙성이 있을지는 더 연구해
보아야 할 문제이다.[111] 그러나 三相五部制度도 8개 부처이고, 檀君八
加제도도 8개 부처인 것은 같다.

15 고조선 사회는 재론할 여지도 없이 身分·階級社會였다.
고조선 사회신분제도는 기본적으로 ① 王族(檀·桓·解·奚·阿斯那·
阿斯達族·諸侯王族……) ② 貴族(加·將軍·두만[Tuman, Tumen, 豆滿,
頭曼, 土門]) ③ 平民(下戶, 兵士) ④ 奴隷의 4신분으로 구성되어 있었
다고 해석된다.
대동강 유역의 고인돌무덤의 뚜껑돌의 무게가 40~100톤에 달하
는 초대형의 것들이 있고, 한 개의 무덤에서 70여 개의 활촉과 3개의
별도끼가 출토되었다는 보고가 있다.[112] 이것은 거대한 권력과 재력
을 가진 특권 귀족의 실재를 증명하는 것임은 물론이다.
요동 지방의 강상무덤에서는 140명의 순장당한 인골이 발굴되었
는 데 무덤 주인공이 죽었을 때 동시에 순장된 것이 90명, 그후 제사
때에 순장된 것이 50명이었다. 또한 루상무덤에서도 40여 명의 순장
된 인골이 발굴되었다. 이것은 고조선의 사회신분에 노예가 있었음
을 나타내는 것이라고 볼 수 있다.
이러한 사회신분 간에는 신분갈등도 컸음을 추정하는 것은 전혀

---

111) 韓永愚,〈17세기 反尊華的 道家史學의 成長 ─ 北崖의 '揆園史話'에 대하여〉,《韓
    國學報》제1집, 1975 및 趙仁成,〈桓檀古記의 '檀君世紀'와 '檀奇古史'·'揆園史
    話'〉,《단군학연구》제2호, 2000 참조.
112) 김유철,〈고조선시기 경제발전과 노예제도의 변천〉, 전게서, p.397 참조.

어려운 일이 아니다. 桓雄의 행정조직에 刑罰을 관장하는 부서가 5대 부서의 하나로 되어 있었던 것은 당시의 古代律令 질서와 함께 신분·계급 갈등이 있었음을 증명해 주는 것이라고 볼 수 있다.

또한 고조선 사회는 父系社會였고 家父長 중심의 소가족제도 사회였다고 추정된다. 桓雄의 '雄'이나 解慕漱의 '漱'는 父·男係를 가리키는 용어로서 父系 首長을 의미하는 것이었다. 이것은 부계 중심의 사회조직과 가족제도를 나타내 주는 것이기도 하다.

또한 대동강 유역에서 발굴된 집자리터의 구조와 발굴물들은 소가족이 한 家戶를 만들어 생활했음을 알려주고 있다.[113]

고조선 사회는 또한 族外婚(exogamy)의 혼인제도 사회였다. 왕실은 한족과 맥족의 족외혼을 제도화하였는데, 이것은 일반적으로 고조선 사회 모든 주민의 족외혼을 유도했고, 또한 주민들의 족외혼제도를 반영한 것이었다고 볼 수 있다.

고조선 사회의 신앙과 종교는 주로 해(태양)·햇빛·밝음(광명)·하늘[天]·불[火] 등에 대한 숭배를 중심으로 한 것이었다.

고조선인들은 해(태양)가 주는 '밝음'과 '따뜻함'을 큰 은혜로 생각하고 '해(태양)'를 숭배하였다.[114] 또 해가 있는 세계인 '하늘[天]'과 하늘에 사는 '하느님[天神]'을 숭배하였다.

고조선인들은 일반적으로 '떠오르는 해(태양)', 아침의 동쪽에 막 떠오른 해를 가장 숭배하였다. 구리거울의 태양무늬, 또는 동산이나 바다에 절반쯤 떠오르는 태양, 아침의 동쪽에 막 떠오른 해에 햇빛쌀무늬 표시를 한 벽화 그림들이 남아 있는 것이 이를 증명한다.[115]

---

113) 고조선 사회의 平民·下戶는 소가족제도였지만, 最高位 貴族이나 大奴隷所有主는 예외적으로 대가족제도를 가졌던 흔적이 고인돌무덤이나 돌관무덤의 일부에서 보이는 경우도 있다.

114) 고조선인들은 '해' 다음에는 '달'과 '별'도 숭배하였다. 그러나 '광명'이 약하고 '따뜻함'이 없기 때문에 '해'의 다음이었다. 고조선인들은 '번개'도 숭배했는데, 이는 '두려움'과 관련이 있다.

고조선인들이 자기 나라의 이름을 '朝鮮·아사달'이라고 이름지은 것도 '해(태양)'가 가장 먼저 떠올라 맨 먼저 비추는 나라의 뜻을 가진 것이었다고 해석된다. 고조선인들은 해(태양)가 가져오는 '밝음· 환함'을 숭상하여 '환'함을 하느님의 일부로 생각하였다. '桓'도 '밝음'과 '하느님'에 직결된 표현이었다. '桓因·桓雄'은 '하느님'이었으며 '하늘신[天神]'으로 생각되었다.

고조선인들은 고조선 국가를 연 檀君王儉은 하느님[桓因·桓雄]의 아들 손자이며, 고조선인 모두가 檀君의 子孫으로서 天孫族이라고 생각하였다.

고조선인들은 구체적으로는 세 분의 하느님을 숭배하였다. 桓因· 桓雄·檀君이 그것이며, 이를 三神이라고 하였다. 이 중에서 환인과 환웅은 하늘에 계신 하느님이고, 단군은 하느님의 아들로서 첫 사람이며 '朝鮮'이라는 나라를 세운 고조선인의 공통의 조상이라고 생각하고 신앙하였다. 고조선의 지배적 종교는 三神(환인·환웅·단군)을 숭배하는 神敎였다.[116] 신교는 추상적 하느님을 신앙할 뿐 아니라, 더욱 구체적으로는 하느님인 환인·환웅과 하느님의 아들이며, 그들의 조상인 단군을 신앙하는 종교였다.

고조선인들은 그들의 하느님에게 해마다 성대한 제사를 올리는 '祭天' 행사를 하였다. 예컨대 濊族이 해마다 5월과 10월에 올리는 '舞天'이라는 행사는 이러한 제천행사였다.[117] 고조선의 제천행사는 전국을 대표하여 수도 부근에서도 올리지만, 고조선을 구성하는 각 부족들도 별도로 시행하였다. 하느님에게 제사를 올린 후에는 國政을 토론하고 노래와 춤으로 큰 잔치를 베풀었다. 제천행사가 歌舞를

---

115) 李淸圭, 〈東北亞지역의 多鈕鏡과 그 副葬墓에 대하여〉, 《韓國考古學報》 제40
　　집, 1999 참조.
116) 朴殷植, 《韓國痛史》, 《朴殷植全書》(檀國大東洋學硏究所) 上卷, p.54 참조.
117) 《三國志》 魏書 東夷傳, 濊條 참조.

동반했기 때문에, 고조선인들은 가무를 즐기었고 이에 능했다.

고조선인들이 祭天하기 위하여 제단을 차리는 산을 '밝달[白山]'이라고 하였다. 따라서 고조선 국가 전체를 대표하여 제천하는 산은 '한밝달(큰밝달, 太白山, 大朴山, 白頭山)'이 되며, 각 부족별로 제천하는 산은 '밝달[白山]'이 되어, 고조선 영역 전체에 크고 작은 '한밝달[太白山]'과 '밝달[白山]'이 다수 존재하게 되었다.

고조선인들은 하느님과 땅위의 자기들을 연락하는 영매를 '새[天使鳥]'라고 생각하였다. 그들은 '해(태양)'의 세계에는 三足鳥(발이 세개 있는 까마귀 : 神鳥)가 있다고 생각하고 이를 신성한 햇님(태양신)의 새라고 생각하였다. 또한 하느님과 지상을 연결하는 새는 天孫族에 대한 하느님의 보호와 가르침을 '새[天使鳥]'를 시켜서 나무[神樹] 위에 내려 앉게 하여 전달한다고 생각하였다. 그리하여 고조선의 각 마을에는 하느님의 전령인 天使鳥가 내려앉고 올라가는 '솟대'라는 긴 神柱를 세워 하느님의 가호와 가르침을 받도록 하는 풍습을 만들게 되었다. 蘇塗의 '솟대'문화는 고조선 민속문화의 하나가 되었다.[118]

고조선의 행정 및 통치조직체계의 또 하나의 특징은 널리 지적되고 있는 바와 같이 侯國制度(조선왕조 학자들의 표현으로는 封建制度)였다. 고조선시대에는 통치영역·영토가 넓어지고 다수의 부족이 통치권 안에 들어오자 역대 檀君은 자기의 直接統治 영역을 가짐과 동시에 王·侯·두만(豆滿, Tuman, Tumen, 萬戸)을 파견 또는 임명하여 間接統治를 하는 侯國制度를 두었다. 이 후국제도는 古朝鮮文明圈을 형성 확대시키는 데 크게 작용하였다.

필자는 侯國制度를 다시 2개 유형으로 나눌 필요가 있다고 생각한다. 그 하나는 제1유형 侯國으로서 '直割侯國'이라고도 부를 수 있는

---

118) 孫晉泰, 〈蘇塗(솟대)考〉,《韓國民族文化의 研究》, 乙酉文化社, 1947, pp.182~223 참조.

것인데, 매우 일찍 侯國으로 편입되어 古朝鮮語를 많이 사용하고 중앙정부와의 거리가 상대적으로 가까운 후국이다. 貊·濊·夫餘·沃沮·句麗·辰·肅愼·挹婁 등이 이에 해당된다.

다른 하나는 제2유형 侯國으로서 '邊方侯國'이라고도 부를 수 있는 것인데, 후국으로 편입된 시기가 상대적으로 후기이고 중앙정부와의 정치적 거리가 제1형보다 상대적으로 먼 후국들이다. 東胡·烏桓·鮮卑·奚·烏孫·柔然·山戎(凶奴)·突厥·室韋(原蒙古) 등이 이에 해당한다.

제1형 후국과 제2형 후국은 모두 고조선의 직접·간접의 지배를 받았을 뿐 아니라, 무엇보다도 거대한 '古朝鮮文明圈'을 구성하였다. 고조선은 오늘과 같은 의미의 제국이 아니라 일종의 文明圈帝國의 특징을 갖고 있었다.

지금까지의 후국에 대한 고찰은 주로 제1형 후국에 집중되어 왔고, 제2형 후국에 대해서는 등한시 해왔다. 그러나 제2형 후국에 대한 고찰과 연구가 수행되어야 古朝鮮과 세계사와의 관련 특히 문명사적으로 선명하게 밝혀질 것임을 주목할 필요가 있다.

16 古朝鮮은 동아시아에서는 가장 일찍이 古代文明國家를 건설했기 때문에 고조선 건국 이전부터 동일한 貊족과 濊족이 분산 거주하고 있던 遼東 지방과 遼西 지방, 즉 遼河, 大陵河·灤河 일대로 비교적 급속하게 영토와 세력이 뻗어나가게 되었다. 이것은 3단계를 거친 것으로 이해된다.

제1단계로 古朝鮮은 대동강 유역의 古文明에 기초하여 B.C. 30세기 경에 江東의 阿斯達에 수도를 정하고 건국했을 때에는 북으로는 압록강 이남, 남으로는 예성강 이북까지의 영토를 가졌던 것으로 추정된다.

그러나 바로 얼마 후에 古朝鮮은 제2단계로 들어가서 서쪽으로는 지금의 遼河 이동의 遼東 지방, 북으로는 松花江 중류, 남으로는 漢

江 이북, 동으로는 東海岸까지 영유했던 것으로 고찰된다. 이 지역에
서 널리 체계적으로 발견되는 고조선식 고인돌무덤 및 돌관무덤과
비파형 청동단검의 체계적 분포 및 길림성 西團山文化가 이를 단적
으로 증명해 준다. 이 시기에 고조선은 遼東 지방의 개평현 險瀆에
또 하나의 부수도를 설치했던 것으로 보인다.

고조선은 제3단계로 더욱 융성해졌을 때에는 遼河를 건너서 遼西
지방으로 진출하여 지금의 灤河까지를 영토로 지배했던 것으로 고
찰된다.[119] 이 무렵에는 大陵河 중류에 또 하나의 부수도인 '아사달
[朝陽]'을 설치하여 이 遼西 지방의 후국들을 관장했던 것으로 관찰
된다. 이 지역에서 다수 발굴되는 靑銅器나 琵琶形 靑銅短劍들이 고
인돌무덤이나 돌관무덤을 동반하지 않고 나오는 것이 그 증거의 하
나가 된다.

古朝鮮은 大同江 유역에서 발생하여 서북쪽으로는 일찍이 濊족과
貊족이 많이 거주하고 있던 遼東과 遼西 지방으로 西進하는 방향으
로 비교적 빠르게 지배영역과 영토를 확대했다고 볼 수 있다.

古朝鮮 세력과 고조선문명은 일찍이 서진하다가 灤河 유역에서
黃河 유역 문명의 고중국 세력과 맞닿았다. 이 지역에서 출토되는
고고유물들이 황화 유역 문명의 유물과 고조선문명의 유물이 뒤섞
여 나오고 있는 사실이 그 증거의 일단이 된다. 즉 융성기 고조선의
고중국과의 국경은 灤河가 경계선이 되었다고 볼 수 있는 것이다.[120]

고조선문명과 황하 유역 문명을 대비해 볼 때, 고조선문명이 초기
에는 우세하여 일찍이 灤河 유역까지 서진해서 황하의 북방을 지배
할 수 있었던 특징적 요인은 적어도 세 가지가 있었다고 볼 수 있다.

첫째는 고조선의 金屬文明의 선진적 발전이다. 고조선은 靑銅器와

---

119) 이지린, 《고조선연구》, 1963, pp.11~96 참조.
120) 尹乃鉉, 《고조선연구》, 一志社, pp.170~306 참조.

鐵器문명을 황화 유역 문명보다 더 빨리 발생·발전시켰다. 이것은 두 지역에서 발굴되는 청동기와 철기의 연대 측정에서 증명된다. 특히 鐵器文明과 鐵製武器 제조에서는 고조선문명은 황화유역보다 훨씬 앞서 있었다.

고조선의 이러한 철기문명의 조기 발생·발전에서 필자는 특히 遼河 중류 撫順 지방 일대의 露天鐵鑛의 광범위한 분포를 강조하고자 한다. 이러한 노천철광은 고대인들이 풍부한 철광석을 용이하게 제련하여 철기문화를 선진적으로 발전시킬 수 있는 유리한 조건이 되었다. 특히 戰鬪武器를 鐵製武器로 바꾸는 경우 그 전투력은 혁명적으로 증강되기 때문에 靑銅武器는 대항하기 어려운 것이었다.

고대 중국인들도 鐵은 '東夷'인 古朝鮮이 먼저 발견하여 鐵器文明을 발전시켰다는 사실을 잘 알고 있었다. 그 증거가 '鐵'의 문자이다. 鐵의 古字는 '銕'이었는데 이것은 '東夷의 쇠붙이'라는 뜻이었다.

둘째는 고조선의 騎馬術의 제도화이다. 기마술은 동아시아에서는 고조선에서 처음으로 제도화된 것이었다. 기마술의 발상지는 대흥안령 동쪽 송화강 중류의 고조선 영역 평원으로서 그 후에 扶餘와 室韋의 영토가 된 지역이었다. 이 곳에서 遊牧部族들이 野生馬를 가축화하여 畜力으로 사용하다가 인간이 직접 말 위에 乘馬하는 騎馬術을 개발하게 되었고, 이 말을 軍馬로 사용하여 騎馬戰術을 개발하게 되자 상황은 완전히 달라지게 되었다.

고조선의 군대가 騎馬戰術을 갖게 되자 그것은 '機動力'에 그야말로 革命을 가져와서 질풍노도와 같은 공격과 후퇴의 속도전을 가능하게 하였다. 고조선이 다수의 侯國들을 휘하에 두면서 灤河 지방까지 진출하고 황하 북방의 草原地帶를 왕래하게 된 것도 騎馬術 때문이었다. 또한 고조선의 侯國 부족·원민족들이 소수의 병력으로 중국의 영역을 질풍노도처럼 공격하여 고중국 국가들로 하여금 이를 막기 위해 후에 萬里長城을 쌓도록 만든 것도 고조선과 그 후국들의 騎

馬戰術 때문이었다.

萬里長城은 고조선 세력이 매우 강성했으며, 고조선 세력의 영토가 만리장성까지 닿아 있어서 灤河와 함께, 바로 萬里長城이 고조선 세력과 고중국 세력의 경계선이었음을 실증하는 유물이라고 볼 수 있다.

셋째는 고조선의 弓術의 선진적 발전이다. 고조선의 활과 화살은 중국에서도 '檀弓·貊弓'이라고 하여 이름을 떨칠만큼 매우 우수하였다. 원래 중국인들이 古朝鮮과 그 侯國 부족들에게 붙인 이름인 '東夷'의 '夷'자는 '큰 활을 쓰는 종족'이라는 뜻으로 채용된 것이었다. 고조선과 그 후국들에서는 어린이 때부터 활쏘기 훈련을 시켜 소년 名射手가 대거 배출되었다. 이러한 弓射文化는 고조선 영역 내의 부족들 중에서 半農半獵 또는 半牧半獵의 부족들도 포함되어 있었기 때문에 생존의 유지를 위해서도 반드시 필요한 문화였다고 볼 수 있다. 또한 고조선에서는 이러한 선진적 弓術이 騎馬術과 결합되어 경이로운 전투력을 생산하였다. 말을 타고 고속으로 달리면서 정면과 측면 목표를 사격하는 것은 물론이요, 騎馬하여 달리면서 뒤를 돌아보고 자유자재로 조준 사격하는 고조선의 騎馬弓術은 다른 문화에서는 일찍이 개발하지 못한 독특하고 매우 숙련된 것이었다. 이 때문에 고조선과 그 후국들의 군대에서는 매우 일찍부터 騎兵隊가 매우 큰 비중을 차지했으며, 이것은 막강한 전투력과 기동력을 가진 군대가 되었다.

한편 고조선문명은 황하 유역 문명에 비하여 내부의 취약한 요인도 가지고 있었음을 주목할 필요가 있다.

첫째는 農業生産의 상대적 부족이다. 고대의 경제적 富는 농업생산력에 의존하며 이것은 비옥한 토지면적에 크게 의존하였다. 황하유역 문명은 그 이남의 양자강까지 비옥한 평원을 농경지화하여 일찍이 農耕社會를 크게 발전시켰다. 이에 비하여 고조선문명은 지리적 조건으로 말미암아 대동강 유역과 황해도 평야, 요동 평야의 일부만을 농경사회로 발전시켰고, 후국들 중에는 辰國과 扶餘의 일부만 농경사회로 발전되었을 뿐이지, 나머지 후국들은 半農半獵·半牧半獵·遊牧生活을 하는 경우가 많았다.

따라서 고대의 경제적 부를 생산 축적하는 기본적 생산방법은 農耕農業이었기 때문에, 고조선문명이 고조선 直營地 만이 아니라 모든 侯國들을 급속히 발전하는 농경사회로 만들지 못하는 한, 장기간이 경과하면 경제적 부에서 황하 유역 문명에 뒤떨어질 구조적 요인을 내포한 것이었다고 볼 수 있다.

둘째는 고조선문명의 식량공급의 제한성으로 인한 人口增加의 한계이다. 고대문명은 多産文化이므로 食糧供給 수준이 人口增加를 결정하는 주요 요인이 되었는데, 고조선문명은 황하 유역 문명에 비하여 식량 총생산 공급량이 적었기 때문에 人口增加에 제한을 받았다.

이에 비해서 황하 유역 문명은 식량 총공급량이 매우 많았기 때문에 지속적이고 상대적으로 빠른 인구증가가 이루어졌다. 물론 1인당 식량공급 수준은 두 문명이 비슷하였을 것이지만, 총식량 공급량은 황하 유역 문명이 훨씬 많았기 때문에 총인구의 증가는 황하 유역 문명에서 훨씬 빠르게 진전되었다.

고대사회에서는 총인구가 총병력수를 결정하는 요인이 되었고, 고대 군사에서는 병기의 성능이 낮았기 때문에 군사의 강성은 총병력수가 결정하는 것이 보통이었다. 고대인들이 '衆寡不敵'이라는 용어를 군사작전의 원리로 상용한 것도 이 때문이었다. 이 면에서 황하 유역 문명은 내부의 동원체제만 갖추면 거대한 규모의 총병력을 동원할 수 있는 기반이 계속 확대되어 갔는데 비하여, 고조선문명은 그러한 기반이 상대적으로 취약하였다.

셋째로 고조선문명은 초기에 神誌文字를 발명하고서도 계속 발전시킬 수 있는 조건이 열악했는 데 비하여, 황하 유역 문명은 비슷한

象形文字를 발명한 후 그것을 꾸준히 발전시켜 漢字文化를 만들 수 있었다. 神誌文字, 漢字나 모두 발생기에는 상형문자였고 어려운 글자였다.[121]

그러나 황화 유역 문명은 전체사회가 농경사회로 정착되었기 때문에 안정되어 있어서 실로 장기간에 걸쳐 어려운 상형문자인 漢字를 꾸준히 발전시킬 수 있었다. 이에 비하여 고조선문명은 농경사회는 적고 후국들에서는 機動性이 빠른 遊牧과 狩獵문화가 큰 비중을 차지했기 때문에 安定性이 부족하여 神誌文字를 꾸준히 발전시키기 어려웠다.

황하 유역의 문명이 자기의 문자를 발전시킨 것은 文化의 蓄積을 더욱 높이는 데 결정적으로 중요한 작용을 하였다. 이에 비하여 고조선문명이 자기의 神誌文字를 발전시키지 않고, 漢字를 수입하여 차용한 것은 문화의 축적에서 취약성을 내포한 것이었다고 볼 수 있다.

8. 古朝鮮文明圈과 제2유형 侯國들

⑰ 古朝鮮文明圈에 포함되었던 고조선의 제1유형 후국들에 대해서는 이미 《제왕운기》에서부터 지적해 왔고, 그후 연구업적도 축적되어 있다.[122] 그러므로 여기서에서는 원고 분량을 고려하여 이를 생략해서 다른 기회로 미루고, 古朝鮮文明圈에 포함되었던 제2유형 후국들을 간단히 고찰하기로 한다. 古朝鮮의 제2유형 후국으로서 대표적 후국들이 東胡·烏桓·鮮卑·奚·烏孫·柔然·山戎(凶奴)·突厥·室韋(原蒙古) 등이다.

---

121) 李相佰, 〈甲骨學〉, 《李相佰著作集》 제3권, 乙酉文化社, 1978, pp.536~566 참조.
122) 金廷鶴, 〈韓國民族形成史〉, 《韓國文化史大系》 I, 高大民族文化硏究所, 1964, pp.315~452.

東胡(胡貊, '신朝鮮') : 동호는 현재의 요하 서쪽과 란하 동쪽에 주로 거주하던 '胡貊'이다. 《史記》凶奴傳에서는 "趙襄子(전국시대 晋나라 장수)가 代나라(趙나라 속국)를 공격하여 병합하매 胡貊에 다다랐다"[123]고 하였다. 또한 《漢書》鼂錯傳에서도 '胡貊'을 말했다.[124] 《東史綱目》註에서는 "貊은 胡를 말한 이름이니 東北方에 있다"고 하였다. 즉 東胡는 중국 동북방 란하 이동 요하 이서에 살고 있던 貊족에 대한 중국인의 통칭이었다. 고대 중국인들이 '胡'라고 칭하는 것은 대체로 변방 '오랑캐'라는 비하의 뜻이 담겨져 있고, '貊'은 朝鮮族의 별칭이었다. 신채호는 아예 胡貊(東胡)을 三朝鮮 시기의 가장 서방에 있던 '신朝鮮'이라고 하였다.[125] 이들은 고조선 세력이 요서에 이르렀을 때 고조선의 일부가 되었고, 고조선의 왕족과 장군이 파견되거나 또는 이 지역 맥족 족장들이 고조선 제왕에게 복속함으로써 고조선에 의해 통치되었다.

《山海經》海內西經에서는 "東胡는 大澤의 동쪽에 있고 夷人은 東胡의 동쪽에 있다"[126]고 위치를 밝히었다. 大澤은 중국학자들이 대부분 현재의 달라이 누르(Dalai Nur, 達來諾爾)로 추정하고 있는데, 그렇다면 東胡는 현재의 란하 이동의 요서 지방에 있고, 夷人(古朝鮮을 지칭한 듯)은 요동 지방에 있다고 위치를 기록한 것으로 해석된다.

《管子》小匡篇에서는 "(환공이) 晋公을 구하면서 狄王을 생포하고 胡·貊을 패퇴시켰으며, 屠何를 부셔 騎馬오랑캐를 비로소 복종시켰다"[127]고 기록하였다. 여기서도 東胡를 '胡貊'이라고 호칭한 것은 東胡가 貊족임을 거듭 밝힌 것이며, 古朝鮮 건국에 참여한 貊족과 종족상

---

123) 《史記》列傳, 凶奴傳.
124) 《漢書》鼂錯傳 참조.
125) 申采浩, 《朝鮮上古史》, 《改訂版丹齋申采浩全集》上卷, pp.97~98 참조.
126) 《山海經》海內西經.
127) 《管子》小匡篇 참조.

으로 그리고 언어상으로 동일해서 고조선 지배 하에 있었음을 시사하는 것이다. 또 이 고문헌은 東胡=胡貊이 騎馬民族임을 명확하게 증언하고 있다.

《史記》凶奴列傳에 있는 東胡와 관련된 다음의 기록도 주목할 필요가 있다.

> 그후 燕나라 현장 秦開가 胡에 인질로 잡혀가 있었는데, 胡는 그를 매우 신임했다. 진개가 (연으로) 돌아온 다음 東胡를 습격 격파해서, 東胡는 1천여리를 퇴각했다.[128]

즉 東胡는 秦開가 활동한 B.C. 3세기 경에 강성한 燕과 겨루어 秦開를 인질로 잡을 만큼 강성했으며, 그를 신임해서 석방하여 돌려보냈다가 도리어 燕의 秦開의 기습 공격을 받고 패하여 1천여 리를 후퇴했으며, 燕이 長城을 쌓고 방어했다고 했는데, 고조선 측에서는 이것을 朝鮮에 대한 秦開의 제1차 공격으로 간주하고 있는 것으로 보아 東胡가 古朝鮮의 西方 侯國이었음을 명확히 알 수 있다.

東胡는 B.C. 206년에 흉노의 冒頓(목돌, 묵특) 單于(왕)의 공격을 받고 패하여, 그후 烏桓과 鮮卑와 奚로 분화하게 되었는데, 이 오환과 선비와 해의 세 부족을 보면 東胡가 古朝鮮 侯國임을 더욱 명확히 알 수 있다.

烏桓 : 烏桓은 고조선 멸망 전후에 요서 지방에서 활동한 고조선 후국의 하나이다.

《後漢書》烏桓·鮮卑列傳은 烏桓의 직접적 기원에 대하여 "烏桓은 본래 東胡이다. 漢나라 초기 凶奴의 冒頓[목돌]이 동호를 멸망시키자 나머지 무리들이 烏桓山을 지켰으므로, 이로 인해 이름이 붙여진 것

---

128) 《史記》凶奴列傳 참조.

이다"[129] 라고 하였나. 즉 東胡가 흉노의 공격으로 멸망할 때, 烏桓山을 지키며 버틴 부족이 '烏桓'이라는 호칭을 갖게 되었다는 설명이다. 《三國志》烏桓[丸]·鮮卑·東夷傳도 동일한 설명을 하였다.

그러나 烏桓의 본래의 기원은 어디인가? 《後漢書》오환·선비전은 요동쪽의 '赤山'을 지적하고 있다.

　　장례에는 가무로 서로 보내되 살찌게 기른 개 한 마리를 물감들인 끈으로 묶어 끌고, 아울러 죽은 이가 타던 말과 의복·물건을 모두 불태워 보낸다. 그리고는 묶인 개에게 죽은 이의 神靈을 보호하여 赤山으로 돌아가도록 부탁한다고 말한다. 赤山은 遼東의 서북쪽 수천리에 있는데, 이것은 마치 중국인이 죽으면 그 魂神이 岱山으로 돌아가는 것과 같다.[130]

烏桓이 본래의 발원지를 생각하여 죽은이들의 신령이 돌아간다는 赤山은 요동의 어디인가? 이것은 檀君 전설을 상기시킨다. '아사달' 등 단군의 도읍지에는 단군이 기마대를 훈련시켜 흙이 패어서 붉게 되어버린 赤山·紅山이 있고, 白山과 함께 赤山·紅山의 명칭이 있다. 기마민족 오환은 그들의 기원을 고조선의 단군의 기마대 훈련지인 아사달의 적산에 두고 있는 것은 아닐까? 또는 요동의 赤峰인가? 또는 적산은 '붉은산' '밝산'의 번역이어서 '白山'과 통하고, '붉은산' '밝산'을 향해 영혼을 말에 태워 개에 인도시켜서 요동 넘어 자기 종족의 발원지로 보낸 것이 아닐까?

烏桓山과 烏桓의 명칭도 고조선과 관련되어 있는 것으로 보인다. '桓'은 '天' '白' '한'과 '해(태양)' 환(밝음)'과 관련되어 古朝鮮 王族을 가리키고 있고, '烏(까마귀, 세발 까마귀)'는 하늘·태양과 고조선족 사이의 전달을 담당하는 天使鳥로 간주되었으며, 따라서 신성한 것으

---

129) 《後漢書》烏桓·鮮卑列傳.
130) 《後漢書》烏桓·鮮卑列傳.

로 인식되었다. 고조선 문화에서는 '烏'는 왕의 바로 아래 막료로서
왕을 위해 복무하는 제1급 신하를 의미하는 용어였다. 따라서 '烏桓'
이라는 부족명 그 자체가 '桓'국 즉 古朝鮮의 侯國임을 나타내는 것
이라고 볼 수 있다.

오환은 B.C. 206년 경 흉노의 침공 직후에는 약했지만, 곧 강성한
부족이 되어 B.C. 86~B.C. 74년 경에는 흉노를 공격하여 격파하고
흉노 선우의 무덤을 파내어 冒頓에 대한 원한을 풀었다. 그후 新의
王莽이 오환을 부당하게 대우하면서 흉노를 공격하자 흉노와 연합
해서 중원을 공격하기 시작하였다. 《後漢書》烏桓傳에서는 "光武帝
초년(A.D. 25년) 오환은 흉노와 군대를 연맹하여 중국을 침입하였다.
代郡 이동은 가장 그 해가 컸다. 그들의 住居는 邊塞에 가까웠고, 아
침에는 그의 穹盧에서 나서서 저녁 해질 무렵에는 중국의 성곽에 도
달하였다. 五郡의 백성들은 집집마다 그 해를 입고, 군현은 파괴되어
폐했으며, 백성들은 流亡하기에 이르렀다. 오환 중에서도 上谷의 塞
밖의 白山에 있던 것이 가장 富強하였다"[131]고 기록하였다.

오환은 여러 부족들의 연맹체로서 국가를 구성하여 때로는 서로
大人이나 선우를 칭하며 다투었지만, 만리장성 밖 '白山'에 있던 烏
桓 부족이 가장 富強하였다는 설명에 주목할 필요가 있다. 烏桓은 4
部로 구성되어 있었는 데, 그들의 중심 근거지에 있는 산에 '白山'의
명칭을 붙이고 '해(태양·하늘)'를 숭배하면서 富強을 배양했다는 사
실은 그들이 고조선 侯國이었음을 강력하게 시사하고 있다.

오환은 약 400년간 융성하다가 A.D. 206년 魏나라 曹操의 공격을
받고 패한 후 북방으로 이동하였다. 이 중에서 현재의 화북 지방에
근거지를 마련한 오환은 唐 시대에는 '해(奚)'족이라고 불리고, 당나
라에서는 '庫莫奚'라고 하였다. 《新唐書》奚傳에서는 "奚(해)는 역시

---

131)《後漢書》烏桓·鮮卑列傳.

東胡族이다. 흉노에게 멸망당한 후 烏桓山을 시키고 있었다. 일찍이 漢 말기에 曹操가 그 무리의 우두머리를 베었는데, 대개 그 후예들이 다"[132]라고 하였다. 여기서 '해'는 '태양'을 뜻하는 고조선어 명칭이며, '古朝鮮' 후국족이고, '해'의 바로 앞의 선조가 '烏桓'이므로 '烏桓'도 古朝鮮 후국족임을 알 수 있는 것이다. 烏桓의 명칭이 '해(奚)'로 변하여 고조선 후국임을 또한 명료하게 시사하고 있다.

한편 눈강(嫩江) 유역에 근거지를 잡은 오환족은 室韋族(몽골족의 선조)들과 어울려 살다가 실위족과 점차로 연합하게 되고, 결국 몽골의 일부가 되었다. 《新唐書》室韋傳에서는 "노월강 동남쪽 역시 那河와 합하는 곳의 그 북쪽에 室韋가 있는데, 대개 烏桓의 동남 지방에 살게 된 나머지 무리이다"[133]라고 하였다.

鮮卑 : 鮮卑는 古朝鮮 말기 이후에 몽골고원과 중국 북방에서 크게 활동한 고조선 후국 중의 하나이다.

《後漢書》鮮卑傳은 다음과 같이 선비족의 기원을 밝히고 있다.

선비도 역시 東胡의 支族이다. 따라서 鮮卑山에 의지하였는 데 이로 인하여 그 이름을 얻게 되었다. 그 언어와 습속은 烏桓과 같다. 단지 혼인 때에는 먼저 머리를 깎는다. 그리고 늦은 봄의 달에 饒樂水에서 大會를 열어 주연을 베풀고 모였다. …… 漢 초에 선비도 또한 冒頓(목돌)에게 패하여 멀리 요동의 塞 밖으로 도망해서 烏桓과 서로 인접하여 살았다. 중국과는 그때까지 통교하지 않았다. 光武帝 초에 흉노가 강성하게 되어 鮮卑를 인솔하고 烏桓과 함께 漢의 북방 변경을 침략하여 漢의 관리와 백성을 살육 약탈하였다. 북방 변경은 평온한 해가 없었다.[134]

또한 《三國志》魏書 東夷傳도 거의 동일한 설명을 기록하고 있다.

---

132) 《新唐書》奚傳.
133) 《新唐書》室韋傳.
134) 《後漢書》烏桓·鮮卑列傳, 鮮卑條.

魏書에 말하였다. 鮮卑도 또한 東胡의 나머지 무리로서, 따로 鮮卑山을 지켰기 때문에 그것을 부족의 이름으로 하였다. 그 언어와 습속은 烏丸과 동일하다. 그 영지는 동쪽으로는 遼水에 접하고 서쪽으로는 西域에 맞대어 있다. 항상 봄이 끝날 무렵에 作樂水에서 大會를 열며, 딸을 시집보내고, 아내를 취하며, 머리를 깎고 주연을 베푼다. …… 선비는 冒頓 때문에 멀리 遼東의 塞 밖으로 도망갔기 때문에 다른 나라와 싸우지 않았으며 漢에 이름이 알려지지 않았었다. 스스로 烏丸과 인접하여 살았다. 光武帝 때에(A.D. 25~57) 이르러 남·북의 선우를 다시 공벌하여 흉노는 사라졌다. 그리하여 선비는 드디어 융성하게 되었다.[135]

선비족도 B.C. 206년 흉노의 冒頓이 東胡를 침략하여 붕괴시켰을 때 鮮卑山(일명 불칸산)을 지키며 남은 동호 세력에서 기원한 부족으로서, 처음에는 멀리 烏桓보다도 더 동쪽으로 이동하여 오환과만 통교하면서 살다가 漢의 초에 흉노·선비·오환이 연맹하여 漢을 공격함으로써 한나라에도 알려지게 되었다는 것이다.[136]

선비족의 언어와 습속이 烏桓과 동일하다는 것은, 오환의 경우와 같이, 東胡·烏桓·鮮卑가 모두 고조선 후국 계열임을 알려주는 것이다. 매년 5월에 大會를 여는 풍속도 濊·貊의 풍속과 동일하였다.

A.D. 2세기 중엽에 선비에서는 檀石槐라는 대추장이 일어나서 모든 선비 부족들을 통일하여 大帝國으로서의 鮮卑國을 세웠다.

필자는 檀石槐의 성씨인 '檀'은 '박달'족을 의미하는 것으로서, 古朝鮮 王族임을 나타내는 것이라고 해석하고 있다. 즉, 檀石槐의 鮮卑國 王族은 고조선 왕족이었던 것이다.

鮮卑와 烏桓이 언어와 습속이 동일했으며, 특히 사람이 죽으면 말[馬]에 죽은이의 영혼을 태우고 이를 개[犬]에 인도케 해서 멀리 그들의 기원지인 東方의 赤山(紅山, 단군이 기마대를 훈련하느라 푸른산

---

135) 《三國志》 魏書, 烏桓·鮮卑·東夷傳, 鮮卑條.
136) 池培善, 〈鮮卑族의 初期段階 民族分裂에 대하여〉, 《白山學報》 제23집, 1977 참조.

이 말발굽에 패여 붉은 흙으로 덮였다는 전설의 紅山)으로 보냈다는
관습은 그들의 원래의 이동의 기원과 행렬을 시사하는 바가 많다.

《後漢書》鮮卑傳은 檀石槐의 鮮卑國의 강성함을 다음과 같이 설
명하여 기록하였다.

> 後漢의 조정에서는 오랫동안 鮮卑에게 괴롭힘을 당하면서도 아직 이
> 것을 제압하지 못했기 때문에, 마침내 使臣을 파견하여 印綬를 갖고 檀
> 石槐를 王에 봉해서 동시에 화친을 맺고자 하였다.
> 檀石槐는 印綬 받는 것을 승낙하지 않고 더욱더 격렬하게 침략을 실행
> 하였다. 그리하여 스스로 領地를 3부로 나누어서, 右北平으로부터 동쪽
> 으로 遼東에 이르러 扶餘·濊貊에 접하는 20여 邑을 東部로 하고, 右北平
> 으로부터 서쪽으로 上谷에 이르는 10여 邑을 中部로 하며, 上谷으로부터
> 서쪽으로 敦煌·烏孫에 이르는 20여 邑을 西部로 해서, 각각에 大人을 두
> 고 이를 지배하였다. 이들은 모두 檀石槐에 속하였다.[137]

선비국은 이와 같이 매우 강성했기 때문에 북방으로부터 중국을
끊임없이 침입하고 압력을 가하여 중국 역사에서 그후 五胡十六國
시대를 여는 외압으로 작용했으며, 그들 스스로가 중국 안에 여러 왕
조와 국가를 건립했었다.

奚(해, 庫莫奚, 고마해) : 奚(해)는 古朝鮮 말기 이후 흥안령 남쪽
일대에 거주했던 고조선 후국 東胡의 일부이다. 원래 '庫莫奚'라 호
칭했다. 필자는 '庫莫'는 '고마' '곰' '貊'의 소리표기이고, '奚'는 '해[태
양]'의 소리표기라고 해석하고 있다. 《隋書》奚傳은 奚족의 기원에
대해 東胡의 일종이라고 다음과 같이 설명하였다.

> 奚는 庫莫奚라고 말하며, 東胡의 일종이다. 慕容氏에 공파되어 떨어져
> 남은 것이 松漠 지방에 흘러들어가서 숨었다. 그 습속은 매우 불결하지

---

137) 《後漢書》, 烏桓·鮮卑列傳, 鮮卑條.

만 射獵에는 뛰어나며, 자주 물자를 약탈한다. 처음에는 突厥에 복종했으나 후에 점점 강성하게 되어 5部로 나누었다. 1은 辱紇王이라고 부르며, 2는 莫賀弗, 3은 契箇, 4는 木昆, 5는 室得이라고 하였다. 매 部에는 部長으로서 1인의 俟斤(일근)을 두었다. 水와 草를 좇아서 생활하는 것은 突厥과 상당히 비슷하다. 阿會라고 하는 씨족이 있는데 5部族 가운데 가장 강성하게 되어 여러 부족들은 모두 阿會氏에 귀복하였다. 그들은 마침내 契丹을 교대로 공격하였다. 재물과 가축을 노획하면 그에 따라서 상을 받았다[138]

《新唐書》奚傳 역시 奚族을 東胡의 일종이라고 설명하였다.

奚도 또한 東胡種이다. 흉노에 격파당하여 鳥丸山을 지켰다. (後)漢의 曹操는 그 장수 蹋頓(Totai)를 참하였는데, 그들은 그의 후예다. 元魏 때 스스로 庫莫奚라 호칭하고 鮮卑의 故地에 살았다. 長安으로부터 동북쪽 4천리에 해당한다. 그 영지는 동으로는 契丹에 접하고, 서는 突厥, 남은 白狼河, 북은 霫에 접하였으며, 突厥과 동일한 습속을 가졌다. 水草를 좇아서 목축을 하고, 壇帳(야영 장막)을 주거로 하며, 車를 環하여 陣營으로 한다. 그 君長은 대개 5백인의 무장병으로 本陣을 만든다. 나머지 部衆은 산골짜기에 흩어져 산다. 賦稅징수는 없다. 部民은 射獵으로 생활하고, 穄(피)를 가꾸며, 수확하면 산 밑의 굴 속에 저장한다. 나무를 베어 臼로 하고, 瓦鼎에 짙은 죽을 만들어서 찬물을 섞어서 먹는다. 전투를 즐겨한다. 군사는 5部가 있는데, 각 部에는 1인의 俟斤(일근)이 있어 이를 지휘한다. 그 나라는 서쪽으로는 大洛泊에 이른다. 回鶻(위굴)의 本牙로부터 3천리의 거리이다. 다수가 土護眞水(老哈河) 유역에 산다. 그 말은 잘 달리고 양은 흑생이다. 한 여름에는 반드시 이동하여 冷陘山을 지킨다. 그 산은 嬀州(河北省 懷來縣)의 서북에 있다. 隋代에 비로소 庫莫를 떼어버리고 다만 奚라고 부르기 시작했다.[139]

---

138) 《隨書》奚傳.
139) 《新唐書》傳.

즉 '고마해[庫莫奚]'는 東胡에 포함되어 있던 古朝鮮 변방 후국족
으로서, B.C. 206년에 흉노의 침략으로 東胡가 붕괴될 때, 烏桓山을
지키며 저항하여 생존한 부족이다. 그들은 동호 멸망 후 숨어 살면
서 힘을 길러 강성해 지자 阿會氏를 중심으로 하여 국가와 5部制의
군사제도를 만들고 각 부에 '일근'이라는 사령관을 두었다. 활을 잘
쏘고 수렵에 능한 부족이었음을 알 수 있다.

중국의 수나라 시대에는 국명에서 '고마'를 떼어 버리고 '해(奚)'라
고 스스로 호칭했으며, 거란을 공격하고 수나라에 압력을 가하면서
요서의 大凌河 유역 朝陽 지방까지 남하하였다.[140]

柔然(蠕蠕, 芮芮, 檀檀, Avars) : 柔然은 고조선 후국 東胡(胡貊,
신朝鮮)가 B.C. 206년 흉노의 침략을 받고 붕괴된 후 잔존했다가 다
시 힘을 길러 강성해진 東胡의 後孫 국가이다.

《魏書》蠕蠕傳에서는 "蠕蠕은 東胡의 子孫으로서 성은 郁久閭(우
구려)씨이다"[141] 라고 하였다. 魏를 비롯해서 중국 관료들은 그들을 오
랑캐라는 의미를 넣어서 蠕蠕 또는 芮芮라는 한자이름을 붙였지만,
그들 자신은 柔然이라는 한자이름을 선호하였다.

柔然이 재기하여 강성해진 것은 족장 社崙(사륜)이 拔也稽(발야계)
가 지휘하는 흉노의 잔존세력의 공격을 격파하고 도리어 그들을 병
합한 시기부터이다. 이에 社崙은 A.D. 4세기 말에 丘豆伐可汗(Küte-
leburi Khaghan)이라고 칭하며 황제의 위에 올랐다.《魏書》蠕蠕傳
은 이 때의 柔然의 영지에 대해 다음과 같이 기록하였다.

그 영토의 서쪽은 焉耆(Agni=Karashahr), 동쪽은 朝鮮이었으며, 북쪽
은 사막을 건너 瀚海(바이칼)에 이르렀고, 남쪽은 고비사막지대에 이르
렀다.[142]

---

140) 李在成,《古代東蒙古史硏究》, 法仁文化社, 1996 참조.
141)《魏書》蠕蠕傳.

뒤이어 大檀이라는 왕족이 紇升蓋可汗(Mükügesek Khaghan)이 라는 칭호로 제위에 올랐다.

여기서 柔然의 황제에 오른 大檀은 '한밝달', 그의 시호인 紇升蓋 (흘승개)는 桓因후손의 의미라고 필자는 생각한다. 압록강 유역 桓因 城을 고구려가 이렇게 이름 붙이기 전(고조선시대)에는 고조선어로 紇升骨(흘승골) 城이라고 호칭했던 것에서도 이를 확인할 수 있다.

흘승개 가한은 그후 더욱 영토를 넓히고, 과거의 鮮卑와 凶奴의 故土를 모두 회복했으며, 만리장성을 넘어서 北魏 등을 맹렬히 공격 하였다. 柔然이 북방의 강대국이 되어 무력으로 대항하기 어려웠으 므로, 그 후 유연에서 阿那瓌가 勅連頭丘豆伐可汗(Tengridu Kütele- buri Khaghan)이라는 칭호로 제위에 오르자 東魏와 西魏는 통혼정책 으로 우호를 추구하였다. 여기서 阿那瓌의 '阿那'도 阿斯那의 준말이 며 고조선 왕족의 후예임을 나타내는 것이라고 필자는 생각한다.

즉 柔然의 왕족은 '檀'族 '阿斯那'族 등 古朝鮮 王族의 후손들이었 던 것이다.

《宋書》芮芮傳에서는 이러한 강성시대를 반영하여 "芮芮는 또한 大檀 또는 檀檀(Tartar)이라고도 칭하였다. 아마 凶奴의 別種일 것이 다. 서방의 통로를 이용하여 京都와 교통했으며, 그 사이는 3만여 리 가 된다. 당당히 大號(황제, 可汗)를 칭했으며, 部民는 수가 많고 강 력하였다"[143]고 기록하였다.

후에 韃靼(白韃靼) 또는 Tartar(塔塔爾, 달달)라는 민족명은 모두 檀檀의 다른 표기로서, '檀'을 柔然에서는 아직도 '박달'로 발음한 흔 적이 남아 있었음을 읽을 수 있다.[144] 柔然은 그후 서쪽으로 이동해서

---

142) 《魏書》 蠕蠕傳.
143) 《宋書》 芮芮傳.
144) '檀檀'은 '밝달밝달', '白韃靼'은 '밝달단', '檀'은 '밝달단'인 데, 이를 줄일 때 '밝' 을 생략하면 '달달' 또는 '달단'이 됨을 알 수 있다.

멀리 유럽의 다뉴브 강 유역에 진출하여 아발(Avars)족이라고 불리면서 활동하였다.

⑱ 匈奴(Huns) : 흉노는 《史記》《漢書》 등에는 '山戎' '戎族' '獫狁' '葷粥'으로 기록되어 나오던 유목 부족으로서 燕의 북쪽에 東胡와 함께 거주하고 있었다. 畎夷라고도 불리웠다. 《史記》에는 "燕의 북쪽에 東胡와 山戎이 각각 계곡으로 분산해 살고 있었는데, 그들에는 저마다 君長이 있었고 가끔 백여 개의 戎이 모이는 수는 있으나 한 종족처럼 단결시켜 다스릴 수는 없었다"[145]고 기록하였다.

古朝鮮의 서방변경 세력으로서 중국사가들이 胡貊이라고 불렀던 고조선 일파가 B.C. 703년(東周 桓王 13)에 燕을 무찌르고 가로질러 산동반도에 있는 齊를 공격한 일이 있었으며, B.C. 653년(東周 惠王 24)에는 燕을 공격하였다. 燕이 긴급하게 구원을 齊에게 청하니 齊桓公이 이를 막아 싸워서 구해 준 기사로 《管子》에 북으로 슈支를 정벌하고 孤竹을 정복하여 山戎과 맞닿았다고 한 유명한 기록이 남아 있다. 슈支와 孤竹은 永平府 부근에 있던 古朝鮮 지배영역의 일부이었는데, 齊가 이를 정복한 후에 山戎과 맞닿았다고 한 것은 山戎이 古朝鮮 지배영토 안에 살고 있던 유목민이었음을 알려주는 것이다.

古朝鮮 영토 안에서 匈奴는 오랜 기간 고조선의 侯國족이 되어 고조선이 보낸 왕족 '두만(頭曼, Tuman, Tumen, 萬戶)'에 의해 통치받

---

145) 《史記》 匈奴列傳. 《史記》는 匈奴의 기원을 쓰면서 머리에 흉노의 조상이 夏왕조 우임금의 후손인 淳維라고 전해진다는 전혀 엉뚱한 기사를 한 줄 써 놓고, 다음에 북쪽 미개척지대의 유목민족이라고 지적하면서 역사적 서술을 기록하였다. 우임금의 후손이라는 기록은 그 후의 서술과 너무 모순되어 날조된 것으로 판단되며, 어떤 특수 목적으로 후에 첨가한 것이 전해진 것으로 보인다. 漢이 후에 匈奴에게 굴욕적 패배를 많이 했으므로, 중국사가들이 자주 행해온 방식으로 이를 호도하기 위해 가필된 것으로 추정된다. 《三國志》魏書 烏桓·鮮卑·東夷傳에 수록된 《魏略》에는 《史記》의 기록과는 정반대로 '匈奴'가 북방의 포로되었던 奴婢에서 나왔으므로 그러한 명칭을 만들었다고 하였다.

은 흔적이 있다. 古朝鮮 영토 안에서 변방수비 사령관을 '두만(萬戶長)'이라고 호칭하고 1만 명의 군대 영솔권을 준 제도의 용어가 남아 있는데, 凶奴의 족장을 고조선 후기에 頭曼이라고 부른 것은 이 '萬戶'를 의미하는 것이라고 필자는 생각한다.[146] 《魏略》에서는 흉노의 大人이 檀柘이었다고 기록하였다.[147] 그렇다면 '檀'은 '밝달족'이고 고조선 왕족인데, 고조선은 왕족 檀柘를 임명하여 頭曼(萬戶長)을 세습시킨 것으로 추정된다. 凶奴와 처음 이에 포함되어 있던 突厥은 古朝鮮을 위해 '鐵'공급을 담당하는 임무도 수행했던 것으로 보인다.

頭曼의 아들 冒頓[목돌, 묵특]이 부족들을 연합하여 B.C. 3세기에 흉노국을 건국하고, 흉노연합국가의 황제인 '單于'를 칭했을 때, 선우의 공식 호칭을 "탕그리 고도 선우(撑犁孤塗單于)"라고 이름하였다.[148] 'Tengri'='天', 'Kodo'='子' 선우(單于)=왕으로서 '天子王(하느님의 아들 王)'이라고 자칭한 것이다. 이때 Tengri(天), Kodo(子), Sonu(王) 등이 모두 古朝鮮祖語와 일치한 곳에서, 그리고 오늘날의 몽골어와 일치한 곳에서도 흉노가 고중국 夏의 계열이 전혀 아니라 고조선 변방후국 계열임을 명확히 알 수 있다.

흉노족은 '해(태양)' 토템 부족으로서 해를 숭배하고 동시에 '달(月)'도 버금가게 숭상하였다. 흉노의 족장 '선우'는 매일 아침 해가 뜰 때 해를 향해 절을 하고 저녁에는 달에게도 절을 하는 종교적 관습이 있었다. 이 관습은 흉노족의 일부였던 突厥(Turk)족과 동일하였다. 돌궐족의 지배왕족이 '아사나[朝鮮]'족 이었음을 고려하면, 흉노족은 그 족장도 고조선 국가의 왕족 '두만(Tuman)'으로서, 고조선의 신앙과 종교적 관습을 실행했던 것으로 해석된다. 신채호는 凶奴

---

146) 白頭山 동쪽의 豆滿江이나 土門江의 '豆滿' '土門'도 '萬戶'의 뜻으로 변방수비 사령관의 호칭에서 나온 명칭이라고 볼 수 있다.
147) 《三國志》魏書 烏桓·鮮卑·東夷傳 참조.
148) 《漢書》凶奴傳, 참조.

가 古朝鮮族 후예와 동일한 文化를 가진 사실에 대하여 ① 姓의 貴
族이 있음이 新羅와 같고 ② 左右賢王이 있음이 高(句)麗·百濟와 같
으며, ③ 5월의 祭天이 馬韓과 같고 ④ 戊·己日을 숭상함이 高麗와
같고 ⑤ 王公을 '汗'이라고 함이 三國의 '干'와 같으며 ⑥ 官名의 끝자
에 '치[鞮]'라는 音이 있음이 古朝鮮과 같고 ⑦ 王后를 '閼氏'라고 하
는 것이 '아씨'의 번역일 것이며 ⑧ 사람과 가축을 회계하는 곳을 '儋
林' '屠林'이라 하는 것이 '살림'의 뜻이고 ⑨'休屠'와 그 내용이 三韓
의 '蘇塗'와 같다고 하였다.[149]

흉노족은 매년 봄 5월과 가을에 각 1회씩 특정 장소에서 전 씨족
들이 모여 큰 축제를 열고 동시에 부족의 일들을 의논하였다. 이 축
제행사도 韓·濊·貊의 관습과 동일한 것이었다. 신채호는 古朝鮮의
'蘇塗'문화가 凶奴에 들어간 것이 틀림없다고 강조하였다.[150]

흉노에서는 왕의 后妃를 '閼氏[아씨]'라고 부르고 특권 씨족이었는
데, 신라에도 '金閼氏'가 후에 특권씨족으로 등장했다가 왕족이 된
사실을 참고해 볼 필요가 있다.

흉노의 특징은 말[馬]·철(鐵)·가죽[革]을 잘 다루는 것이었다.[151] 漢
의 건국과 중국 통일 때에 흉노국은 이에 대항해 바로 북방에서 중
국을 침입하여 위협한 막강한 세력으로 활동하였다.

흉노는 한의 중원통일 이후에는 서방으로 이동하여 유럽대륙까지
깊숙히 진출하였다.

突厥(Turk) : 필자는 돌궐(突厥)의 왕족이 古朝鮮 王族인 '아사나
(Asana, 阿史那=朝鮮)'족이라는 사실을 발견하고 이를 특히 강조하고
자 한다.

149) 申采浩, 《朝鮮上古史》, 《改訂版丹齋申采浩全集》 上卷, p.59 참조.
150) 申采浩, 《朝鮮上古史》, 《改訂版丹齋申采浩全集》 上卷, p.83 참조.
151) 權寧弼, 〈代替文獻으로서의 西安地域出土 靑銅動物紋裝飾牌—凶奴美術의 南
　　下〉, 《中央아시아硏究》 제2집, 1997 참조.

《周書》突厥傳에서는 "돌궐은 곧 흉노의 별종인데 阿史那씨이다. 별도로 부락을 이루고 있다"[152]고 하였다.

《隋書》突厥傳에서는 "돌궐의 선조는 平凉의 雜胡이다. 성은 阿史那씨이다"[153]라고 하였다. 《隨書》가 突厥의 선조라고 지적한 平壤(량凉)의 雜胡는 '고구려의 평양의 雜胡'로서 바로 고조선 阿史那 왕족을 말하는 것이라고 본다.[154] 《北史》突厥傳에서는 "돌궐은 그 선조가 서해의 서쪽에 살던 하나의 독립 부락이었다. 본래 흉노의 별종이며, 성은 阿史那씨였다"[155]라고 하였다.

《新唐書》突厥傳에서는 "돌궐의 阿史那씨는 시초에 옛날 흉노의 북방의 일부였으며, (후에) 金山(알타이산)의 남쪽에 거주하여 蠕蠕(茹茹, 柔然)의 지배를 받았으나 자손은 번영하였다. 吐門(Tuman)의 때에 이르러 매우 강대하게 되자, 그는 可汗(Khan, 王)의 칭호를 취했는데, (흉노의) 單于와 같은 것이었다"[156]고 하였다.

돌궐 왕족의 성이 '아사나(阿史那)'라는 사실은 돌궐의 왕족이 본래 古朝鮮 王族에서 기원했음을 극명하게 증명해 주는 것이다. 마치 백제의 처음 왕족이 扶餘에서 기원했기 때문에 扶餘氏였던 것과 같은 이치이다.

즉 돌궐은 고조선의 변방후국으로서 고조선에서 파견된 고조선 왕족 두만(Tuman, Tumen, 吐門, 豆滿, 頭曼)에 의해 대대로 통치되다가,[157] '아사나 吐門' 때에 이르러 매우 강성해지자, 고조선 멸망 후인

---

152) 《周書》突厥傳.
153) 《隨書》突厥傳.
154) 《隨書》突厥傳의 "돌궐의 선조는 平凉의 雜胡 阿史那"라고 한 '平凉'은 古朝鮮 영역의 '平凉'이며, 고조선에는 平凉(壤)이 여러 곳에 있었으나, 여기서는 모두 古朝鮮의 首都 또는 副首都를 가리키는 것임을 유의할 필요가 있다.
155) 《北史》突厥傳.
156) 《新唐書》凶奴傳.
157) 이 사실을 보강하여 증명해 주는 것이 6세기 전기에 돌궐 제국을 건국한 可汗의 土門(Tuman)이라는 이름이다. Tuman은 '萬戶'를 가리키는 고조선어로서,

A.D. 552년에 드디어 거대한 돌궐 제국을 건국하고 柔然 등 인접 부족들을 통합하였다.

돌궐이 고조선의 변방후국으로 시작하여 고조선 왕족의 통치하에 있다가 고조선 멸망 후에 고조선 왕족 후손인 '아사나'씨족이 왕족이 되어 강대한 돌궐 제국을 건설하고, 그후 서돌궐은 서방으로 이동하여 아나토리아반도에 고대 오토만 터키 국가를 건국한 사실은 터키어가 古朝鮮祖語로부터 분화 발전된 사실을 이해하는 데 특히 주목해야 할 측면이라고 할 수 있다.[158]

19 烏孫 : 烏孫은 원래 시라므렌 강 남쪽 유역과 大凌河 유역의 朝陽 부근에서 살다가 B.C. 206년 흉노가 東胡(胡貊, 신朝鮮)를 멸망시킬 무렵 서방으로 민족이동을 시작하여 河西 지방에 정착한 원래 古朝鮮 후국족이었다. 烏孫은 'ㅇㅅ나' '아사나' 'ㅇㅅ'의 한자 소리표기로 해석된다. 烏孫은 햇님의 자손이라는 뜻도 포함한 번역이었다.[159]

烏孫은 그후 흉노 老上선우(재위 B.C. 174~B.C. 161)의 후원을 받고 당시 이리(伊利) 지방에 거주하고 있던 月氏족을 서쪽으로 몰아내고 그 자리를 차지하였다.

《漢書》 西域傳은 다음과 같이 기록하였다.

烏孫國은 大昆이 다스리는 데 赤谷城에 있다. 長安에서 8,900리 거리이다. 戶는 12만, 인구는 73만, 勝兵은 18만 8800인이다. 相과 큰 벼슬아치는 좌·우대장 2인, 候 3인, 대장·都尉 각 1인, 大領 2인, 大吏 1인, 舍中大吏 2인, 騎君 1인이다. 동으로는 都護治所가 1,721리이고, 서로는 康居

<hr>

변방 통치자(1만의 군사를 거느린 변방 수비사령관)을 의미하며, 현재 '土門江·頭滿江·Tuman 강의 이름에서 그 흔적이 남아 있다.
158) 崔漢宇, 〈韓國語와 알타이諸語의 比較硏究〉, 《中央아시아硏究》 제1호, 1996 참조.
159) 朴時仁, 《알타이 神話》, 청노루, 1994, pp.331~333 참조.

蕃內의 땅이 5천리이다. 땅은 평평하고 비가 많이 오며 춥다. 산에는 소나무와 관솔나무가 많다. 農耕이나 나무를 가꾸지 않으며 水草를 좇아 牧畜을 하는 것이 凶奴와 같은 습속이다. 나라에는 馬가 많으며 부자는 4~5천필까지도 갖고 있다. 백성들은 매우 강하고 탐욕스러우며 믿음이 없고 약탈을 잘한다. (서역의) 最强國이다. 처음에는 凶奴에 복종했으나, 후에 盛大하게 되어 굴레를 벗어버리고 朝會에 가지 않는다. 동쪽으로는 凶奴, 서북쪽으로는 康居, 서쪽으로는 大宛, 남쪽으로는 城郭諸國과 서로 접하고 있다. 본래 塞 땅이었는데, 大月氏가 서쪽에서 塞王을 격파하자 塞王이 남쪽 縣度로 넘어갔고 大月氏가 그 땅에 거주했다. 후에 烏孫의 昆莫가 大月氏를 격파했으므로 大月氏는 서쪽으로 이동하여 大夏를 복속시키게 되었고, 烏孫의 昆莫가 여기에 거주하게 되었으므로 烏孫의 백성들 중에는 塞의 종족이 있고 大月氏의 종족도 있다고 한다.[160]

漢 武帝는 河西로부터 凶奴를 격퇴한 후 烏孫을 河西에 불러들여 凶奴를 막고 또 西域과의 무역로를 확보하려고 B.C. 106년 張騫을 烏孫에 대사로 파견하였다. 烏孫王 昆莫는 漢과 凶奴 사이에 중립을 취하려고 하였다. 烏孫王은 漢이 옹주를 왕비로 시집보내자 이를 右夫人으로 삼았다. 이를 본 凶奴가 공주를 시집보내자 오손왕은 이를 左夫人으로 삼았다.[161]

《魏書》列傳에 烏孫이 赤谷城에 살다가 蠕蠕(柔然)의 침략을 받고 서쪽으로 이동하여서 蔥嶺의 산속에서 유목생활을 하였다고 기록하였다.[162]

그후 烏孫이 어떻게 되었는가는 중국문헌에서 사라졌는데, 柔然과 함께 유럽역사에 다른 유럽식 이름표기로 등장하게 된 것으로 추정된다. 앞으로의 학계 연구 과제이다.

---

160) 《漢書》 西域傳 烏孫國條.
161) 《史記》 大宛列傳 참조.
162) 《魏書》 列傳 西域 烏孫條 참조.

室韋(原蒙古) : 蒙古族은 古朝鮮의 북방 후국족으로 오랫동안 생활해오는 동안 古朝鮮의 언어와 문화를 분유하게 된 고조선 후국민족이었다. 蒙古族은 13세기에 이르러서야 테무친(Temuchin, 鐵木眞)에 의하여 통일국가를 수립했고, 그 이전까지는 몽골고원 각 곳에 분산하여 살던 부족들이었다. 각 부족들은 모두 각각 酋長들을 갖고 유목생활을 하고 있었다. 이 중에서 몇 개 부족이 古朝鮮 시대에 고조선 후국 부족들이 되어 문화와 언어의 심대한 영향을 받았다. 칭기즈 칸을 낳은 부족도 그 중 하나였다.

칭기즈 칸의 가계를 밝히면서 시작되는 《몽골秘史》는 그들의 시조와 기원을 신화적으로 설명하였다. 즉, 몽골의 조상은 푸른 이리(부르테 치노)와 흰 암사슴(코아이 마랄) 내외가 큰 물(텡기스)을 건너 몽골땅으로 이주해서 오논 강의 발원인 불칸(Burqan)산에 터를 잡고 하늘이 점지하여 태어난 바타치칸이라는 아들을 낳으면서 시작되었다는 것이다.[163]

이 전설은 이리(푸른빛 이리)를 토템으로 하는 부족의 남자와 사슴(흰빛 사슴)을 토템으로 하는 부족의 여자가 혼인한 후 큰 강을 건너 이동하여 오논 강의 발원인 불칸산 부근에 터를 잡은 부족이 몽골족의 기원임을 알리는 구전역사이다. 사슴은 扶餘族의 토템이었다. 사슴 앞에 특히 '흰빛' 사슴을 강조한 것은 古朝鮮 계열 부여족을 특칭한 것으로 해석된다.

이리를 토템으로 하는 부족은 중국인들과 한국인들이 고대 赤狄 또는 赤夷라고 불렀던 古代 鐵勒(狄歷, 敕勒, Turk, 高車丁零) 부족이었다. 고대 鐵勒은 흉노족과도 깊은 관련을 가진 突厥族의 하나였다고 해석된다.

原蒙古族이 시작된 불칸산은 밝산(밝은산)이며, 한자로 표시하면

---

163) 유원수 역, 《몽골秘史》 제1권, 혜안, 1994 참조.

白山을 가리킨 것이라고 볼 수 있다.

원몽골족은 흉노와 깊은 친족관계를 가진 돌궐계 부족의 하나와 고조선계 扶餘族의 하나가 혼인동맹에 의해 결합하여 오논 강의 발원인 불칸산[白山] 기슭에 정착함으로써 기원했다고 해석할 수 있다.

《몽골비사》는 이어서, 바타치칸의 9세손 보르지기다이 메르겐 (Borjigidai-mergen)이 몽골진 고아(Monggoljin goa)라는 여인과 결혼한 것으로 설명한다. 칭기스 칸의 씨족명 보르지긴은 여기서 나왔다는 것이다.[164]

보르지기다이 메르겐의 손자 도분 메르겐은 코리 투마드 부족의 알란 고아와 혼인했는데, 두 아들을 낳고 남편은 죽었다. 알란 고아는 그후 남편도 없이 '빛'이 찾아와서 배에 스며들어 세 아들을 낳았는 데, 여기서 '빛'은 원몽골족이 아닌 고조선 계열 박달족·한족·아사나족을 가리킨 것으로 해석된다. 이 다섯 아들 중의 막내가 보돈차르이며, 보돈차르의 12대손이 테무친(후의 칭기즈 칸)이라고 설명되어 있다.[165]

여기서 주목할 것은 칭기즈 칸(Chinggis Khan)의 족보를 캐면서 몽골족의 기원을 밝힌 옛 몽골학자들은 두 차례의 古朝鮮 계열의 혼혈을 기록했다는 사실이다. 그 첫째는 고조선계 부여족의 일부족이 혼인동맹에 의해 몽골족으로 형성되기 시작했다고 설명하고 있는 점이다. 그 다음에는 13대 후에 이번에는 부계에서 '빛'의 감응으로 상징되는 고조선 계열 밝달족 아사나족과 야합하여 그 12대 후에 테무친의 일족이 몽골제국을 건국함을 시사하고 있다.

중국의 고문헌은 몽골인 자신들의 위의 설명에 해당되는 지역에 사는 사람들을 東室韋·室韋라는 부족명으로 기록에 남겼다. 중국 사

---

164) 周采赫, 〈札刺亦兒台(Jalairtai)와 '몽골秘史' 成書年代〉, 《몽골연구》 제1호, 1999 참조.
165) 《몽골秘史》 제2~12권 및 周采赫 역주, 《몽골구비설화》, 백산자료원, 1999 참조.

서에서 室韋에 대한 가장 오래된 문헌인 《魏書》 室韋傳은 다음과
같이 기록하였다.

室韋國은 勿吉의 북쪽으로 1천리, 魏의 수도 洛陽으로부터 6천리 떨어
진 곳에 있다. 이 나라에 이르는 길은 和龍(지금의 遼寧省 朝陽)에서 출
발하여 북쪽으로 10일간을 가면 啜水(살수, 시라무렌 강, Sira Muren
River, 作樂水, 饒樂水)에 다다른다. 다시 북쪽으로 3일을 가면 蓋水가 있
다. 다시 북쪽으로 3일을 가면 犢了山이 있다. 이 산은 높고 커서 주위가
3백여 리나 된다. 또 북쪽으로 3일을 가면 큰 냇물이 있는데 屈利라고 이
름한다. 또 북으로 가기 3일을 하면 刀水(인수)에 이른다. 여기서 또 북쪽
으로 가기 5일을 하면 室韋國에 도달한다.
이 나라에는 大水가 있으며 북쪽으로 흘러가는데 그 넓이는 4리가 넘
는다. 그 이름을 捺水(나수, 捺水, 那河, 현재의 嫩江, 눈강)라고 한다. 국
토는 저지대여서 습하며, 언어는 庫莫奚·契丹·豆莫婁 등의 나라들과 동
일하다. 조·보리·피[稷]가 많았으나 사람들은 단지 멧돼지나 물고기를
먹고 소·말을 기른다. 일반적으로 양은 치지 않는다. 일반적으로 城에서
살고 겨울에는 水草를 딴다. 또한 貂皮가 많다. 남자는 索髮하고, 무기는
角弓을 사용하는데, 그 화살은 매우 길다. 부녀는 머리를 묶어서 둘로 나
누어 䯼[상투]를 만든다. 이 나라에는 도적이 거의 없는데, 만일 도둑질
을 하면 그 3배를 징벌로 징수한다. 사람을 죽인 자는 말 300필로써 배상
하지 않으면 안된다. 남녀 모두 흰 사슴가죽의 윗옷과 바지를 입는다.[166]

이 고문헌은 室韋族에 대해 많은 것을 알려준다. 즉 室韋國의 원
래의 위치는 오늘날의 몽골고원이 아니라 그 훨씬 동쪽 대흥안령을
넘어서 대흥안령 동북쪽 기슭의 눈강(嫩江, 송화강의 북쪽 지류) 유역
저지대였다는 사실이다. 이곳은 古朝鮮의 북변 영토였으며, 부여가
건국했을 때에는 부여의 북방 영토였고, 부여가 둘로 분화되었을 때

---

166) 《魏書》 室韋傳.

에는 北扶餘의 영토였음을 주목할 필요가 있다. 또한 室韋로 가는
통로는 和龍(지금의 遼寧省 朝陽)에서 출발하는 것이 정규적인 대로
였다는 사실이다. 朝陽은 고조선의 副首都여서 요서 지방의 이 시대
중심지였다. 朝陽과 室韋의 통로 설명에 주목할 필요가 있다.

또한 室韋의 언어가 庫莫奚·契丹·豆莫婁와 동일하다고 한 사실은
몽골어[室韋語]가 '고마해·해' 족의 언어와 같고, 古朝鮮祖語의 한 갈
래였음을 알려주는 것임을 주목할 필요가 있다. 그리고 사람을 죽인
자의 배상이 말로써 무려 300필이었다는 사실은 말과 騎馬術·騎馬
文化가 室韋族의 문화 산물임을 시사해 준다.

다음 《北史》 室韋傳에서는 A.D. 549년 경(東魏 武定 말년)의 실위
가 南室韋·北室韋·鉢室韋·深末怛室韋·大室韋의 5부로 나뉘어져 君
長이 없이 突厥이 파견한 관인에 의해 지배당하고 있는 실태가 기록
되어 있다. 또한 이 때의 室韋의 위치는 대흥안령 서쪽과 남쪽에 분
산되어 살고 있었다는 사실도 시사되고 있다.[167] 《隋書》 室韋傳도 거
의 동일한 상태를 설명하였다.[168]

그러나 《舊唐書》 室韋傳에 오면, "室韋는 契丹의 별종이다. 猺越
河의 북쪽에 산다. 그 나라는 長安의 동북쪽 7천리에 있고, 동쪽으로
는 黑水靺鞨에 이르고, 서쪽으로는 突厥에 이르며, 남쪽으로는 契丹
에 접하고, 북쪽으로는 바다에 이른다. 그 나라는 君長이 없고 大首
領이 17인 있는데 모두 莫賀弗이라고 부르며, 세습하여 突厥에 부속
되어 있다"[169]고 기록하였다.

또한 실위 17부 중에서 唐나라와 교류가 있는 것도 9부가 되는데,
이른바 嶺西室韋·山北室韋·黃頭室韋·大如者室韋·小如者室韋·婆萵
室韋·訥北室韋·駱駝室韋 등을 들었다. 室韋族들이 동쪽으로는 흑룡

---

167) 《北史》 室韋傳.
168) 《隋書》 室韋傳.
169) 《舊唐書》 室韋傳.

강 이남 송화강 지류인 嫩江 유역에서 살 뿐 아니라, 대흥안령 서쪽
에도 거주하여 서쪽으로는 突厥에 이르고 남쪽으로는 契丹에 접하
게 되었음을 기록하고 있다. 몽골고원에 실위족이 이동하여 들어서
기 시작한 사실이 嶺西室韋·駱駝室韋 등의 명칭에도 반영되어 기록
되고 있다.

《新唐書》室韋傳에 이르면 실위는 모두 20여 부에 달한다고 하면
서, 嶺西部·山北部·黃頭部·大如者部·小如者部·婆萵部·訥北部·駱丹
部·烏素固部·移塞沒部·塞曷支部·和解部·烏羅護部·那禮部·嶺西部·
納地支部·大室韋·蒙瓦部·落坦部·東室韋 등을 들었다. 여기서 처음
으로 후에 실위족 전체의 통합 명칭으로 된 '몽골' 부족의 이름이 蒙
瓦部(蒙兀室韋)의 명칭으로 나타나고 있다.

또한《新唐書》에서는, "그 나라에는 君長은 없고, 오직 大首長은
모두 莫賀咄(마하돌, 모돌)이라고 부르며 부족을 관할하여 突厥에 附
隷한다. 小部는 1千戶, 大部는 수천호인 데 산골짜기에 분산하여 살
며 물과 풀을 좇아서 생활한다. 징세는 없다. 수렵은 다수가 모여서
행하고 끝나면 모두 분산하여 산다. 상호간에 臣屬하는 일이 없다.
그러므로 부족 사람들은 매우 용맹하여 전투를 즐기지만 결국 强國
이 되지 못하였다. …… 토지는 金과 鐵이 많이 나는데 많이 高句麗
에 資材를 바친다. 무기는 角弓·楛矢가 있으며, 사람들은 弓射를 잘
한다"[170]고 기록되어 있다.

위와 같은 20여 개 분산된 몽골 부족들이 처음으로 하나의 국가를
형성하여 주변 국가들에 막강한 영향을 끼친 것은 13세기에 들어 테
무친(칭기즈 칸)에 의해 대통일을 이루고 세계정복에 나선 이후의 일
이었다.[171]

---

170)《新唐書》室韋傳.
171) 周采赫,《元朝 官人層 硏究》, 정음사, 1986 참조.

서양학자들은 칭기즈 칸의 서방정복 때에 몽골족이 널리 알려졌기 때문에 동아시아의 모든 인종·문화·언어 등에 '몽골'이라는 명칭을 붙인 경우가 매우 많다. 그러나 이것은 평면적 유형 분류의 호칭일 뿐이고, 정확한 역사적 과학성은 없는 것이다. 심지어 일부 서양학자들은 언어에도 몽골祖語를 설정하여 몽골어 계통을 찾는데, 전혀 역사성이 없는 관찰이라고 생각한다. 도리어 역사적 진실은 몽골족이 대흥안령 동북쪽, 흑룡강 남쪽, 송화강의 지류인 눈강 유역에 古代의 오랜 기간에 걸쳐 기원하고 거주하면서 처음에는 古朝鮮과 扶餘, 다음에는 突厥과 高句麗의 지배를 받는 사이에 古朝鮮祖語를 분유하여 독자적 몽골어를 발전시켰다는 사실을 알 수 있게 된다.

9. 한국민족의 原民族과 前近代民族의 형성

[20] '한·貊·濊'의 3부족이 B.C. 30세기 경에 부족연맹에 의거하여 '古朝鮮' 국가를 세우자, 그 고조선 國家는 그 영역 안의 '한·맥·예' 3부족을 하나의 民族으로 형성시키는 강력한 사회력으로 작용했다.

고조선 국가가 前朝鮮(檀君朝鮮)만도 1500년이나 지속되는 동안에 한(桓·韓·馯)·貊·濊 부족과 그 밖의 이에 참가한 부족은 하나의 '古朝鮮民族'을 형성하게 되었다. 이 고조선민족이 한국민족의 原民族인 것이다.

물론 한·맥·예 부족의 모두가 일시에 모두 부족연맹을 했다고는 볼 수 없다. 고조선은 대동강 유역 문명에 의거하여 처음에는 이 지역 일대의 한·맥·예 부족이 연맹했지만, 그 밖의 주변지역에 살고 있던 한·맥·예 부족들도 고조선의 확장에 따라 이에 참가한 것은 당연한 일이었다고 볼 수 있다. 고조선의 처음 영역은 북으로는 압록강, 남으로는 한강이라는 큰 강물이 자연지리적 경계를 만드는 영역까지 급속히 확장되었다고 추정되며, 이 영역 안에 사는 한·맥·예 3부족은 가장 이른 시기에 바로 고조선 원민족을 형성하게 되었다고 볼 수 있다.

3부족 중에서 해(태양) 토템 부족인 한(桓·韓·馯) 부족은 王을 내고 곰토템 부족인 '맥' 부족은 왕비를 내는 혼인동맹의 결합이었으므로, 급속히 혈연의 공동이 진전되어 시간이 경과하면 할수록 한 민족으로 융합되어갔다고 볼 수 있다. 중국기록에 '馯貊'이라고 나오는 것은 '한'족과 '맥족'의 융합을 나타내는 표기의 일단이었다고 볼 수 있다. 또한 '예'족도 그에 버금가게 급속한 융합이 추진되었다는 흔적들이 남아 있다.

고조선 檀君王儉 계통인 한(桓·韓)부족의 해(태양)·밝음(광명) 숭배는 고조선 원민족에 융합된 다른 부족에게도 곧 보편화되었다. 특히 '맥'족은 고조선 건국 당초부터 왕비를 내는 부족으로 우대받으면서 한(桓·韓)부족과 융합되었기 때문에 '곰 토템'은 급속히 사라지고 그들도 '해(태양)' '밝음(광명)' '하느님[天神과 三神]'을 숭배하는 신앙과 생활양식을 갖게 되었다.

'맥'족은 중국인들이 '貉·狢·沐·貊' 등 여러 가지로 표기하였다. '고조선민족'으로서 '한'부족과 융합된 이후에는 '白[밝음]'을 의미하는 '맥' '貊' 자로 표기되었으며, '백' '밝'으로도 읽히었다.

한편, 단군설화에도 기록되어 있는 바와 같이 '예'족은 '맥'족과 동일 지역(같은 굴)에 뒤엉키어 살고 있었다. '예'부족은 고조선 건국에서 '맥'족처럼 왕비를 내는 우대는 받지 못했기 때문에 고조선국 제왕 아래에서 濊侯 또는 濊王의 직책을 두는 자율성을 인정받으며 통합되었지만, 그들도 '맥'족과 함께 '한'과 '맥'에 융합되어 '해(태양)·밝음(광명)' 하느님 및 三神(환인·환웅·단군)을 숭배하는 신앙과 생활양식을 갖게 되고, 원래의 범 토템은 오직 민간신앙으로만 잔존하게 되었다. 중국 고대인들의 기록에 '寒濊(한과 예의 융합족)'와 '濊貊(예와 맥의 융합족)'을 하나로 설명하는 기록이 나오는 것은 이 사실을 반영한 것이었다고 볼 수 있다.

고조선의 건국 직후부터 古朝鮮 原民族이 형성되어 나가자, 고조선 나라이름과 연계하면서 고조선민족을 나타내는 호칭이 나오게 되었다. '아사나족·아사달족·朝鮮족·밝달족·박달족·檀족·朴達족·白達족·白山족·배달족·倍達족·發朝鮮족·發息愼족·發족·桓족·韓족·駻족·한족·白족' 등이 그것이다.

물론 한자로 표기되기 이전의 고조선 원민족의 고유 호칭은 '아사나족·아사달족·밝달족·박달족·밝족·박족' …… 등이었겠으나, 중국 고대인들은 판별이 어려우므로, 들은대로 적어 두어서 여러 가지 한자표기가 남게 되었다.

어떠한 호칭으로 기록되었든지 간에 고조선 국가의 형성은 3부족 연맹을 넘어서 古朝鮮民族을 형성하게 된 것은 틀림없는 사회사적 진실인 것이다. 그리고 이 '고조선민족'이 오늘날 韓國民族의 기원이고, 한국민족의 原民族인 것이다.

고조선 원민족의 형성에서 반드시 고찰해야 할 핵심의 하나는 古朝鮮語의 형성이다.

고조선 건국 이전의 한·맥·예의 3부족의 부족언어들은 상당한 차이가 있었다고 추정된다. 문화인류학의 조사보고들은 심지어 한 개의 섬 안에 거주하는 사람들도 부족이 다른 경우 언어가 부족별로 큰 차이가 있음을 보고해 왔다.[172]

고조선 주민들이 건국 후 선진적 古代文明國家로서 前朝鮮 시기

---

172) 파푸아 뉴기니는 서로 다른 언어를 사용하는 700~800개의 부족들로 구성되어 있는데, 1975년 독립한 후 오늘날까지 서로 다른 250~300개 부족언어가 사용되고 있다. 가장 많이 사용되는 언어가 Motu語인데, 그것도 국민의 9.41퍼센트만이 이를 사용하고 있다. 파푸아 뉴기니 정부는 Motu語를 국어로 보급하기 위한 의무교육을 실시하고 있는 중인데 이는 민족형성론의 좋은 참조가 된다.

만도 무려 1500년간을 하나의 국가 안에서 공동의 통치를 받았기 때문에, 지배층의 언어를 중심으로 그들의 하나의 言語共同體 형성을 추정하는 것은 전혀 어려운 일이 아니다. 고조선 국가 안에서 형성된 공동의 언어가 바로 '古朝鮮語'인 것이다.

고조선 국가형성 후의 고조선 언어의 공동, 고조선 국가 영토에 의한 지역의 공동, 3부족의 통합에 의한 혈연의 공동, 고조선 단군의 통치에 의한 정치의 공동, 고조선의 지배에 의한 군사의 공동, 해(태양)·밝음(광명)·하느님(천신)·三神(환인·환웅·단군)에 대한 신앙의 공동, '소도'문화와 제천문화를 비롯한 관습과 문화의 공동, '단군'을 하느님의 아들이고 자기들의 공동의 조상이라고 생각하는 천손의식의 공동 등은 古朝鮮 原民族 형성의 기본적 요소가 되었다고 볼 수 있다.

고조선 원민족 형성의 범위는 고조선 국가의 영토의 범위 및 고조선 언어의 수용의 강도와 직접 높은 상관관계를 갖고 있었다고 볼 수 있다. 고조선 국가형성은 B.C. 30세기 무렵의 일로서 동아시아에서는 황하 유역 문명의 국가형성보다도 수세기 앞선 것이었으며, 높은 先進古代文明을 가진 것이었기 때문에 고조선의 영토는 계속 확장되어 융성기에는 일시 황하 하류를 넘어서 지금의 河北·山東·山西 지방에 들어간 적도 있었다.

고조선 국가의 영토 안에 포함되어 고조선의 통치를 받은 모든 부족들은 '고조선문명권'을 형성하게 되고, 일단 고조선 원민족 형성에 들어갈 정치적 조건이 주어졌었다. 이 중에서 고조선 언어와 관습과 신앙까지도 수용하여 융화된 부족들은 실제로 古朝鮮 原民族 형성에 들어가 동화되었다. 그러나 고조선 언어와 문화와 신앙을 일부만 수용한 부족들은 고조선 국가 해체 후 전근대민족 형성과정에서 여러 갈래의 이합집산을 전개하면서 분화되어 갔다.

그러나 고조선 국가의 존속기간이 매우 장기간이었기 때문에 고

조선 국가의 통치기간에 형성된 고조선문명과 언어 문화는 정치적
분리와 지역의 이동에도 불구하고 존속하여, 세계사에서 古朝鮮語를
共通祖語로 갖고, 관습과 신앙과 문화에서 유사성을 가진 문화띠를
형성하게 되었다고 볼 수 있다.

⑳ 고조선 국가와 고조선문명권은 B.C. 3세기부터 B.C. 108년 경
까지 약 200여 년간에 걸쳐서 황하 유역 문명권의 중국 고대국가인
燕·秦·漢의 연이은 무력침공을 받고 200여 년간 일진일퇴를 거듭하
다가 중과부적으로 패전하여 고조선 국가가 해체당하게 되었다. 이
에 따라 고조선 국가와 고조선문명권을 이루었던 古朝鮮 原民族과
다수의 侯國들은 영토를 빼앗기고 새 정착지를 찾아 이동하게 되어
B.C. 2세기부터 A.D. 1세기 사이 동아시아에 '民族大移動'이 일어나
게 되었다.

이 '민족대이동' 과정에서 古朝鮮 原民族은 여러 가지 형태로 분리
와 통합이 전개되었는데, 이 중에서 고조선 원민족을 계승한 韓國 前
近代民族이 형성되었다. 이 과정을 상세히 서술하는 것은 방대한 분
량이 필요한 작업이므로 다른 기회로 미루고, 여기서는 민족형성의
주제에 관련된 부분만 극히 간략하게 기술하기로 한다.

고조선 국가의 해체과정은 다음과 같이 3단계를 거치었다.

제1단계는 B.C. 284년 경에 燕의 장수 秦開의 군대가 고조선 후국
東胡(胡貊·신朝鮮)를 침공하여 패전시키고 고조선 영역 1천리를 빼
앗아간 사건이 일어난 것이었다. 그 이전에 古朝鮮은 황하문명권의
어느 小國들보다도 강성하여 고조선인들이 B.C. 10세기 경부터 중국
의 江·淮 지역에 들어가서 小國을 세우고 살았는데, 그 중에서 고조
선인 徐偃王이 세운 徐國에는 중국의 36개 소국들이 조공했었다. 또
한 B.C. 6세기~B.C. 5세기에는 고조선 장수 弗離支가 군대를 인솔
하고 오늘의 直隸·山東·山西 지방에 들어가 代縣 지방에 弗離支國

을 세웠는데《周書》에 弗令支라 한 것과《史記》에 離支라 한 것이
모두 '弗離支國'을 가리킨 것이었다. 또한 弗離支가 그 정복한 지방
에 자기의 성인 '불'의 음으로써 지명을 지었는데, 요서의 '肥如'나 山
東의 '梟繹'이나 山西의 '卑耳'가 그러한 것이었다.[173]

원래 燕의 장수 秦開는 東胡(胡貊·신朝鮮)에 투항했는데, 東胡가
그를 신임하고 중용하자 군사기밀과 실태를 정확히 파악한 후 燕昭
王이 융성하자 연으로 도망가서 대군을 이끌고 기습하여 조선군도
패한 것이었다.

古朝鮮은 중국 쪽과의 灤河 경계선을 포기하고 大凌河 경계선으
로 후퇴했으며, 대릉하 중류의 朝陽도 잃어 燕의 지배하에 들어갔다.
뿐만아니라 고조선은 侯國인 山戎(凶奴)과의 통로도 차단당하여 凶
奴를 잃게 되었으며, 凶奴는 古朝鮮에서 분립하여 별개의 국가 수립
활동을 전개하게 되었다.

그후 燕이 惠王 때(B.C. 278~B.C. 272) 약화되자 고조선은 다시 연
을 공격하여 失地를 회복했으나 오래 지키지 못하였다.[174]

제2단계는 秦始皇의 중국통일 군사활동으로 秦의 공격을 받고 항
쟁한 시기였다. 秦始皇은 B.C. 221년에 중국 내부를 통일한 후 山東
반도 일대까지 내려가 거주하고 있는 古朝鮮과 그 侯國(凶奴·突厥·
梟繹·弗離支)을 북쪽으로 내쫓고, B.C. 214년 경에는 이전에 燕 등이
古朝鮮과 그 侯國들의 공격을 막기 위해 쌓았던 城들을 연결하여 萬
里長城을 쌓는 大役事를 수행하였다. 萬里長城은 秦이 만든 秦 세력
과 古朝鮮 세력의 경계선이었다.

秦은 이때 燕에게 빼앗겼다가 일부 회복한 古朝鮮의 땅을 다시 빼
앗고 古朝鮮과는 大凌河(당시 이름 浿水)를 경계로 하였다. 이에 古

---

173) 申采浩,《朝鮮上古史》,《改訂版丹齋申采浩全集》上卷, pp.87~88 참조.
174) 申采浩,《朝鮮上古文化史》,《改訂版丹齋申采浩全集》上卷, pp.436~443 참조.

朝鮮은 다시 大凌河 이서의 영역을 모두 잃게 되었다.[175]

란하와 대릉하 사이의 영역은 古朝鮮(및 東胡) — 燕 — 고조선 — 秦의 지배가 교체되는 사이에 전쟁마당이 되어 주민들이 큰 고통을 받고 각각 피난과 망명이 연속적으로 일어나게 되었다.

제3단계는 漢武帝의 중국통일 군사활동으로 강대한 무력침략을 받았다.

秦은 B.C. 206년에 망하고, 漢이 B.C. 202년에 일어났다. 고조선은 진의 멸망 후 중국 내부가 군웅할거하여 다투는 틈을 타서 실지를 회복하고 만리장성을 넘어 山東 지방에 들어가서 옛 弗離支國의 영토를 회복했으나 항우에게 패하여 오래 지키지 못하였다. 결국 漢이 秦을 대신하게 되었지만, 한은 B.C. 180년대까지는 북으로 강성한 凶奴의 침입에 시달리고 내부에서는 한이 燕王에 봉하여 옛 燕의 땅에 보낸 盧綰이 漢에 반란을 일으켜 흉노에 망명해 버렸으며, 뒤이어 제후들의 반란이 끊이지 않아서, 고조선이 회복한 요서 지방에 대한 침략의 뜻은 있었으나 침략의 힘이 없었다.

이 무렵 燕이 빼앗아 간 고조선 영역에 살다가 미쳐 망명하지 못했던 조선인 衛滿이 피난민들과 함께 B.C. 195년 경 古朝鮮에 망명하였다. 後朝鮮 準王은 위만을 신임하여 고조선의 서북 경계선을 방비하는 候王에 임명해서 漢의 침입에 대비하도록 하였다. 위만은 군사권을 갖고 실력을 기르더니 B.C. 194년 경 漢이 쳐들어 오므로, 왕궁을 지키겠다고 대군을 이끌고 王儉城에 들어와서 政變을 일으켜 準王을 내쫓고 스스로 왕이 되어 새 왕조를 열었다. 그러나 그는 원래 朝鮮人이므로 국호를 '朝鮮'으로 계속 사용하여 이른바 '衛滿朝鮮' 시대를 열었다.[176]

---

175) 申采浩, 《朝鮮上古文化史》, 《改訂版丹齋申采浩全集》 上卷, pp.439~449 참조.
176) 申采浩, 《朝鮮上古史》, 《改訂版丹齋申采浩全集》 上卷, pp.10~105 참조.

漢文帝(재위 B.C. 179～B.C. 157) 때에 朝鮮이 계속 漢에 복속하지 않으므로 조선을 침략할 계획을 세웠으나, 조선이 막강하고, 북쪽으로부터 凶奴의 위협이 크므로 실행하지 못하였다.

漢武帝(재위 B.C. 140～B.C. 87)는 천하통일의 꿈을 품고 흉노와 돌궐로부터 騎馬와 鐵製武器 제조술까지 도입하면서 대군을 양성하더니, B.C. 128년에 고조선의 후왕 濊君 南閭를 포섭하여 복속시키고, 滄海郡을 설치하였다. 그러나 古朝鮮은 이를 무력으로 공격하여 승리해서 2년만인 B.C. 126년에 창해군을 폐지시켜 버렸다.[177]

漢武帝는 흉노와의 오랜 전쟁 끝에 B.C. 119년에 左凶奴를 萬里長城 북쪽으로 쫓아내는 데 성공하고, B.C. 111년에는 남방 원정을 결행하여 양자강 이남 南越과 東越을 평정해서 중국 안의 통일을 달성하였다.

이에 漢武帝는 오랫동안 기도하던 古朝鮮 병탄을 실행하려고 B.C. 110년에 18만 대군을 요하 입구에 집합시켜 놓고, 고조선 右渠王(위만의 손자)에게 항복을 권하였으나 거절당하였다. 한무제는 B.C. 109년에 수륙 양면으로 고조선을 공격하였다.[178] 고조선은 우거왕의 지휘 하에 처음에는 여러 차례 승리를 거두면서 1년간을 매우 용감하게 잘 싸웠다. 그러나 1년간 전쟁이 계속되자 고조선 조정 내에 투항을 생각하는 배신자가 나타나게 되었고, 그들에 의해 B.C. 108년에 右渠王이 암살당하였다. 고조선에서는 대신 成己의 지휘 아래 백성들이 단결하여서 완강하게 싸우면서 王儉城을 지켰으나 중과부적으로 B.C. 108년 여름에 왕검성이 함락되어 고조선의 마지막 왕조인 衛滿朝鮮은 멸망하였다. 한무제는 고조선의 영토에 漢四郡을 설치하였다.[179]

---

177) 申采浩, 《朝鮮上古文化史》, 《改訂版丹齋申采浩全集》 上卷, pp.453～456 참조.
178) 申采浩, 《朝鮮上古史》, 《改訂版丹齋申采浩全集》 上卷, pp.130～141 참조.
179) 申采浩, 《朝鮮上古文化史》, 《改訂版丹齋申采浩全集》 上卷, pp.459～462 참조.

古朝鮮의 멸망에 의해 뿌리가 뽑힌 고조선문명권 내의 고조선과 그 侯國 원민족들은 새로운 정착지를 찾아 이동하기 시작해서 B.C. 2세기부터 A.D. 1세기에 걸쳐 '民族大移動'이 일어나게 되었다.

後朝鮮의 準王은 위만에게 나라를 빼앗기자 왕족과 신하들을 이끌고 그의 侯國이었던 '辰'나라로 내려와 月(目)支國이 있던 자리에 자기의 본래의 부족 호칭인 '한(韓)'을 내세워서, 韓나라를 세우고 '韓王'이라고 자처하였다. 즉 '馬韓'이 이것이다.

본래의 '辰'의 지배세력은 동쪽으로 밀려가서 辰韓이 되었다. 그리고 낙동강 유역에는 小辰韓으로서 弁韓이 수립되었다. 한강 이남에 三韓이 세워진 것이다. 그러나 三韓의 지배권은 처음에는 '韓王'을 자처한 後朝鮮의 準王과 그 후손 즉 馬韓王에 있었으며, 辰韓·弁韓의 왕은 초기에는 마한왕이 자기의 왕족 중에서 임명 파견했던 것으로 보인다.

고조선이 멸망하자 고조선의 侯國이었던 扶餘에서 高朱蒙 세력이 역시 고조선의 후국이었던 句麗로 들어가 B.C. 37년에 高句麗를 세우고 급속히 강대한 실력을 기르면서 古朝鮮의 영역을 회복하려고 漢四郡을 맹렬히 공격하기 시작하였다. 고구려는 마침내 한사군을 추방하여 고조선의 고토를 회복하고 扶餘까지도 통합하여 대제국으로 발전하였다. 고구려는 貊族이 중심이 되어 수립되었으나 고조선과 부여를 계승하여 고조선 영역에 있던 모든 민족들을 지배하였다.

辰韓에서는 B.C. 57년 경에 朴赫居世가 시조가 되어 사로[新羅]가 건국되었다. 박혁거세는 후조선 왕족계의 왕이었다고 해석된다.

馬韓에서는 부여가 고구려에 병합될 때 남하하여 百濟小國을 세웠던 부여족의 溫祚 세력이 B.C 18년 경에 주변 소국들을 통합해서 百濟를 건국하였다.

弁韓에서는 부여에서 내려온 왕족과 加귀족세력이 12개 변한국을 재분할 통합해서 6개 加羅 연맹국을 수립하였다. 弁韓의 초기 왕족은 후조선족이었으나, 6가라의 지배자들은 부여족들이었다.

扶餘·良貊·高句麗 세력의 일부는 민족대이동의 물결을 타고 남하하다 제주도에 상륙하여 정착해서 B.C. 1세기 경에 耽羅國을 수립하였다.[180]

高句麗·百濟·新羅의 3국은 강성한 큰 나라들이었으므로, 각각 자기의 주도 하에 통일을 이룩하려고 하였다.

이 중에서 가장 강성한 것은 高句麗였다. 고구려는 遼東까지의 고조선 구 강토를 회복하고 요서에도 세력을 뻗기 시작하여 大凌河 유역의 朝陽도 세력권 안에 두었다. 또한 고구려는 A.D. 6세기 중엽에는 알타이 산기슭에 거대한 제국을 건설한 突厥과도 긴밀한 우호관계를 수립하여 漢의 멸망 이후 중국을 재통일한 隨의 발흥에 대비하였다. 고구려는 隨文帝로부터 조공하라는 요청을 거부했을 뿐 아니라, A.D. 598년 隨 文帝의 30만 명 수륙군의 침략을 격퇴하였다. 이어서 고구려는 隨 煬帝가 A.D. 612년 국력을 모두 기울여 113만 명의 전투병력을 동원해서 고구려를 멸망시키려고 침략해 온 것을 乙支文德의 지휘 하에 참패시켜 쫓아보냈다. 수 양제는 A.D. 613년(제1차)과 A.D. 614년(제3차)에도 고구려를 대병력으로 침략했으나 역시 참패하였다. 수양제는 615년에 제4차 고구려 침략을 계획했으나 국력이 피폐되어 중단하고, A.D. 618년에는 고구려 침략전쟁의 연속 패전이 주요인이 되어 멸망하였다.[181]

고구려는 수의 뒤를 이은 唐 太宗의 소위 '천하통일' 대상이 되어 또 침략을 받게 되었다. 고구려는 당 태종이 A.D. 644년 수륙군 약 20만 명을 동원한 침략을 安市城에서 약 60여 일간 격전을 전개하면서 패퇴시켰다. 고구려는 A.D. 647년 당 태종이 감행한 제2차 침략

---

180) 愼鏞廈, 〈耽羅國의 形成과 초기 民族移動〉, 《韓國學報》 제90집, 1998 참조.
181) 申采浩, 《朝鮮上古史》, 《改訂版丹齋申采浩全集》 上卷, pp.258~274 참조.

전쟁도 패퇴시켰다. 당 태종은 A.D. 649년 병력 30만 명을 동원하여
제3차 침략을 준비하다가 ·죽었다.[182]

강성한 고구려의 이러한 大勝利는 만주와 한반도를 중국에 병합
시키려는 중국의 隨·唐 황제들의 야망을 저지시키고 상대적으로 작
은 나라들인 新羅와 百濟의 독립을 보장해 주는 역할을 수행하였다.

[22] 新羅는 A.D. 512년(지증왕 13)에 于山國을 병합하고, A.D. 532년
(법흥왕 19)에는 本加羅(金海)를 병합했으며, A.D. 562년(진흥왕 23)에
는 大加羅(高靈)와 그 밖의 가라국들을 병합하는 데 성공하였다.

신라는 이어서 백제의 병합을 적극 추구하였다. 高句麗는 강성하
여 아직 통일의 엄두를 내지 못하고 백제도 단독으로는 병합할 수
없음을 알고 있었기 때문에, 신라의 金春秋 등은 唐과 연합해서 먼저
신라·당 연합군이 백제를 점령하여 대동강 이남의 한반도를 신라 영
토로 한 다음, 이어서 당·신라 연합군이 고구려를 점령하여 대동강
이북과 만주의 고구려 영토를 唐의 영토로 한다는 전략 하에 당과의
군사동맹을 추진하였다.[183] 그러나 唐은 강성한 고구려만 멸망시켜
병탄하면 신라와 백제는 뒤이어 병탄되어 만주와 한반도가 唐에 '천
하통일'된다고 보고 있었기 때문에 처음에는 움직이지 않고 고구려
침략에 열중하였다.

그러나 당의 고구려 침략이 연전연패로 끝나자 신라의 제의를 받
아들여 먼저 百濟를 멸망시킨 후에, 高句麗를 서북과 남에서 협공하
여 멸망시키고 그 다음에 신라마저도 병합하여 소위 '천하통일'을 달
성하는 전략을 채택하였다.

당은 A.D. 660년(백제 의자왕 20년, 신라 태종무열왕 7년) 蘇定方이

182) 申采浩, 《朝鮮上古史》, 《改訂版丹齋申采浩全集》 上卷, pp.275~314 참조.
183) 李基東, 《新羅骨品制 社會와 花郞徒》, 韓國硏究院, 1980 참조.

지휘하는 13만 명의 대군을 출병시키고, 신라는 金庾信이 지휘하는 5만의 대군을 출병하여 백제의 수도 泗沘城을 공격하였다. 백제는 장군 階伯의 지휘 하에 5천 명의 결사대를 편성하여 혈투를 전개했으나, 중과부적으로 계백과 결사대 대다수가 전사하고 백제는 멸망하였다. 백제에서는 자발적 독립군이 출현하여 道琛과 福信을 지도자로 하고 일본에 가 있던 왕자 豊을 맞아들여 한 때 신라군을 대파하고 세력이 크게 떨쳤으나, 내분이 일어나 복신은 도침을 죽이고, 왕자 풍은 복신을 죽였으며, 豊이 불러온 倭의 邪馬台 후원군도 A.D. 667년 白村江 전투에서 패전하였다.[184]

당은 백제를 멸망시키자 바로 이듬해 A.D. 661년(고구려 보장왕 20년)에 蘇定方이 지휘하는 대군을 출병시키고, 신라는 金庾信이 지휘하는 대군과 식량을 보내어 고구려를 침공하였다. 羅·唐 연합군은 평양성을 포위하고 6개월 이상 공격했으나, 淵蓋蘇文이 지휘하는 고구려군은 이를 잘 막아내었으며, 오히려 당나라 전위군 사령관 龐孝泰와 그의 군대를 전멸시켜 승전하기도 하였다. 그러나 막리지 연개소문이 A.D. 665년에 병사하자 그의 아들들과 지배층 내에 권력투쟁이 일어나 사태가 급변하였다. 연개소문의 맏아들 男生은 권력투쟁에서 동생 男建·男産에게 패하자 國內城으로 피난했다가 당에 투항해 버렸다. 연개소문의 아우 淵淨土는 12성을 갖고 신라에 투항하였다.

이에 唐은 A.D. 667년 李世勣에게 대군을 주어 男生을 향도로 해서 고구려를 더욱 치열하게 공격케 하였다. 신라군이 합세했음은 물론이다. 고구려의 寶藏王은 나·당 연합군의 평양성 포위에 대항하여 1년간을 싸우다가 항복하기로 결심하여 男産을 보내서 당군에게 항복케 하였다. 그러나 男建이 불복하여 저항이 계속되다가 군사책임자 승려 信誠이 당군과 내통하여 비밀리에 성문을 열어 주어 버렸다.

---

184) 申采浩,《朝鮮上古史》,《改訂版丹齋申采浩全集》上卷, pp.323~354 참조.

이에 8년간의 저항 끝에 A.D. 668년 고구려도 멸망하였다.[185]

나·당 연합군이 백제를 멸망시킨 후, 당은 5都督府를 두었다가 하나로 개편하여 熊津都督府를 두고 처음 王文度를, 다음에 劉仁軌를, 그 다음에는 의자왕의 아들 扶餘隆을 도독으로 임명 파견해서 구 백제지역을 직접 통치케 하였다. 뿐만 아니라 당은 A.D. 663년 일방적으로 신라에 鷄林大都督府라는 관제를 들씌우면서 신라 文武王을 鷄林大都督에 임명하였다.

더욱 주목할 것은 당은 A.D. 664년 신라 문무왕(계림대도독)과 부여융(웅진도독)에게 백마를 잡아 피를 나누어 마시며 "각기 오랜 원한을 없애고 우호를 맺어 화친하여 (唐皇帝의) 詔命을 공경하게 받들어 영구히 藩服이 된다"는 盟約文을 읽고 맹세케 하였다. 이것은 백제는 당의 식민지로, 신라는 반식민지 종속국으로서 영구히 중국의 藩服(변방 식민지 종속국)이 됨을 和親이란 명목으로 맹세케 한 것이었다.

또한 唐은 고구려를 멸망시키자 A.D. 668년 평양에 安東都護府(도독부보다 상위조직)를 두었다. 이것은 唐의 안동도호가 구 고구려 지역을 통치함과 동시에 신라인 계림대도독부와 구백제의 웅진도독부를 지휘하는 체계를 만들어 고구려·백제·신라를 사실상 唐의 영토와 통치지역으로 개편한 것이었다.

민족형성사의 관점에서는 이것은 古朝鮮 후예들에게는 고조선의 멸망과 해체 다음에 온 가장 위험한 절대절명의 순간이었다. 만일 이 체제가 정착되면 唐은 만주와 한반도 전부를 唐에 통합하여 '천하통일'을 이루지만, 고조선 후예인 신라와 고구려·백제 유민들은 결국 영구히 몰락하여 (한국의) 前近代民族을 형성하지 못하고, 그 직전에 중국의 변방에 통합되어 점차 중국민족으로 동화되는 길을 가게 될

---

185) 申采浩,《朝鮮上古文化史》,《改訂版丹齋申采浩全集》上卷, pp.502~505 참조.

것이었기 때문이었다. 唐이라는 막강한 외세를 끌어들여 통일을 추구한 신라의 어리석은 모험주의 정책으로 말미암아 신라와 구 고구려·백제 유민이 모두 '민족'을 상실하여 중국의 일부가 되기 시작할 위험한 처지에 떨어진 것이었다.

신라는 뒤늦게 이를 깨닫고 저항을 시작하였다. 신라는 투항해 온 고구려 보장왕의 서자 安勝을 A.D. 670년에 '고구려왕'에 봉한 후 고구려 독립군과 연계하여 唐軍을 공격케 하는 한편, 新羅軍이 직접 웅진도독부의 당군을 공격하여 당을 몰아내기 위한 무장투쟁을 시작하였다. 신라군은 당군이 지배하는 구 백제지역 城들을 공격하여 연전연승하였다. 언어가 다른 외국 민족의 軍政 아래 있던 구 백제인들이 신라군에 저항하지 않고 오히려 唐軍에 저항했으며, 백제 독립군의 잔여 세력들이 신라군을 도와 당군에 대항했기 때문이었다. 신라군은 A.D. 671년 石城의 결전에서도 당군 5천여 명을 전사시키고 대승을 거두었으며, 마침내 웅진도독부가 설치되어 있는 泗沘城을 함락시켜 점령하고, 신라의 관제로서 所夫里州를 설치하는 데 성공하였다.

고구려의 독립군 무장투쟁은 더욱 격렬하였다. 당군이 포위했던 수도 평양성은 함락되어 보장왕이 생포됨으로써 고구려는 멸망했지만, 건재한 다른 城들에서는 승복하지 않고 격렬한 독립투쟁을 전개했기 때문이었다. 이 중에서도 大兄 劍牟岑이 지휘하는 고구려 독립군은 평양성 부근까지 진출하여 당군을 끊임없이 공격하고 패전시켰다. 이에 당은 A.D. 668년 安東都護府를 평양으로부터 압록강 건너 요동의 遼東城(遼陽)으로 옮기었다. 검모잠의 고구려 독립군은 A.D. 669년에 平壤城을 탈환했다가, 당의 대군이 들어오자 남쪽 載寧으로 내려가서 신라에 투항한 安勝을 추대하여 고구려를 재건하려 했으나, 안승이 검모잠을 죽이고 다시 신라에 투항함으로써 검모잠의 독립운동은 실패하게 되었다.

그러나 고구려 유민들의 독립운동은 압록강 넘어 만주벌의 城들에서도 격렬하게 계속되었다. 당은 A.D. 677년 安東都護府를 요동성으로부터 후퇴하여 新城(撫順)으로 옮기었다. 당은 고구려 독립운동을 무마하기 위해 보장왕을 요동에 귀환시켰다. 그러나 보장왕이 말갈족과 연합하여 고구려 독립을 기도한 것이 발각되자, 당은 A.D. 699년에 보장왕의 아들 高德武를 安東都護에 임명하여 파견하였다. 고덕무는 이듬해인 A.D. 700년 요동에 小高句麗國을 세웠으나, 이것은 당에 예속된 종속국가였다.[186] "고구려의 별종"[187]인 大祚榮은 고구려 유민들과 함께 靺鞨족을 거느리고 당군에 항쟁하다가 A.D. 698년에 渤海를 건국하고 東牟山에 도읍을 정하였다. 대조영이 세운 발해는 고구려를 계승하여 동북쪽으로는 고구려의 옛 땅을 모두 회복하였다.[188]

고조선 원민족의 후예 국가들은 신라가 이민족인 唐을 끌어들여 백제와 고구려를 멸해서 통일을 실현하려고 한 모험주의 정책을 채택함으로써 A.D. 7세기 말에 모두 唐에 흡수되어 버릴 절대절명의 위기에 처하게 되었으나, 신라의 대분발과 백제·고구려 유민들의 완강한 독립투쟁으로 이 위기를 극복하게 되었다.

23 신라의 '통일'에 의하여 고조선 원민족의 중심 갈래인 고구려·백제·신라는 하나로 통일되어 한국민족의 前近代民族을 형성하게 되었다. 신라는 A.D. 679년에 耽羅國에도 관리를 보내어 통일을 알리고 통일신라에 복속시켰다. 그러나 신라통일은 한국 전근대민족 형성에 다음과 같은 영향을 남기게 되었다.[189]

186) 盧泰敦, 〈高句麗遺民史 研究〉, 《한우근박사화갑기념논총》, 1981 ; 〈渤海國의 住民構成과 渤海人의 族源〉, 《韓國古代의 國家와 社會》, 1985 참조.
187) 《舊唐書》 渤海傳 참조.
188) 宋基豪, 〈東아시아 國際關係 속의 渤海와 新羅〉, 《韓國史市民講座》 제5집, 1989 참조.

첫째, 한국 전근대민족의 영토(지역의 공동)가 대동강(후에 압록강) 이남과 원산만 이남으로 축소되고, 만주와 요동·요서의 방대한 지역이 한국 전근대민족의 '지역의 공동'에서 제외되는 결과를 가져왔다. 그리하여 그후 역대 인물들이 모두 고조선과 부여·고구려의 舊土를 회복하려는 꿈을 갖게 된 것이다.

둘째, 고구려의 유민을 다 포함하지 못하였다. 고구려 유민은 고구려가 멸망하자 일부는 唐의 지배를 거부하여 언어가 동일한 통일신라 영토로 피난해서 대동강 이남, 예성강 유역, 한강 이북까지 대대적으로 내려와 정착했으며, 松岳(지금의 개성)이 고구려 피난민의 중심지였다.

그러나 고구려 유민의 일부는 압록강 이북에 그대로 남아 있다가 大祚榮 세력의 중심이 되어 고구려 유민과 靺鞨족을 이끌고 唐군을 격파하여 A.D. 698년에 渤海를 건국하였다.

그러나 결과적으로 발해 멸망 때 고구려 계통인 발해의 왕족·귀족들은 고려에 들어왔지만 발해의 백성들은 다수가 만주 연해주 지역에 남게 되어 한국민족의 형성에 결국 다 들어오지는 못하였다.

셋째, 고구려의 영토에 남아있던 靺鞨·契丹·女眞 등 후에 滿洲族이 된 부족들을 한국민족 형성에 포함시키지 못하고 滿洲族으로 분립케 작용하였다. 말갈족이 고구려 유민의 지배를 받으면서까지 唐으로부터 독립하여 발해의 신민이 된 것은, 만일 만주를 영토로 잃지 않았으면 이들이 결국 한국 전근대민족에 동화 융합되었을 것임을 시사해 준다. 만주족은 그후 遼·金·淸 등의 대제국을 수립하였다. 그러나 이 만주족들은 수천년을 古朝鮮의 후국 민족으로 내려오면서 古朝鮮語를 共通祖語로 한 언어까지 갖게 되었으므로 모두가 스스로 '檀君의 子孫'이라고 생각하고 주장했으며, 韓國民族(조선민족, 고

189) 申采浩, 《讀史新論》, 《改訂版丹齋申采浩全集》 上卷, pp.505~513 참조.

려민족)과는 형제관계의 민족이라고 스스로 주장하고 기록하였다.

통일신라가 쇠약해 졌을 때 A.D. 895년 弓裔가 後高句麗를 개창하자 고구려 유민들의 중심지인 松岳 거주민들은 대부호 作帝建을 비롯하여 모두가 이를 지지 성원하였다. 그러나 궁예가 국호를 摩震이라고 고치고 수도를 鐵原으로 옮기며, 다시 국호를 泰封이라고 고치는 등 후고구려가 아님을 명백히 하자, 고구려 유민 후예 세력들은 王建을 추대하여 高麗(高句麗와 동일)를 건국하고 松岳을 수도로 하였다. 민족형성사의 관점에서는 후3국의 분립은 고조선 원민족 후예들의 통일을 지향한 대세 속에서 주도권 장악을 위한 권력투쟁의 일종의 역사적 반작용이었기 때문에 처음부터 오래 갈 수는 없는 것이었으며, 조만간 강자에 의해 통일되도록 되어 있었다. 高麗는 신라와 후백제를 통일하여 한국민족의 前近代民族의 형성을 완성하였다.

그러나 한국민족이 고려의 통일에 의하여 전근대민족이 비로소 형성된 것은 아니었다. 신라 통일과 고려 통일의 국민·영토·언어·문화의 공동성은 그 내용에서는 거의 달라진 것이 없었다.

한국민족의 前近代民族의 형성은 A.D. 669년 경 통일신라에 의해 이룩되어, A.D. 918년 경에 高麗에 의해 완성된 것이라고 볼 수 있다.

한국민족의 言語의 공동성은 이미 古朝鮮 原民族 시대인 B.C. 30세기 경부터 시작되어 고조선 해체 이전에 완전히 확립된 것이었다. 그러므로 扶餘語·韓語·高句麗語·百濟語·新羅語·加羅語·耽羅語는 古朝鮮語를 祖語와 根幹으로 한 방언에 불과했으며, 서로 통역없이 소통할 수 있는 것이었다.

통일신라의 250년간의 통치로 신라 방언이 주로 어휘 등에 처음에는 더 큰 영향을 끼쳤다고 관찰되지만, 고구려의 후예 계통인 고려의 500년간 통치로 고구려 방언의 영향도 장기간 크게 들어갔으며, 백제의 처음 수도였다가 고구려·백제·신라의 교차지역이 되었던 漢陽이 조선왕조 500년의 수도가 됨으로써 고구려·백제·신라 방언들이 모두

한국 전근대민족의 '언어의 공동'에 고르게 들어가게 되었다.[190]

그리하여 한국의 전근대민족은 古朝鮮祖語에서 분화 발전한 고구려·백제·신라어가 융합 형성된 중세 한국어를 '언어의 공동'으로 하고, 압록강 이남의 한반도를 '지역의 공동'으로서, 古朝鮮 原民族을 직접 계승한 부여·진국·마한·진한·변한·옥저·동예·고구려·백제·신라·가라·탐라·발해(일부) 등을 융합한 혈통을 '혈연의 공동'으로, 고조선과 檀君을 자기들의 조상이라고 보는 생각을 '의식의 공동'으로, 고조선시대부터 통일신라·고려시대까지 전승 발전된 독특한 의·식·주, 규범 등의 생활양식을 '문화의 공동'으로 하여 한국민족의 전근대민족을 형성하게 된 것이었다.

10. 古朝鮮의 해체와 동아시아의 '民族大移動'

[24] 고조선이 해체되자 동북아시아에서는 고조선의 후국들이 뿌리가 뽑히어 주로 B.C. 2세기부터 A.D. 1세기에 걸쳐 집중적으로 '민족대이동'을 시작하였다.

훈(Hun)족 : 고조선이 임명한 변방수비대장인 '두만(Tuman, 頭曼, 萬戶)'의 지배를 받던 고조선의 후국 凶奴(훈, Hun)는 燕의 秦開의 古朝鮮 침공으로 고조선과의 군사적 연결이 끊어지자 일찍이 B.C. 3세기에 가장 먼저 고조선으로부터 분립하여 제국을 세우고, 중국의 군사활동에 저항하여 漢 高祖 시기에는 맹렬하게 漢을 공격하였다. B.C. 60년 경에 흉노는 연이은 大旱害와 大降雪의 자연재해를 당하자 漢의 원조를 받아들이고, 그에 의존하자는 동생 呼韓邪 선

우(왕)와 한의 원조 수용을 거부하고 독립을 주장하는 형 郅支 선우
가 대립하여 東匈奴와 西匈奴로 분열했다가, B.C. 36년에 漢과 呼韓
邪 흉노(동흉노)의 연합 공격으로 키르기츠 초원으로 이동한 서흉노
는 멸망하였다. 그러나 呼韓邪 선우의 통일 凶奴는 독립을 잃고 약
백년간 漢에 종속되었다.[191]

凶奴 가운데서 독립세력이 서서히 성장했으나 경제는 더욱더 漢에
종속되었다가, A.D. 48년 고비사막 이남의 흉노 족장이 後漢에 복속
하는 것을 계기로 이를 반대한 독립세력 北凶奴와 漢에 복속한 南凶
奴가 분열하였다. A.D. 91년 後漢이 알타이산맥에 있는 북흉노의 근
거지에 원정군을 파견하여 공격하자, 투항을 거부한 북흉노의 일부
는 서방으로 대이동을 감행하였다.[192] 그들은 4세기에는 볼가 훈넨족
이라는 이름으로 흑해 북쪽의 南러시아에 정착하여 활동했으며, 5세
기에는 아틸라(Attila)왕의 지휘하에 유럽 역사를 뒤흔들어 놓았다.[193]

아틸라가 지휘하는 훈(Hun)족은 A.D. 5세기 판노니아(Pannonia)
평원(현 헝가리 평원)에 정착한 東고트(게르만족의 한 갈래)를 정복하
여 동쪽으로는 카스피 해로부터 라인 강과 발트 해에 이르는 거대한
帝國을 건설하였다. 아틸라의 중앙 유럽의 정복에 밀린 東고트족과
西고트족의 게르만은 民族大移動을 시작하였다.

아틸라의 훈(Hun) 大帝國은 A.D. 5세기 중엽 아틸라가 사망하자
10년 후에는 붕괴되고 다수의 훈족은 흑해 북쪽 남러시아의 초원지
대로 퇴각하였다. 훈 제국의 존속 기간이 짧아서 그 유물은 많이 남
아 있지 않으나, 판노니아 평원은 '훈(Hun)족의 땅'이라는 의미로 '헝
가리(Hungary)' 평원으로 부르게 되었다. 東고트족은 훈족의 지배

---

191) 《漢書》 凶奴傳 참조.
192) 朴漢濟, 《中國中世胡漢體制研究》, 一潮閣, 1988 참조.
193) Ying-shin Yu, "The Hsiung-nu", *The Cambridge History of Early Inner
Asia*, Cambridge University Press, 1994, pp.118~149 참조.

하에 송속되었다가 훈(Hun) 제국이 붕괴되자 이를 기회로 포착하여 이탈리아 반도에 진출해서 西로마 제국을 붕괴시키고 東고트 왕국 (A.D. 493~552)을 세웠다가 東로마 제국에 의해 멸망하였다.[194]

突厥(Turk) : 고조선의 후국민족인 돌궐(Turk)족은 고조선 왕족 인 阿史那(Asana, 朝鮮)족을 왕족으로 하고 고조선 귀족인 阿史德 (Asadar, 아사달)족을 최고 귀족으로 하여 A.D. 552년 경에 알타이산 맥 기슭에 突厥王國을 수립했으며, 아사나족의 萬戶(土門)는 伊利可 汗(Il Khan)이라는 호칭의 제위에 올랐다. 그후 30년 재위의 기간에 돌궐왕국은 동쪽으로는 興安領으로부터 서쪽으로는 카스피 해에 이 르는 광대한 영토를 가진 대제국으로 발전했다.

돌궐 제국은 伊利可汗의 아우들을 왕으로 한 4개의 돌궐로 구분되 었다가, A.D. 580년대에 몽골고원 일대 중심의 東突厥과 중앙아시아 일대 중심의 西突厥로 양분되었다.[195] 서돌궐은 7세기 중엽에 唐의 회유정책에 굴복했다가 7세기 말에 완전히 붕괴되었다. 동돌궐은 A.D. 630년 唐 원정군의 공격을 받고 패배하여 한때 唐에 굴복하였 다가 약 50년 후인 A.D. 682년에 왕족 阿史那骨咄祿(아루디리슈 可 汗)의 지휘하에 재독립하여 故土를 회복하였다. 돌궐(동돌궐)족은 동 쪽으로는 契丹과 奚, 서쪽으로는 기르키즈, 파슈밀을 정복하고 서남 쪽으로는 티벳트 민족의 일부인 당크트까지 정복하여 대제국을 확 대하고, 唐의 국경을 수시로 침입하면서 唐과 겨루었다.[196]

그후 돌궐(동돌궐)족은 흥망성쇠를 되풀이하면서 서방으로 서서히 이동하여 10세기 말 카라 可汗은 이슬람문명권의 이란·이라크 북부 의 이란고원을 정복하자 이슬람교를 국교로 채택하면서도 정치적으

---

194) Denis Sinor, "The Hun Period", *Ibid.*, pp.177~205 참조.
195) 金浩東, 〈唐의 覊縻支配와 北方遊牧民族의 對應〉,《歷史學報》제137집, 1993, 참조.
196)《新唐書》, 突厥傳 참조.

로는 돌궐족 지배체제를 강화하였다.[197] 1071년에 돌궐의 세류쥬크 可汗은 비잔틴 제국의 군대와 만지켈트전투에서 비잔틴의 로마노스 4세를 생포하는 대승을 거두었다. 이를 계기로 아나토리아반도(현재 의 터키반도)에 돌궐족의 제1차 대이주가 이루어졌다. 13세기에 몽골 가 발흥하여 이란고원도 몽골군의 공격을 받게 되자 돌궐족은 다시 아나토리아반도 안으로 제2차 대이주를 감행하였다.[198]

아나토리아반도에 이동한 돌궐족은 1299년에 오트만 베이(오트만 1세)의 지휘 아래 오토만(Ottoman) 제국을 수립하였다. 아나토리아 반도 안에 이동한 돌궐족은 반도 주민의 약 10퍼센트에 불과했지만 지배층이 되어 강대한 제국을 건설하고 발칸반도 전역을 지배한 강 대한 국가로 발전하였다.[199] 돌궐족의 이러한 서방 이동의 긴 과정에 서 돌궐족의 대부분은 이슬람교를 채택하게 되었고, 인종적으로도 무수한 혼혈이 이루어져서 외모는 크게 변했지만, 그 언어는 아직도 古朝鮮祖語를 根幹으로 간직하여 親緣關係를 보존하고 있다.

위구르(Uighur, 廻紇, 回鶻) : 위구르족은 돌궐족의 한 갈로로서 '민족대이동' 시기에 몽골고원에서 서방을 향해 나누어져서 이동하 였다.[200]

그 중에서 위구르족의 한 계열은 서방으로 天山산맥의 동쪽 지방 에 도착하여 돌판을 중심으로 서위구르 왕국을 수립하였다. 이들이 현재의 新疆 위구르족이다. 이들은 처음에 이 지방의 佛敎를 채택하

---

197) 丁載勳, 〈突厥第二帝國時期(682~745) 톤 유쿠크의 役割과 그 位相〉, 《東洋史 學硏究》 제47집, 1994 ; 禹德燦, 〈第二突厥帝國(682~745)의 部族構成에 관한 硏 究〉, 《中央아시아硏究》 제3집, 1998 참조.
198) René Grousset, L'Empire des Steppes ; 金浩東·柳元秀·丁載勳 역, 《유라시아 유목제국사》, 사계절, 1998 참조.
199) Denis Sinor, "The Establishment and Dissolution of the Türk empire", Ibid., pp.285~316 참조.
200) 丁載勳, 〈야글라 카르 위구르(744~795) 初期 葛勒可汗(747~759)의 世界觀〉, 《中央아시아硏究》 제3집, 1998 참조.

여 신앙하면서 이 지역에 영구히 정착하는 정책을 취했다.[201]

한편 天山산맥 북쪽 다라스 강 방면으로 이동한 위구르족의 다른 한 계열은 A.D. 940년에 카라 汗國을 수립하였다. 이들은 이란계의 속트 상인들을 통하여 이슬람교가 전파되자 이슬람교로 개종하였다. 이것은 돌궐족이 이슬람교를 채용한 첫 사변으로서, 돌궐(투르크)족의 이슬람화의 문을 연 것이었다.[202]

카라 汗國을 세운 위구르족은 A.D. 999년에 지금의 西터키스탄에 있던 이란족의 사만왕국을 멸망시키고 이 지역에도 이주하여 위구르-터키족이 이 지역을 장악하게 되었다.

카자흐(Kazak) : 카자흐는 서북방으로 이동한 후 중국 사서들이 잃어버렸던 烏孫族과 康居族이 중심이 되어 A.D 5세기 경에 서방으로 이동해서 원주민들과 융합하여 형성한 민족이다. 이 지역을 지배한 西突厥 국가의 형성은 烏孫族과 康居族 및 원주민의 융합을 촉진하는 중요한 역할을 하였다.

카자흐 민족은 카라 汗國의 영향을 받아 점차 종교는 이슬람교로 개종되어 갔으나, 언어는 터키語를 민족어로 사용하게 되어 14세기 경에는 카자흐 민족형성이 완성되었다고 간주되고 있다.

키르기츠(Kirghiz) : 키르기츠 민족은 《史記》,《漢書》에 '堅昆·鬲昆'이란 명칭으로 나오고,《魏書》에는 '結骨' '契骨'로 나오며,《唐書》에는 '黠戛斯' '紇扢斯'로 나오고, 突厥碑文에 '키르기츠'라고 나오는 돌궐족의 한 갈래이다.

이들은 원래 만리장성 북쪽의 유목민족이었다가 '민족대이동' 시기에 서방으로 이동하여 天山산맥의 동부에 일단 정착하였다. 티무르 제국 시기에 다시 민족이동을 재개하여 A.D. 15세기에 현재의 키

---

201) 權賢珠,〈西域壁畵를 통해 본 위구르 服飾에 관한 硏究〉,《中央아시아硏究》제3집, 1998 참조.
202) 金仁平,〈위구르 마캄에 관한 考察〉,《中央아시아硏究》제3집, 1998 참조.

르기츠 지방에 정착해서 농경민족으로 발전하였다.

우즈베크(Uzbeck) : 돌궐족의 한 갈래로서 몽골의 세계원정 후에 티무르 제국을 부시고 새로이 대두한 민족이 우즈베크 민족이었다. 이란고원은 13세기에 몽골군에게 점령되어 오아시스 도시들이 모두 파괴되었고, 14세기에 이 지역 모두가 몽골의 챠카타이 汗國의 지배 하에 놓이었다. 챠카타이 한국이 東차카타이와 西차카타이로 분열된 후, 14세기에 티무르가 지휘하는 세력이 몽골 제국의 부활을 내세우며 西차카타이 汗國을 붕괴시키고 티무르 제국을 수립하였다. 이 때 왕족은 몽골이었으나 그 군대는 우즈베크족이라는 돌궐족의 한 갈래였으며, 왕족까지도 언어는 터키語였고, 종교는 이슬람교였다. 우즈베크족은 15세기에는 강성하게 되고, 16세기 초에는 드디어 티무르 제국을 붕괴시키고 우즈베크족의 汗國을 수립하였다.

암 강 이북에서 우즈베크 민족은 처음에 보하라를 중심으로 보하라 汗國, 뒤이어 히바를 중심으로 한 히바 汗國, 뒤이어 호간드를 중심으로 한 호간드 汗國을 수립하여 우즈베크 三汗國시대가 전개되었다.

우즈베크 민족도 터키語를 사용하면서 자기의 기원이 東方인 것만은 인지하여 古朝鮮祖語를 根幹으로 한 터키-우즈베크語를 사용하고 있는 것이다.

[25] 불가리아(Bulgaria) : 불가리아 古代國家를 건설한 불족(불갈族)은 원래 흥안령 동쪽 松花江 중상류 지방으로부터 서방으로 여러 단계의 중간 정착지를 거쳐 스텝 루트(초원의 길)를 통하여 흑해 북방 러시아의 초원지대에 도달한 동방민족이었다.[203] 불족은 A.D. 4~

---

203) 申采浩, 《朝鮮上古史》, 《改訂版丹齋申采浩全集》上卷, pp.87~88에 "기원전 5세기부터 6세기 경에 弗雄支란 자가 朝鮮의 兵을 率하고 今 直隷·山東·山西 등 省을 정복하고 代縣부근에 一國을 建하여 자기의 名으로 國名을 삼아 '弗雄支

7세기 사이에 흑해 북방의 남러시아 초원지대에 살다가 게르만족의
한 갈래인 고트族과 동방에서 온 아발[柔然]族 사이에서 협공당하여
일시 분산되었다.

비잔틴 제국이 아발족에 대항하기 위해 동방민족에 대한 동맹책
을 채택했을 때 불족은 비잔틴 제국과 동맹하여 A.D. 7세기 전반기
에 돈 강 하류의 불갈족연합을 결성하고 자치를 실행하였다. 불갈족
연합은 7세기 중엽에 양분되어 한 갈래는 볼가 강 상류 지역으로 이
동해 가고, 다른 한 갈래는 비잔틴 제국 내의 다뉴브 강 하류로 이동
하였다.

불족의 일파가 다뉴브 강 하류에 이동해 들어갔을 때에 이 지역에
는 이미 A.D. 6세기 경부터 슬라브족이 들어와서 약 1세기 동안 정착
해 있었다. 불족은 강대한 무력을 기초로 하여 이주 슬라브족을 굴복
시키고 679년 경에 불가리아 제국을 건설하였다. 비잔틴 제국은 처음
에는 이를 인정하지 않았으나, 불가리아 군대와 맞선 전투에서 불가
리아 군대가 승리한 후 681년에 동방민족의 汗國을 공식 인정하였다.

이것이 이른바 제1차 불가리아 제국(A.D. 679~1018)이다. 불가리
아는 '불族의 땅'이라는 의미였다.[204]

제1차 불가리아 제국은 339년간의 통치기간에 매우 강성한 제국
이 되어 이 지역에 자기의 관습에 의한 많은 유물과 지명을 남기었
다. 그들은 자기 나라의 중앙에 있는 큰 산에 '밝은산[白山]'이라는
이름을 붙이고 해마다 天祭를 올리었으며 '밝은산[白山]' 밑에 '소비

國'이라하니, 周書에 '弗令支'와 史記에 '雄支'가 다 '弗雄支國'을 가리킨 것이며,
弗雄支가 또 그 정복하는 지방을 그 姓 '불' 곧 '弗'의 音으로써 지명을 지었나니,
요서의 '肥如'나 山東의 '鳧繹'이나 …… 渤海의 '渤'도 音이 '불'이요 또한 弗雄支
가 준 이름이니"라고 하여 '弗'을 추적하였다. 필자는 신채호가 찾다가 놓쳐버린
古朝鮮의 '불(弗, 弗雄國)'족의 후손이 '불', '불갈'족이며, 기원적으로 古朝鮮에
속한 扶餘族의 한 갈래라고 보고 있다.

204) Peter B. Golden, "The Peoples of the Russian forest belt", Ibid., pp.229~242.

(수도, Sofi, 수비, 泗沘, 所夫里, 소불, 서울)'를 정하였다. 이것이 오늘날의 '발칸산(Mt. Balkan)'이며, 소피아(Sofia)이다. '발칸산맥(Balkan Mountains)'은 '발칸산[白山]'에서 나온 이름이고, '발칸산맥'에서 '발칸반도(Balkan peninsular)'의 이름이 나온 것임이 틀림없다.[205] 그들의 조상은 松花江 강변을 말을 타고 달려서 鴨綠江 상류 눈덮인 발칸산[白頭山]에 제단을 차리고 '檀君'에게 祭天을 했는데, 그 자손의 일부가 몇백 만리 떨어진 발칸반도에 뚫고 들어와 '불'족의 새 나라 '불가리아'를 세우고 '소비(서울)'의 '발칸산'에 祭壇을 차리어 그들의 祖上 '檀君[하느님]'에게 건국을 고한 것이었다.

제1차 불가리아 제국은 불족이 선주 슬라브족을 추방하지 않고서, 소수의 불族(불가리아족)을 지배층으로 하고, 다수의 선주 슬라브족 정착민을 피지배층으로 해서 수립된 제국이었다. 제1차 불가리아 제국은 11세기 초에 쇠약해져서 1018년에 멸망하여 비잔틴 제국의 한 屬州로 편입되었다.

불가리아는 1186년에 비잔틴 제국으로부터 독립하여 제2차 불가리아 제국(1186～1330)을 수립하였다.[206] 그러나 제2차 불가리아 제국은 제1차 제국과는 내용과 성격이 크게 다른 제국이 되었다. 불가리아족 언어의 문법형태와 어순, 지명 등에서만 옛 古朝鮮祖語가 근간으로 남고, 많은 어휘가 슬라브화되었으며, 종교도 그리스정교가 대부분이고, 인종도 백인종으로 변환되었다. 오직 백인들 중에서 몽골반점이라고 속칭하는 검은 반점이 아기에게서 이따금 나오는 백인으로 변해버린 것이다.

---

205) 필자는 1989년 불가리아의 소피아에 가 보았는데, Balkan산은 서울 南山처럼 수도 Sofia의 거대한 東山이었고 발칸山脈과 연결되어 있었다. 그 곳의 역사학자에게 Sofia가 희랍어에서 기원했는가를 탐문했더니, Balkan과 Sofi가 모두 그리스·로마어가 아니라, 뜻은 잘 모르지만 古代 불갈족의 지명이라고 하였다.

206) Peter B. Golden, "The Peoples of the South Russian Steps," *Ibid.,* pp.261～263.

제1차 불가리아 제국을 세운 불족(불갈족)의 유산은 관습과 국가와 민족의 명칭인 '불족 땅·불족 국가(불가리아), 밝은산(발칸산 : 白山), 발칸반도, 소불(소비 : Sofia) 등에 그들의 뿌리인 古朝鮮祖語의 흔적을 남겨서 그들의 본래 조상과 뿌리가 古朝鮮에서 나온 것임을 알려주고 있는 것이다.

핀족(Finns) : 서방으로 이동한 北凶奴 중에서 일찍이 볼가 강 유역에 정착했던 한 갈래는 핀(Finns)족이라는 이름으로 북방 루트를 경유하여 매우 일찍이 발트 해 연안에 도착하였다. 그들은 세력이 약하여 독립국가 수립을 달성하지 못하고 있다가 발트해 연안에 A.D. 10세기에 '에스토니아(Estonia)'를 건국하였다.

더욱 북상한 핀(Finns)족은 춥지만 자유로운 땅에 정착하여 핀란드(Finland, Finn족의 땅)를 건국하였다. 그러나 핀란드는 강대국 러시아와 스웨덴 사이에 끼어서 시달림을 받았다. 13세기에는 스웨덴 왕국에게 남부 절반을 병탄당하였다. 14세기에는 덴마크가 스웨덴과 연합왕국을 만들면서 핀란드 남부까지도 지배하였다. 16세기에는 스웨덴이 연합왕국에서 분립하면서 핀란드 전부를 병탄하였다. 18세기 초에는 러시아가 스웨덴에 북방전쟁을 일으키어 승리하자 핀란드의 가레리아 지방을 러시아령으로 편입하였다. 러시아의 피터 大帝는 가레리아 최남단의 네바 강 입구에 생 페테르부르그 도시를 건설하고 1712년 수도를 모스크바로부터 이곳으로 천도하였다. 스웨덴령 핀란드도 나폴레옹의 대륙 봉쇄령 참가의 대가로 러시아에 병합되었다. 핀란드는 완강하게 수백년간 독립운동을 계속하다가 1917년 러시아혁명으로 제정 러시아가 붕괴된 기회를 잡아 치열한 독립운동을 전개해서 1917년 12월 무려 4백년만에 다시 독립을 쟁취하고 가레리아 지방의 대부분을 수복하였다.[207] 소련의 스탈린 정부는

---

207) Peter B. Golden, "'The early Uraltic Community,' 'The Finno-Ugrians' in

1939년 제2차세계대전이 일어나자 레닌그라드(생 페테르부르그) 방위를 구실로 가레리아 지역의 양도를 요구하였고 핀란드가 이를 거절하자 소·핀란드 전쟁을 일으켜서 가레리아 지방을 병탄하였다. 핀란드는 이에 분개해서 1941년 나치 진영에 가담하여 소련에 대항했으나, 연합국이 승전해서 1947년 강화조약에 의해 가레리아 지방은 정식으로 소련에 할양되었다. 그러나 가레리아 지방의 언어나 민족은 거의 모두 핀란드인으로 구성되어 있다.

에스토니아·핀란드·가레리아 민족은 수천년 동안의 혼혈과정에서 완전히 백인화되어 이제는 백인종으로 분류되고, 오직 언어에만 古朝鮮祖語를 간직하고 있을 뿐이다.

헝가리·마잘족(Hungarians, Magyars) : 흉노족의 서방행 대이동에 포함되어 일찍이 볼가 강의 지류인 가마 강 유역에 이동해서 살았던 마잘(Magyars)족은 원래 흥안령 일대에 거주하던 鞨鞨족의 일부인 것으로 추정된다. 마잘족은 A.D. 8세기에 볼가 강을 따라 남하해서 남부 러시아의 초원지대에 정착하였다. 그러나 9세기에 돌궐계 유목민의 침입을 받아 다시 민족이동을 재개해서 드니에스틀 강과 돈 강을 건너고 갈바디아산맥을 건너서 헝가리(판노니아) 평원으로 진입하였다.[208] 그들은 선주민족의 저항을 부시면서 서방으로 이동하다가 프랑크 왕국의 오토 1세와의 전투에서 패전하였다. 이에 유목민족 마잘족은 헝가리(판노니아) 평원에서 더 서진하지 않고 헝가리 평원에서 농경을 배우면서 정착하여 A.D. 10세기 말에 헝가리 왕국을 건국하였다.[209]

The Peoples of the Russian forest belt'", *Ibid.*, pp.229~232 참조.

208) Gyula Iászló, *The Magyars — Their Life and Civilisation*, Coryina, 1996, pp.13~227 참조.

209) Peter B. Golden, "'The origines and development of Hangarians ; The formation of Hungarians' in 'The Peoples of the Russian forest belt'", *Ibid.*, pp.242~247 참조.

아발族(Avars) : 고조선의 후국의 한 갈래로서 민족명 자체를 '박달[檀]·한박달[大檀, 檀檀]'이라고 불렸던 柔然 민족은 서방 유럽에 이동했을 때에는 서양 기록에 '아발(Avars)족'으로 호칭되었다. 아발족은 A.D. 5~6세기에 카스피 해 북쪽 볼가 강 유역에 살면서 돌궐족 계열인 불갈족을 지배하고 있었다.

아발족은 A.D. 6세기 중엽에 다뉴브 강 하류에 도달했다가 다뉴브 중류에 진출하여 게르만 민족의 한 갈래인 랑고발트족과 연맹하여 판노니아(헝가리) 평원 동부의 게르만 민족의 한 갈래인 게비다에족을 멸망시키고 아발 汗國을 수립하였다. 랑고발트족이 이탈하여 이탈리아 방면으로 떠나 버리자, 아발족은 판노니아 평원뿐만 아니라 라인강 하류까지 영토를 넓히어 거대한 제국을 형성하였다.[210]

아발 汗國은 8세기 후반에 프랑크 왕국의 공격을 받고 패전했으며, 동남방에서 불갈족의 진출과 내부 슬라브족의 저항에 직면하여 그들에게 영토가 3분되어 축소되었다. 이어서 9세기 말에 마잘족이 헝가리 평원에 이동하여 이 지역을 정복해서 헝가리 왕국을 세우자 아발족은 이에 편입되어 소멸되었다. 그러나 아발족의 아발 汗國은 2백 년간 존속했기 때문에 중부 유럽의 문화와 명칭에 상당한 심층의 영향을 주었다.

㉖ 일본 : 일본민족은 고조선의 해체기에 일어난 民族大移動 시기에 일본열도로 이동해 들어간 선진 조선민족 계열이 선주 미크로네시아·폴리네시아·동남아시아(남방계)·아이누계 원주민을 피지배층으로 포함하여 형성된 민족이었다. 필자는 弁韓의 12개 소국들이 북방에서 내려온 扶餘族에게 밀리어 6加羅로 개편될 때, 弁韓의 소국 중 하나인 弁辰彌烏耶馬國이 붕괴되어 大加羅로 바뀔 무렵 일본에

---

210) Samuel SzÁdeczky-Kasdoss, "The Avars", *Ibid.*, pp.206~228 참조.

망명한 '변진미오야마나' 소국의 지배층이 일본에 망명해 건너가서
北九州 지방의 '야마도(邪馬台)' 분국을 수립하고 그 전후에 일본에
이동해 온 고조선 계열(한·맥·예·부여·고구려·백제·신라)의 소분국
들과 선주 미크로네시아·폴리네시아·동남아·아이누 계열 주민들을
오랜 시간에 걸쳐 통합하여 일본민족을 형성하였다고 보고 있다.[211]

'邪馬台'국은 '변진미오야마나'를 그들의 '임금나라'로 추앙하였다.
후에 한자로 표기되었을 때에는 '任那'라고 썼는데, 이것은 '임금나
라'의 뜻임이 이미 밝혀져 있다. 그런데 '任那'를 훈독할 때에는 전혀
엉뚱하게 '미마나'라고 읽는데, 이것은 '미오야마나'의 준말이라고 필
자는 생각한다. '변진미오야마나'가 大加羅(高靈加羅)로 바뀐 후에도
일본에서는 이를 '任那加羅'라고 호칭하는 일이 많았다. '任那加羅'는
지금의 高靈에 있었다.[212] 邪馬台國은 이미 명칭에서 그들의 뿌리와
故國을 '변진미오야마나'에 속한 나라라고 기록으로 알려주고 있는
것이다.

필자는 일본의 《古事記》와 《日本書紀》에서 신화화하여 기록한
일본민족의 원래의 고향 '高天原'은 '변진미오야마국'이 있던 高靈加
羅(大加羅)를 지리적으로 가리킨 것이라고 본다. 《東國輿地勝覽》에
서 알 수 있는 바와 같이 '高靈'의 원래 지명은 '高陽·靈川'을 합한 것
이었다. 일본 고문헌은 高天原에서 생겨난 天神들인 天照大神(아마
테라스 오오미가미), 素戔烏尊(스사노오 미코토), 天御中主尊(아마노
미나카 누시노 미코토), 高皇産靈尊(다카미무스비노 미코토), 神皇産
靈尊(가무미무스비노 미코토) …… 등의 고향은 모두 高天原이기 때
문에 이들 중 어느 하나라도 그 기원이 高靈 지방임을 밝힐 수 있으
면 高天原이 바로 高靈 지방이라는 증명이 된다. 위의 일본 천신들

211) 愼鏞廈, 〈檀君說話의 社會學的 解釋〉, 1995 참조.
212) 申采浩, 《朝鮮上古史》, 《改訂版丹齋申采浩全集》 上卷, p.108 참조.

중에서 직접 이것을 밝히는 것으로 '다카미무스비노 미코토'의 한자를 보면 《高皇産靈尊》이라 하여 高가 양이 되고 靈이 음이 되어 皇産한 사실을 상징화해서 기록하였다. 高陽과 靈川이 일본민족의 이주 이전의 天神(선조들)의 고향이며, 이는 곧 高靈 지방임을 교묘하게 상징화해서 기록으로 시사한 것이었다고 본다.[213]

변진미오야마국은 A.D. 4세기(346년 전후) 중엽 慕容皝의 침략으로 扶餘의 玄王과 5만여 명의 부여인이 포로로 잡혀가는 참패를 당하고 370년 경 고구려의 보호 아래에 들어가게 되었을 때, 남하한 扶餘의 加 세력들에 의하여 12개 소국이 6가라로 개편되는 시기에 멸망하여 高靈加羅 또는 大加羅라고 불리는 가라국의 하나로 개편 승계되었다.

'변진미오야마국'이 大加羅로 개편되기 전인 A.D. 2세기부터 '미오야마국'의 일부 왕족과 武將들은 故國을 떠나 바다를 건너 일본열도의 北九州 博多 부근에 상륙해서 北九州의 한 곳에 '야마도국'을 분국으로 수립하였다. 北九州 후쿠오카의 사와라구 안에 '소바라'라는 지역이 있는데, '소바라'가 '소부리' '소벌' 등 서울을 의미하는 고조선조어가 남아 있어서 이 지역이 '야마도국'의 수도였다고 추정된다.

'邪馬台'국은 弁韓의 '弁辰彌烏耶馬國'이 멸망하여 그 왕족세력이 일본열도의 분국에 이동 이주한 A.D. 3~4세기 중엽에 동쪽으로 畿內(奈良)분지에 이동하였다.

秦·漢의 중국통일과 이웃민족 침공에 의한 古朝鮮의 해체가 전개된 B.C. 2~A.D. 1세기에 동아시아에는 '民族大移動'이 시작되어 A.D. 6세기 말기까지 그 연쇄적 파급이 유라시아 대륙의 전체를 뒤흔들어 놓았다. 이 과정에서 한반도로부터 일본열도로의 '민족이동'

---

213) 日本民族의 開國神들은 2계열로 나누어져 그 下降지점도 다르지만 상징적으로 高天原을 神들과 王들의 故國·故鄕이라는 큰 틀로 간주하고 있음을 읽을 수 있다.

도 끊임없이 이어졌다. 弁辰彌烏耶馬國이 扶餘 세력의 남하에 밀리어 高靈(高天原) 지방의 故土를 빼앗기고 바다를 건너서 北九州 지방에 이동했을 뿐만 아니라, 馬韓·辰韓과 弁韓의 다른 소국 세력 일부도 일본열도 내의 北九州와 本州 서쪽 지역에 이동해 들어갔다. 삼국시대에 들어와서도 百濟·加羅·新羅 세력 뿐만 아니라 扶餘와 高句麗 세력까지 北九州 지방을 비롯한 일본열도의 서쪽 지방에 각각 자기의 故國들의 명칭을 취한 分國들을 다수 수립하였다.[214] 이주민들의 선진적 소분국들을 모방하여 일부 원주민까지도 小酋長國들을 수립하여, 《三國志》魏書 倭傳에 의하면 약 100개의 小國이 수립되었다. 이들 중에서 비교적 강대했던 소국들은 한반도로부터 北九州 지방에 이동해 들어와서 한반도 본국의 선진문명을 갖고 수립되었던 小分國들이었음은 물론이었다.[215] 한반도 남부 高靈 지방의 弁辰彌烏耶馬國으로부터 일본 北九州 지방에 이동해 들어간 '邪馬台' 분국도 그 중의 하나였다. 九州 지방을 비롯하여 일본열도에 수립되었던 100여 개의 小國들은 다투어 자기의 주도 하에 더 큰 나라가 되려고 치열하게 경쟁했다. 그들은 서로 유리한 위치에 서려고 한반도와 중국의 선진 國家들의 권위도 빌리려고 경쟁하였다. 예컨대 '奴'의 國王은 강대한 중국의 後漢王의 권위를 빌리려고 후한의 수도 洛陽에까지 사신을 파견하여 뇌물을 바치고 稱臣하여 後漢皇帝로부터 '漢倭奴國王'의 인장을 받아 가지고 돌아와 스스로 後漢에 臣從하기도 하였다.[216]

邪馬台國은 한반도의 백제·고구려·신라 등과 긴밀히 연계하여 九州 지방과 本州 西方에 널리 수립된 가야·백제·신라·고구려·마한·

---

214) 金錫亨, 《초기 조일관계연구》, 1966 ; 《고대한일관계사》, 한마당, 1988 참조.
215) 조희승, 《일본에서의 조선소국의 형성과 발전》, 1990 ; 김은택, 《고대일본 기나이 지방의 조선계통 문벌들에 관한 연구》, 1993 참조.
216) 《三國志》魏書 倭人傳 참조.

진한의 이주민 小分國들을 압도하려는 정책을 취하였다.

邪馬台國은 특히 백제와의 동맹관계를 수립하여 百濟先進文明을 적극적으로 수입하였다. 백제는 A.D. 4세기 중엽 근초고왕 때 阿直岐를 야마도에 사신으로 파견하여 그 왕태자에게 처음으로 한자를 가르쳐 주었고 이어서 王仁이 건너가 《千字文》, 《論語》 등의 經書와 史書들을 전하고 한자를 귀족층부터 가르치기 시작하였다. 야마도가 백제에게 학자 파견을 요청하자 近仇首王은 유학자 뿐만 아니라 陶器·織造·圖畵의 技術者들까지도 야마도에 보내어 그들을 가르치게 하였다. 백제의 武寧王 때인 A.D. 513년에는 五經博士 殷楊爾를 보냈다가 3년 후에는 高安茂를 교대로 보내었다. 백제 聖王은 A.D. 554년 오경박사 王柳貴를 비롯하여 易博士·歷博士·醫博士를 보내어 주역·천문역학·의학 등을 가르쳐 주었으며, 探藥·樂人·工人·技術者 등을 다수 보내어 선진문화와 기술을 전수하였다. 또한 백제의 성왕은 552년에는 怒利斯致契 등을 銅佛像과 불교 도구들을 갖고 야마도에 파견하여 처음으로 불교를 전하였다.[217] 그후 백제는 曇惠와 慧聰을 비롯한 다수의 승려를 파견하고 불교를 체계적으로 전수하였다. 일본에 건너가서 백제선진문명을 전수한 후 돌아오지 않고 야마도에 정착한 百濟人들은 모두 야마도의 최고위 貴族들이 되었다.

일본열도의 소국들은 그 사이 100여 개로부터 30여 개로 통합되어 갔다. 《三國志》魏書 倭人傳은 다음과 같이 기록하였다.

倭人은 帶方의 동남쪽 큰 바다 가운데 있으며 山島에 의하여 國邑을 만든다. 원래 100餘國으로서 漢 때에 朝貢하는 자가 있었다. 지금은 使譯하여 통하는 나라가 30國이다.[218]

---

217) 崔在錫, 《古代韓日佛敎關係史》, 一志社, 1998, pp.38~91 참조.
218) 《三國志》魏書 倭人傳.

이 일본열도 내의 30개 小國들 중에서도 九州 지방에 있던 소국들
은 거의 한반도에서 들어간 이주민들이 세운 分國들이었고, 本州에
있던 소국들 중에서도 강성한 소국들은 한반도 계열의 소국들이었
다. 그들은 여러 가지 형태의 이름으로 그들이 百濟·新羅·加羅·高句
麗·辰韓·馬韓 계통의 分國들임을 표시하고 있었다. 《魏略》은 倭人
의 기사에 "그 舊語를 들으니 스스로 太白의 後孫이라고 말한다"고
기록하였다. 여기서 太白은 '큰밝달'이며 古朝鮮을 가리키는 것이고,
야마도를 비롯하여 九州 지방과 本州의 倭人들이 본래 古朝鮮(太白)
의 후손들에서 나온 것이라고 스스로 말했다고 기록한 것이었다.

邪馬台는 九州 지방의 소국들을 대부분 통일한 후 A.D. 6세기 말
에서 7세기 초에는 九州 지방과 畿內 지방의 한반도 계열 分國들과
소국들을 대부분 무력으로 통합하고 통일 고대국가를 수립하였다.
물론 동북부 지방과 북해도 지방에는 아이누 계통의 부족국가와 해
안에는 약간의 불복종 소국들이 남아 있었으나, 本州 서방의 큰 중심
지역은 대부분 통일된 것이었다. 이에 나라 지방의 야마도 국은 한
자표기도 '邪馬台'에서 '大和'로 바꾸고, 百濟文化를 더욱 더 수입했
을 뿐만 아니라,[219] 高句麗로부터도 先進文明과 佛敎·寺院建築技術을
적극 수입하여 통일과 강성을 추진하였다.[220]

한반도에서 신라와 당군이 연합하여 A.D. 660년에 백제를 멸망시
키고, 이듬해 백제 독립군이 일어나자, 당시 大和 政權을 장악하고
있던 백제 계통의 귀족들은 야마도에 와있던 백제왕자 豊(扶餘豊)을

---

219) 任東權, 〈百濟文化와 大將軍(장승)의 傳播〉, 《東아시아古代學》 제1집, 2000 참조.
220) 金關丈夫, 《日本民族の起源》, 日本法政大學出版局, 1992에 의하면, 古代日本人
    의 人骨을 形質人類學的으로 測定한 결과 身體形質이 九州와 近畿 지방은 朝鮮
    人과 같으며, 더 구분하면 救生時代 초에 韓半島로부터 九州·山口 지방에 渡來
    한 朝鮮人은 銅劍銅鉾文化, 近畿 지방에 정착한 朝鮮人은 銅鐸文化의 담당자로
    서, 후자의 末裔가 畿內에 조밀하게 분포하여 類朝鮮形質을 가진 일본사람들이
    라고 보고하였다. 위의 책, pp.3~192 참조.

호위하여 A.D. 663년 3월에 大軍을 출병해서 백제 지역으로 들어갔다. 그러나 백제 독립군과 大和軍은 663년 9월 白村江(금강 하류) 전투에서 新羅·唐 연합군에 대패하였다.

그들의 조상이 弁韓(후에 加羅)의 '미오야마나(彌烏邪馬國)'였던 야마도(邪馬台 : 大和)국의 왕실과 그들의 故國이 百濟였던 야먀도의 주요 귀족들은 白村江 大敗 이후 이제는 한반도의 통일신라와 중국에의 정치적 종속관계를 끊고 자율성을 강화하게 되었다. 그리하여 국호를 처음으로 '日本'이라고 개칭하고, 이전의 역사서들이 朝鮮에 종속적이라고 간주하여 자율적 체계의 역사를 만들도록 하여 《古事記》를 편찬했다가, 그것도 덜 자율적이라고 하여 다시 《日本書紀》를 역사사실을 왜곡하면서까지 새로이 편찬하도록 하였다.[221] 그러나 그 후에도 일본 고대국가의 왕은 '弁辰彌烏耶馬國' 계열이었고, 귀족은 압도적으로 백제계였다.

이러한 역사형성을 거쳤기 때문에 日本語는 기층에는 미크로네시아·폴리네시아·동남아계·아이누 원주민의 어휘들이 남고, 그 위에 古朝鮮祖語에 뿌리를 둔 韓·扶餘·加羅·百濟語가 지배층의 언어로써 압도적인 힘으로 지배하여 통합되어서 언어형태(문법)·어순·주요 어휘들에서는 古朝鮮祖語가 지배하면서 어휘에는 종성이 母音으로 끝나는 남방의 영향이 남은 일본어가 형성되었다.

일본은 古朝鮮 侯國은 아니었으나, 古朝鮮 해체 후 古朝鮮人들과 그 후예들인 弁辰彌烏耶馬國을 비롯한 韓·扶餘·加羅·百濟 사람들이 대대적으로 일본열도에 건너가서 다수의 分國들을 세우고 韓半島로부터의 渡來人들에 의하여 王家와 집권한 貴族들이 古朝鮮語를 共通祖語로 한 언어를 사용하면서 최초의 日本 古代國家를 수립하여

---

221) 尹永水, 〈日本의 古代歌聖, 枾本人麻呂는 百濟系인가〉, 《東아시아古代學》 제1집, 2000 및 〈百濟滅亡이 日本에 미친 影響〉, 《日本歷史研究》 제10집, 1999 참조.

나라를 운영했기 때문에, 종합적으로 日本語는 古朝鮮祖語의 한 갈래로 형성된 것은 움직일 수 없는 역사적 사실인 것이다.

11. 古朝鮮祖語·古朝鮮語族의 유라시아 대륙으로의 확산

㉗ 古朝鮮 國家가 前朝鮮 시기만도 무려 1500년간이나 다수의 부족들을 포함하면서 융성기에는 서로는 란하까지, 북으로는 松花江 하류와 黑龍江까지, 동으로는 東海까지, 남으로는 한반도의 榮山江과 洛東江 유역까지 미치는 侯國들을 두게 된 사실은, 古朝鮮 直領地와 古朝鮮 侯國 등 고조선문명권에서 古朝鮮語를 형성 통용케 하고, 古朝鮮語와 侯國들의 언어 사이에 융합과 특별한 관계를 형성시켰다.

고조선의 제1유형 후국들인 貊·濊·扶餘·沃沮·句麗·辰·肅愼·挹婁 등은 모두 古朝鮮語를 자기 언어로 사용하거나 共通祖語로 하여 그 후 언어가 통일 발전했기 때문에 구태어 긴 설명을 요하지 않을 것이다.[222]

고조선의 제2유형 후국들인 東胡·烏桓·鮮卑·奚·柔然·山戎·突厥· 烏孫·室韋 등도 고조선 출신 왕족들이나 '두만(萬戶長)'들의 통치 하에 오랫동안 고조선 후국으로 있으면서 고조선문명을 기초로 후에 분립했으므로 古朝鮮語를 共通祖語로 한 각 민족의 언어를 형성 발전시키게 되었다.

우선 東胡·烏桓·鮮卑·奚·柔然은 모두 중국인들이 胡貊이라 호칭하고 신채호가 '신朝鮮'이라고 부르던 貊族 계통으로서 동일 계열의 원민들이었다. 예컨대 烏桓은 古朝鮮 王族에 의해 통치되었으며, 그

---

222) 朴殷植,《大東古代史論》,《韓國學報》제67호, 1992. 또한《夢拜金太祖》,《朴殷植全集》中卷 pp.187~364에 金나라 등 滿洲族이 檀君(古朝鮮)의 後孫民族임을 스스로 밝힌 解說이 수록되어 있다.

민족명칭에서도 古朝鮮 계통임이 밝혀지거니와, 그들의 근거지인 중심 산에 '白山'의 명칭을 붙이고 '해(태양·광명·하늘)'를 숭배했다는 사실은 그들이 古朝鮮 계통이며, 그들의 언어도 古朝鮮語를 祖語·根幹으로하여 형성 발전했을 것임은 명백하다고 할 수 있다.

鮮卑에서는 A.D. 2세기에서 檀石槐가 대제국으로서의 鮮卑國을 세우고 황제(선우)가 되었는데, 이 건국황제 '檀'씨는 바로 古朝鮮 王族 '박달족'이었다. 鮮卑國의 왕족이 古朝鮮 왕족이었으므로, 지배층의 언어인 古朝鮮語가 선비족 언어의 共通祖語의 根幹이 되었을 것임은 더 말할 필요가 없을 것이다.

奚족은 아예 그 부족 명칭을 '해(태양)'라고 했다. 중국인들이 이 부족에 여러 가지 해괴한 동물 이름을 붙이자, 스스로 '庫莫奚'라고 했는데, 이것은 '고마해'로서 '貊[곰, 고마]'족 계통의 古朝鮮 후예임을 자처한 것이었다. 옛 중국인들이 이들을 한때 '白韃靼[밝달탄]'이라고 부른 적이 있었던 것도 그들이 '白[밝달]족' 계통임을 시사하는 것이었다. 이들이 古朝鮮祖語를 근간으로 하여 그들의 언어를 형성 발전시켰음은 더 논할 여지가 없을 것이다.

柔然은 제국의 건국자 '大檀'이 '한밝달'족이었다. 또한 제국을 확대한 황제 阿那瓖의 '阿那'는 '阿斯那' '阿史那' '아사나'의 한자 준말이어서 그 왕족들이 古朝鮮 王族 계통임을 알려 주고 있다. 柔然은 또한 민족 이름을 '大壇' '檀檀'이라고 했는데, 이 명칭에도 그들이 '박달족' 계통임을 나타내고 있다. '檀檀'은 그후 중국인과 서양인들이 'Tartar'라고 읽었지만 본래의 뜻은 '한 밝달' '박달박달'의 뜻이었음은 더 말할 필요가 없다. 중국인들은 후에 이들을 역시 '白韃靼'이라고 부르기도 하였다. 柔然의 언어가 古朝鮮語를 근간과 共通祖語로 하여 형성 발전되었을 것은 물론이다.

고조선의 제2유형 후국인 山戎(凶奴)은 古朝鮮의 변방 수위장인 두만(豆滿, Tuman, Tumen, 頭曼, 吐門, 萬戶長)의 세습통치를 받았는

데, 古朝鮮語를 지배층 언어로 부족에 보급했기 때문에 고조선어를 근간과 共通祖語로 하여 흉노족의 언어가 형성 발전되었다. '두만 (Tuman, 頭曼, 萬戶)' 추장의 아들인 '목돌[冒頓]'이 B.C. 3세기에 凶奴國을 세워 고조선으로부터 완전 분립했으나, 檀君을 숭배하는 蘇塗文化를 분유했고 또한 '해'를 숭배한 것이나, 봄 5월과 가을 10월에 큰 축제를 여는 것 등 모두 여전히 古朝鮮文化를 분유했었음을 읽을 수 있다. 흉노의 언어는 수천년을 古朝鮮 文明과 古朝鮮語圈 안에서 후국으로 생활하는 동안에 古朝鮮語를 근간과 共通祖語로 하여 그들의 민족언어를 형성 발전시켜서 동일계통의 언어구조를 갖게 된 것이었다.

突厥은 서양인들이 말하는 투르크(Turk)민족으로서 《周書》에 기록되어 있는 바와 같이 凶奴의 별종이었으며, '阿史那'씨가 통치족이어서 처음에는 '阿史那'족이라고도 불리었다. '阿史那'는 '아사나'로서 '朝鮮國'이라는 뜻이다. 突厥族의 왕족·지배층은 古朝鮮族이었다. 원래는 古朝鮮 왕족을 국경 수비사령관인 두만(萬戶, Tuman, Tumen, 頭曼, 吐門)으로 파견했는데, 고조선 멸망 후 두만(吐門)이 王(可汗, Khan)을 칭하면서 분립하여 점차 강성하게 된 것이었다. 突厥族의 언어는 왕족과 지배층이 古朝鮮 왕족으로서 古朝鮮語를 근간과 共通祖語로 하여 형성 발전시켰기 때문에 同系語의 親族關係를 갖게 된 것이었다고 본다. 터키語와 고대한국어의 親緣關係가 밝혀지고 있다.[223]

烏孫은 'ᄋᆞ스나·ᄋᆞ손'을 한자로 소리표기한 古朝鮮 후국족으로서 古朝鮮語를 共通祖語로 하여 민족어를 형성 발전시켰음은 국명과 관직명에서도 알 수 있다.

---

223) 崔漢宇, 〈한반도 민족형성에 관한 역사 비교언어학적 조명〉,《설화와 의식의 사회사》(韓國社會史學會論文集 제47집), 문학과지성사, 1995 참조.

몽골은 13세기에 테무친에 의해 처음 통일되어 대제국을 수립기 이전까지는 室韋라는 이름의 부족으로 대흥안령 동북쪽 松花江의 지류인 눈강 유역에서 유목생활을 하는 부족들이었다. 室韋족은 고대 鐵勒(원돌궐족)의 한 부족과 古朝鮮 후국인 夫餘族의 일부가 결합하여 형성되었고, 그후 다시 北扶餘와 高句麗의 지배를 받는 긴 시간 동안에 古朝鮮語를 공통조어로 하여 몽골의 민족어를 형성 발전시키게 되었다. 《魏書》室韋傳은 실위의 "언어가 庫莫奚·契丹·豆莫婁 등과 동일하다"고 했는데,[224] 이것은 庫莫奚(해족)가 古朝鮮語를 근간과 共通祖語로 하여 민족어를 형성 발전시킨 것과 같이 室韋語(契丹·豆莫婁語와 함께)도 古朝鮮祖語를 근간으로 하여서 몽골의 언어를 형성 발전시켰음을 나타내는 것이다. 앞에서도 지적한 바와 같이, 《新唐書》室韋傳에 이르면, 20여 부 실위 이름 가운데 처음으로 '몽골실위(蒙兀室韋)'가 나오는 데 아직도 君長은 없고 각각 莫賀咄[마하돌, 모돌]이라고 부르는 大首長이 돌궐의 지배를 받는 상태이고, 토지에 金과 鐵이 많이 나는데 高句麗에 이를 많이 바친다고 기록되어 있다.[225]

室韋는 原蒙古族으로서 13세기에 이르면 테무친에 의해 전 부족들이 통일되고 처음으로 몽골 제국을 건설하게 되는데, 몽골어는 이미 室韋 시대에 古朝鮮語를 根幹과 共通祖語로 하여 형성 발전되어 있었던 것임을 주목할 필요가 있다.

㉘ 古朝鮮이 古代國家로 건국되어 융성해서 古朝鮮文明圈과 세력이 서쪽으로는 遼西 지방 란하를 경계선으로 하고, 북쪽으로는 黑龍江에 이르며, 동쪽으로는 東海에 이르고, 남쪽으로는 榮山江과 洛東江에 이르렀던 강성한 시기에 古朝鮮의 제1유형 侯國과 제2유형 侯

---

224)《魏書》室韋傳 참조.
225)《新唐書》室韋傳 참조.

國들이 되었던 부족과 원민족들은 古朝鮮이 멸망하게 된 B.C. 2세기 까지 약 28세기에 걸친 긴 세월 동안에 모두 古朝鮮語를 根幹과 共通祖語하여 부족 언어와 원민족 언어들을 발전시키게 되었다.

古朝鮮이 B.C. 3세기부터 燕·秦·漢의 연이은 공격을 받고 해체되기 시작하여 결국 B.C. 108년에 붕괴되기에 이르자, B.C. 2세기부터 A.D. 1세기에 걸쳐 동아시아에서 '민족대이동'이 일어나게 되었다.

이 '민족대이동'은 동아시아에서 맨 먼저 건국되어 28세기나 지속된 거대한 문명권 제국 古朝鮮과 그에 포함된 모든 侯國들의 뿌리를 흔들어 놓은 대이동이었기 때문에 전 세계사를 뒤흔들어 놓았다.

서방으로 突厥(Turks)족의 일부는 수세기를 걸쳐 아나토리아반도와 발칸반도에까지 이동해가면서 국가를 세웠고, 凶奴(Huns)족과 柔然(Avars)족과 불(Bul, Bulghar)족은 우랄산맥을 넘어서 발칸반도의 불가리아, 헝가리, 에스토니아, 핀란드까지 이동하여 정착하면서 고대국가를 건설하였다. 이 이동과정에서 넓은 지역에 그들이 만든 방대한 역사는 아직 연구되지 않은 미개척 분야로 남아 있다. 그러나 그들이 이동해서 만든 나라의 고대 언어들이 古朝鮮語를 共通祖語와 根幹으로 형성·확산·발전되었음은 큰 흐름에서 명확한 것이다.

즉, 古朝鮮 해체를 기점으로 시작된 거대한 세계사적 '民族大移動'이 古朝鮮語를 유라시아 大陸에 널리 확산시켰고, 古朝鮮祖語를 共通祖語와 根幹으로 한 古朝鮮語族(종래의 우랄·알타이語族)이 유라시아 大陸 도처에 형성 분포된 것이었다.

19세기 중엽부터 까스트렌(M. A. Castrén), 람스테트(G. L. Ramstedt), 폴리바노프(E. D. Polivanov)와 그 밖의 핀란드와 헝가리 등 서양의 극소수 언어학자들은 자기 나라의 언어가 주위 다른 나라의 언어들과 문법구조, 언어의 음성, 단어의 형태가 전혀 다른 이유를 알고자 하여 언어의 역사를 추적하다가 그들의 언어의 뿌리가 동쪽으로 우랄산맥을 넘고 알타이산맥에 까지도 닿는다는 경악할 만한 사실을 알게 되었다. 그리하여 그들은 이 言語類型과 言語系統에 우랄·알타이語族, 우랄語族, 알타이語族 등의 명칭을 만들었다. 또 어떤 서양학자들은 13세기 이후 몽골민족과 터키민족이 매우 강성하여 서양에 널리 알려지자 '몽골어족' '터키어족'의 명칭을 만들어 내기도 하였다.

그러나 이러한 모든 명칭과 가설 정립은 사회과학과 역사과학의 측면에서는 역추정이어서 과학성이 없는 역소급 유형분류에 불과한 것이라고 본다.

알타이산맥 부근에 突厥족이 대제국을 건설한 것은 A.D. 6세기 경의 일로서, 그 이전에 그들이 말한 우랄·알타이語族의 모든 언어들은 이미 형성 발전되어 있었다.

또한 13세기에 몽골민족과 터키민족이 세계 강대국으로 부상하기 훨씬 이전에, 위에서 말한 바와 같이, 그들이 연구하는 어족들은 이미 형성 발전되어 있었다.

서양학자들은 알타이語族, 우랄語族, 우랄·알타이語族의 뿌리를 다시 더 추적하지 않으면 이 신비한 語族의 뿌리를 밝힐 수 없는 것이다.

그러면 서양 언어학자들이 말하는 우랄·알타이語族의 뿌리는 무엇인가? 그것이 바로 '古朝鮮祖語'이다. 우랄語族, 알타이語族, 우랄·알타이語族은 시간과 역사 개념이 결여된 단순한 유형론에 불과한 것이고, 역사과학과 사회과학으로는 그것은 '古朝鮮語族'의 갈래언어에 불과한 것이다. 따라서 서양학자들도 궁극적으로는 고조선어족의 학문적 개념을 새로이 정립해야 하고, '古朝鮮語'가 뿌리와 기둥이 되어 형성 분화 발전한 '古朝鮮語族'의 새로운 言語系統圖 또는 言語樹型圖를 작성해야 할 것이라고 본다.

12. 맺음말

㉙ 논문이 매우 길어졌으므로 결론에 대신하여 다음과 같이 필자의 견해의 줄거리를 요약하려고 한다.

동아시아 지역에서는 서해(황해)를 하나의 거대한 호수로 하여 마주 보면서 黃河 유역 고대문명과 함께 한반도의 大同江 유역 고대문명이 발생하였다. 대동강 유역 고대문명은 靑銅器·金銅·鐵器 등 金屬文明을 비롯한 몇 개 문명지표에서 황하 유역 고대문명보다 시기적으로 수세기 앞선 우수한 문명이었음에도 불구하고, 그동안 '잃어버렸던 문명'이었다.

최근의 고고학적 발굴과 유물들의 과학적 연대 측정 및 조사보고가 대동강 유역 고대문명권의 실재를 증명하고 있다. 이 문명은 역사적으로는 古朝鮮文明이었다. 고조선문명은 확대 발전되어 거대한 고조선문명권을 형성하게 되었다.

이제 세계 학계는 인류 최초의 고대문명으로서 ① 나일 강 유역의 고대 수메르문명 ② 티그리스 강과 유프라테스 강의 메소포타미아문명 ③ 인더스 강·갠지스 강 유역의 고대 인도문명 ④ 黃河 유역의 고대 중국문명에 ⑤ 大同江 유역의 고조선문명을 더하여 세계 5대 고대문명의 형성 발전을 연구해서 인류문명사·세계사·민족형성사를 새로이 체계화할 필요가 절실하게 되었다.

古朝鮮은 대동강 유역의 고대문명권에서 B.C. 30세기 경에 이 지역의 '한(桓, 韓)'·貊·濊의 3부족이 결합하여 세운 동아시아 최초의 古代國家였다. 사회학적으로는 몇 개 부족(또는 종족)의 부족연맹으로 최초의 민족과 국가가 형성되는데, 대동강 유역의 고조선문명권에서는 한·맥·예 3부족이 연맹하여 古朝鮮 국가와 古朝鮮 原民族을 형성하였다.

종래 고조선 국가 및 고조선민족을 형성한 부족에 대해서는 ① 濊 貊을 한 부족으로 보는 '濊貊' 1부족설 ② 예와 맥을 별개 부족으로 보는 '예·맥' 2부족설이 정립되어 있었다. 필자는 ③ '한·맥·예' 3부족 설을 정립하여 주장하는 것이다. '한(桓, 韓)'은 원래 해(태양) 토템 부 족이었고, 貊은 곰 토템 부족이었으며, 濊는 범 토템·부족이었다. '한· 貊·濊' 3부족의 결합 방식은 '한'부족이 王을 내고 '貊'부족이 王妃를 내는 '혼인동맹'에 의한 공고한 것이었으며, '濊'는 다른 방법으로 결 합하였다. 한부족과 맥부족의 혼인동맹에서 출생한 이를 '檀君王儉' 으로 하여 古朝鮮을 건국한 것이었다.

한·맥·예 3부족을 결합하여 古朝鮮 國家를 건국한 제1대 제왕 檀 君은 실재했던 제왕이었다. 단군은 '밝달족임금' '박달천왕'의 뜻을 한자로 표기한 명칭이었다. 단군은 고유명사로 호칭할 때에는 고조 선의 제1대 제왕을 가리켰으며, 보통명사로 사용할 때에는 '박달족임 금'으로서 고조선의 제왕들을 모두 가리키었다. 단군은 세습군주였 으며, 巫君이나 샤먼은 아니었다. 단군은 국가의 제왕으로서 휘하에 三相五部제도의 행정조직을 두고 고조선을 통치하였다.

단군이 도읍을 정한 古朝鮮의 처음 수도 '아사달'은 대동강 유역 江東縣의 '아사달'이었다. 조선왕조 말까지 강동현에는 '阿達洞'이라 는 지역이 있었는데 이것은 '阿斯達洞(아사달동)'의 준말이었다. 《신 증동국여지승람》 강동현조에서 구태여 古跡조에 포함시킨 마을들인 ① 仍乙舍鄕 ② 岐淺鄕 ③ 班石村 ④ 朴達串村 ⑤ 馬灘村 ⑥ 太子院 등이 옛 '아사달'이었던 것으로 간주된다. 이 중에서 '仍乙舍鄕(나리 마을)'이 王宮과 중앙관청의 구역이었던 것으로 추정된다.

강동현에는 '태백산(太白山)'이 있고 '아사달(阿斯達)'이 있을 뿐만 아니라 왕국 수도에 설치하는 社稷壇이 있었다. 또한 강동현에 '檀君 墓'와 '古皇帝墓'라고 전하는 2개의 왕릉이 전해져 내려오고 있다. 북한에서 단군묘를 발굴해 보니 남녀 2인의 인골이 나왔는데, 24~30 차례의 연대측정 결과(1994년 기준) 5011±267년 전의 것으로 판명되었다는 보고가 나왔다. 대동강 유역에서 약 14,000여 기의 支石墓[고인돌무덤]가 집중적으로 분포되어 있었고, 수많은 발굴물들이 강동읍 지역에서 집중적으로 출토되었으며, 대동강 유역에서는 B.C. 40세기 후반기에 靑銅器가 사용되었고, B.C. 30세기 초·중기에 琵琶形青銅短劍 등 靑銅武器가 사용되었으며, B.C. 25~23세기 金銅 패물이 사용되었고, B.C. 12세기에 鐵器가 사용되었다는 북한 고고학계의 조사보고가 나왔다.

《동국여지승람》 강동현조에는 石城과 土城의 유적인 '古邑城'이 기록되어 있다. 銅·鐵·金을 생산 제련하던 生金洞이라는 큰 마을이 조선왕조 말기까지 지명으로 남아 있었다.

고조선이 도읍을 정한 '太白山 阿斯達'의 '太白山'은 '큰밝달' '한밝달'의 한자 표기로서 桓雄이 내려왔다는 산이고 祭天하는 산이었다. '밝달' '박달'은 '檀' '白山' '朴山' '朴達' '朴達山' 등 여러 가지로 한자 표기되었을 뿐 아니라 '倍達'로도 표기되었다. 이 때문에 한국민족을 '倍達民族'이라고 호칭하는 관행이 발생하였다.

'아사달'은 '阿斯達'로 한자 표기되었는 데, 중국 고문헌들에 '阿史德' '阿史那' '阿史壤'으로 표기되어 나오는 것이 이에 관련된 표기들이었다. 이 중에서 '아사나'는 '阿史那' '阿斯壤'으로 표기되어 나왔고 '아사달'은 '阿史達' '阿史德'으로도 표기되어 나왔다.

고조선의 국호인 '朝鮮'은 정확하게는 '아사나'의 한자 번역이었다고 본다. '아사'는 '아침', '나'는 '나라'의 고조선어였다. '아침의 나라'라는 뜻이다. '아사달'은 자주 '朝陽'으로 한자 번역되었는데, '아사'는 '아침'이고 '달'은 '산' '뫼' '땅'의 고조선어였다. 그러나 '아사나'의 수도가 '아사달'이었기 때문에 '아사달'을 '朝鮮'으로 한자 번역한 경우도 있었다. 朝鮮은 '아침이 아름답게 빛나는 나라' '朝光鮮明' '朝日鮮

明'의 뜻이며, '朝陽'은 '아침 햇빛이 맨 먼저 따뜻이 찬란하게 비추는 땅'의 뜻이었다.

고조선 사회는 신분·계급사회였다. 신분제도는 기본적으로 ① 왕족(檀·桓·解·奚·阿斯那·阿斯達·諸侯王族 등) ② 귀족(加·장군·두만 등) ③ 평민(下戶·병사 등) ④ 노예의 4신분으로 구성되어 있었다.

고조선 사회는 父系社會였고 가부장 중심의 소가족제도 사회였다. 혼인제도는 族外婚이 제도화되어 있었다.

고조선의 경제는 5곡을 재배하는 경종농업 중심 농업사회였고, 金屬 수공업이 매우 발전된 경제였다. 대동강 유역에서 출토된 B.C. 30세기부터 B.C. 26세기 경의 우수한 靑銅器·靑銅武器 등이 이를 잘 증명해 주고 있다.

고조선 사회의 신앙은 해(태양)·햇빛·밝음(광명)·하늘[天]·불[火] 등에 대한 숭배사상을 중심으로 한 것이었다. 고조선인들은 특히 떠오르는 해(태양)를 숭배했으며, 해(태양)가 있는 세계인 '하늘'의 '하느님[天神]'을 숭배하였다.

고조선인들은 해(태양)가 주는 '밝음'과 '환'함을 '하느님'의 은혜의 일부로 생각했으며, 고조선 국가를 개창한 檀君을 하느님[桓因·桓雄]의 아들 손자이고, 고조선의 백성들은 단군의 후손으로서 天孫族이라고 스스로 생각하였다. 고조선의 종교는 桓因·桓雄·檀君의 三神을 신앙 숭배하는 '神敎'였다.

고조선인들은 해마다 5월과 10월에 하느님과 三神에 큰 제사를 올리는 '祭天'행사를 성대하게 거행하였다. 제사를 올린 후에는 國政을 토론하고, 전국민이 노래와 춤으로 큰 잔치를 베풀었다. 제천행사가 성대한 歌舞를 동반했기 때문에 고조선인들은 歌舞를 잘하고 즐기었다. 고조선인들이 제천을 위한 祭壇을 차리는 산이 '밝달(白山)'이었다.

고조선인들은 하느님과 天孫民族을 연락하는 영매가 天使鳥, 즉

'새'라고 생각하였다. 태양의 세계에는 三足烏(세발의 까마귀, 神鳥)가 있어서 하느님의 가호와 뜻을 천손민족에게 천사조를 神樹에 내려 보내어 전달한다고 생각하였다. 고조선에서는 마을마다 천사조가 내려 앉고 올라가는 '솟대'라는 긴 神柱를 세워 하느님의 가호를 받는 민속이 형성되었다. 또한 '蘇塗'라는 별읍을 만들어서 神壇을 차리고 성역화하는 '소도문화'가 형성되었다.

　30 고조선의 영토와 고조선문명권은 3단계를 거쳐 확장되었다. 제1단계는 大同江 유역 강동현의 '아사달'에 도읍을 정하고 북쪽으로는 압록강, 남쪽으로는 예성강까지 국경을 가졌던 시기이다. 제2단계는 서북쪽으로 현재의 遼河, 북쪽으로는 松花江 중류, 남쪽으로는 漢江, 동쪽으로는 東海岸까지 지배했던 시기이다. 제3단계는 서북쪽으로 요하를 건너 遼西 지방과 大凌河를 건너서 灤河까지, 북쪽으로는 松花江 하류, 남쪽으로는 한강 이남의 辰國을 후국으로 지배했던 융성기이다. 융성기에는 고조선인들이 현재의 중국 山東과 山西 지방에도 들어가 거주하며 小國들을 설치하였다.

　고조선의 문명권과 영토 확장에는 고조선문명이 황하 유역 문명보다 수세기 앞섰고 요동과 요서 지방에는 貊族과 濊族이 이전부터 거주하고 있어서 상대적으로 중국문명보다 빠른 속도로 灤河 유역에 도달하여 황하문명과 맞닿게 된 것으로 해석된다.

　고조선의 영토가 확장되어감에 따라 三京五部制를 실시해서 여러 곳에 副首都들을 두었다.

　고조선은 영토가 넓어지고 지배영역 내에 여러 부족들이 들어오게 되자, 檀君은 直接統治 영역을 가짐과 동시에 王·侯·두만(萬戶長, Tuman)을 파견 또는 임명하여 間接統治를 하는 侯國制度를 실시하였다.

　후국제도는 다시 제1유형 후국과 제2유형 후국으로 구분해 볼 필요가 있는데, 제1유형에 속하는 것이 (건국에 참가하지 못한) 貊·濊·夫餘·句麗·辰·肅愼·挹婁 등이었고, 제2유형에 속하는 것이 東胡·烏桓·鮮卑·奚·柔然·山戎(凶奴)·突厥·烏孫·室韋(原蒙古) 등이었다.

고조선문명이 황화 유역 문명보다 초기에 선진하고 우세했던 세 부분으로서 ① 靑銅器와 鐵器 등 金屬文明이 앞섰고 ② 騎馬術을 일찍 개발하여 騎馬戰術을 발전시켰으며 ③ '檀弓' '貊弓'이라고 호칭한 우수한 활과 弓術을 발전시킨 점이었다. 鐵製武器를 먼저 만들고 機動力이 탁월한 騎馬戰術로 비호같이 공격과 후퇴를 자유자재로 하며, 騎馬로 달리면서 앞·뒤 측면을 자유자재로 사격할 수 있는 弓射術은 당시 첨단적 전투력을 생산하여 모든 상대를 굴복시켰다.

한편 고조선문명은 비옥한 농경지의 부족과 半農半牧 半農半獵 후국들의 존재로 ① 農業總生產量이 황하 유역 문명보다 부족하였고 ② 이것은 총인구의 증가를 제약했으며 ③ 神誌文字를 계속 발전시키지 못하고 황하 유역 문명의 漢字를 차용한 한계를 갖고 있었다.

그러므로 황하 유역 문명이 고조선문명의 鐵器文化·騎馬戰術·弓射文化를 학습해 버리면 人口와 兵力數가 부족한 고조선문명은 衆寡不敵의 위험에 처할 구조적 요인을 내포하고 있었다고 볼 수 있다.

고조선 후기에 고조선 세력과 고조선 후국들의 공격을 막기 위해 중국이 만든 고조선문명과 황하 유역 문명의 경계선이 萬里長城이었다.

제2유형 후국들 중에서 東胡는 고대 중국인들은 '胡貊'이라 부르고, 신채호는 '신朝鮮'이라 부른 古朝鮮의 서방 후국이었다. 중국 사서들이 燕의 장수 秦開가 잡혀가 있던 나라를 東胡라고 기록했다가, 秦開가 잡혀가 있을 때 내부 실정을 관찰해 두었다가 燕에 돌아온 후 그 나라를 공격해서 땅을 천리 빼앗았다고 기록할 때는 '朝鮮'이라고 기록한 곳에서도 '東胡는 朝鮮의 일부'였음을 알 수 있다.

烏桓은 B.C. 206년 흉노가 東胡를 멸망시킨 후 烏桓山을 지키고 있던 고조선 후국이다. 그들은 스스로 檀君의 후손이라고 생각했으며, 후에 나라와 민족 이름도 '해(奚, 태양이라는 뜻)'로 바꾼 고조선의 일부였다.

鮮卑도 B.C. 206년에 흉노가 東胡를 명망시킬 때 살아남아 부흥한 고조선 후국이었다. A.D. 2세기에 선비 대제국을 세운 대추장 '檀'은 '밝달'족으로서 고조선 왕족이었다.

奚(해)는 역시 B.C. 206년 흉노가 東胡를 멸망시킬 때 살아 남았다가 부흥한 고조선 후국으로서, 고대 중국인 사서도 '東胡檀'이라고 하여 '밝달족'이라고 인지했던 고조선의 일부였다. 그들 스스로 檀君의 자손이라고 생각했으며, '고마해'라고도 불렀다.

柔然(Avars)도 B.C. 206년 흉노가 東胡를 멸망시킬 때 살아 남았다가 크게 부흥한 고조선 후국이다. 柔然 대제국을 건설한 대왕인 '大檀'은 '한밝달'로서 고조선 왕족이었으며 스스로 檀君의 후손이라고 밝히었다.

凶奴는 중국 고대인들이 山戎 畎夷라고도 불렀던 고조선 후국이다. 흉노의 대추장 頭曼은 고조선의 변방수비장 '두만'이었다. 두만의 아들 冒頓[목돌, 묵특]이 흉노 부족들을 통합하여 제국을 건설하였다. 해마다 5월과 10월에 三神에게 祭天했으며, '蘇塗文化'를 갖고 있었다. 흉노의 발상지는 요하 중류로서 고조선을 위해 製鐵을 담당했던 후국인 데, 鐵製武器와 騎馬戰術에 능하므로 서부 변방수비에 임명되었었다.

突厥(Turks)은 흉노의 별종으로서의 고조선 후국 부족이었다. 《隨書》는 突厥의 선조가 평양의 阿史那씨이라 하여 古朝鮮族이 돌궐 王族이었음을 명백히 기록하였다. 고조선 멸망 후 A.D. 6세기에 '阿史那'씨는 알타이산맥 기슭에 돌궐 대제국을 건설하였다. 突厥 제국의 왕족 阿史那(아사나)씨와 최고위귀족 阿史德[아사달]씨가 고조선어를 터키어의 共通祖語로 만든 장본인이었다.

烏孫은 '아사나' 'ㅇㅅㄴ' 'ㅇ손'을 한자로 소리표기한 古朝鮮 후국
족으로서 B.C. 206년 이후 서방으로 이동하여 河西 지방에서 일시
강성했었다. 후에 柔然의 침략을 받고 더욱 서쪽으로 이동하여 카자
흐 원민족의 하나가 되었다.

室韋는 原蒙古로서 대흥안령 동쪽, 松花江 중류, 눈강 유역에서 古
朝鮮·北扶餘·高句麗·突厥의 지배를 받던 고조선 후국 부족이었다.
室韋는 말[馬]을 훈련시키고 騎馬術을 개발하여 고조선과 부여에 제
공했으며, 鐵 생산에도 동원되었다. 이 과정에서 室韋의 추장들은 고
조선과 북부여의 부인들을 취하는 혼인동맹에 의하여 후국 부족으
로 있다가, 서방으로 이동한 후 테무친에 의해 13세기 초에야 독립한
대제국을 수립하였다. 古朝鮮祖語를 공통조어로 하여 몽골어를 발전
시켰다.

③1 고조선 국가를 건국한 '한(桓·韓·馯)' '貊' '濊' 3부족은 고조선
건국 후 융합하여 古朝鮮民族을 형성하게 되었다. 중국 고문헌에 '阿
史那族·阿史德族·阿斯壞族·發朝鮮·發息愼·朝鮮族·桓·韓·馯·檀·白
族'으로 기록되어 나오는 것이 그것이다. 또한 한국 문헌들에 '아사
나족·아사달족·조선족·밝달족·박달족·배달족·환족·한족' 등이 그것
이다. 어떤 호칭으로 기록되었든지 간에 고조선 국가의 형성은 '한·
맥·예' 3부족의 연맹과 융합을 중심으로 한 古朝鮮民族을 형성하였
고, 이 古朝鮮民族이 韓國民族의 原民族이다.

古朝鮮民族의 형성은 '古朝鮮語' 형성을 동반하였다. 고대문명 국
가로서 前朝鮮(단군조선) 시기만 해도 무려 1500년을 하나의 국가 안
에서 공동의 제왕과 지배층의 통치를 받았기 때문에 그 안에 사는 주
민들이 지배층의 언어를 중심으로 부족언어를 넘어선 하나의 言語共
同體를 형성한 것은 당연한 일이었다고 볼 수 있다. 고조선국가 안에
서의 언어공동체·공동언어가 바로 '古朝鮮語'였다고 볼 수 있다. 古

朝鮮語가 현대한국어의 祖語이다. 즉 古朝鮮祖語에서 현대한국어가 발전되어 나온 것이다.

현대 한국어뿐만 아니라 古朝鮮 國家와 고조선문명권 안에서 侯國으로 장기간 존속하면서 고조선문명과 문화를 분유한 모든 민족은 古朝鮮語를 共通祖語로 하여 자기의 민족언어들을 분화 발전시켰다.

고조선 국가와 고조선문명권은 B.C. 3세기 초부터 B.C. 108년 경까지 약 200여 년간에 걸쳐 황하 유역 문명권의 중국의 고대국가인 燕·秦·漢의 연이은 무력침공을 받고 200년간 일진일퇴를 거듭하다가 결국 B.C. 2세기 말에 古朝鮮이 패배하여 그 영토를 빼앗기게 되었다. 그 결과 古朝鮮 原民族과 그 侯國민족들이 영토를 잃고 새 정착지를 찾아 이동하게 되어, 동아시아에는 B.C. 2세기부터 A.D. 1세기 사이에 세계적인 '民族大移動'이 일어나게 되었다. 이 '민족대이동'은 동아시아 역사 뿐만 아니라 유럽 역사에도 심대한 영향을 끼친 '세계사적 대사변'이었다.

영토를 빼앗긴 고조선민족은 扶餘·馬韓·辰韓·弁韓·高句麗·百濟·新羅·加羅·耽羅·于山·沃沮·東濊 등으로 분화 발전하면서 고조선의 광대한 옛 영토를 회복하려고 하였다. 이 중에서 고구려가 가장 강성하여 고조선의 옛 강토를 대부분 회복하였다.

그러나 최종으로 고구려·백제·신라의 3국이 자기의 주도 하에 통일을 실현하려고 치열하게 경쟁했을 때, 강대한 고구려가 통일하지 못하고 상대적으로 약한 신라가 당과 군사동맹을 맺어 나·당연합군의 힘으로 A.D. 7세기 후반에 무력통일을 달성하였다.

당은 이 기회에 백제의 옛 영토에는 熊津都督府, 신라에는 鷄林大都督府, 고구려의 수도 평양에는 安東大都護府를 설치하여 한반도와 만주를 모두 당의 지배 하에 둔 '천하통일'을 달성하려고 하였다. 이것은 고조선의 후예 국가들에게는 고조선 멸망에 버금가는 절대절명의 위기 순간이었다.

신라는 이번에는 당의 침략정책에 대항하여 당군과 치열한 전쟁을 전개하였다. 고구려 독립군과 백제 독립군도 신라군과 협조하면서 당군에게 심대한 타격을 주었다. 신라군과 고구려·백제 독립군이 승리하고 당군은 결국 패하여 한반도에서 물러감으로써, 이 민족적 대위기가 극복되었다. 통일신라는 대동강과 원산만 이남을 통일했으며, 그 이북에는 고구려 장군 大祚榮이 고구려 유민과 靺鞨을 이끌고 A.D. 7세기 말에 渤海國을 세우게 되었다.

신라의 '통일'에 의하여 고조선 원민족의 중심 갈래인 고구려·백제·신라는 하나로 통일되어 A.D. 7세기 후반에 한국민족의 '前近代民族'을 형성하게 되었다.

그러나 상대적으로 덜 강성한 신라가 唐이라는 외세를 끌어들여 달성한 통일은 한국 '전근대민족' 형성에서 몇 가지 주목해야 할 영향을 남겼다. 한국 전근대민족의 '지역의 공동(영토)'이 대동강(후에 압록강) 이남과 원산만 이남(후에 두만강까지 확장)의 한반도로 국한하게 하고, 만주와 요동·요서·연해주의 광대한 지역을 한국민족의 '지역의 공동'에서 제외시키는 결과를 가져왔다. 또한 고조선 후예족 중에서도 고구려 유민을 한국 전근대민족에 다 포함시키지 못하고 대동강 이남의 고구려 유민과 피난민만을 포함하였다. 만주에 남은 고구려 유민·靺鞨·契丹·女眞 등 후에 滿洲族으로 발전된 고조선 후예들은 한국 전근대민족으로 포함하지 못하게 되었다.

渤海가 고구려 유민과 말갈족의 연합에 의해 건국되었으나, 발해 멸망 후에 만주의 고구려 유민은 압록강 이남으로 내려오지 않아서 新羅의 통일 때와 高麗의 統一 때의 주민 구성은 크게 달라지지 않았다.

한국민족의 前近代民族은 A.D. 7세기 후반에 新羅統一에 의하여 형성되었으며, A.D. 918년 경에 高麗 건국에 의하여 완성되었다고 볼 수 있다.

한국민족의 전근대민족 형성은 中世 韓國語를 형성 발전시켰다. 그것은 古朝鮮語를 직접 공통조어로 하여 서로 통역없이 소통되었던 부여어·韓語·고구려어·백제어·신라어·가라어·탐라어가 다시 통합되어 新羅語를 중심으로 했다가 고구려·백제·신라어가 융합된 고려의 수도지역인 松都(開城)·漢陽語圈의 한국어가 한국 전근대민족의 표준적 '언어의 공동'으로 확정되었다.

③2 고조선 멸망 후에 정착지를 잃고 '民族大移動'을 시작한 고조선 후국민족인 흉노족은 西方으로 이동하여 유럽 대륙까지 들어가서 A.D. 5세기에 아틸라(Attila)의 지휘 하에 판노니아 평원의 東고트족을 몰아내고, 동으로는 카스피 해로부터 서로는 라인 강과 발트 해에 이르는 거대한 훈(Hun) 제국을 세웠다. 이에 유럽에서도 '민족이동'이 일어나서 쫓겨난 東고트족은 로마 제국을 침략 정복하여 세계사가 흔들거렸다.

서방으로 이동한 흉노족 중에서 볼가 강 유역에 정착했던 한 갈래는 핀(Finns)족이라는 이름으로 더욱 북상하여 발트해 연안에서 A.D. 10세기에 '에스토니아(Estonia)'를 건국하였다. 또한 더욱 북상한 핀족은 스칸디나비아반도의 우편 대륙에 들어가 '핀란드(Finland, Finn족의 땅)'를 건국하였다. 그리하여 유럽의 서북쪽 끝에 古朝鮮祖語를 共通祖語로 아직도 간직한 에스토니아어와 핀란드어·가레리아어가 형성 발전 되었다.

고조선의 왕족인 '아사나(阿史那, Asana, 朝鮮)'족을 왕족으로, 고조선의 최고 귀족인 '아사달(阿史德, Asadar)'족을 최고 귀족으로 한 突厥(Turks)족은 A.D. 6세기에 알타이산맥 기슭에다 거대한 돌궐 제국을 수립했다가 더욱 서방으로 이동하여 위구르 왕국을 세워 남기고 더욱 서진하여 아나토리아반도에 들어가서 A.D. 13세기에는 '오토만(Ottoman)' 제국을 수립하였다.

또한 터키족의 일부는 중앙아시아에 남아서 한 갈래는 15세기에 키르기츠 왕국을 세우고, 다른 한 갈래는 16세기에 우즈베크(Uzbeck) 왕국을 수립하였다. 터키족의 서방으로의 민족이동 도중에 도처에 주앉아 정착한 다수의 터키 부족들은 독립국가를 건국하지 못한 경우에도 터키의 언어와 관습을 간직한 채 생활하고 있다. 그 결과 古朝鮮語를 共通祖語로 아직도 간직한 터키어, 위구르-터키어, 키르기츠-터키어, 우즈베크-터키어, 아나토리아-터키어 등이 형성 발전하였다.

古朝鮮의 扶餘 계통 후국 민족인 '불·불갈(Bul, Bulghar)'족은 東아시아의 '민족대이동' 시기에 서방으로 이동하여 A.D. 4~7세기에 볼가 강 유역에 일시 정착했다가, 다시 발칸반도에 들어가 비잔틴 제국 군대를 전투로 물리치고, 제1차 불가리아 제국(A.D. 679~1018)을 수립하였다. 그들은 새 정착지의 나라에 불가리아(Bulgaria, Bul족의 땅)라는 국호를 붙이고, 아득한 옛 동방 古朝鮮 문화를 계승하여 하느님(檀君神)에게 祭天하는 山에 '밝은산(白山, Mt. Balkan)'이라는 이름을 붙였으며, '밝은산(白山)' 바로 아래에 수도 '소비(Sofi, 스비, 泗沘, 所夫里, 소불, 소울, 서울)'를 정하였다. '발칸'반도, '발칸'산, '소피아'가 모두 古朝鮮語 '밝은산·밝산·스비'에서 나와 고유명사 지명으로 정착된 것이었다.

古朝鮮의 한 갈래로서 민족 이름 자체를 '밝달[檀]'족, '한밝달[大檀, 檀檀]'이라고 부르기도 했던 柔然 민족은 서방으로 이동하여 '아발(Avals)'이라는 민족 호칭으로 A.D. 5~6세기에 볼가 강 유역에 일시 정착해서 '불(불갈)' 족을 지배하였다. 아발족은 A.D. 6세기 중엽에 다뉴브 강 하류부터 라인 강 하류까지에 이르는 거대한 아발 汗國을 수립하였다. 아발 汗國은 약 200년간이나 존속했기 때문에 중부 유럽의 문화와 명칭 어휘에 매우 큰 영향을 주었다.

古朝鮮의 제1유형 후국족인 靺鞨족의 한 갈래가 동아시아의 '민족 대이동기'에 뒤늦게 고조선 후국민족들의 서방행 '민족대이동'에 포함되어 유럽에서는 마잘(Magyar)족이라는 명칭으로 볼가 강을 따라 남하해서 A.D. 8세기에 남부 러시아 초원지대에 정착하였다. 그러나 A.D. 9세기에 돌궐계 유목민에게 정착지를 빼앗기고 다시 민족이동을 재개하여 판노니아(헝가리) 평원으로 들어가 정착해서 10세기에 헝가리 왕국을 건국하였다. 마잘족의 헝가리에 의해 古朝鮮祖語가 현대 헝가리語의 근간이 된 것이었다.

일본은 고조선 후국은 아니었으나, 고조선 멸망 후 동아시아의 '민족대이동' 시기에 고조선인들과 그 후예들이 바다를 건너 일본열도에 대대적으로 이주하여 고대국가를 건국하고 그들이 가지고 간 古朝鮮語로 원주민을 통치하여 古朝鮮語를 기본구조로 한 일본어가 형성되었다.

고조선 멸망 후 고조선의 후예인 弁韓의 弁辰彌烏邪馬國은 북방으로부터 扶餘에 의해 加羅의 하나로 개편될 시기에, A.D. 2~3세기경 일본으로 건너가 北九州에 '邪馬台' 小分國을 세웠다. 이 뿐만 아니라 弁韓·馬韓·加羅·百濟·新羅·高句麗 사람들이 일본열도로 건너가 九州 지방을 비롯하여 本州 등 도처에 分國을 수립했고, 원주민(미크로네시아·폴리네시아·아이누 계)들도 이를 배워 小國을 수립하여 일본열도에 약 100여 개의 소국들이 세워졌다.

이 중에서 상대적으로 가장 강성한 '邪馬台'國이 중심이 되어 A.D. 7세기에 고대통일국가 日本과 日本民族이 형성되었으며, 古朝鮮語를 共通祖語로 하고 원주민 어휘들을 포용한 日本語가 형성되었다.

고조선이 거대한 문명권 제국으로서 古朝鮮文明圈을 형성해서 萬里長城을 고중국문명권과의 경계선으로 하여서 한반도와 만리장성 이북의 동북방을 영지로 하고 있던 시기에, 고조선의 직계 朝鮮族과 제1유형의 후국들(濊·貊·扶餘·句麗·辰·肅愼·挹婁)은 물론이요, 흉노

(Huns)·돌궐(Turks)·東胡·烏桓·鮮卑·奚·烏孫·柔然(Avars)·室韋 등 제2유형 후국들도 모두 이 古朝鮮文明圈 안에 포함되어 있었다. 이들이 수천년을 고조선의 통치를 받는 동안에 고조선의 言語와 文化를 공유하게 된 것은 당연한 것이었다고 볼 수 있다.

특히 東胡·烏桓·烏孫·鮮卑·突厥·柔然 등은 고조선 왕족을 보내어 그들의 군장이 되어 통치케 했으며, 凶奴 등과 같이 '두만(頭曼, 萬戶)' 등 武將을 보내어 통치하도록 한 경우도 있었다.

고조선이 멸망하여 이들이 정착지를 잃게 되자 B.C. 2세기부터 A.D. 1세기 사이에 동아시아에서는 '민족대이동'이 진행되어 古朝鮮語가 이들 고조선의 제1유형 및 제2유형 侯國들의 민족대이동에 따라 유라시아 大陸 도처에 확산된 것이었다.

그러므로 古朝鮮 후국·민족들이 민족대이동의 결과 유라시아 대륙 도처에 흩어져서 새정착지에 나라를 세우고 사용해 온 同系語들에 대하여 우랄 어족·알타이 어족·우랄알타이 어족의 명칭과 개념을 붙이는 것은 역사과학적 사회과학적 고찰이 아니며, 단순한 중간시대 기점의 유형분류에 불과한 것이다. 그러므로 이러한 개념은 문제를 모두 정확하게 풀지 못하게 된다.

突厥족이 알타이산맥 기슭에 거대한 돌궐 제국을 건설한 것은 A.D. 6세기 경인데, 고조선 후국들의 모든 언어들은 A.D. 6세기 훨씬 이전에 이미 古朝鮮語를 共通祖語와 根幹으로 하여 형성된지 오래된 것이었다. 그러므로 알타이語族이라는 개념과 내용으로 다른 후국 언어들을 분석해서 어떻게 구조적 인과관계와 親族關係가 밝혀질 수 있을 것인가.

알타이 어족의 뿌리를 역사실제에 일치하도록 더 추적하여 古朝鮮語를 찾아내고 '古朝鮮祖語·古朝鮮語族'의 개념과 정의와 계보를 정립해야 이 문제가 풀리기 시작할 것이다.

동아시아에서 잃어버렸던 大同江·遼河·大凌河 유역의 古朝鮮文明

을 재발굴하여 세계사·세계문명사·민족형성사를 새로이 체계화하는 것은 한국민족의 기원과 형성과정 및 세계의 여러 민족들의 기원과 형성과정을 밝혀 줄 것이다. 또한 현재 '우랄 어족·알타이 어족' '우랄·알타이 어족'이라고 부르는 언어들과 그 언어들을 사용하는 민족들의 형성사와 문화의 풀리지 않는 의문들을 과학적으로 밝혀줄 것이다.

(《韓國學報》제100집, 2000년 가을호 수록)

檀君說話의 사회학적 해석

1. 머리말

단군설화는 고조선 건국의 역사적·사회적 사실을 기초로 하여, 문자가 없던 시대에 건국의 역사 이야기로 형성하였다가, 수천 수백 년을 입에서 입으로 전승되어 오는 동안에 설화가 되고 전설이 되었을 뿐만 아니라, 신화가 되고 신앙이 되기까지에 이르렀다. 그후 문자가 사용되어 옛 역사서에 채록되었을 때에는 이미 신화까지 되어 전승되고 있던 단계였다고 해석된다.

그러므로 현재 옛 역사책에 기록으로 수록되어 있는 단군설화에는 1) 사실 2) 설화 3) 전설 4) 신화 5) 신앙이 모두 혼효되어 있고 혼합되어 있다.

고조선 건국에 대한 상세한 기록이 남아 있지 않기 때문에 단군설화는 고조선의 건국과정을 밝힐 수 있는 거의 유일한 자료라고도 할수 있다. 물론 고조선 건국기의 고고학적 유물이 다수 발굴되고 있어서 이 주제의 해명에 큰 도움을 주고 있기는 하다. 그러나 고고학적 유물들은 고조선의 과학기술과 물질적 상태를 밝혀주는 훌륭한 증거이지만, 고조선 건국의 사회적 정치적 과정을 밝히고 증명하기에는 불충분한 것이라고 볼 수밖에 없다. 고조선 건국의 사회적 정치적 과

정을 밝히려면 단군설화에 대한 과학적 연구가 필수적인 것이라고 하지 않을 수 없다.[1]

뿐만 아니라 고조선 건국은 현대 한국민족의 기원과 형성을 바로 가리켜주며, 현대 한국어의 기원과 원형을 밝혀주는 것이기도 하기 때문에, 그 중요성은 아무리 강조해도 지나치지 않는 것이라고 볼 수 있다.

또한 한국민족의 최초의 原(先)民族 국가로서 고조선은 다른 사회와 민족들과 마찬가지로 이에 선행하는 몇 개 부족들이 연맹하여 한 단계 발전시켜서 성립한 것이기 때문에 일반 사회사와 한국 사회사 연구에 있어서도 반드시 밝혀야 할 매우 중요한 연구과제라고 할 수 있다.

이 모든 것을 밝히는 거의 유일한 문헌기록 자료가 단군설화이기 때문에, 단군설화는 한국민족사와 한국 사회사 연구에 보배가 되는 자료가 된다고 말할 수 있는 것이다.

현재 문헌기록으로 남아 있는 단군설화는 매우 짧다. 이 짧은 설화로 고조선의 건국과정과 한국민족의 기원과 형성과정, 그리고 한국어의 기원을 어떻게 밝힐 수 있을지 큰 의문이 들기도 한다.

그러나 문헌기록 자료가 짧다고 해서 이 작업이 불가능한 것은 전혀 아니다. 문자 하나하나에 상징화되고 신화화되어 담겨져 있는 이야기 속에서 역사적 사회적 사실을 찾아내는 연구 작업을 집요하게 수행하고, 다음에 그것을 고고학적 유물들과 연결시키면, 짧은 설화의 분석을 통해서도 우리는 우리의 연구 과제를 얼마든지 밝힐 수 있을 것이다.[2] 비록 매우 짧다고 할지라도 단군설화가 채록되어 기록으로 남아 있기 때문에, 우리는 고조선의 건국, 한국민족의 기원과

---

1) 申采浩, 《讀史新論》, 《改訂版 丹齋申采浩全集》 상권, pp.478~480 ; 《朝鮮上古史》 전집 상권, pp.63~108 ; 《朝鮮上古文化史》 전집 상권, pp.351~416 참조.
2) 李基白, 《檀君神話의 問題點》, 《增補版 檀君神話論集》(새문사), 1990 참조.

형성, 한국어의 기원, 한국민족 고대문명의 기원을 정확히 밝힐 수 있는 것이다

그러므로 한국 연구를 하는 분들이 단군설화를 등한시하는 것은 부당한 것이다. 일찍이 일본 제국주의에 봉사하던 일본 식민주의 역사학자들이 단군설화를 고조선의 건국 사실과 전혀 관계없는 황당무계한 신화라고 주장하면서, 고려 후기에 불교 승려들이 신화를 만들어 내었다고, 단군설화를 부정한 것도, 캐어보면 단군설화의 연구로 말미암아 한국민족의 최초의 고대국가의 형성과정, 한국어의 기원, 한국민족사의 일본 역사를 압도하는 유구한 역사성, 한국민족의 찬란한 고대문명의 기원, 한국민족의 자주 독립성과 자부심이 밝혀질 것을 두려워하고 염려했기 때문이었다고도 볼 수 있다.[3]

이 논문에서는 단군설화를 모두 연구하는 것이 아니라, 단군설화에 혼효되고 혼합되어 있는 1) 사실 2) 설화 3) 전설 4) 신화 5) 신앙 요소들 중에서 오직 '사실' 부분만을 사회학적 관점과 방법을 응용하여 분리해서 사실만을 재구성하는 작업을 전개하려고 한다. 사회학은 설화와 초기 인류사회, 국가형성, 민족형성을 연구하는 오랜 전통과 독자적 방법을 발전시킨 학문 분과이므로, 우리의 연구 주제를 수행하는 매우 유용한 분과 학문으로 활용될 것이다. 그리고 단군설화의 사실 이외의 부분에 대해서는 다른 기회에 독립 논문으로 다루려고 한다.

단군설화는 매우 방대한 역사적 사회적 사실을 극히 간단하게 몇 마디 문자로 상징화하고 신화화하여 표현하고 있기 때문에, 역으로 이 극히 간단한 몇 마디 문자에서 방대한 역사적 사회적 사실을 찾아내어 분리하는 작업은 불가피하게 '최대한의 해석·해석의 최대화'를 하는 방법을 택할 수밖에 없다. 이 경우 '최대한의 해석'의 과학성

---

3) 李弼泳, 《檀君 硏究史》; 尹以欽 외, 《檀君》(서울대출판부), 1994 참조.

을 보장하기 위하여 사회학적 관점과 방법을 응용하고, 관련된 중국 측 문헌자료를 자주 활용하려고 한다.

또한 이 논문이 단군설화 분석만으로도 방대하게 되었고, 사실의 지리적 비정은 별도로 논문에서 다루려고 하므로 자연히 발견된 고고학적 유물과의 관련도 다른 논문으로 미루려고 한다.

이 논문에서는 한국 사회사 연구의 주요 관심인 한국민족의 기원과 형성, 한국 최초 고대국가의 형성, 한국어의 기원, 한국 고대문명의 기원을 밝히는 문제 의식을 중심으로 하여 사회학적 관점과 방법으로 단군설화만을 분석할 것이다.

2. 문헌자료의 문제

현재 남아 있는 문헌자료 중에서 단군설화에 대한 가장 중요한 자료는 《三國遺事》, 《帝王韻記》, 《世宗實錄地理志》 등이다. 이 밖에 단편적인 기록들이 다수 있지만 사료 가치에서 위의 자료들과 비교할 바가 못 되고, 또 대부분 위의 자료들을 취하여 쓴 것들이기 때문에 내용이 대동소이한 것들이다.

1)《삼국유사》의 고조선 조에 僧 一然(1206~1289)은 《魏書》, 《古記》를 인용하여 단군에 대하여 다음과 같이 기록하였다.

《魏書》에 이르되 지금으로부터 2천년 전에 단군왕검이 있어, 도읍을 阿斯達(經에는 이르되 無葉山이라 하고 또한 白岳이라고도 하니 白州에 있다. 혹은 이르되 개성 동쪽에 있다 하니 지금의 白岳宮이 그것이다)에 정하고 나라를 開創하여 이름을 조선이라 하니 高(堯)와 같은 시기이다.

《古記》에 이르되 옛날에 桓因(帝釋을 이름)의 庶子 桓雄이 있어 항상 천하에 뜻을 두고 人世를 탐내어 구하거늘, 아버지가 아들의 뜻을 알고 三危太伯을 내려다보매 가히 弘益人間할 만한지라. 이에 天符印 3개를 주어 가서 세상(사람)을 다스리게 하였다. 雄이 무리 3천을 이끌고 테백 산 꼭대기(太伯은 지금의 묘향산) 神壇樹 밑에 내려와 여기를 神市라 이 르니 이가 桓雄天王이라고 하는 분이다. (그는) 風伯·雨師·雲師를 거느 리고 主穀 主命 主病 主刑 主善惡 등 무릇 인간 360여 가지 일을 主하여 人世에 있으면서 다스리고 敎化하였다.

그때에 一熊과 一虎가 같은 굴에서 살며 항상 神雄에게 빌되, 원컨대 化하여 사람이 되어지이다 하거늘, 이때 神雄이 신령스러운 쑥 한타래와 마늘 20개를 주고 이르기를, 너희들이 이것을 먹고 백일 동안 日光을 보 지 아니하면 곧 사람이 될 수 있다고 하였다. 곰과 범이 이것을 받아서 먹고 忌하여 삼칠일만에 곰은 여자의 몸이 되고 범은 능히 忌하지 못하 여 사람이 되지 못하였다.

웅녀는 그와 혼인해 주는 이가 없으므로 매번 壇樹 아래서 주문을 외 우면 원하기를 아기를 잉태해지이다 하였다. 雄이 이에 잠깐 변하여 혼 인하여 아들을 낳으니 이를 壇君王儉이라 하였다. (단군왕검이) 唐高(堯) 의 즉위한 지 50년인 庚寅(唐高의 즉위년은 戊辰인즉 50년은 丁巳요 庚 寅이 아니다. 아마 틀린 듯하다)에 平壤城(지금의 西京)에 도읍하여 비로 소 조선이라 칭하였다.

또 도읍을 白岳山 阿斯達로 옮기었는데, 그곳을 또 弓(一作 方)忽山 또 는 今彌達이라고도 한다. 나라를 다스린 것이 1500년이었다.

周의 虎(武)王 즉위년인 己卯에 箕子를 조선에 봉하매, 단군은 藏唐京 으로 옮기었다가 후에 아사달에 돌아와 숨어서 山神이 되니, 수가 1,908 세이었다 한다.

古朝鮮(王儉 朝鮮)
魏書云 乃往二千載有壇君王儉 立都阿斯達(經云無葉山 亦云白岳 在白 州地 或云在開城東 今白岳宮是) 開國號朝鮮 與高同時
古記云 昔有桓因(謂帝釋也)庶子桓雄 數意天下 貪求人世 父知子意 下 視三危太白 可以弘益人間 乃授天符印三箇 遣往理之 雄率徒三千 降於太 白山頂(卽太白. 妙香山)神壇樹下 謂之神市 是謂桓雄天王也 將風伯雨師雲 師 而主穀主命主病主刑主善惡 凡主人間三百六十餘事 在世理化 時有一熊

一虎 同穴而居 常祈于神雄 願化爲人 時神遺靈艾八一炷·蒜二十枚曰 爾輩
食之 不見日光百日 便得人形 熊虎得而食之 忌三七日 熊得女身 虎不能忌
而不得人身 熊女者無與爲婚 故每於壇樹下 呪願有孕 雄乃假化而婚之 孕
生子 號曰壇君王儉 以唐高卽位五十年庚寅(唐高卽位元年戊辰 則五十年
丁巳 非庚寅也 疑其未實) 都平壤城(今西京) 始稱朝鮮 又移都於白岳山阿
斯達 又名弓(一作方)忽山 又今彌達 御國一千五百年 周虎王卽位己卯 封箕
王於朝鮮 壇君乃移於藏唐京 後還隱於阿斯達爲山神 壽一千九百八歲.[4]

2) 《제왕운기》(1287)에서 저자 李承休는 本紀를 인용하면서 단군
설화를 다음과 같이 기록하였다.

처음에 누가 나라를 開創하고 風雲을 다스렸는가. 帝釋의 손자로서 이
름을 단군이라 하는 분이다(本紀에 이르기를 상제 환인이 서자가 있었는
데 雄이라 하였다. 이르기를 '내려가 삼위태백에 이르러 弘益人間할 수
있는가' 하였다. 그러므로 雄이 天符印 3개를 받고 귀신 3천을 거느리고
태백산 꼭대기 神檀樹 아래 내려왔으니 이분을 일러 檀雄天王이라고 하
였다. 이르기를 손녀로 하여금 약을 마시고 사람의 몸이 되게 하여 檀樹
神과 혼인해서 아들을 낳아 이름을 檀君이라 하였다. 단군은 조선의 域
을 차지하여 왕이 되었다. 그러므로 尸羅·高禮·南北沃沮·東北扶餘·濊와
貊이 모두 단군의 후손이다. 다스린 지 1038년 만에 阿斯達산에 들어가
神이 되었으니 죽지 않은 때문이다). 帝堯(高)와 나란히 戊辰에 일어나서
虞와 夏를 거쳐 임금 자리에 있었다. 殷나라 武(虎)丁 8년 乙未에 阿斯達
山에 들어가 신이 되었다(지금의 九月山이다. 일명 弓忽이라 하고 또 이
름하여 三危라고도 한다. 祠堂이 아직도 있다). 나라를 다스리기 1028년
변화 없이 桓因부터 전해지지 않았는가. 그후 164년 만에 어진 사람이 다
시 君臣을 열었다(一作에는 164년만에 비록 아버지와 아들은 있었으나
君臣은 없었다고 하였다).

初誰開國啓風雲 釋帝之孫名檀君(本紀曰 上帝桓因有庶子曰雄 云云 謂

---

4) 《三國遺事》卷1, 古朝鮮(王儉朝鮮)條.

曰 下至三危太白 弘益人間歟 故雄受天符印三箇 率鬼三千而降太白山頂神
檀樹下 是謂桓雄天王也 云云 令孫女飮藥成人身 與檀樹神婚而生男 名檀
君 據朝鮮之域爲王 故尸羅·高禮·南北沃沮·東北扶餘·濊與貊 皆檀君之壽
也 理一千三十八年 入阿斯達山 爲神 不死故也) 並與帝高興戊辰經虞歷夏
居中宸 於殷虎丁八乙未 入阿斯達 山爲神(今九月山也 一名弓忽 又名三危
祠堂有在) 享國一千二十八年 無奈變化傳桓因 却後一百六十四仁人聊復開
君臣(一作爾後一百六十四 雖有父子無君臣)[5]

3) 《응제시주》(1462)에서는 저자 권람은 단군설화를 다음과 같이
기록하였다.

始古開闢東夷主(自註 昔神人降檀木下 國人立以爲王 因號檀君 時唐堯
元年戊辰也 [增註] 古記云 上帝桓因 有庶子曰雄 意欲下化人間 受天三印
率徒三千 降於太白山檀樹下 是謂桓雄天王也 桓或云檀 山卽今平安道熙川
郡妙香山也 將風伯雨師雲師 而主穀主命主病主刑主善惡 凡主人間三百六
十餘事 在世理化 時有一熊一虎 同穴而居 常祈于雄 願化爲人 雄遺靈艾一
炷·蒜二十枚曰 食之不見日光百日 便得人形 熊虎食之 虎不能忌而熊忌三
七日 得女身 無與爲婚 故每於檀樹下 呪願有孕 雄乃假化而爲人 孕生子曰
檀君 與唐堯同日而立 國號朝鮮 初都平壤 後都白岳 娶非西岬河之女 生
子曰 夫婁 是爲東扶餘王 至禹會諸侯塗山 檀君遣子夫婁朝焉 檀君歷虞夏
至商武丁八年乙未 入阿斯達山化爲身 今黃海道文化縣九月山也 廟至今在
焉 享年一千四百八年 厥後一百六十四年己卯 箕子來封)
　聞說鴻荒日 (鴻胡孔切 厖鴻未分之象 楊子鴻荒之世) 檀君降樹邊 位臨
東國土 時在帝堯天 (堯唐帝名帝嚳之子也 初爲唐侯 後爲天子 因以唐爲有
天下之號也) 傳世不知機 歷年曾過千 後來箕子代 同是號朝鮮)[6]

4) 《세종실록지리지》에는 단군설화가 다음과 같이 기록되어 있다.
　平壤府 …… 本三朝鮮舊都 唐堯戊辰歲 神人降于檀木之下 國人入爲君

5) 《帝王韻紀》 하권, 東國君王開國年代幷序.
6) 《應製詩註》 命題十首, 始古開闢東夷王.

都平壤 號檀君 是爲前朝鮮 周武王克商 封箕子于此地 是爲後朝鮮……

　檀君祠 在箕子祠南(今上十一年己酉 始置 與高麗始祖東明王合祠 檀君
在西 東明在東 皆向南 每春秋降香祝致祭)

　靈異 檀君古記云 上帝桓因 有庶子名雄 意欲下化人間 受天三印 降太白
山 神檀樹下 是爲檀雄天王 令孫女飮藥成人身 與檀樹神 婚而生男 名檀君
立國號曰朝鮮　朝鮮·尸羅·高禮·南北沃沮·東北扶餘·濊與貊　皆檀君之理
檀君聘娶非西岬下伯女 生子曰夫婁 是爲東扶餘王 檀君與唐堯同日立位 至
禹會塗山 遣太子夫婁朝焉 享國一千三百八年 至殷武丁八年乙未 入阿斯達
爲神 今文化縣九月山.[7]

위의 네 자료를 비교하면 《응제시주》는 《삼국유사》의 《古記》 내
용을 거의 그대로 따르고 있고, 《세종실록지리지》의 단군설화는 《제
왕운기》의 단군설화를 거의 그래도 따르고 있음을 알 수 있다. 그러
므로 단군설화의 문헌자료로서는 《삼국유사》와 《제왕운기》의 기록
이 가장 중요함을 알 수 있다.[8]

《삼국유사》와, 《제왕운기》의 단군설화를 비교하여 보면, 《삼국유
사》가 《위서》, 《고기》의 기록을 모두 수록하고 있고, 《제왕운기》보
다 더 상세하며 더 원형적임을 알 수 있다. 《제왕운기》는 桓雄의 통
치나 곰과 범의 설화와 환웅과 웅녀의 혼인을 논리적으로 이해할 수
없다고 보았는지 모두 생략하고, 웅녀 대신에 환웅이 손녀로 하여금
약을 마시고 사람이 되게 하여 檀樹 신과 혼인해서 단군을 낳은 것으
로 기록하였다. 단군이 동물에서 나온 곰 여인의 아들임을 부끄럽게
여겨 《제왕운기》의 저자가 '합리적'으로 이를 변형해서 설명하려고
한 것으로 추정된다. 그러므로 단군설화에 대해서는 《삼국유사》의
기록이 가장 중요하고 원형적인 자료라고 할 수 있다.

그렇다고 《제왕운기》가 무가치한 문헌자료라는 것은 아니다. '단

---

7) 《世宗實錄》 卷154, 地理志 平安道條.
8) 金杜珍, 〈檀君古記의 理解方向〉, 《增補版 檀君神話論集》 참조.

군'을 《삼국유사》에서는 '壇君'으로 표기했는데, 《제왕운기》에서는 '檀君'으로 표기한 것이나, '桓雄天王'을 '檀雄天王'으로 표기한 것, 단군 조선의 후예국들을 밝힌 것 등은 큰 참고자료가 된다.

《삼국유사》와 《제왕운기》가 13세기에 씌어진 책이라고 해서 단군설화도 13세기에 만들어진 신화라고 보는 것은 어불성설이다. 과거 일본 제국주의 어용 사학자들이 이렇게 주장했던 것은 과학적 관점에서가 아니라 한국민족의 형성과 고조선 건국을 부정하고자 했던 일제의 정치적 목적에 복무하기 위하여 그렇게 주장했던 것에 불과한 것이었다.[9]

사회학적 관점에 의하면, 단군설화는 고조선 건국 후 제1대 단군 서거 후에 건국 역사를 대대로 알게 하기 위한 구전 역사(oral history)로 만들어졌다고 볼 수 있다. 그러므로 단군설화는 고조선 전기에 형성된 것이라고 보는 것이 가장 합당할 것이다. 처음 형성된 단군설화는 사실을 이해하기 쉽도록 간결하게 줄거리로 만든 '사실의 설화'였을 터인데 그것이 대대로 수천 수백 년간 전승되어 오는 동안에 고대인들의 의식이 투사되어서 전설이 되고 신화가 되어서, 《고기》에 수록되고 《삼국유사》에 재수록되었을 때에는 신화화된 단군설화가 문헌기록으로 채록되어 남게 된 것이라고 볼 수 있다.

단군설화의 원형이 고조선 건국 후 얼마 되지 않아서 형성되었다는 근거는 환웅의 통치 이야기의 길고 자세한 설명이다. 만일 단군설화가 고려시대에 만들어졌다면 단군의 통치가 길고 자세하게 설명되었을 터인데, 실제의 단군설화에서 환웅의 이야기가 길고 자세하게 된 것은 고조선 건국 후에 고조선 건국의 영광과 신격화를 했기 때문에 이 부분이 길고 자세하게 되었음을 시사해 주는 것이다. 그리고

---

9) 白鳥庫吉, 那珂悧世, 今西龍 등이 이러한 주장을 한 대표적인 일제 어용 사학자들이었다.

고조선 멸망 후에는 단군의 서거[山神化]에 대한 이야기가 설화와 신화로 첨가되었다고 보는 것이다.

3. 역사적 실재로서의 단군과 고조선과 아사달

단군설화를 기록한 위의 자료들 중에서 가장 먼저 주목해야 할 것은 《삼국유사》에 수록된 《위서》의 기록과 《고기》의 기록의 비교 고찰이다.[10]

중국 사서인 《위서》의 단군에 관한 기록에는 신화는 한 마디도 없고 오직 역사적 사실로서 단군의 사적을 ① 시기 ② 주인공 ③ 장소 ④ 역사적 사업으로 나누어 역사 기술적으로 극히 간략하게 설명하고 있다.

그 내용은 "① 지금으로부터 2천년 전에 ② 단군왕검이 있어(주인공) ③ 도읍을 아사달에 정하고(장소) ④ 나라를 개창하여 이름을 조선이라 하니(역사적 사업) ⑤ 중국의 堯(高) 임금과 같은 시기이다"라는 것이다. 여기에는 신화나 설화의 요소는 한 곳에도 없다.

《魏書》는 극히 간략하게 그 《위서》를 쓴 당시로부터 약 2천년 전에, 중국과 비교하면 高(堯) 임금의 시기에, 단군왕검이란 이가 있어 아사달에 수도를 정하고 조선이란 국호를 가진 나라를 개국했다는 것이다.

---

10) 《魏書》에는 작자가 다른 여러 종류가 있는데 대부분 일실되고 현재 남아 있는 陳壽의 《魏書》에는 檀君과 古朝鮮이 기록되어 있지 않다. 또한 《古記》도 일실되어 현재 전해지지 않고 있다. 그러나 이 때문에 《三國遺事》의 인용문을 의심할 필요는 없으며, 단군설화를 一然의 창작이라고 보는 것은 잘못된 것이다. 왜냐하면, 그 기록 양식에서 볼 때 一然이 자기 견해를 붙일 때는 작은 글자로서 註의 형식으로 분명하게 밝히어 구분해서 기록했기 때문이다. 따라서 《三國遺事》에 수록된 檀君과 古朝鮮에 관한 《魏書》로부터의 인용문은 一然이 이 두 서적을 직접 읽었거나 재인용한 것으로 보아 틀림이 없다고 본다.

우리가 다음의 《古記》의 기록을 읽지 않고 이 기록만 읽거나, 이 기록만 남아 있었다면, 단군을 신화나 설화로 치부하거나 간주할 여지가 전혀 없다. 아마 학계도 단군왕검이 고조선의 건국왕임을 의심의 여지없이 흔쾌히 인정하고 역사적 실재로서의 단군의 연구에 몰두했을 것이다.

문제는 다음의 한국 서적으로 추정되는 《고기》가 단군이 고조선을 개국하는 과정과 그후를 설명하면서 매우 신화적 설화적 설명을 첨가하여 한 덩어리로 혼효하여 뒤섞어 놓았고, 이것이 더 자세하고 긴 설명이기 때문에 단군의 고조선 건국 전체가 마치 신화인 것처럼 외양을 띠게 된 것이다.

그러나 《고기》의 기록이 신화적이라고 하여 《위서》의 역사적 사실의 기록이 달라지는 것은 아니다. 《위서》의 기록에서 명백히 되는 바와 같이 《위서》를 쓴 시기로부터 약 2천년 전인 중국 역사에서의 堯와 같은 시기에 중국의 동쪽에서는 단군왕검이란 이가 나타나서 수도를 아사달에 정하고 '조선'이란 국호를 가진 국가를 건국하였다는 것은 변함 없는 역사적 사실이며 역사적 실제의 기록으로 남아 있는 것이다.

그러므로 우리가 여기서 할 일은 《고기》에 기록된 단군설화에서 신화적 요소들과 설화적 요소들을 일단 보류해 두고 사실적 요소들을 분리해 내어서 고조선의 건국 역사의 기본구조와 흐름을 밝히는 일이다. 그리고 단군설화의 나머지 신화적 요소들과 설화적 요소들은 따로 분리하여 그 시대 사람의 사상과 의식의 구조와 상태를 밝히는 자료로 사용할 수 있을 것이다. 그리고 단군설화와 같이 사실적 요소들과 신화적 설화적 요소들이 혼효된 기록에서 사실적 요소를 분리 검출해 내는 연구 작업은 사회의 구성과 조직의 원리를 연구하는 사회학의 관점과 방법을 원용하는 것이 매우 유효한 것이라고 할 수 있다.

고조선은 역사적으로 실재한 고대왕국이고,[11] 단군설화는 역사적으로 실재한 고조선의 건국 설화이다. 즉 단군설화는 한국민족이 건국한 최초의 고대국가인 고조선의 건국과정을 설화적 신화적으로 밝힌 것이다. 사회학적으로 신석기시대 말기 — 청동기시대의 시작과 관련된 고대국가는 문명의 시작의 동반 조직이며, 다수의 부족들의 연맹·연합이나, 한 강대한 부족의 다른 다수 부족의 정복에 의하여 건국되는 것이 보통이다.

단군설화에서 고조선 건국과 관련된 활동 주체들로 등장하는 것은 1) 桓因 2) 桓雄 3) 곰[熊·熊女] 4) 범[虎] 등과 그 결과로서의 5) 檀君王儉이다.

사회학적 관점에서 동물이 의인화되어 등장하면 이것은 대체로 '토템 부족'을 의미한다. 뒤르켐은 방대한 자료를 검토한 후에 저술한 《종교 생활의 원초적 형태》에서 원시 부족들은 토템(totem)을 갖고 신앙할 뿐만 아니라 토템이 바로 부족의 명칭과 상징으로 된다고 지적하였다.[12] 특히 동물을 토템으로 하는 경우는 대부분 동물 명칭이 부족 명칭이 됨을 강조하였다. 따라서 부족 명칭이나 나라 명칭을 분석하는 작업이 매우 중요하다. 우리나라에서는 최남선이 일찍이 단군설화의 동물을 토템으로 볼 수 있다는 견해를 제시했었다.[13] 그러나 그는 이 토템을 고조선 건국의 각 부족에 비정하는 일을 하지 못했다.[14]

단군설화에서 나오는 '곰'은 사회학적으로는 '곰 토템 부족'이며, 고조선 건국에 비정하면 '貊부족'이다.

11) 盧泰敦, 〈古朝鮮의 變遷〉, 尹以欽 외 《檀君》 참조.
12) Emile Durkheim, *Les Formes Elementaires de La Vie Religieuse*, 노치준·민혜숙 역, 《종교 생활의 원초적 형태》, 민영사, 1992, pp.153~339 참조.
13) 崔南善, 〈檀君及其研究〉, 《別乾坤》, 1928년 5월호 참조.
14) 金廷鶴, 〈檀君神話와 토테미즘〉, 《歷史學報》 제7집, 1954 및 〈檀君神話의 새로운 理解〉, 李基白 편, 《增補版 檀君神話論集》 참조.

貊의 풀이는 지금은 '오랑캐 맥'이지만, 옛날에는 '곰 맥'이며, 《後漢書》에서는 '貊夷'는 '熊夷'라고 하여 '食鐵似熊夷'라고 하였다. 즉 '貊과 곰'인 것이다.

또한 일본에서는 '熊'을 '고마·구마'로 읽을 뿐만 아니라, '貊'도 '고마·구마'로 읽으며 모두 바로 '곰'을 가리키고 있다. 뒤르켐의 사회학적 관찰은 이 경우의 응용에 적중했으며, '곰부족'을 한자로 표기할 때 '貊'族으로 표기한 것이었다.

다음 단군설화에 나오는 범은 사회학적으로는 '범 토템 부족'이며, 고조선 건국에 비정하면 '濊부족'이다.

이것은 비정에 별 어려움이 없다. 《후한서》東夷列傳 濊條에는 "(濊족은) 해마다 10월이면 하늘에 제사를 지내는데 주야로 술 마시고 노래부르며 춤추니 이를 '舞天'이라 한다. 또 범을 신으로 여겨 제사지낸다"[15]고 기록하였다. 또한 《삼국지》魏書 東夷傳 濊傳에서도 동일한 내용으로 濊族은 "또 호랑이를 신으로 여겨 제사지낸다"[16]고 하였다. 즉 濊부족이 바로 '범 토템 부족'이었고, '범'으로 상징화된 것이었다.

다음 단군설화에서 나오는 환인·환웅은 비록 '하느님'과 '하느님의 아들'로 신화화되어 있으나, 신화적 요소를 접어두면 한부족의 수장임을 바로 알 수 있다. 환인과 환웅을 인수분해하면 '桓'이 나오는데, 이것은 태양빛을 숭배하면서 하느님의 후손[天孫]임을 주장하는 '桓'부족의 수장임을 시사하는 것이라고 볼 수 있다.

여기서 '桓'의 한문자는 일연이 불교승이므로, 또 불교가 서기 372년 도입된 이후에 단군설화가 문자로 기록되었으므로, 불교의 영향을 받고 '釋迦提桓因陀羅'에서 '桓因'의 한자를 채용한 것이었다. '釋

---

15) 《後漢書》 東夷列傳 濊條, "常用十月祭天 晝夜飮酒歌舞 名之爲舞天 又祠虎以 爲神."
16) 《三國志》 《魏書》 東夷傳 濊條.

迦提桓因陀羅'는 산스크리트어의 사크로데벤드라(Sakrodevendra)를 음역한 것인데, 고대 인도 신화에 등장하는 인드라(因陀羅, Indra) 신을 가리키는 것이다. 이 因陀羅를 한자로 의역한 것이 帝이며, 釋迦羅(Sakra)를 한자로 음역한 것이 釋이기 때문에 桓因과 帝釋은 결국 인드라神의 다른 번역에 불과한 것이며, 인드라神은 고대 인도에서 숭배되고 있던 天의 主神이었는데 불교 신앙체계 속에 수용되어진 것이라고 한다.[17]

그러므로 이것이 단군설화를 기록함에 응용될 때에는 그 의미는 '하느님·天神'의 뜻밖에 없고, 그 발음은 "하느님을 의미하면서 '환'에 가까운 발음"을 찾을 필요가 있는 것이다. 이 경우에 가장 먼저 발견되는 것이 '한Han'이다. '하느님·한울님·하나님' 등 天神에 대한 모든 한국어의 표현은 '한Han'인 것이다. 그러므로 '환인' '환웅'의 부족 집단인 '桓부족'은 원래 불교 영향을 받은 한자 표기 이전에는 '한Han)부족'이었다고 말할 수 있다. 또 실제로 '한부족'은 하느님의 후손이라고 주장했고 태양과 광명의 환한 빛을 숭상했으므로, '한'에 대한 한자를 불교도가 채록할 때는 '桓'이 되기 쉬운 것이다. Han과 Huan, Hwan은 발음상으로는 별 차이가 없는 것이다.

그러면 '한'을 당시 중국 책들에서는 어떻게 표기했는가를 찾아보면 '韓'으로 표기했음을 알 수 있다. 後漢의 王符라는 학자가 존화주의적 입장에서 《潛夫論》을 썼는데, "옛날 宣王 때에 또한 韓侯가 있었다. 그러므로 詩에 말하기를 '커다란 저 韓나라 城은 燕나라 백성들이 완성시킨 것'이라고 하였다. 그 뒤 韓西에 또한 韓이란 姓이 있어 衛滿에게 伐한 바 되어 이동해서 海中에 살았다"[18]고 하였다. 여기서 衛滿에게 공격당한 '韓'이란 바로 고조선의 準王을 말하는 것이고, 고

---

17) 千寬于, 〈檀君〉, 李基白 편, 《增補版 檀君神話論集》; 崔炳憲, 〈高麗時代 檀君神話 傳承文獻의 檢討〉; 尹以欽 외, 《단군》 참조.
18) 《潛夫論》 卷9, 志, 氏姓 第35 참조.

조선 準王의 王系가 '韓族'임을 알려주는 것이다. 고조선의 건국 때에 단군은 환웅의 아들로서 Huan(桓·韓)족이며, 準王도 Han(韓)족임은 Huan(桓)=Han(韓)이 고조선어 '한'의 음역임을 알려주는 것이라고 볼 수 있으며, '한'부족이 때로는 '韓'족으로, 때로는 '桓'족으로 번역 되었음을 알 수 있는 것이다.

또한《詩經》韓奕篇에서는 周宣王을 찬양하는 높임의 노래로, "커 다란 저 韓나라 城은 / 燕나라 장정들이 완성시켰네 / 선조들이 받으 신 命을 받들어 / 모든 오랑캐 나라들을 다스리셨네 / 왕께서는 韓나 라 侯에게 / 追나라와 貊나라도 내려주셨네[19]라고 기록하였다.

또한《삼국지》위서 동이전의 韓傳에서는 "朝鮮侯 準이 참람되이 王이라 일컫다가 燕나라에서 망명한 衛滿의 공격을 받아 나라를 빼 앗겼다. …… 準은 그의 近臣과 宮人을 거느리고 도망하여 바다를 경 유하여 韓의 지역에 거주하면서 스스로 韓王이라 칭하였다"[20]라고 기록하였다.[21] 즉 '한'은 중국 詩書와 史書들에서는 '韓'으로 기록되어

---

19)《詩經》韓奕編, "溥彼韓城 燕師所完 以先祖受命 因時百蠻 王錫韓侯 其追其貊" 이 歌辭는 옛 가사를 수집한 것인데, 일부 학자들은 이때의 韓이 '韓候'라고 한 것으로 보아 周의 戰國時代의 중국의 '韓'이라고 보는 견해도 있다. 그러나 중국 전국시대의 '韓'은 지리적 위치가 황하의 남쪽에 있어서 燕이나 貊에 전혀 인접 해 있지 않았으므로 내용상 큰 모순이 일어난다. 韓王을 韓候라고 한 것은《詩 經》편찬자가 존화주의 史筆로 自尊忘大한 것에 불과한 것이고, 이 시의 '韓'은 燕과 貊 사이에 연접한 北東方(만리장성 이북)의 '韓'이라고 보는 것이 합당할 것이다. 이 시의 뒤이은 후반에 '흰 곰 가죽' '붉은 표범(赤豹) 가죽' '누런 곰 가 죽'을 선물로 바쳤다는 기록도 이것이 東夷族의 주요 선물 품목이었음은 이를 보강하여 증명해 준다.

20)《三國志》《魏書》東夷傳 韓條 참조.

21) 中國의《尙書大典》에 周나라 武王이 箕子를 朝鮮候로 封하였다고 써놓은 이 후, 일부 중국인들이 이것을 사실로 믿고 마치 箕子朝鮮의 시대가 있었던 것으 로 착각해 왔다. 그러나 다수의 실증 연구들이 이미 증명한 바와 같이《史記集 解》에 의하면 箕子의 묘는 梁나라 몽골에 있었고, 古朝鮮과는 아무런 관련도 없 는 인물이었다. 기원전 3세기 이전의 箕子를 기록한 모든 中國史書들이 箕子를 설명하면서도 箕子가 朝鮮에 왔다는 기록은 전혀 하지 않았다. 단지 "箕子明夷"

있는 것이다. 그러나 이것도 '한'의 음역임은 '桓'과 다르지 않다.

여기서 환인은 '한'부족의 '하느님'이고, 환웅은 하느님의 아들이라고 신화화된 '한부족'의 부족장[首長]이며, '雄'이 바로 '해모수'의 '수'와 마찬가지로 '한'부족의 '남자 부족장'을 나타내는 것이라고 볼 수있다.

즉 단군설화는 역사적 실재로서의 고조선의 건국과정을 해(태양) 토템 부족인 '한(韓·桓)부족'과 '곰 토템(貊부족)의 결합 관계를 중심으로 설명한 건국 설화이며, 건국의 역사 이야기인 것이다.

4. 三部族의 연맹통합에 의한 고조선 건국

단군설화에 포함된 역사적 사실의 부분을 사회학적 관점에서 분리하면, 단군설화는 고조선의 건국이 1) 한(韓·桓)부족 2) 貊(곰 토템)부족 3) 濊(범 토템)부족의 3부족의 연맹·통합에 의하여 건국된 나라임을 설명하는 설화이다. 이 3부족을 하나로 통합하여 '조선(고조선)'이라는 국호를 가진 국가를 세우고 수도를 아사달에 정한 이가 바로

라는 문구가 한 번 나오는데, 이때의 '明夷'는 《주역》의 한 卦의 이름에서 나온 용어로 "어진 사람이 暗君을 만나서 해를 입는다고 卦"인 것이다. 箕子가 殷의 紂王의 폭정으로 말미암아 관직을 그만두고 숨어살게 되었다는 역사적 사실을 "箕子明夷"라고 《周易》식으로 설명한 것이었는데, 漢의 주석가가 엉뚱하게 '夷'의 자리에 '古朝鮮'을 넣어 마치 "古朝鮮을 밝게 했다"처럼 해석해서 과장과 날조가 거듭된 결과 箕子가 朝鮮으로 와서 朝鮮王이 되었다는 데까지 이르게 된 것이다. 여기서는 이 견해가 가장 정확하다고 판단되므로 이 견해를 취하여 근거 없는 箕子朝鮮을 부정한다. 따라서 여기서는 古朝鮮의 準王을 箕子의 후손으로 보는 견해도 물론 황당무계한 것으로 판단한다. 古朝鮮의 準王은 古朝鮮 건국 이후 檀君이라고 부르던 고조선의 왕계의 계보를 이어온 것으로 보는 것이 가장 합당하고 과학적인 것이라고 생각한다. 일연이 기록한 Huan(桓), 《詩經》의 Han(韓), 準王의 Han(韓)의 음가가 일치한다는 사실도 이를 보강하여 증명해주는 것이라고 할 수 있다.

단군왕검이다.

종래 우리나라 역사학계에서는 고조선을 건국한 부족을 濊貊族이라고 보아왔다. 남한에서의 논쟁은 주로 濊貊이 하나의 부족(또는 종족)인가,[22] 濊와 貊이 각각 별개의 부족인가에 대한 것이었다.[23] 북한에서는 고조선을 세운 기본 주민은 濊族이라고 보고 있으며, 그렇다고 할지라도 고조선 주민 가운데는 貊族의 일부도 포함되어 있었다고 볼 수 있을 것이라고 지적하고 있다.[24] 어느 견해나 모두 (ㄱ) 1부족설(예족설, 예맥족설)과 (ㄴ) 2부족설(예족과 맥족설)을 주장하고 있는 것이다.

그러나 여기서 단군설화의 사회학적 해석이 알려주는 것은 고조선을 건국한 부족이 1) 한부족, 2) 맥(곰 토템)부족, 3) 예(범 토템)부족의 통합에 의한 것이라는 (ㄷ) 3부족설이다.

필자는 10여 년 전에 단군설화가 1) 한(桓, Huan ; 韓, Han)부족, 2) 곰 토템(貊) 부족, 3) 범 토템(濊) 부족의 3부족의 결합 연맹에 의한 고조선 건국의 설화이며, 단군은 한부족과 맥부족의 혼인에 의한 연맹으로 출생한 고조선 건국의 왕임을 일찍이 지적한 바 있다.[25]

그러면 고조선을 처음 건국할 때 참여한 3부족(한·맥·예)의 결합 양식은 어떠했는가?

한(韓·桓)부족은 고조선 건국에서 가장 우위의 위치에 있었고 건국을 주도한 부족으로서 고조선의 군왕을 낸 부족이었다. 즉 (환웅과) 단군의 父系로서 古朝鮮 王系를 담당한 부족이었다.

貊(곰 토템)부족은 고조선 건국에서 한부족 다음의 우위의 위치에

22) 李丙燾, 〈檀君說話의 解釋〉, 《韓國古代史硏究》, 博英社, 1976 ; 李基白 편, 《增補版 檀君神話論集》 참조.
23) 金庠基, 〈韓·濊·貊 移動考〉, 《東方史論叢》, 서울대출판부, 1974 참조.
24) 《조선전사》 제2권, p.9 참조.
25) 愼鏞廈, 〈民族形成의 理論〉, 《韓國社會學硏究》 제7집, 1984 참조.

있었고 고조선의 왕후를 낸 부족이었다. 이것은 단군설화에서는 곰이 여자로 변하여 환웅과 혼인해서 단군을 출생한 것으로 신화화해서 설화로 만들어지고 있다.

濊(범 토템)부족은 고조선 건국에 참여하면서 역시 왕후를 내는 부족으로 되기를 희망했으나 실패한 상태로 참가하게 되었다. 물론 예부족의 부족장 씨족들이 고조선의 귀족이 되었을 것은 물론이었겠지만, 예부족에서 왕후를 내는 권리의 인준을 얻는 데는 실패한 채로 고조선 건국에 들어간 것이었다.

고조선의 건국을 처음 주도한 3부족의 결합 양식은 '婚姻同盟'과 '정복'에 의한 것이었는데, 특히 가장 강력한 부족이었던 한(韓·桓)부족과 貊(곰 토템)부족의 혼인동맹(matrimonial alliance)에 기초한 공고한 통합이 기초가 되었다. 단군설화에서 환웅과 웅녀가 혼인하여 단군왕검을 출생하였고, 단군왕검이 고조선을 개칭하였다고 한 것은 한부족과 貊[곰]부족의 혼인동맹에 의한 고조선의 건국을 신화화하고 설화화한 것이라고 볼 수 있다.

이러한 혼인동맹에 의한 고대국가의 건국과 왕실의 유지는 인류사에서 널리 볼 수 있는 형태이다. 예컨대 가까이 고조선의 맥족 계통의 후예인 고구려의 건국과 왕실의 계승도 공고한 혼인동맹이 결합의 기초의 하나로 되어 있었다. 《삼국지》위서 동이전 고구려조를 보면, "고구려에는 본래 다섯 족이 있으니 涓奴部·絶奴部·順奴部·灌奴部·桂婁部가 그것이다. 본래는 연노부에서 왕이 나왔으나 점점 미약해져서 지금은 계루부에서 왕위를 차지하고 있다[26]고 하였다. 또한 이어서 "연노부는 대대로 왕실과 혼인하였으므로, 그 大人은 古雛[加]의 칭호를 더하였다"[27]고 기록하였다. 그뿐만 아니라, "伊夷模(고

---

26) 《三國志》 魏書 東夷傳 高句麗條 참조.
27) 위와 같음

구려 山上王)은 아들이 없어 관노부의 여자와 淫하여 아들을 낳으니 이름이 位宮이다. 伊夷模가 죽자 즉위하여 왕이 되니 지금의 고구려 왕 宮이 바로 그 사람이다"[28]라고 하였다.

여기서 알 수 있는 것은 고구려의 건국에서는 涓奴部·絶奴部·順奴部·灌奴部·桂婁部의 5부족이 결합했는데 처음에는 연노부에서 왕을 내고 절노부에서 왕비를 내는 혼인동맹에 기초했으며, 후에 연노부의 세력이 미미해지자 강성해진 계루부가 왕을 내고 절노부는 계속 왕비를 내는 혼인동맹으로 공고하게 결합되었다는 사실이다. 또한 이 혼인동맹은 매우 공고한 통합·결합 양식이었으므로, 계루부 출신의 山上王이 처음에 絶奴部 출신의 왕비와 결혼했으나, 아들이 없자 이번에는 灌奴部의 여자와 혼인해서 아들을 낳았는데, 새 왕비가 절노부 출신이 아니라고 해서 私通을 의미하는 표현으로 "淫하여"라고 하여 공식적으로는 이 혼인을 부정함으로써 계루부(왕 배출)와 절노부(왕비 배출)의 혼인동맹을 5부족이 여전히 준수했음을 나타내고 있는 것이다.

고구려 건국과 왕실의 이러한 혼인동맹의 결합 형태는 고조선의 건국과 왕실의 혼인동맹의 결합 형태의 계승과 관련된다고 당연히 볼 수 있을 것이다. 왜냐하면 다음에 지적하는 바와 같이 고구려는 고조선 건국에 주도적으로 역할한 맥부족의 후예였기 때문이다.

단군설화는 고조선이 처음에 한(韓·桓)부족에서 왕을 내고 맥(곰 토템)부족에서 왕비를 내는 매우 공고한 혼인동맹에 기초해 한·맥·예 3부족이 연맹·통합하여 건국했으며, 고조선의 제1대 단군왕검은 한부족의 수장 雄과 맥부족의 왕후 사이에 태어나서 고조선의 건국왕이 되었음을 이야기하는 설화라고 볼 수 있는 것이다.

고조선이 맥·예 2부족의 연합에 의하여 건국된 것이 아니라, 한·

---

28) 위와 같음.

맥·예 3부족의 공고한 결합에 의하여 건국되었다는 사실을 인식하는 것은 그후의 한국민족사를 밝히는 데 매우 중요한 것이다.[29]

5. 한(韓·桓)부족의 분석

단군설화에서 고조선 건국을 주도하고 제왕을 낸 한(韓·桓)부족은 3부족들 중에서 가장 선진적 부족이었다.

1) 한부족은 자기들이 하느님[桓因·帝釋]의 후손[天孫]이라는 선민의식을 가지고 있었으며, 하느님[天神]·밝음[光明]·해[太陽]를 숭배하였다. 한부족이 동물 토템을 갖지 않고 해[太陽] 토템을 갖고 있었으며, 보다 추상적인 天神과 光明을 신앙했다는 사실도 한부족의 의식의 상대적 선진성을 시사하는 것이라고 볼 수 있다.

---

29) 金貞培, 〈檀君朝鮮을 어떻게 볼 것인가〉, 《增補版 檀君神話論集》에서 檀君朝鮮은 신석기시대의 古아시아족의 事實이며, 한국민족의 형성은 청동기시대로의 이행기의 濊貊族으로 형성된다고 보았다.

金庠基는 〈韓·濊·貊 移動考〉에서 古朝鮮은 濊·貊으로 구성되었으며 고조선 멸망 후에 三韓 지역의 韓族과 통일됨으로써 한국민족은 韓·濊·貊의 3족으로 형성되었다고 설명하였다.

千寬宇는 〈檀君〉에서 한국민족의 형성 부족을 역시 韓·濊·貊이라고 보면서도 고조선 건국에 대해서는 역시 濊·貊 2부족설을 받아들이고 있다. 그러나 그는 단군설화에 대해서는 北몽골·알타이系(桓因·桓雄)와 古시베리아系(濊·貊)의 결합으로 보면서도, 이를 古朝鮮 형성의 부족들에 비정하지 않고 별개의 것으로 설명하였다. 韓族이 곧 桓族임을 생각하지 않은 것이다.

李丙燾는 〈'箕子朝鮮'의 正體와 소위 '箕子八條敎'에 대한 新考察〉, 《韓國古代史研究》(1976)에서 後漢 王符의 《潛夫論》에 箕子朝鮮의 마지막 왕 準의 성이 韓氏라고 한 것과 《三國志》魏書 東夷傳 韓條에 箕子朝鮮의 마지막 왕 準이 위만의 공격에 밀려 남하해서 韓王이 되었다는 기록에 근거해서 '箕子朝鮮'은 '韓氏朝鮮'이라는 학설을 제시하였다. 그러나 그는 檀君朝鮮의 檀君이 바로 韓氏(부족)계임은 전혀 지적하지 못하였다. 그는 桓雄族(韓族)을 독립시키지 않았으며, 古朝鮮은 하나의 부족으로서의 濊貊族이 건국한 나라로 설명하였다.

2) 한부족은 고조선 도읍지 부근의 본래의 토박이 부족이 아니라 그 부근의 다른 지역(단군설화에서는 天上)에서 맥(곰 토템)부족과 예(범 토템)부족이 거주하는 부근으로 이동해 온 부족이었다. 그들은 3천 명(큰 집단의 뜻)의 큰 부족 집단으로 맥·예족이 사는 이웃 지역인 '三危太白'이란 지역에 정착하였다.[30]

3) 한부족은 새 정착지에서 태백산의 신단수 아래에 도읍을 정하고 이를 神市라고 하였다. 즉 한 부족의 수도는 신시였다. 여러 학자들이 지적한 바와 같이 신시는 고조선을 건국한 부족의 우두머리를 부르던 '신지'와 관련된 것이나, 여기서는 '신지[首長]'를 뒷날에 신성화하여 쓴 말이 아니라, '首長이 사는 곳'이라는 의미의 都城을 의미한다고 필자는 생각한다. 비유하면 왕이 사는 곳을 '王儉城'이라고 부른 것과 마찬가지이다.

4) 한부족의 首長(君長)은 雄(桓雄)이었다. 웅은 부족장으로서 통치권력을 정당화하고 권위를 높이기 위하여 자기를 '하느님[桓因]의 아들', 즉 '天子'라고 신화화하고 권위화하였다. 또한 하느님으로부터 통치권을 받은 증거물로서 하느님으로부터 받은 왕권의 상징물인 3개의 인장(또는 보물)을 갖고 사용했으며 전승하였다. 고조선 건국

---

30) 千寬宇, 〈檀君〉에서는 단군설화의 桓因·桓雄을 멀리 알타이系의 後來民이 東方으로 이동하여 先住民을 동화 혹은 정복한 北몽골-알타이系라고 해석하였다. 그러나 이 가설은 문명사적 증거와 모순되며, 근거가 없다. 桓雄族(韓族)은 先進文明의 부족인데, 이러한 선진 문명은 東아시아에서는 당시 黃河 유역, 遼河 유역, 大同江 유역밖에 없었다. 알타이산맥 부근이나 北몽골에는 그러한 선진 문명이 전혀 없었고, 그 지역은 그 후에도 오랫동안 후진 지역이었다.
　　오히려 문명 이동의 흐름은 동쪽에서 시작되어 몽골고원 쪽으로 그리고 알타이산맥 쪽으로, 그리고 더 西方으로 이동했다고 필자는 생각한다. 大同江·遼東文明이 소위 서양학자들이 말하는 '알타이系'의 진원이며, 古朝鮮은 이 大同江·遼河流域文明·遼東文明의 기초 위에서 건국된 중심 국가였다고 필자는 생각한다. 알타이산맥 부근과 북몽골 지방에서 요동 지방으로 이동해 온 것이 아니라, 大同江·요동 지방에서 알타이산맥과 북몽골 지방으로 이동한 것으로 관찰의 패러다임을 바꾸어 이동시킬 것을 주장하는 것이다.

직전의 한부족의 군장이 단군설화의 '桓雄天王'이다.

5) 한부족의 군장은 휘하에 통치의 행정조직을 갖고 있었다. 그 기본구조는 3相 5部 제도였다. 3相은 風伯·雨師·雲師로 구성되었다. 3상의 명칭이 기후와 관련된 것은 농업경작과 관련된 것이지만, 이것은 최고위 관직명이었다. 비유하면 부여의 최고위 관직인 大加의 명칭이 馬加·牛加·楮加·拘加 등 가축 명칭과 관련된 것과 같다. 이 3相 중에서 風伯이 제1의 宰相 격이었다. 첫째를 가리키는 '伯'자에서 이를 알 수 있고, 그 다음부터는 '師'로 구분되어 있다.

3성 아래의 행정체계의 구분은 5부로 나누어져 있었다. 단군설화에서 "主穀主命主病主刑主善惡 凡主人間三百六十餘事 在世理化"는 "穀 命 病 刑 善惡 등 무릇 인간의 360여 사를 맡아서 人世를 다스리고 교화하였다"고 하여 모든 다스리는 대상의 중요한 것만을 먼저 든 것이라고 해석하는 것은 불충분하다고 본다. 그러할 경우에는 '主'자를 한 번만 사용하여 "主穀命病刑善惡 凡人間三百六十餘事"라고 하면 족하다. 이것을 구태여 穀·命·病·刑·善惡 앞에는 매번 '主'자를 붙여 "主穀·主命·主病·主刑·主善惡 凡主人間三百六十餘事"라고 한 것은 主穀과 主命과 主病과 主刑과 主善惡 사이에 칸막이를 분명히하여 통치 행정 업무의 구분, 즉 행정조직의 구분을 동시에 나타내기 위한 것이었다고 해석된다.[31] 즉 1) 穀(농업·식량·목축……)을 주로 다루는 부서 2) 命(천명·운명·제천·제신……)을 주로 다루는 부서 3) 病(질병·의약·치료·악귀퇴치……)을 주로 다루는 부서 4) 刑(죄·형벌·재판……)을 주로 다루는 부서 5) 善惡(윤리·교육·교화……)을 주로 다루는 부서로 나누어서, 여기서 인간의 모든 일(일년을 365일에 비유하여 360여 가지 일)을 분담·관장하여 다스리도록 한 것이었다.[32]

---

31) 尹世復, 〈檀君考〉, 《建國大學術誌》 제2집, 1959 참조(補註).
32) 愼鏞廈, 〈民族形成의 理論〉, 1984, p.44에서 〈환'부족의 통치체제가 風伯·雨師·雲師로 3분되어 기능이 분화되어서 각각 곡물과 질병과 형벌…… 을 담당하는

이러한 한부족의 통치 행정체계를 알기 쉽게 도식화하면 대체로 다음과 같이 그려볼 수 있을 것이다.[33]

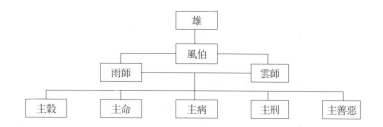

한부족의 이러한 통치 행정조직의 체계는 일정한 정도의 위계체계와 역할 분화가 진전된 것으로서 한부족이 이미 선진적 부족국가를 영위하고 있었음을 알려주는 것이라고 볼 수 있다.

6) 한부족은 이미 단군 이전에 농경사회에 들어가 있었다. 主穀이 첫째의 일과 부서로 기록되어 있는 것에서 이를 알 수 있다. 또한 3상의 명칭이 모두 농업경작과 관련된 기후의 명칭인 것도 이와 관련된 것이라고 볼 수 있다.

7) 한부족은 단군 이전에 이미 부계사회의 사회조직과 체계를 갖고 있었다. 환웅의 '웅'은 '해모수'의 '수'와 같은 것으로서 父系首長을 의미함과 동시에, 부계 중심의 사회와 가족제도의 지배를 상징적으로 나타내주는 것이라고 볼 수 있다.

幕僚들을 分立시키고 그 하위체제를 細分하여 정비한" 선진성이 있었다고 지적하여, 그후 檀君說話 해석논문에서 이 '막료조직'의 행정지배체제 그림을 그렸었다(補註).

33) 李康植, 〈'古記'에 기록된 神市組織의 構造와 機能〉, 《慶北大經商大論集》 제15집, 1987을 과문하여 1996년에야 처음 받아 읽게 되었는데, 매우 세밀한 분석과 정밀한 그림을 그린 것을 알았다. 과문하여 미리 참조하진 못했지만 매우 독창적인 논문이었다(補註).

8) 한부족은 이미 계급사회·신분사회에 들어가 있었다. 웅의 신하들과 행정조직의 위계질서와 함께, 무엇보다도 형벌이 매우 중요한 업무가 되고 형벌을 관장하는 부서가 있었음은 계급사회·신분사회를 반영하는 것이라고 볼 수 있다.

9) 한부족은 祭天·祭神의식을 매우 중시했으며, 제정일치의 체제가 지배했다고 볼 수 있다. '主命'하는 부서, 즉 제천·제신의 부서가 있었음은 그들의 '하늘 神'에 대한 신앙과 함께 제천·제신의식이 정치 행정의 일부로서 매우 중요시되었음을 나타내는 것이라고 볼 수 있다.

10) 한부족의 신앙과 종교는 그들의 수장의 조상이라고 되어 있던 '하느님' '天神'이며, 이것은 '해(태양)·밝음(광명)'과 직결된 것이었다고 해석된다. '桓因'이 '하느님'의 한자 번역이며, '神檀樹' '神帝' 등 '神'을 강조한 곳에서 이를 알 수 있다.

11) 한부족은 윤리와 교화를 매우 중시하는 생활문화를 갖고 있었다. 형벌 외에 주로 선악을 다루는 부서가 있고, 선악을 인간사의 매우 중요한 五大事의 하나로 다루고 있는 곳에서 이를 미루어 알 수 있다.

12) 한부족은 단군 이전에 이웃 부족들에 비하여 이미 매우 선진적이고 강력한 부족 국가와 부족 사회를 건설하여 운영하고 있었다. 그들이 이동해 올 때 '3천의 무리'로 표현되어 막강한 부족임이 시사되고 있으며, 이웃의 '곰 토템 부족과 범 토템 부족'이 그들도 한부족과 같은 선진 문명(단군설화에서는 '사람이 되어지이다'는 '사람')을 갖게 해달라고 神雄에게 빌었다는 표현에서 이를 미루어 알 수 있다.

한부족은 선진적이고 막강한 부족이었으므로 한·맥·예를 통합하여 새 나라를 건국할 때에 우위의 위치에서 王系를 차지할 수 있었고, 통합에 군사적 압력을 활용할 수도 있는 조건에 있었다고 볼 수 있다.

6. 곰[貊]부족과 범[濊]부족의 분석

단군설화에 의하면 한(韓·桓)부족이 이러한 선진적 부족 국가를 형성하여 발전하고 있을 때, 그 바로 이웃 지역에는 토박이인 곰[貊] 토템 부족과 범[濊] 토템 부족이 거주하고 있었다. 단군설화에서 그때 "한 곰과 한 범이 같은 굴에 살고 있었다"고 한 것은 이 사실을 상징적으로 설화화하고 신화화한 것이라고 해석할 수 있다. 곰 토템 부족과 범 토템 부족은 토박이로서 오랫동안 이 지역에 거주하면서 긴밀한 상호 교류를 하여 "같은 굴에 살고 있었다"고 표현될 만큼 긴밀한 교섭 관계를 갖고 있었다.[34] 그리하여 濊·貊을 한 개의 부족으로 오해하는 견해까지 나오게 되었으나, 濊부족과 貊부족은 토템을 달리하는 별개의 부족임이 단군설화에 의하여 명료하게 밝혀지고 있다.

곰[貊] 토템 부족과 범[濊] 토템 부족은 이 지역의 오래된 토박이었지만 이웃 지역의 한(韓·桓)부족에 비하여 상대적으로 낙후된 상태에 있었다.

그러므로 곰부족과 범부족은 선진 문명을 배워서 자기들도 동열로 선진화되기를 간절히 희구하였다. 단군설화에서 곰과 범이 "항상 神雄에게 빌되 원컨대 화하여 사람이 되어지이다"고 했다는 것은 貊부족과 濊부족이 한부족에게 선진 문명을 가르쳐줄 것을 요청하고 자기들도 한부족처럼 선진 문명화할 것을 추구했음을 상징적으로 알려주는 것이라고 볼 수 있다.

한부족의 군장 웅은 이에 응하여 선진 문명의 처방(정책과 방법과

---

34) 貊부족과 濊부족은 古朝鮮 건국 이전에 매우 평화적인 긴밀한 교류를 하는 관계에 있었고, 때로는 섞여 살기도 했음을 이 기록은 시사해 주고 있다고 할 것이다.

기술)을 맥부족과 예부족에게 똑같이 가르쳐주었다. 단군설화에서는 이 처방이 민속학적 약재와 금기(taboo)로 설명되어 있다(쑥한 타래와 마늘 20개와 100일 동안 日光을 금기하는 것이 이것이다).

곰(맥)부족은 한부족의 웅이 가르쳐 준 문명화의 처방을 잘 지키고 실행하여 예정된 학습과 실행 기간(100일)보다 앞당겨서(3×7=21일) 문명화를 (거의) 달성하였다.

그러나 범(예)부족은 문명화의 방법과 처방을 열심히 학습하고 실행하지 못하여서 문명화를 앞당겨 달성하는 데 실패하였다. 즉 범(예)부족은 문명화의 학습 실천에서 곰(맥)부족보다 낙후하게 된 것이었다.

고대에 있어서의 문명의 수준은 바로 힘과 세력의 강약을 나타내는 것이기도 하였다. 곰(맥)부족과 범(예)부족은 원래 동일한 수준의 문명을 갖고 있었는데, 한부족의 선진 문명을 소화 흡수하는 과정에서 곰(맥)부족은 크게 성공하여 매우 강력하고 융성한 부족이 되고, 한부족의 선진 문명을 소화 흡수하는 과정에서 낙후된 범(예)부족은 상대적으로 쇠약한 부족이 된 것이었다.

이 지역의 한(韓·桓)·곰[貊]·범[濊] 부족의 3부족이 연합하여 하나의 새 국가 고조선을 건국하게 되었을 때, 그 선·후진의 정도와 세력의 강약의 정도에 의하여 새 국가에서의 지위와 권력이 배분될 것은 당연하고 명백한 것이었다고 볼 수 있다.

단군설화에서는, 한(韓·桓)부족이 왕을 내고 다른 부족들은 왕비를 내는 혼인동맹의 방법을 골간으로 하여 한·예·맥 3부족이 연합해서 고조선 국가를 건국하게 되었을 때, 예부족보다 더 선진 문명화되고 강력하게 된 맥부족에서 왕비를 내게 되고, 낙후하고 세력이 약한 예부족은 그러한 특권이 없이 연합·통합하게 된 것임이 설명되고 있는 것이다.

또한 단군설화에서는 고조선 건국에 있어서 예부족에 비교한 맥

부족의 우위의 지위 때문에, 맥부족이 3부족의 연맹 통합에 의한 히
나의 새 국가 고조선 건국에 더욱 적극적이었음이 시사되고 있다.
이것은 단군설화에서 "웅녀는 그와 혼인해 주는 이가 없으므로 檀樹
아래서 주문을 외우면서 아기를 배어지이다고 빌었다"는 표현으로
한부족과의 적극적 혼인동맹의 추진이 상징화되고 신화화되어 반영
되고 있다고 볼 수 있다.

　예부족 거주 지역의 지리적 위치에 대한 문헌자료상 최초의 기록
은 기원전 3세기에 씌어진 《呂氏春秋》에서 渤海灣 東部의 바닷가가
濊族의 거주하던 곳이라고 씌어져 있다.[35] 이로 미루어 대동강 유역
과 遼東 지방에 거주하고 있던 선진적 한(韓·桓) 부족과 예족과 맥
족이 연맹하여, 한·맥·예 3부족의 연맹·통합에 의해서 고조선을 건
국한 것으로 해석된다.

7. 단군과 고조선 原(先)民族의 형성

　단군설화에서 설화·전설·신화·신앙의 요소들을 일단 별도로 하고
사회학적 관점과 방법으로 역사적 사회적 사실만을 분리하여 사회
학적 해석을 가해보면, 단군과 고조선에 대하여 다음의 사실을 알 수
있다.

　1) 고조선은 한(韓·桓)부족과 貊(곰 토템)부족과 濊(범 토템)부족의
3부족이 연맹·결합하여 건국한 한국민족의 최초의 고대국가이며 原
(先)民族 國家이다.[36] 한·맥·예 3부족의 연맹에 의한 고조선의 건국
은 신화가 아니라 역사적 사실이다.

---

35) 《呂氏春秋》治君覽 참조.
36) 原(先)民族과 原(先)民族國家의 개념과 내용에 대해서는 愼鏞廈,〈民族形成의
　　理論〉참조.

2) 고조선 건국에 있어서 3부족의 결합 양식은 한부족과 맥(곰 토템)부족의 혼인동맹을 골간으로 하고 있다. 한(韓)부족은 왕을 내고 맥부족은 왕후를 내는 혼인동맹을 기초로 결합하여 통합되었으며, 문명화의 수준과 세력이 약한 예부족은 그러한 특권 없이 결합하여 고조선 국가를 건국하였다. 물론 이 경우에도 예부족의 수장의 씨족은 고조선의 귀족으로 전화되었을 것임은 물론이다.

3) 고조선 건국에 있어서 한부족과 맥(곰 토템)부족의 혼인동맹은 한부족 군장 웅과 맥부족의 왕후의 1대의 혼인동맹으로 볼 수도 있고, 또한 한부족은 대대로 왕을 내고 맥부족은 대대로 왕후를 내는 세습적 혼인동맹으로 해석할 수도 있다. 고구려 5부족의 혼인동맹에서 유추하면 세습적 혼인동맹으로 해석하는 편이 보다 합당할 것이라고 생각된다. 또한 세습적 혼인동맹이라고 해석하는 경우에는 1대의 혼인동맹은 자동적으로 그 안에 포함된다. 그러나 왕후를 내는 부족의 결정은 부족 세력의 강약에 크게 좌우되었을 것이기 때문에 장구한 고조선 역사에서는 예부족이 한 번도 왕후를 내는 부족이 되지 않았다고는 볼 수 없다. 그러나 적어도 명백한 것은 제1대 혼인동맹에서는 맥부족이 왕후를 내었다는 사실이다.

4) 단군은 고조선을 건국한 제1대 제왕으로서, 역사적 실재이다. 단군의 부계는 한(韓·桓)부족이며, 母系는 맥(곰 토템)부족이다. 고대 국가의 부계 왕위 세습제를 전제로 할 때, 단군은 桓雄系를 계승하고 있으며, 한부족의 군장의 후손이라고 볼 수 있고, 왕실을 '한(韓·桓)'과 일치시켰다고 볼 수 있다.[37]

---

37) 《三國志》《魏書》東夷傳 韓條에서는, 고조선의 마지막 왕 準이 위만의 공격을 받고 패하여 남하해서 韓王이 되었다고 기록한 후에, 《魏略》을 인용하여 "準의 아들들과 친척으로서 [조선] 나라에 남아 있던 사람들도 그대로 韓氏라는 姓을 사칭하였다. 準은 해외[의 나라]에서 왕이 되었으나 (위만) 조선과는 서로 왕래하지 않았다"고 기록하였다. 즉 古朝鮮의 王族은 韓族이었음을 여기서도 거듭 확인할 수 있는 것이다.

5) 고조선의 帝王 단군에 대해서는 두 가지 해석이 가능하다. 그 하나는 단군이 한부족의 군장 웅과 맥부족의 왕비 사이에서 출생한 아들로서 고조선을 건국한 제1대 제왕이요 고조선의 시조라고 보는 것이다. 이 경우의 단군은 고유명사의 성격을 가진 것이라고 볼 수 있다. 다른 하나는 한부족과 맥부족의 혼인동맹에 의한 고조선 왕계의 역대 제왕을 가리키는 것이라고 보는 것이다. 이 경우의 단군은 '고조선의 제왕'을 가리키는 보통명사의 성격을 가진 것이라고 볼 수 있다. 즉 고조선의 시조는 '제1대 단군'이고 그 다음의 제왕은 '제2대 단군'이며, 제3대, 제4대, 제5대 …… 단군으로 계속되었다고 보는 것이다. 그러나 종래의 용례를 보면 이 두 해석은 모두 사용되어왔다. 마치 프랑스어에서 대문자로 Empereur라고 하면 나폴레옹 1세를 가리키고, 소문자로 empereur라고 하면 역대 황제들을 가리키는 것처럼, 단군도 고조선의 건국 시조를 가리키기도 하고 때로는 고조선의 역대 제왕들을 가리키기도 하는 것으로 사용되어 왔다.

6) 단군의 '檀'은 고조선어 '탄'의 한자 표기라고 생각한다. 이것은 여러 가지 의미로 해석되어 왔다. 최남선은 일찍이 몽골어에서 천을 '텅걸 (Tengeri)'이라 함을 지적하면서 '檀'은 '天'의 의미라고 해석하였다.[38] 이 경우에 '檀君'은 '天王'의 뜻이다. 한편 '檀'을 '박달'의 뜻의 한자 표기로 보면, '단군'은 '박달 임금'의 뜻을 가진 것으로 해석된다. 즉 '밝달족(백산족·배달족)의 임금'의 뜻으로 되는 것이다. 동방에서 멀리 이동하여 발칸반도에 도착해서 불가리아 최초의 고대국가를 건국한 칸(Kan·왕)은 자손을 낳았을 때나 전쟁에서의 승리를 기원할 때 그들의 발상지인 동방의 하늘을 향하여 '탕구르(Tangur)神'을 부르며 기원하였다.[39] 여기서 그들이 부른 Tangur는 '하느님'이란

---

38) 崔南善, 〈檀君及其硏究〉 참조.
39) 필자는 수년 전에 불가리아 국립 영화 제작소가 제작한 〈불가리아 건국사〉라는 4시간짜리 영화를 본 일이 있다. 불민족이 東方으로부터 마침내 발칸반도에

뜻이었다. 필자는 '탄' '단' '탄굴' '단굴'은 '하느님'의 뜻을 가지고 있
는 고조선어이며, 이를 음역할 때 '祭天'의 '祭'를 강조한 저자는 '壇'
으로 번역하고 '밝달족' 임금을 강조한 저자는 '檀'으로 번역했다고
생각한다. 그러므로 '壇'과 '檀'의 어느 한쪽만 옳은 글자의 번역이라
고 볼 수는 없다고 본다. 오직 본래의 고조선어의 '단군' '檀君'은 '天
王'이라는 뜻이며, 이것을 풀면 '하느님 후손 박달족 왕'의 뜻을 가졌
음을 강조하여 지적해 두고자 한다.

7) 단군이 시조 왕으로서 건국한 고조선은 환웅이 통치한 한(韓·
桓)부족의 선진 문명을 직접 계승하여 맥족과 예족을 통합해서 한
단계 더 발전한 것이기 때문에, 고조선 건국으로 말미암아 그 문명은
한층 더 발전했으며, 웅의 통치·행정제도와 문명은 고조선에서도 그
대로 계승되어 더욱 발전했다고 볼 수 있다.

8) 고조선의 통치의 행정조직은 3相 5部 제도로서 한부족의 것을
계승했다고 볼 수 있다.[40] 단군설화에서 환웅의 통치를 설명한 부분
은 바로 단군의 통치를 동시에 설명하는 것임을 주목할 필요가 있다.
즉 단군은 그 휘하에 3재상과 5개 부처의 대신들을 두어 나라를 다

까지 이동해 와서 슬라브족과 東로마(비잔틴로마) 사이에 비집고 들어가 정착
해서 최초의 불가리아 고대국가를 건국하는 과정의 역사 영화였다. 자료는 당시
東로마의 대사로서 불가리아족에 파견되었던 청년장교가 라틴어로 적어놓은 일
기와 보고서를 사용하여 사실주의적 영화를 만든 것이었는데, 그 풍속이 中國史
書들에 나오는 東夷의 貊족의 풍속과 매우 유사하였다. 또한 불족의 王(Kan)은
자손을 낳았을 때와 로마군과의 決戰에 앞서 祭天에서 하늘을 향해 Tangur神
을 부르며 보고하고, 또 기원하였다. 또 로마군을 대파하여 발칸반도에 정착하
게 되자 다시 Tangur神에게 보고하고 감사하였다. 발칸 산은 불갈족이 이름붙
인 '밝산' '박달' '백산'이라는 확신이 섰으며, 수도 소피아의 고대 이름인 '소비'
는 부여족의 '스비(서울)'와 同系語라는 확신이 서서, 그후 불가리아 여행 때 이
를 불족의 제1불가리아 王國이 붙인 이름임을 확인하였다.
40) 《史記》卷115, 《朝鮮列傳》卷55에는 기원전 2세기의 일로 고조선의 相 路人과
相 韓陰과 尼谿相 參의 기사가 나온다. 古朝鮮에는 相(또는 三相)제도가 있었
음은 명백한 것이다.

스렸다고 볼 수 있는 것이다. 이것은 단군의 고조선이 한부족 웅의 행정조직을 계승 발전시킨 것이었다고 볼 수 있다.

9) 단군의 고조선 건국기는 제정일치의 시대였고, 단군은 고조선의 정치적 제왕임과 동시에 제천신의 長이었다. 그러나 단군은 巫 또는 샤먼(Shaman)은 아니었다. 왜냐하면 단군 행정조직의 일부를 巫를 담당하는 主命의 부서와 主病의 부서가 따로 있고 여기에 다수의 巫들이 속해 있었을 것이기 때문이다. 최남선이 일찍이 단군은 君長임과 동시에 곧 巫였다는 檀君=巫君論은 잘못된 것이었다고 생각한다.[41] 단군은 국가적 행사인 제천의식 때에만 동시에 祭天神의 長이 되는 위치에 있었다고 볼 수 있다.

10) 고조선의 건국기의 사회는 계급사회·신분사회에 들어가 있었다. 행정조직이 이미 신분적 위계제도와 결합되었으며, 主刑의 부서가 5부의 하나로서 큰 비중을 차지하고 있어서 죄와 형벌의 일이 매우 크고 중요하게 된 것은 계급사회·신분사회의 갈등과 관련된 것이었다고 볼 수 있다.

11) 고조선의 사회조직은 부계사회의 특성을 갖고 있었다. 단군설화에서 환웅과 단군 등 남성의 통치와 지배가 기본 흐름을 이루고 있는 것은 동시에 고조선 사회의 부계사회의 지배를 반영하고 있는 것이라고 볼 수 있다.

12) 고조선의 가족제도는 일부일처제도가 지배하였다. 웅이 맥족의 여자만 취하여 혼인동맹을 하고 예(범 토템)족의 여자를 제2왕비로 취하여 더 튼튼하게 혼인동맹을 확대하지 못한 것은 일부일처제 가족제도의 원칙의 지배를 시사하는 것이라고 볼 수 있다.

---

41) 崔南善, 〈檀君及其硏究〉 참조. 최남선은 檀君=巫君論을 증명하기 위하여 우리나라 일부 지방에서 '무당'을 '당골'로 호칭하는 사례까지 들었다. 필자의 의견으로는 우리나라 민족에 巫女를 '당골'이라고 부른 것은 약칭으로서, '당골네' '당골의 무당여자'의 약칭이라고 생각한다.

13) 고조선은 기본적으로 族外婚(exogamy)의 혼인제도를 갖고 있었다. 단군 왕실의 경우는 한족과 맥족의 족외혼에 의한 혼인동맹이 실현되었는데, 이것은 동시에 일반적으로 고조선 사회에서 족외혼이 지배했음을 간접적으로 반영하고 있는 것이라고 볼 수 있다.

14) 고조선은 이미 농경사회에 들어가 있었다. 한(韓·桓)부족 사회가 이미 농경사회였으니, 이것은 너무나 당연한 일이었다. 고조선의 재상의 직명에도 그 흔적이 반영되어 있을 뿐 아니라, 고조선 행정조직의 첫째 부서가 '主穀'으로서 농업과 곡식의 생산 공급을 가장 중요시한 곳에서도 이를 확인할 수 있다.

15) 고조선의 농경사회의 성격과 이 지역의 고고문화의 발굴 유물은 고조선의 건국이 청동기문명의 시작과도 관련된 것임을 알려주고 있다.[42] 고조선의 건국기의 도구문화는 신석기문화의 청동기문명으로의 이행기의 문화이며, 그 이행의 구조적 특징은 한부족의 선진적 청동기문명에로의 이행의 시작에 맥·예 신석기문명이 통합되어 한·맥·예족이 함께 농경과 청동기문명으로 급속히 이행 발전하는 기본구조를 가졌다고 해석된다.

16) 고조선 건국기의 사회에서는 윤리와 교화가 매우 중요시되었다. 형벌을 주로 담당하는 主刑의 부서 외에 또 별도로 선악의 윤리와 교화를 주로 다루는 主善惡의 부서를 둔 것은 고조선 통치자들과 고조선 사회가 윤리와 교화를 얼마나 중시했는가를 간접적으로 시사해 주는 것이라고 볼 수 있다.

17) 고조선의 신앙과 종교로서 新敎가 있었다. 이것은 단군설화에서 환웅을 神雄이라고 하고 神檀樹를 말하며 단군이 수를 다하자 山神이 되었다고 기록한 곳에서도 그 흔적이 보인다. 神敎는 환인·환웅·단군의 三神을 숭배하고 그 가르침으로 교화하는 신앙이었다고

---

42) 鄭璟喜, 〈檀君社會와 靑銅器文化〉, 《韓國古代社會文化硏究》(一志社), 1990.

볼 수 있다.

18) 고조선의 처음 수도는 《위서》의 단군설화에는 아사달로 기록되어 있고, 《고기》의 단군설화에서는 처음에 도읍을 평양성에 정했다가 다음에 백악산 아사달로 옮겼는데 이를 弓(또는 方)忽山 또는 今彌達이라고도 하고, 다시 다음에 藏唐京으로 옮겼다가 다시 단군은 아사달에 돌아와 숨어서 수를 다하자 山神이 된 것으로 기록하였다. 물론 어느 기록이 정확한지는 오늘에 단정하기는 어려우나, 고조선의 첫 수도는 아사달로 추정되며, 수도를 平壤城·藏唐京 등으로 몇 번 옮겨다닌 것으로 추정된다.

19) 고조선의 건국 시기는 《위서》의 단군설화에 기록된 "지금으로부터 2천년 전" 및 "與高(堯)同時"와 《고기》 단군설화의 "以高(堯)卽位五十年庚寅"이 중요한 참고자료가 된다. 또한 요동과 한반도에서 농경사회의 시작 시기와, 신석기시대로부터 청동기시대의 이행기의 연대도 참고가 된다. 이 점을 고려하면 고조선의 건국 시기는 대체로 B.C. 25~B.C. 20세기라고 볼 수 있을 것이다.[43]

20) 고조선의 처음 건국 지역은 기록에 남아 있는 예·맥·한의 지역을 어느 지역만이라도 대체로 정확히 찾을 수 있으면 비정할 수 있다. 왜냐하면 이 3부족이 연접하여 거주하다가 연맹·통합하여 고조선을 건국했기 때문이다. 현재 이 3부족의 거주 지역을 명료하게 기록한 것으로는 B.C. 3세기 기록인 《여씨춘추》에서 渤海灣 동부가 濊族이 거주하던 곳이라고 기록한 것이 있다.[44] 이를 참조하면 고조선이 처음 건국된 지역은 요동 지방이었다고 볼 수 있다. 그후 고조선

---

43) 《三國遺事》에 수록된 《魏書》에서는 단군의 고조선 건국 연대를 중국의 "堯 임금과 同時"라고 하고, 《古記》에서는 "堯임금 50년 庚寅"이라고 하였다. 《帝王韻紀》에서는 이를 "堯임금과 같은 해(元年) 戊辰"이라 하였고, 《世宗實錄地理志》에서는 이를 "堯임금과 同日"이라 하였다. 《古記》의 기록에 의거한 '요임금 50년 경인'이 기원전 2333년인 것이다.

44) 《呂氏春秋》治君覽 참조.

이 강성해짐에 따라 요동과 한반도의 한강 북방까지 영토가 확대되었으며, 수도를 처음에는 아사달에 정했다가 다른 민족과의 전쟁 기후 조건 등 여러 가지 요인에 의하여 후에 평양성·장당경 등 여러 곳으로 천도하게 되었다고 추정된다.[45]

21) 고조선은 한·맥·예 3부족의 연맹 통합으로 형성되어서 수천 수백 년을 한 나라로 지속 발전하였기 때문에 한·맥·예부족의 언어를 통합하여 자연스럽게 고조선어가 형성되었다고 필자는 생각한다. 현대어로 표기하면 예컨대 단군설화에 나오는 '한·환·단·탄·탄굴·아사·달·밝·박·박달·밝은(안)·환하다·밝다·박달·밝은(안)·검·곰·임검·홀·궁홀·금미' 등은 고조선어라고 볼 수 있다. 그리하여 고조선 나라에 통합된 한부족·맥부족·예부족은 그 부족을 해소시켜 나가면서 고조선어를 공용하게 되었고, 원래의 한·맥·예족의 후손들의 언어상의 차이는 고조선어를 공용조어로 한 사투리의 차이로만 남게 되었다고 볼 수 있다. 현대 한국어의 기원은 부여족어와 한족어의 공동성을 증명하면 밝힐 수 있으며,[46] 이것은 민족의 형성과정과 직결되어 있다. 이 부여족어와 한족어의 祖語가 고조선어라고 생각한다. 이 古朝鮮祖語가 현대 한국어의 원민족어라는 것이 필자의 견해이다. 고조선이 멸망한 전후, 고조선을 형성했던 한·맥·예족 계열의 고조선 사람들이 각지에서 분립하여 여러 나라들을 세웠을지라도 그들은 모두 고조선어와 그 사투리를 사용하게 되었을 것임은 충분히 미루어 알 수 있다. 이 고조선조어의 형성이 그후 고구려·백제·신라·가라를 건국했을 때에도 그들이 모두 통역 없이 자유롭게 직접 의사소통을 할 수 있었던 요인과 배경이라고 필자는 생각한다. 고조선조어가 현대 한국어의 原民族語인 것이다.

---

45) 李丙燾, 〈阿斯達과 朝鮮〉, 《서울大論文集》 人文社會科學 제2집, 1995 참조.
46) 李基文, 〈韓國語形成史〉, 《韓國文化史大系》 제5권, 1967 참조.

22) 고조선에 연맹·통합된 한·맥·예부족은 고조선을 건국한 후 천수백 년간을 하나의 공농의 국가와 정치체 안에서, 동일 지역을 공동으로 하면서, 다른 민족의 침략에 공동으로 대항하여 싸우고, 공동의 고조선어를 사용하며, 공동의 문화를 창조하여 생활하는 동안에 古朝鮮 原(先)民族을 형성하게 되었다. 古朝鮮原民族이 현대 한국민족의 민족적 기원이 되는 원(선)민족이라고 필자는 생각한다.

고조선은 그 발전과정에서 한·맥·예부족 뿐만 아니라 沃沮와 肅愼의 일부도 지배하고 동화시켰다.

현대 한국민족의 민족적 원형은 여러 부족들을 통합하여 古朝鮮原民族이 형성됨으로써 확고하게 정립된 것이다. 단군설화는 그 최초의 형성과정을 문자가 없던 시대에 구전의 이야기로 만들어 대대로 전승되어오다가 설화가 되고 신화가 된 것이라고 볼 수 있다.

8. 고조선의 해체와 분화의 계보

《제왕운기》의 단군설화에서는 《檀君本紀》라는 지금은 일실된 옛 책을 인용하면서, 尸羅[신라]·高禮[고구려]·南北沃沮·東北扶餘·濊·貊이 모두 단군의 후손이라고 기록하였다.

여기서는 고조선의 해체 이후의 고조선 원민족의 분화과정과 각 原(先)民族 國家들의 계보의 기본 흐름을 간단하게라도 논급해 두는 것이 이해에 도움이 될 것이다. 이 경우에 상고시대에는 사회학적으로 原(先)民族의 분화과정을 밝히는 작업에는 그 나라들의 국명을 밝히는 일이 매우 중요하며, 계보의 분화 해명에 많은 도움을 준다는 것에 주목할 필요가 있다.

고조선의 準王은 연나라 장수 위만이 망명 항복해 오자 서쪽 변방을 지키는 侯에 임명하여 국경을 지키게 했는데, 위만은 세력을 길러

B.C. 194년 정변을 일으켜서 고조선의 왕위를 찬탈하고 새 왕조를 세 웠다. 위만 조선을 고조선의 일부라고 볼 수도 있으나, 이것은 단군 설화에서 나오는 고조선과는 전혀 별개의 다른 왕조라고 볼 수 있다.

고조선의 마지막 왕인 準王은 위만에게 왕위를 찬탈당하자 자기 신하들과 일족들을 거느리고 남쪽으로 내려와 韓王이 되었다.《삼국 지》위서 동이전의 한조에서는 매우 오만한 존화주의적 관점과 사필 로 "[朝鮮]侯 準이 참람되이 왕이라 일컫다가 燕나라에서 망명한 위 만의 공격을 받아 나라를 빼앗겼다. (準王은) 그의 近臣과 宮人을 거 느리고 도망해서 바다를 경유하여 韓의 지역에 거주하면서 스스로 韓王이라 칭하였다"[47]고 기록하였다.

이때 준이 세운 韓은 어떠한 韓일까? 필자는 이것이 馬韓이 라고 생각한다. 고조선이 북쪽에서 번영하고 있던 시기에 한강 유역과 그 이남에는 총체적으로 辰國으로 불렸던 다수의 小國 들, 즉 '衆國'들이 있어서 그 중의 가장 크고 세력 있는 小國의 수장이 辰王을 자처하였고 아직 三韓은 없었다. 고조선의 準王 이 위만에게 나라를 빼앗기자 자기 신하들과 궁인들과 왕실 일 족을 거느리고 남하하여 辰國의 땅에 도착해서 자기 王系 원래 의 부족명을 취하여 韓을 세웠는데, 이것이 馬韓이라고 보는 것이다.

馬韓王(준왕 세력)에게 지배 지역을 빼앗긴 이전의 辰國의 마한 지 역 통치 세력과 고조선에서 남하한 일부 세력들은 동쪽으로 이동하 여 辰韓과 弁韓을 세웠다고 본다.《삼국지》위서 동이전의 韓條에서 는 "(韓에는) 세 종족이 있으니 하나는 馬韓, 둘째는 辰韓, 셋째는 弁 韓인데, 辰韓은 옛 辰國이다"[48]라고 하였다. 또 이어서 "辰(韓)王은 항

---

47)《三國志》魏書 東夷傳 韓條.
48)《三國志》魏書 東夷傳 韓條.

상 마한 사람으로 왕을 삼아 대대로 세습하였으며, 辰(韓)王이 자립하여 왕이 되지는 못하였다"[49]고 하였다. 또한《晋書》東夷列傳의 辰韓조에는 "진한은 언제나 마한 사람을 왕으로 삼아 대대로 계승하지만 (진한 사람이) 스스로 왕이 되지는 못하였으니, 그들이 흘러들어온 사람이 분명한 까닭에 마한의 지배를 받는 것이다"[50]라고 하였다.

弁韓은 辰韓의 한가지였다. 그 근거는《삼국지》위서 동이전에서 弁韓의 이름을 아예 '弁辰'이라고 표현했으며,[51] 변한 12개국을 진한 12개국과 함께 섞어 기록하여 진한과 변한이 동일 계열임을 나타내었고, 이어서 "弁辰은 弁韓 사람과 뒤섞여 살며 성곽도 있다. 의복과 주택은 진한과 같다. 언어와 법속이 비슷하다"[52]고 기록한 곳에서 이를 확인할 수 있다.

여기서 마한·진한·변한의 나라 이름을 고찰할 필요가 있다. 마한은 '마리(머리)한'의 음역이라고 생각된다. 마한이 3한을 지배하는 韓이기 때문이다. 진한의 辰은 '동'의 뜻이라고 필자는 생각한다. 진은 방위를 나타내는 글자이기도 한 데 정확하게는 '동동남'의 방향이고, 중국의 북경을 기준으로 하면 한반도의 남쪽은 동동남쪽이기 때문에 고조선 이남의 衆國들은 '辰國(동동남쪽의 나라, 東國의 뜻)'으로 중국 사서에 기록했다가, 이것이 진한으로까지 이어지게 된 것이라고 생각한다. 그러므로 진한은 '東韓(정확히는 동동남쪽의 韓)'의 의역인 것이다. 弁韓(弁辰)은 '小辰韓' '小韓'의 뜻이라고 필자는 생각한다. '弁'은 원래 '고깔'이라는 뜻인데, 부여·고구려의 남아 있는 기록에 의하면 大加는 머리에 幘을 쓰고 小加는 고깔 모양의 折風을 쓴 결과 '弁[고깔]'은 '小'의 별칭이 된 것으로 본다.《삼국지》위서 동이전에 고

---

49) 위와 같음.
50)《晋書》東夷列傳 辰韓條.
51)《三國志》魏書 東夷傳 弁辰條 참조.
52) 위와 같음.

구려전에 보면, "10월에 지내는 제천행사는 국중대회로 이름하여 '東盟'이라 한다. 그들의 공식 모임에서는 모두 비단에 수놓은 의복을 입고 금과 은으로 장식한다. 大加와 主薄에 幘을 쓰는데, (중국의) 幘과 흡사하지만 뒤로 늘어뜨리는 부분이 없다. 小加는 折風을 쓰는데, 그 모양이 弁[고깔]과 같다"[53]고 하였다.

고조선의 왕후를 배출했던 貊族은 고조선이 멸망하자 동쪽과 북쪽에서 扶餘와 뒤이어 高句麗를 세웠다.[54] 《南齊書》는 고구려를 '東夷의 貊國'[55]이라 하였다. 그들이 고조선의 후예였음은 부여 건국 설화와 고구려 건국 설화에 너무 명료하게 나타난다. 또한 부여의 한 부족에서 나온 고구려의 나라 이름에서도 이를 재확인할 수 있다. 고구려는 당시 자료에 따라서는 高禮, 高麗, 高離 등으로도 기록되어 있는데, 여기서 핵심적인 것은 '高' '고'임을 알 수 있다. 일본어에는 아직도 고구려를 '고마'라고 호칭하고 있는데, 이것은 일본어식 모음어미 'ㅏ'를 떼어 버리면 바로 '곰'이 된다. 또 일본에서는 고구려를 '고마'라고 할 뿐 아니라, '熊'도 '고마·구마'로 읽고 '貊'도 '고마·구마'로 읽는다. 고구려가 맥족임은 여기서도 확인되고 있는 것이다.

백제는 마한에 속해 있던 부여·고구려계 小國이 성장하여서 마한의 영토를 모두 차지한 큰 나라가 되었는데, 피지배층은 원주민이었지만 그 통치층은 맥족이었다. 沸流百濟도 부여·고구려계의 맥족이었다.

신라는 《제왕운기》 단군설화에는 尸羅로 기록되어 있고, 또 다른 사료들에는 斯羅로 기록되어 있는 진한에서 일어난 나라이다. 신라는 시조왕 朴赫居世는 고조선의 왕족의 후예인 한족 계통이라고 필자는 생각한다. 신라의 건국 설화에서는 6촌장이 자기들 가운데서

---

53) 《三國志》魏書 東夷傳 高句麗條.
54) 李基白, 〈高句麗의 國家形成問題〉, 《韓國古代의 國家와 社會》, 1985 참조.
55) 《南齊書》東南夷列傳 高句麗條.

강자를 추대하여 왕을 삼지 못하고 햇빛 쏟아지는 삼림 속에서 말울음 소리가 들리어 달려가보니 백마가 품고 있는 알에서 옥동자가 나왔는데, 그가 탁월하므로 왕으로 추대한 것으로 박(알) 속에서 나왔다 하여 박혁거세라고 칭호하였다는 것이다. 여기서 나오는 강렬한 햇빛(태양 토템, 광영), 白馬, 박(밝=朴=白) 등은 고조선 왕계의 한족 계통임을 나타내는 것이며, 고조선 준왕의 남하한 후예 중의 하나가 박혁거세임을 상징하는 석이라고 볼 수 있다.

또한 尸羅·斯羅(시라·사라·새라)는 원래는 東國을 의미하는 '시라'의 음역으로서, 東이 시(사·시·새, 새바람=동풍)고 라(나=나라)가 나라인 것을 '시'의 또 하나의 의미인 '새롭다'의 '시'으로 의역하여 '新羅'로 된 것이라고 해석된다. 신라의 시조왕과 초기 지배층의 고조선의 왕족 후예들이었음은 주목할 필요가 있다.

加羅에 대해서는 필자는 이를 부여 계통이라고 생각한다. 광개토대왕 비문을 보면 '加羅'가 정확한 것이고, 加倻나 加洛은 불교 수입 이후의 변형된 표기이다. 부여의 관직에는 왕 밑에 馬加·牛加·楮加·拘加의 大加가 있고 그 밑에 다시 小加가 있었다. 加羅는 부여 계통의 加들이 세운 나라로서, 加羅는 '加의 나라'라는 뜻이라고 생각한다. 즉 변한 12개 소국 중에서 부여 계통이 이동하여 마한의 지배를 벗어나면서 加羅 나라들이 성립된 것이었다. 이들은 하나의 통일된 왕국을 성립하지 못하고 6가라 연맹 상태를 지속하다가 신라에 통합된 것이었다.

6가라 가운데서 가장 강성한 것이 김해 지방의 弁辰狗邪國에서 출발한 本加羅이고 고령 지방의 弁辰彌烏邪馬國에서 출발한 大加羅였다. 가라는 위치상 바다 건너 倭와도 활발한 교류를 하고 수많은 扶餘—가라인들이 일본열도 특히 九州 지방에 건너가서 가라의 문명을 이 지방에 이식시켰다.[56] 그 중에서도 彌烏邪馬國—大加羅의 귀족은 일본에 건너가서 九州의 소바라(지금의 福岡 지역) 지방에 邪馬

台國을 세운 것이 일본 최초의 고대왕국의 시작이라고 필자는 생각
한다.

耽羅는 擔羅·耽牟羅·聃牟羅 등으로 불렸으나 일찍 들어간 선주민
인 州胡人은 한라산의 대폭발로 대부분 사멸하고 그후 화산이 식었
을 때에는 북으로부터 남방으로 原(先)民族 이동이 활발하게 일어난
시기와 일치하여 주로 맥족들이 남하하여 정착하게 되었다고 필자는
생각한다. 扶餘·良貊(압록강 유역의 맥족), 高句麗 계통의 맥족이 남
하하여 제주도에 도착해서 부여 계통은 夫乙那의 지배를 받고, 良貊
계통은 良(亮)乙那의 지배를 받았으며, 고구려 계통은 高乙那의 지배
를 받다가 탐라국을 세웠다고 필자는 생각한다. 乙那는 '長' '族長'
'王'을 의미하는 맥족 계통의 언어로서 '얼라' '우르'의 한자 음역이며,
백제의 최고위 관직에 '於羅瑕'의 얼라+하(관인의 뜻)의 '얼라'가 같은
계통이고, 加羅의 '阿利,' 여진의 '을라,' 于山國의 '울르,' 현대 한국어
의 '어른'이 같은 계통이다.

남북 옥저는 고조선의 통치를 받은 맥족의 일부이며, 후에 고구려
에 통합되었다.《후한서》동이열전 동옥저조에서는 "동옥저는 고구
려 蓋馬大山의 동쪽에 있다. …… 창을 잘 다루며 步戰을 잘한다. 언
어·음식·거처·의복은 고구려와 비슷하다. …… 그 나라는 지역이 좁
고 작은 데다가 큰 나라의 사이에 끼여 있어서 마침내 고구려에 臣
屬하게 되었다"[57]고 기록하였다. 또 이어서《후한서》는 "또 북옥저
가 있으니 置溝婁라고도 하는데, 남옥저와는 8백여 리 떨어져 있다.
그 풍속은 모두 남옥저와 같다"[58]고 기록하였다.

---

56)《三國志》魏書 東夷傳 弁辰條에는 "(弁辰의) 나라에서는 鐵이 생산되는데, 韓·
    濊·倭人들이 모두 와서 사간다. 시장에서의 모든 매매는 鐵로 이루어져서 마치
    중국에서 돈을 쓰는 것과 같다"고 한 기록이 매우 중요한 참고가 된다.
57)《後漢書》東列傳 東沃沮條.
58) 위와 같음.

그러므로《제왕운기》의 단군설화에 기록된 "尸羅·高禮·南北沃沮·東北夫餘·濊·貊이 모두 단군의 후손이다"[59]라고 한 것은 '단군'을 '고조선'으로 바꾸어 놓으면 정확한 사실이라고 볼 수 있다. 이들은 모두 한국민족의 형성에 통합되어 용해되었다. 그뿐만 아니라《제왕운기》에 기록되지 않은 百濟·加羅·耽羅·于山도 맥족 계통으로서 모두 한국민족의 형성에 통합되어 그 일부로 용해되었다.

고조선이 높은 청동기문명과 철기문명을 만들어 번영하던 시기에 고조선의 통치를 받던 匈奴·東胡·烏桓·鮮卑·奚·烏孫·室韋·突厥·肅愼·挹婁 등은 고조선 멸망 후 분립하여서 한국민족의 형성에 들어오지 않고 별도의 길을 걸었다. 그들은 오랫동안 고조선의 통치를 받아오는 동안 고조선어를 사용하게 되었고 古朝鮮祖語가 흉노·돌궐·동호·오환·선비·해·오손·숙신·읍루·몽골언어의 공동의 뿌리가 된 것이라고 생각한다.

고조선의 멸망 후 부여·고구려·백제·신라·가라·탐라·우산·발해 등 여러 선민족 국가들이 형성되었으나, 그들이 모두 고조선을 형성하였던 韓·貊·濊족의 국가들이었고 그들의 언어는 모두 古朝鮮祖語에서 분화·발전·분유한 것이었기 때문에 통역 없이 의사소통이 가능했던 것이라고 생각된다.

9. 맺음말

지금까지의 고찰에서 알 수 있는 바와 같이 단군설화는 고조선의 건국 설화로서, 대부분 사회적 역사적 사실을 반영한 설화였다. 단군설화에 혼효되어 있는 설화·전설·신화·신앙적 요소로부터 '사실'을

---

59)《帝王韻紀》下卷,〈東國君王開國年代 幷序〉주 5)와 같음.

분리하여 검출해 보면, 문헌기록이 거의 없는 고조선의 건국과정, 한국민족의 기원과 형성, 한국어의 기원, 한국 고대문명의 기원, 한국 사회의 기원에 대하여 상당히 중요한 사실들을 밝혀낼 수 있다.

단군설화에 반영된 사실들을 보면, 고조선은 韓·貊·濊 3부족이 연맹하여 건국한 한국민족 최초의 고대국가였다. 그 결합양식은 한족은 왕을 내고 맥족은 왕후를 내는 혼인동맹으로 결합되었으며, 예족은 그러한 특권 없이 결합하였다. 단군은 '天王' '하느님 후손인 박달족 임금'의 뜻이며, 이중의 의미로 통용되었다. 즉 그 하나는 고유명사로서 고조선을 건국한 제1대 천왕의 호칭이며, 다른 하나는 보통명사로서 고조선의 역대 제와 모두에게 붙이는 '천왕·왕·제왕·임금'의 뜻이다. 고조선의 제왕은 마지막 준왕까지 모두 한족이였다. 고조선은 건국기에 가장 선진적인 한족과 상대적으로 낙후했던 맥·예족이 단군을 제왕으로 해서 한족 선진문명을 중심으로 통합했기 때문에 고조선 건국과 동시에 고조선 사회는 크게 발전했다고 볼 수 있다.

고조선의 행정제도는 三相五部制度였다. 고조선의 건국기 당시는 제정일치 시대였으나, 단군은 帝王(Kan들 중의 Kan)이었고, 제천의 長이었다. 그러나 단군은 巫君은 아니었다. 巫의 일은 단군의 행정조직 안에 이를 담당하는 부서가 있었고, 모든 巫들은 단군의 지배를 받았다.

건국기의 고조선 사회는 이미 계급사회·신분사회에 들어가 있었고, 부계사회였으며, 일부일처의 가족제도와 족외혼이 지배하였다.

또한 건국기의 고조선은 농경사회에 들어갔으며, 신석기시대로부터 청동기문명의 시대로 이행하고 있었다. 농업과 청동기문명의 발전이 고조선 사회의 발전의 물질적 기초가 되었다.

건국기의 고조선의 단군의 통치 이념은 '홍익인간'이었다. 또한 고조선 사회에서는 윤리와 교화가 매우 중시되었으며, 桓因·桓雄·檀君의 가르침을 따르고 숭모하는 神敎가 신앙되었다.

단군설화를 통해 보면 고조선의 처음 수도는 아사달이었고, 다음에 평양성과 장당경으로 천도하였다. 고조선의 건국 시기는 대체로 B.C. 30~B.C. 25세기라고 추정된다. 고조선이 건국한 최초의 지역은 요동 지방이며, 후에 발전하고 이동하여 요동으로부터 한강 이북에 걸치는 큰 나라로 발전하였다가, 말기에는 압록강 양안과 대동강 양안, 한강 이북이 영토였던 것으로 추정된다.

단군이 제1대 왕이었던 고조선은 한·맥·예족의 연맹·통합으로 수천수백 년을 하나의 국가 속에서 생활해 오는 동안에 자연스럽게 한부족·맥부족·예부족의 언어를 통합하여 고조선어가 형성되었다. 단군설화에 나오는 고조선어의 예를 들면, 현대어로 표기할 경우 '한·단·탄·탄굴·아사·달·환하다·밝다·밝달·밝은(안)·검·곰·임검·홀·궁홀·금미' 등을 들 수 있다. 고조선시대에는 고조선을 건국한 韓·濊·貊은 물론이요, 강성했을 때 고조선의 지배를 받은 옥저·숙신·읍루·흉노·돌궐·몽골 등의 지배층도 고조선어를 사용했다고 볼 수 있다. 이 古朝鮮祖語가 현대 한국어의 原民族語이며 기원이라고 볼 수 있다. 고조선이 멸망한 후에 한·맥·예족들이 각지에 분립하여 여러 나라들을 세우고 이들이 부여·고구려·마한·진한·백제·신라·가라·탐라 …… 까지 오지만 그들이 모두 통역 없이 직접 자유롭게 의사소통을 할 수 있었던 역사적 배경과 요인은 고조선 祖語를 분유했기 때문이며, 각 선민족 국가들의 언어는 고조선 助語의 방언의 성격을 갖고 발전한 것이었다고 해석된다.

또한 고조선에 연맹·통합된 한·맥·예족 등은 수천 수백 년을 함께 생활해 오는 동안에 고조선 原(先)民族을 형성하게 되었다. 이들은 또한 발전과정에서 옥저와 숙신의 일부도 동화시켜 동일한 민족 안에 포함시켰다. 이 고조선 原民族이 현대 한국민족의 원형이며 원(선)민족인 것이다.

고조선 해체와 분화 계보를 보면 마한·진한·변한의 지배층은 고

조선 왕계의 韓族이고, 부여와 고구려와 탐라는 맥족이었다. 신라의
지배층은 처음에는 한족이었다. 백제의 지배층은 맥족이었으며, 加
羅의 지배층도 맥족의 부여족이었다. 그러나 이들의 지배층은 모두
고조선에서 분화되어 나온 후예들이었기 때문에 고조선 祖語에서
파생되어 나온 공동의 언어를 사용했으며, 모두 통역 없이 자유롭게
의사소통을 할 수 있었다.

고조선 건국의 설화인 단군설화는 한국민족의 기원과 형성에 관
한 많은 사실들을 밝혀 나갈 수 있는 귀중한 열쇠가 되는 자료이다.
그러므로 단군설화는 각 분과 학문에서 다각적으로 그리고 종합적
으로 정밀하고 철저하게 분석해야 할 보배와 같은 설화인 것이다.

(《설화와 의식의 사회사》(韓國社會史學會論文集 제47집), 문학과지성사,
  1995 수록)

두레共同體의 기원과 농민층의 民族文化

1. 머리말

사회적 존재로서의 인간은 처음부터 공동체의 삶을 영위해 오다가 근대 사회의 성립과 발전 이후에 사회의 공동체적 요소를 많이 상실하게 되었다. 특히 현대사회에 오면 인간은 사회 그 자체로부터 소외되는 일이 많아지고, 치열한 경쟁과 이해타산, 상호반목과 상호불신이 날로 격화되어 점점 더 살벌한 사회로 되어가고 있다.

인간은 현대사회에서 '공동체적 삶'을 살 수는 없는 것인가? 인간의 상호간에 ① 더욱 친밀하고 ② 충분히 서로 이해하며 ③ 더욱 자유롭고 평등하며 ④ 상호간에 더욱 협동 부조하고 ⑤ 전인격적 관계를 맺으며 ⑥ 감정적 응집을 강화하고 ⑦ 충만함을 갖고 느끼며 ⑧ 도덕적 헌신을 하고 ⑨ 더욱 지속적으로 ⑩ 긴밀한 유대를 맺고 살 수는 없는 것일까? 현대인은 이러한 삶을 공동체적 삶이라고 이름해 놓고, 이를 그리워하며 추구하고 있다.

한국의 전통사회에는 바로 이러한 공동체적 삶을 영위하기 위하여 농민들이 조직한 '두레'라는 작업공동체(Arbeitsgemeinschaft)가 있었다. 두레는 한국 역사에서 아득한 옛날 고조선시대부터 마을의 공동경작이 해체되고 가족별 경작이 대두하던 촌락공동체 해체기에 발생하여, 마을에 사회신분·계급의 분화가 거의 없던 사회적 조건에서 마을의 모든 성인 성원들이 의무적으로 참가하여 농업경작 뿐만 아니라 수렵, 어로, 자연재해 방비, 외적침입 방비 등 모든 일에 공동작업을 수행했다. 다음 단계에 이르러서 마을에도 사회신분·계급의 분화가 진전되자 마을 내의 귀족과 지주는 두레에 참가하지 않고 오직 평민과 생산농민만이 참가하여 수전농업의 수리관개작업, 모심기, 김매기, 수확 등의 작업을 두레의 공동노동으로 수행하였다. 그리하여 두레는 조선왕조시대에는 답작지대의 농촌사회에서 어디서나 널리 시행되던 가장 중요한 작업공동체였으며, 일제 강점기에는 많이 변질되고 소멸되었지만 중부 이남의 농촌사회에서는 널리 볼 수 있던 작업공동체였다. 또한 1945년 해방 후에도 지방에 따라서는 두레공동체가 남아 있었으며, 오늘날에도 곳에 따라 두레의 편린과 흔적을 찾아볼 수 있다.

두레는 마을의 공유지와 마을 성원들의 사유지를 포함한 '모든' 농경지의 농사 작업을 마을의 '모든' 성인 남자들이 '공동노동'에 의하여 수행하면서 강력한 '상부상조'의 조직과 문화를 만들어 마을 성원들의 공고한 공동체적 연대를 형성 발전시켰던 조직이었다. 특히 주목해야 할 것은 두레로 공동노동을 하면, 개별적으로 노동을 하는 것보다 노동능률과 노동생산성이 훨씬 높았을 뿐만 아니라, 고통스러운 노동이 '즐거운 노동'으로 전화되는 놀라운 효과가 있었다는 사실이다.

두레공동체가 노동 능률을 높임과 동시에 고통스러운 노동을 즐거운 노동으로 전환시킨 기본적 방법은 농업노동에 농민들의 독특한 '문화'와 '오락'을 발명하여 융합시킨 것이었다. 이 과정에서 역사적으로 두레공동체를 가진 한국의 농민들은 '농악'을 비롯한 독특한 농민문화를 창조하여 발전시켰다. 또한 두레공동체가 창조해 낸 농민문화는 한국민족의 '민족문화'의 기층을 형성한 것이기도 하였다.

필자는 두레공동체의 구조와 변동에 대해서 이미 독립논문을 발표한 바가 있으므로[1] 여기서는 두레공동체의 기원 및 두레공동체의 특징적 구조와 한국 농민들이 과거에 두레공동체를 통하여 창조한 농민층의 민족문화의 몇 가지 항목에 대하여 밝히려 한다.

2. 두레의 起源과 변동의 역사

두레는 매우 오래된 것이어서 이미 古朝鮮과 三韓·三國時代에 관한 문헌에 그 흔적이 나타나고 있다.

두레는 발생 초기에서 1945년까지 변천해 온 과정을 세 단계로 나누어 볼 수 있다. 그 기준은 사회사적 관점에서 주로 ① '마을' 내에서 사회신분·계급의 분화 정도와 ② 두레의 공동노동을 필요로 하는 작업의 성격에 의거한 것이다.

제1단계는 마을에 사회신분·계급의 분화가 거의 없는 사회적 조건에서 마을의 모든 성년 성원들이 의무적으로 참가하는 두레이다. 이 단계의 두레는 농업경작 뿐만 아니라 수렵·어로·자연재해 방비·외적침입 방비 등 모든 작업에 사용된 것으로 보인다. 대체적으로 마을의 공동경작이 해체되고 가족별 경작이 대두하는 촌락공동체 해체기에 두레가 발생하여 그 이후부터 삼국시대까지의 시기가 이 단계에 해당된다.

제2단계는 마을에도 사회신분·계급의 분화가 더욱 진전되어 귀족과 지주는 두레에 참가하지 않고, 오직 평민과 생산농민층만이 의무적으로 참가하던 두레이다. 이 단계의 두레는 水田農業의 노동 수요가 폭주하는 작업에 주로 사용되는 한정된 제도로 되었다. 대체로

---

1) 신용하, 〈두레共同體와 農樂의 社會史〉, 《한국사회연구》 2(한길사, 1984).

통일신라시대부터 조선왕조 말기까지의 시기가 이 단계에 해당된다.

제3단계는 일제강점기의 두레로서 마을에도 화폐경제가 많이 침투하여 지배하고 일제의 식민지정책의 영향을 심하게 받아 변질된 내용과 형태를 형태를 가지는 두레이다. 이 단계의 두레에 대해서는 절을 나누어 설명하기로 한다.

제1단계의 두레에 대해서는 三韓의 풍속을 기록한 중국의 문헌에 그 편린이 남아 있다. 《三國志》魏書에는 古朝鮮과 같은 시기의 三韓의 풍속을 적은 곳에 "그들은 서로 부르기를 모두 徒라 한다(相呼皆爲徒)"[2]라는 구절이 있는데, 이 徒를 이병도 교수는 두레의 음과 뜻을 함께 한자로 번역한 것이라고 풀이하였다.[3] 매우 예리한 관찰이라고 생각된다.

또한 《後漢書》韓조에는 삼한 사람들이 5월 봄갈이가 끝난 후에 귀신에게 제사지내고 밤이 다하도록 술과 음식을 먹으며 무리를 지어 노래하고 춤추며 10월 농사가 끝난 후에도 이와 같이 한다고 기록하였다.[4] 비슷한 사실이 《三國志》魏書 東夷傳에도 기록되어 있다.[5] 또한 《後漢書》에는 고조선의 侯國이었던 濊의 풍속에 대해 "해마다 10월이면 하늘에 제사를 지내는 데 주야로 술마시며 노래부르고 춤추는 데 이를 舞天이라고 한다"[6]고 기록하였다. 이것은 그후의 '호미씻이'와 '두레놀이'의 고대의 형태에 대한 관찰기록이라고 볼 수 있다. 또한 《三國史記》新羅 儒理尼師今조에는 왕이 六部를 두 패로 나누어 두 사람의 王女로 하여금 각각 한 패를 거느리고 두레와 같은

---

2) 《三國志》魏書 東夷傳 辰韓條, "名國爲邦 弓爲弧 賊爲寇 行酒爲行觴 相呼皆爲徒" 참조.
3) 李丙燾, 〈古代南堂考〉, 《서울대논문집》 제1집, 1954 참조.
4) 《後漢書》東夷傳 韓條, "常以五月田竟 祭鬼神 晝夜酒會 群聚歌舞 舞輒數十人 相隨 踏地爲節 十月農功."
5) 《三國志》魏書 東夷傳 韓條 참조.
6) 《後漢書》東夷傳 濊條 참조.

공동노동으로써 한 달간 길쌈을 경쟁케 하여 8월 가윗날에 이르러 승패를 보아서 진 편은 음식을 마련하여 이긴 편에 사례하고 모두 노래와 춤과 놀이로 즐겼다고 기록하고 있다.[7] 이것은 '두레길쌈'의 기원을 나타내 주는 것으로서 이 시기에는 길쌈이 두레의 공동노동으로 수행되었음을 시사해 주는 것이다.

한국어 '두레'는 '共同體' '共同隊'에 해당하는 고조선·삼한·삼국시대부터의 순수 고대 한국어라고 필자는 보고 있다.[8] 이병도 박사는 '두레'가 '納入' '納聚'의 말인 '들어' '들에' '들이' '들'에서 유래된 것이라고 하여, 종래의 그의 주장이었던 '둘레(circle)'에서 기원했다는 설을 수정함과 동시에, 원래는 '담로(擔魯)' '다라[城邑]'와 같은 백제어에서 보이는 바와 같이 地域共同體에서 유래된 말이라고 해석하면서, 그 증거로 《三國遺事》권1 駕洛國記에서 나타나는 가라 九干 중에 '我刀干·汝刀干·彼刀干·五刀干' 등의 '刀'도 '梁[돌]·喙[돌]' '徒'와 같이 '두레'의 借音이고, 耽羅國[제주도]의 高乙那·良乙那·夫乙那가 거주지를 정한 一徒·二徒·三徒의 '徒'도 두레의 차음이며, '두레'가 地域共同體임을 증명하는 것이라고 주장하였다.[9]

필자는 이병도 박사가 지적한 바의 加羅의 '刀'나 耽羅의 '徒'가 '두레'의 借音이라는 해석에는 전적으로 동의하지만, '두레'는 '사람공동체'이고 '지역공동체'는 아니라고 보고 있다. 그것은 '사람공동체'가 '두레共同隊'를 편성하여 먼 거리를 이동한 후 특정지역에 두레(共同體) 別로 정착하게 되었을 때, '사람공동체'가 지명으로 전화된 것이라고 생각한다. 加羅의 '我刀干·汝刀干·彼刀干·五刀干'의 '刀'는 '두

---

7) 《三國史記》卷 第1, 新羅本紀 第1, 儒理尼師今條 "王旣定六部 中分爲二 使王女 二人各率部內女子 分朋造黨 自秋七月旣望 每日早集大部之庭續麻 乙夜而罷 至 八月十五日 考其功之多少 負者置酒食 於是歌舞百戱皆作 謂之嘉俳" 참조.

8) 愼鏞廈, 〈두레共同體와 農樂의 社會史〉, 1984 참조.

9) 李丙燾, 〈두레와 그 語義〉, 《修訂版 韓國古代史研究》, 博英社, 1985, pp.775~ 780 참조.

레'이고 '干'은 長을 의미한 것으로서 '我刀干'은 '우리두레 장(우리 共同隊長)', '汝刀干'은 '너희두레 장(너희 共同隊長)', '彼刀干'은 '저들 두레 장(저들 共同隊長)', '五刀干'은 '제5두레 장(第五共同隊長)'의 뜻 을 가진 것이라고 본다. 이들은 북방에서 가라 지방으로 '두레(共同 隊)'를 편성하여 이동해서 '두레' 별로 정착함으로써 '사람공동체'가 '지역공동체'로 전화된 것이라고 볼 수 있다.[10]

耽羅國의 경우도 貊族들이 高乙那(족장)·良乙那·夫乙那의 지휘하 에 '두레(共同隊)'를 편성하여 북방으로부터 '제1(첫째)두레(一徒)·제 2(둘째)두레(二徒)·제3(셋째)두레(三徒)가 제주도에 이동해 들어가서 '두레'별로 정착함으로써 一徒里·二徒里·三徒里의 지명이 형성된 것 이었다고 해석된다.

인구의 '두레'별 이동과 정착은 조선왕조시대에도 그 흔적을 볼 수 있다. 世宗은 1434년(세종 16) 전후에 金宗瑞 군대를 파견하여 함경 도의 동북여진족을 두만강 건너로 내보내고 6鎭을 설치하여 함경도 를 영토로 편입함과 동시에 徙民政策을 실시하여 경상도 등 3남지방 에서 인구이동을 시켰는데, 이 때에도 '두레'를 편성하여 이동시켜서 '두레' 별로 정착시킨 것으로 보인다. 조선왕조시대에는 '두레'를 '社' 로 한자 표기하고 '두레社(사)'로 훈독했었는데, 다른 지방 행정단위 '面'에 대해 함경도 6진 지역 면단위 만은 유독 '社'라고 호칭한 것은 '두레'별 이동과 '두레'별 정착의 흔적이라고 볼 수 있다.

이러한 단편적 기록들에서도 우리는 고조선·삼한·삼국시대에 두 레라는 작업공동체가 존재했음을 확인할 수 있다. 이 단계의 두레는

---

10) 그러므로 '我刀干'은 '우리두레長'의 '사람공동체 장'의 뜻인데, 加羅 지방에 '두 레'별로 정착한 후에 '우리마을 村長'으로 전화되어 '지역 공동체 장'의 뜻으로 전화된 것으로 해석되는 것이다. 본질적으로 '두레'는 '사람공동체'에서 기원한 사람공동체이지 '지역공동체'는 아니며, '사람공동체'가 후에 '地域共同體' 또는 그 이름으로 전화된 경우가 있었다고 볼 수 있는 것이다.

비단 평민들 뿐만 아니라 모든 신분과 계급의 작업공동체였으며, 농업경작 뿐만 아니라 사냥·어로는 물론이요, 길쌈·군사 등 모든 일에 관련되어 있었음을 알 수 있다. 그러나 이러한 포괄적 성격의 제1단계의 두레는 개별 가족 단위의 사회생활과 농업경영이 발전하고 공동노동의 사회적 필요성이 감소해 감에 따라 점차 현저히 소멸되어 가는 과정에 있었음을 용이하게 추정할 수 있다. 특히 우리나라 농업에 있어서 가족별 소경영의 끊임없는 발전은 제1단계의 두레를 소멸시켜 가는 과정이었다고 볼 수 있다.

제2단계의 두레는 마을 내의 귀족과 지주는 참가하지 않고 평민과 생산농민만이 참가하여 '水田'농업의 수리관개·모심기·김매기·수확 등의 작업에 결합된 작업공동체로서, 제1단계 두레에서 질적으로 크게 변화한 것이다. 수전농업은 ① 수리관개시설이 필요하고 ② 짧은 시일의 適期에 노동 수요가 폭주하므로, 개별 가족의 노동만으로는 적합치 않고 '공동노동'이 반드시 필요한 농법이었다. 이러한 사회적 필요성이 답작지대에서 소멸되어 가던 제1단계의 두레를 질적으로 변화한 제2단계의 새로운 성격의 두레로 재생시켰다고 볼 수 있다. 우리나라 농업의 역사에서 한편으로 가족별 소경영의 끊임없는 발전은 제1단계의 두레를 소멸시켜 가는 과정이었으며, 다른 한편으로 수전농업의 끊임없는 발전은 제2단계의 두레를 발생시키고 발전시켜 가는 과정이었다. 이 다른 방향의 두 변화의 동태가 농업경영지대 분포에서 전작지대의 두레를 소멸시켜 버리고 답작지대에서 제2단계의 두레를 분포하여 성행하게 한 動因이었다고 볼 수 있다.

우리나라에서 수전농업이 시작된 기원은 멀리 고조선·삼한·삼국시대까지 거슬러 올라간다. 《三國志》魏書 東夷傳 弁韓조에 "오곡과 벼를 재배한다(宜種五穀及稻)"[11]라고 기록하고 있으며, 또 김해의 가

---

11) 《三國志》魏書 東夷傳 弁韓條, "土地肥美 宜種五穀及稻 曉蠶桑 作縑布" 참조.

라시대의 貝塚에서 벼의 낟알이 출토되었음은 잘 알려진 사실이다.
또한 《三國史記》백제 多婁王 6년조에 "2월에 나라 남쪽의 주·군에
처음으로 벼농사를 짓게 했다"[12]고 기록되어 있다. A.D. 33년 경부터
는 지금의 전라도 일대에서 벼농사가 시작된 것이다. 이러한 벼농사
가 그 일부는 수전농업으로 경작되었다는 사실은 《三國史記》신라
訖解尼師今조 "21년(A.D. 330)에 처음으로 碧骨池를 개척했는데, 그
연못의 언덕 길이가 1천 8백 보였다"[13]라고 한 기록에서도 알 수 있
다. 즉 삼국시대에 이미 수전농업을 위한 김제의 '벽골제'의 대규모
수리관개 공사를 한 것이었다. 그러나 수전농업이 대대적으로 보급
된 것은 고려왕조를 거쳐 조선왕조시대에 들어온 이후의 일이며, 특
히 移秧法이 대대적으로 보급된 것은 조선왕조 후기라는 연구결과
가 나와 있다.[14]

　제2단계의 두레가 성행한 것도 역시 고려왕조를 거쳐 조선왕조에
들어온 이후에 답작지대에서의 일이며, 특히 제2단계의 두레가 극성
한 것은 조선왕조 후기의 일이라고 볼 수 있다. 이 사실은 조선왕조
말기의 조사보고에서 소급해 보아도 쉽게 알 수 있다. 실제로 조선
왕조시대에는 두레가 중부 이남의 답작지대 농촌사회 어디서에서나
볼 수 있는 농민의 보편적인 작업공동체였다. 조선왕조시대, 특히 그
후기에는 통치자들이 방대한 기록과 문헌을 남겼음에도 불구하고,
제2단계의 두레가 '최하층 농민들'의 작업공동체였다는 이유 때문에
거의 기록에 남지 못했다. 양반관료들이 두레에 관한 단편적 기록을
남긴 경우는 다른 사건과 관련된 예외적인 경우였다.

---

12) 《三國史記》卷 第23, 百濟本紀 第1, 多婁王 6年條, "二月 下令國南州郡 始作稻
　　田" 참조.
13) 《三國史記》卷 第2, 新羅本紀 第2, 訖解尼師今條, "二十一年 始開碧骨池 岸長
　　一千八百步" 참조.
14) 金容燮, 〈朝鮮後期의 水稻作技術〉, 《朝鮮後期農業史硏究 ― 農業變動·農學思
　　想》, 일조각, 1971, pp.2～103 참조.

예컨대, 1738년(영조 14) 음력 11월 17일에 하나의 사건이 일어나서 이 시기에 두레가 성행했음을 간접적으로 전해주고 있다. 즉 1737년(영조 13) 9월에 元景夏가 文科에 장원급제하여 湖南別遣御史로 임명되어서 전라도 일대를 暗行하게 되었다.[15] 이때 元景夏는 전라도 扶安에서 두레의 農旗와 農樂器가 민중들의 반란시에 군용물이 될 수 있다고 과잉 염려하여 농기와 농악기들을 농민들로부터 몰수하였다. 이것을 전 부안 현감 安復駿이 片鐵로 부수어 착복해 버린 횡령사건이 발생하였다. 이듬해 1738년에 전라도 일대를 조사한 호남 암행어사 南泰良이 이 사건을 국왕에 보고하여 전 부안 현감을 탄핵하게 되자 국왕과 우의정, 이조판서 및 備邊司 堂上들과 호남 암행어사 등이 비변사에서 회의를 열어 이 문제를 다루게 되었다.[16]

이때 국왕과 신하들은 두레를 하는 백성들을 '民輩'라는 경멸적인 용어로 지칭하고 있으며, 국왕은 농기와 농악기를 社[두레]에서 몰수한 것이 아니라 寺[절]에서 몰수한 것으로 이해하여 社와 寺를 구분하지 못하고 있다.[17] 신하들의 설명을 듣고 국왕이 왜 농민들이 꽹과리[錚]와 징[鉦]을 사용하는가고 묻자 우의정 宋寅明은 "民輩가 농사를 짓고 수확을 할 때 모두[皆] 이 악기로써 일 나가는 자들을 鼓動

---

15)《英祖實錄》, 卷45, 英祖 13年 9月 丁亥條 참조.

16)《備邊司謄錄》, 第104冊, 英祖 14年 11月 17日條 참조.

17)《承政院日記》, 第881冊, 英祖 14年 11月 17日 乙丑條, "上曰 元景夏御史 屬公者皆寺中旗幟 而令此書啓 有民間錚鼓旗幟 環給民間之請 民間曾亦有此物乎. 寅明曰 民輩耕穫之時 皆以此器 鼓動赴役者也 元景夏之當初禁斷 雖出於爲國慮患之意 此亦過慮 人心若難 鋤耰棘矜 皆可爲盜 何患無兵器 旣是民物 遽然屬公 則宜有民怨矣. 泰良曰 民物決不可屬 公何以處之乎 上曰 安復駿之位爲片鐵歸家者 豈不骸然哉 其旗幟能如軍門恒用者乎. 泰良曰 皆是無用之物 而旣是百年民俗 亦難禁止矣. 寅明曰 旣奪之後 出場亦顚倒 自賑廳會錄 取直用之何如. 上曰 復駿之所用 亦云非矣 則朝家何何取直取用乎 大臣鋤耰之言 誠是矣 陣勝吳廣 豈必待兵刃而興乎 元景夏未免過慮 此御史引蘇軾漏鼓之例 亦過矣. 泰溫曰 補賑則民輩 反爲得食其費矣. 上曰 此未免於割肉充腹也. 寅明曰 取直而給民輩 鑄錢時用之好矣. 上曰 堂堂之國 豈待民之錚鼓而用之乎 置之可也" 참조.

한다"고 대답한 것으로 《承政院日記》에는 기록되어 있다. 또한 《英祖實錄》에는 두레와 농악에 대해 이 때의 일을 다음과 같이 기록하였다.

임금이 대신과 비국 당상 및 호남 어사 남태량을 인견하였다. 남태량이 전 부안 현감 안복준이 탐오(貪汚)하고 불법으로 공공기물[屬公]인 꽹과리와 징[錚鉦]을 가져다 부수어 편철(片鐵)을 만들어 사사롭게 소득으로 했음을 논핵하니, 임금이 놀라서 잡아다가 죄를 묻도록 명하였다.

남태량이 이어 말하기를, "전 어사 元景夏가 속공(屬公)한 꽹과리·징·북 및 기치(旗幟)는 마땅히 백성들에게 돌려주어야 합니다" 하였다.

임금이 묻기를, "농사짓는 사람들이 징을 어디에 쓰는가?" 하자, 우의정 宋寅明이 아뢰기를, "밭이나 논에서 일을 하다가 피로해져 더러 게을리하며 힘써 일하지 않는 자가 있으면, 쇠북[金鼓]을 두드려 기운을 북돋게 하는 것입니다. 그러나 민간에서 무기를 감추어 두어 뜻밖의 근심이 있을까 두려워한 때문입니다. 이제 이미 속공하였는데, 돌려주는 것 또한 전도(顚倒)된 일이니, 마땅히 값을 정하여 진제(賑濟)하는 물자에 보충하거나 아니면 돈을 주조하는 데 쓰게 하는 것이 마땅합니다" 하였다.

임금이 이르기를, "그렇지 않다. 진실로 도적이 된다면 호미를 창으로 삼아 모두 팔뚝을 걷어붙이고 일어날 수 있을 것이다. 진승(陳勝)과 오광(吳廣)이 어찌 일찍이 무기가 있었던가? 당당한 국가에서 어찌 민간의 물건을 자료로 하여 주전(鑄錢)에 보충할 것인가?" 하였다.[18]

즉 두레와 농악에 대해 "들에서 모든 사람들이 함께 일할 때 혹 게

---

18) 《英祖實錄》 卷47, 英祖 14年 11月 乙丑條, "上 引見大臣備堂及湖南御史南泰良. 泰良論劾 前扶安縣監安復駿貪饕不法 至取屬公之錚鉦 碎作片鐵 歸私素. 上 駭之 命逮 問泰良 仍言前御史元景夏所屬公錚鉦鼓旗幟 宜還給民間. 上問曰 農人之用 錚鉦何也. 右議政宋寅明曰 田野之間 勞於擧趾 或有懶不力作者 則擊金鼓以振其 氣 然民間藏戒器 恐有意外之慮 故爾今旣屬官 還給亦顚倒 宜折直補賑資 不則宜 用鑄錢也. 上曰 不然 苟然盜也 鋤櫌棘矜 皆可舊臂 陳勝吳廣 何嘗有兵 堂堂國家 豈資民間之物 而補貨泉乎" 참조.

을러서 힘써 일하지 않는 자가 있으면 이 쇠북[金鼓]을 두드리어 사기를 진작시키는 것이다"라고 대답한 것으로 기록되어 있다. 국왕이 두레의 농기가 군대에서 사용하는 깃발과 같은 것인가고 묻자, 호남 암행어사는 농기와 농악기가 군대용으로서는 무용지물이라고 응답하고, 이것(두레와 농악)은 이미 '百年民俗'이므로 또한 금지하기가 어렵다고 대답하고 있는 것이다.

우리는 이 단편적인 기록에서도 호남 일대에서는 '모두' 두레의 공동노동이 성행했으며, '농악'이 두레에서 나온 것이고, 이 두레와 농악이 이미 오래 된 '백년민속'이라는 사실을 거듭 확인할 수 있다. 여기서 '백년민속'이라 함은 백년 된 민속이라기보다 '오래된 민속'이라는 뜻으로 이해하는 것이 정확할 것이다. 또한 우리는 이 기록에서 조선왕조의 지배층이 두레와 농악에 대해여 전혀 호의가 없었고 도리어 약간 적대적이었음을 알 수 있다. 그러나 조선왕조 후기에는 충청도·전라도·경상도·경기도·강원도·황해도 지방에서도 두레가 성행하여 농촌사회의 가장 중요한 작업공동체로서 실재하였다. 이 때문에 實學者들 중에는 '두레공동체'를 자기의 개혁사상에 포용하는 경우도 나타나고 있다. 茶山 丁若鏞이 그의 閭田制 토지개혁론에서 촌락민의 공동노동과 공동경작에 의거한 협동 농업생산체제를 구상한 것은 당시의 두레의 실재와 성행에 사회적 기초를 둔 것이었다.[19]

조선왕조 말기에 충청도 지방에서도 두레가 성행했다는 사실은 金允植의 일기에도 기록되어 있다. 김윤식은 1891년에 두레와 農旗와 農樂[풍물]에 대하여 다음과 같이 기록하였다.

　立春節이다. 이른 아침에 창 밖에서 징과 북이 어지러이 울리는 것을 듣고 창을 열고 보니 마을 백성들이 農鼓를 하고 있었다. 용을 그린 旗가 한 폭 있었는데 장대의 길이가 3장이었고 푸른색의 令旗가 한 쌍이었으

---

19) 愼鏞廈, 〈茶山丁若鏞의 閭田制 土地改革思想〉, 《奎章閣》 제7집, 1983 참조.

며, 징·북·장고 등이 섞이어 나가면서 요란하게 귀를 울렸다. 또 新村에
한 (두레)패가 있는데 旗와 服裝의 색깔이 더욱 아름답고 좋았다. 이 本
村 마을이 먼저 旗와 북을 세웠으므로, 이를 先生旗라 부르고 新村의 旗
가 두 번 절을 하면 本村의 旗는 한 번 절하여 답하였다. 다음에는 두 마
을의 대열이 합하여 마을을 돌면서 樂器를 두드린 다음에 파하였다. 이
풍속은 마을마다 있는데 이름하여 두레(豆來)라 한다.[20]

또한 金允植은 충청도 지방의 호미씻이(두레宴)의 관습에 대하여
역시 1891년의 일기에서 다음과 같이 기록하였다.

농가가 7월에 김매는 일을 이미 끝내면 술과 음식을 차려 서로 老苦를
위로하며 북을 두드리고 징을 울려 서로 오락을 즐기는 데 이를 두레연
(頭來宴)이라고 한다. 잔치가 끝나면 農旗와 북을 갈무리하여 다음해를
기다린다. 오늘 本村은 두레연을 벌이고 술과 떡과 고기로 잘 먹었다.[21]

김윤식의 위의 일기는 두레의 풍속이 마을마다 있었으며, 두레에
는 농기와 농악이 필수의 것이었음을 잘 전해주고 있다. 또한 이 기
록은 농악의 모습을 알려 주고 있으며, 농악에서는 농기와 함께 令旗
가 쓰이고 두레의 조직의 先後에 따라 농기에도 先生旗와 弟子旗가
있음을 알려 주고 있다. 또한 김윤식의 일기는 7월에 두레의 김매는
공동작업이 모두 끝나면 '호미씻이(두레宴)'를 성대하게 벌이어 두레
의 공동노동의 노고를 위로하는 오락을 즐긴 다음 다음해를 위하여

---

20) 金允植,《沔陽行遣日記》, 高宗 28年(1891), 7月 初4日條,《續陰晴史》(國史編纂
委員會版) 上卷, p.178, "立秋節 早聞鉦鼓亂鳴於窓外 推窓視之 乃村民農鼓也. 建
龍畫旗一面 杆長三丈 靑令旗一雙 鉦·鼓·杖鼓等屬雜進聒耳. 又有新村一牌 旗服
色鮮好 以此村先建旗鼓 謂之 先生旗 新村旗二偃 本村旗一偃以答之 兩村合囷 繞
場鼓擊而罷. 此俗村村有之 名頭來."
21) 金允植,《沔陽行遣日記》, 高宗 28年(1891), 7月 27日條,《續陰晴史》上卷, p.180,
"農家七月 耘事旣畢 設酒食相勞苦 擊鼓鳴鉦 以相娛樂 謂之豆來宴. 宴罷藏旗與
鼓 以待嗣歲. 今日本村設豆來宴 以酒餠及肉來饋."

농기와 농악기를 갈무리한다는 사실을 잘 설명해 주고 있다.

조선왕조 말기에 경기도·충청도·강원도 일대를 선별적으로 조사한 보고서도 두레의 성행에 대하여 다음과 같이 보고하고 있다.

한국농법 중 우리를 놀라게 하는 것이 있다면 牛耕과 共同勞動이라고 해야 할 것이다. 공동노동은 한국 현하의 농법상으로는 필요한 노동조직으로서 작업중 揷秧과 除草 등에 가장 많이 행해진다. 특히 논에 호미를 찍어 하는 제초에 음악을 연주하고 창가를 불러서 흥취를 첨가하는 것을 목격한다. 農者天下之大本 또는 神農遺業의 문자가 있는 農旗를 세우고 그 부근에서 일에 들어간다. 여름날 논의 제초기에 시골을 돌아다니면 쟁쟁하는 징소리를 듣게 되는 것은 농민들이 농기를 용감하게 펼치고 그 밑에서 휴식시에 농악을 연주하는 것이다. 그들은 이에 의하여 쾌감을 얻고 원기를 지어 일으킨다. 특히 아침부터 열심히 일에 종사하여 심신이 피로를 느껴서 행동에 느림이 오려고 하는 저녁 무렵에는 일부의 除草手는 호미 대신에 악기를 들고 제초수의 뒤에 서서 活躍壯快한 농악을 연주하기 시작한다. 이에 제초수는 심기가 轉晴하여 곧 게으른 기운을 없애고 피로를 잊고 호미의 찍음을 자기도 모르게 깊이 하는 것은 곧 자연스러운 세라고 할 것이다.[22]

이 보고서는 그들이 조사한 강원도의 淸間·襄陽·伊川·安峽 지방에 두레가 성행함을 보고하고 있다. 또한 이 보고서는 그들이 조사한 경기도의 蓮川·長湍·開城·陽川·水原·振威·南陽 지방에도 두레가 성행함을 보고하고 있다. 또한 이 보고서는 그들이 조사한 충청도의 泰安·海美·結城·大興·靑陽·舒川 지방에도 두레가 성행함을 보고하고 있다.[23]

조선왕조 말기에 전라도 일대를 선별적으로 조사한 같은 보고서도 조사 지역에 모두 두레가 성행하고 있음을 보고하고 있다.

---

22) 《韓國土地農産調査報告》 경기도·충청도·강원도편, 1906, pp.425~426.
23) 위의 책, pp.426~428 참조.

이식·제초·수확 등 농번의 기절에는 근린 혹은 한 마을이 공동으로 상
호원조하는 것이 많다. ……

전라북도 臨坡 지방 : 촌내의 사업은 공동에 의한 것이 많고 노동과 같
은 것도 이식·수확 등 모두 상호부조하여 행하는 것이 습관이다.

전라북도 全州 지방 : 모심기(田植)·제초 등은 촌락에 의하여 30인 내
지 50인이 相集하여 공동으로 노동하는 일이 있다. 단 수확의 때에
는 각 호별로 이를 행하는 것이 관습이다.

전라남도 光州군 馬谷면 지방 : 水稻의 이식·수확·관개수의 설비 등은
촌내 공동으로써 이를 행한다.

전라남도 羅州 지방 : 마을에 의해서 모심기(田植) 등을 공동으로 한
다. 그밖에 농가 중에서 어떤 사정으로 경작을 끝낼 수 없는 것이 있
을 때에는 근린이 相寄하여 이를 돕는다.

전라남도 珍島 : 이식·수확의 양 기에는 공동으로 노동하는 일이 많다.
모심기(田植)를 할 때에는 鍾鼓를 울리고 俗曲을 노래하며 그 곡조
에 맞추어 모심기를 하는 것이 습관이다.[24]

이 보고서는 그들이 선별적으로 조사한 경상도 지방에서도 두레
가 성행함을 보고하고 있다.

경상남도 金海군 七山 花木里 지방 : 벼의 이식 및 수확 등은 왕왕 근
린이 공동으로써 이를 행하는 것이다.

경상북도 仁同군 倭館 지방 : 이식·수확과 같이 농번의 기절에는 근린
이 상담하여 순차로 교대해서 공동노동을 하는 것이 많다.

경상북도 안동 지방 : 모심기[田植]의 때에는 공동으로 이를 행한다.

이와 같이 繁忙의 때에는 공동노동을 행하는 것이 매우 많다.[25] 이
상과 같은 단편적인 자료들에서도 우리는 조선왕조 말기까지에는

---

24) 《韓國土地農産調査報告》 경상도·전라도편, 1906, pp.369~370.
25) 위의 책, p.370.

중부 이남의 답작지대에서 두레는 어디서나 볼 수 있는 농촌사회의
보편적이고 지배적인 작업공동체였음을 확인할 수 있다.

3. 두레의 공동체적 특성

한국 전통사회의 두레는 개인적 가족적 利害를 계산하기에 선행
해서 마을의 전체 사회적 집단적 이익을 추구하여 조직적으로 그리
고 감정적으로 의무처럼 공고히 결합한 본질적으로 공동체(Gemein-
schaft)였다. 이것은 한국의 전통적 농촌사회에서 두레와 함께 병존
했던 '품앗이'와 여러 가지 종류의 '契'가 특정의 개인적 가족적 이해
를 우선적으로 계산하여 반대급부를 교환하려고 임의적으로 조직한
본질적으로 결사체(Gesellschaft)였던 특성과는 대비되는 것이라고
할 수 있다. 사회학적 관점에서 두레의 공동체적 특성을 몇 가지 들
면 다음과 같다.

1) 두레에의 가입이 마을 성년 남자의 공동체적 의무로 되어 있었
다. 두레는 마을(행정단위가 아닌 자연촌락) 단위로 조직되었는 데,
한 마을의 16세 이상 55세 이하의 모든 성인 청장년 남자는 의무적
으로 두레에 가입하여 '두레꾼·두레패'가 되었다.[26] 한 농민가족에게
1인의 성인 남자가 있거나 또는 3~5인의 성인 남자가 있거나, 가족
별 노동력의 차별 없이 모든 성인 남자는 모두 의무적으로 두레에
가입하였다. 여기에 마을 단위의 두레의 공동체적 특성과 공동체적
구속력이 존재하였다.

만일 정상적인 성인 노동력을 소유한 마을의 성인 남자가 두레에

---

26) 두레공동체의 성원을 16~55세로 한 것은 한국 전통사회에서 16세부터를 '成
   年'으로 간주하여 冠禮를 행하고 56세부터 老人·長老로 대우하던 관습과 관
   행에 의거한 것으로 보인다.

가입을 거부하거나 어떤 농민가족이 그 가족의 모든 성인 남자를 두레에 가입시키지 않으려 할 때에는 마을 성원들의 제재를 받았다.[27] 즉 두레에 가입은 한 마을의 모든 성인 남자들의 차별 없는 전체적 공동체적 의무였다.

2) 두레로부터의 탈퇴도 마을공동체의 규제를 받았다. 두레에서 탈퇴는 마을 사람들과 두레공동체에 의하여 승인되는 특수한 유고의 경우가 아니면 자의적 탈퇴는 불가능하였다. 여기에도 두레의 공동체적 특성과 공동체적 구속력이 존재하였다.

3) 두레의 역원을 포함한 조직 내의 철저한 공동체적 민주주의가 지배하였다. 두레는 조직의 관리를 위하여 ① 두레의 대표이며 총책임자(領座, 座上, 行首, 領首, 班首, 座長 등 여러 가지 명칭이 있었음), ② 대표를 보좌하는 역원(都監, 執事, 公員, 少任의 명칭), ③ 작업장에서의 작업진행 책임자(首總角, 總角大方의 명칭), ④ 작업진행 책임자를 보좌하는 역원(調査總角·靑首·진서꾼 등의 명칭), ⑤ 회계와 서기의 일을 맡은 역원(有司 등의 명칭), ⑥ 가축 방목을 감시하는 역원(放牧監 등의 명칭) 등의 체계적인 역원 조직이 있었는데, 이러한 두레의 역원들은 두레 구성원의 전체회의에서 구두 의결에 의하여 매우 민주주의적으로 선출되었다.

또한 선출된 역원과 일반 두레꾼과의 관계도 평등한 민주주의적 관계였다. 역원은 오직 기능적으로 위임된 직무와 역할을 수행하는 것뿐이었다. 영좌를 포함한 모든 역원들은 다른 일반 두레꾼들과 마찬가지로 두레의 공동노동에 참가하면서 자기가 맡은 역할을 수행했으며, 영좌까지도 독재와 독단은 전혀 할 수 없었고, 두레를 지극히 민주주의적으로 관리하고 운영하였다. 두레에서는 철저하게 조직

---

27) 두레에의 義務的 가입을 거부하는 경우나 무단 탈퇴를 자행하는 경우에 가해지는 마을 사람들의 제재는 마을 성원들의 杜門·絶交·笞刑·마을로부터의 追放 등이었다.

내의 민주주의와 '농민 민주주의'가 지배하고 관철되었다고 말할 수 있다.[28]

4) 두레의 작업은 수총각(총각대방)의 현장 지휘에 따라 매우 규율 있고 능률적인 공동노동으로 전개되었다. 두레에서는 아무리 작은 일도 공동노동으로 하였다. 두레 공동노동의 작업 속도는 개별노동의 경우보다 언제나 훨씬 더 빠른 속도로 돌격전과 같이 규율 있게 공동보조를 맞추면서 진행되었다. ① 매우 빠른 속도 ② 규율 ③ 공동보조는 두레의 공동노동에서만 볼 수 있는 3대 특징이었다. 이 때문에 두레 공동노동의 성과는 개별노동 성과의 합계보다 언제나 훨씬 컸으며, 따라서 노동능률과 노동생산성이 높았다.[29]

5) 두레가 작업을 하는 농경지는 그 마을의 '전체 농지'였다. 두레는 마을 성원들이 경작하는 전체 농지를 모두 자기 마을 1개의 경영지로 간주했으며, 여기에 두레의 공동체적 성격이 강하게 나타나고 있었다. 마을의 공유지가 두레 공동작업의 대상이 됨은 두말할 필요도 없고, 그밖의 마을 성원들이 경작하고 있는 사유농경지도 모두 차별없이 두레의 1개의 경영지였다. 오직 지주의 경작지에 대해서만 공동노동은 차별 없이 투입하되 그 보수(반대급부)를 농민경작지와 차별해서 정확히 받아내었다.

6) 두레는 마을의 과부, 병약자 등 노동력 결핍자의 농경지에 대하여 차별 없이 공동노동을 제공해 주고 보수를 받지 않아 불우한 처

---

28) 두레공동체 내의 철저한 農民的 民主主義의 지배와 規範의 준수와는 밀착되어 있었다. 두레에 공동체적 민주주의와 평등주의가 관철되었기 때문에 두레성원들과 마을성원들은 두레와 마을의 규범을 더 잘 준수하였다고 볼 수 있다.

29) 송석하, 〈만두레〉, 《韓國民俗考》(1960), p.31. "그것은 共同作業인 까닭에 一定한 時間에 대한 노동량이 증가하는 소치이다" 및 鈴木榮太郎, 〈朝鮮農村社會踏査記〉, 《朝鮮農村社會の硏究》(1973), p.253 참조. 이에 의하면 家族別로 개별노동을 하는 경우에 3일 걸리는 작업을 두레의 共同勞動으로는 2일이면 완수하는 정도의 노동능률을 높였다.

지에 있는 마을의 성원들에게 공동부조를 하였다. 두레는 마을 안의 과부의 농지에 대해서는 두레꾼을 낼 수 없었음에도 불구하고 무상으로 공동노동을 해주었으며, 특히 병자의 농경지에 대해서는 이를 철저히 원조하여 무상으로 공동노동을 해주었다. 이것은 두레의 공동체적 특성을 잘 나타내 준 것이라고 할 수 있다.

따라서 두레공동체로부터 가장 큰 혜택을 받은 마을의 성원은 과부와 병약자의 농민이었다. 과부와 병약자에 대한 두레의 공동노동의 무상제공은 마을 안의 불우한 처지에 빠져 있는 성원과 노동력 결핍자에 대한 매우 따뜻하고 실질적인 공동부조의 공동체적 특성을 가진 것이었다고 볼 수 있다.[30]

7) 두레는 두레꾼을 낸 마을 성원들의 농경지에 대해서는 상호부조의 성격을 가진 공동노동을 제공하였다. 이 경우에도 한 농민가족이 몇 명의 두레꾼을 내었는지 계산하지 않고, 차별 없이 상호부조를 한 곳에 두레의 공동체적 특성이 잘 나타났다. 두레꾼들은 자기 가족이 낸 노동력의 많고 적음을 따져 계산하지 않고 다른 동료 농민들과 철저하게 헌신적으로 상부상조하였다.

8) 두레의 공동노동에서는 다른 곳에서 볼 수 없는 농업노동에 대한 주체적 자부심과 공동체적 평등주의가 지배하였다. 농촌사회 내의 농업 노동에서도 임금노동의 경우 피고용된 농업노동자나 농민은 고용자의 일정한 지배와 지시를 받았으며, 심지어 '품앗이'의 경우에도 교대가 되기는 하지만 작업에는 품앗이 주인의 지시를 받는 수동적 노동을 하지 않을 수 없는 것이었다. 그러나 두레의 공동노

---

30) 水田農業에서는 비가 와서 물을 댄 移秧期와 제초기의 짧은 기간에 失期하지 않는 것이 농업생산에 결정적 중요성을 가졌으므로, 노동력이 결핍한 과부와 병약자의 농민가족에 대해서는 두레 공동노동의 共同扶助는 그들의 農民家計를 파탄에서 구조해 주는 것과 다름없는 사회보장의 원조였다. 또한 이것은 마을 전체의 농업생산의 보장을 동시에 담보하는 것이기도 하였다.

동에서는 모든 두레꾼들은 그들 자신이 주인이며, 누구의 지배도 받지 않고 철저하게 공동체적 평등주의와 행동관계 속에서 자기 노동에 대한 높은 자부심을 가지고 주체적이고 적극적인 노동을 할 수 있었다. 이것은 두레공동체의 공동노동만이 가졌던 커다란 노동공동체적 특성이었다고 할 수 있다.

9) 두레는 식사를 공동으로 하였다. 두레의 '공동식사'는 두레의 커다란 공동체적 특성이었다. 두레의 공동식사는 하루에 보통 5회 있었다.[31] 즉 아침, 곁들이, 점심, 곁들이, 저녁의 공동식사가 그것이었다. 두레의 공동노동은 보통 해뜰 무렵에 시작하여, 약 한 시간 정도 작업을 한 다음 '아침'의 공동식사를 하였다. 다음에는 오전의 작업이 시작되어 약 두세 시간 작업을 한 후에 오전의 새참인 곁들이가 나왔다. 곁들이는 보통 막걸리나 간단한 식사였다. 다시 작업을 계속하여 정오가 되면 점심의 공동식사가 나왔는데, 이것은 특히 성대하여, '두레반'이라는 성찬을 나타내는 용어가 있는 바와 같이, 반드시 어육이 붙은 뜨거운 식사와 술이 준비되어서 두레꾼들은 즐거운 식사를 충분히 하였다. 점심식사 후 두세 시간이 되면 다시 곁들이가 나왔고, 해지기 한 시간 쯤 전에는 다시 성대한 공동식사인 '저녁'이 나왔다.

두레의 공동식사는 농민의 말을 빌면 '한 솥의 밥을 먹는 것'으로서 이것은 한 가족과 같이 두레꾼들의 공동체적 연대관념과 공동노동의 결속을 더욱 강화하는 작용을 하였다. 또한 두레에 참가한 가난한 농민이나 머슴들에게 두레의 공동식사는 성찬을 갖는 기회도 되었다. 두레꾼들은 공동식사에서 한 덩어리가 되어 기쁨과 즐거움 속에서 공동체의식과 단결을 더욱 강화하였다. 두레의 공동식사는 마을의 부녀들이 조를 만들어서 또는 농가별로 일정의 윤번을 정하

---

31) 朝鮮總督府,《朝鮮の聚落》中篇(1933), p.175 참조.

여 돌아가면서 정성껏 준비하였다.[32]

10) 두레는 휴식도 공동으로 하였다. 규율 있는 공동휴식도 두레의 한 특징이었다. 두레꾼들의 공동휴식은 보통 공동식사 후에 이어서 있었는데, 이 때문에 농민들은 공동휴식이 붙은 공동식사를 합하여 '참'이라고 불렀다. 두레의 공동휴식은 규율이 있는 것이어서, 혼자 빨리 식사를 끝냈다고 해서 다른 두레꾼들의 식사 중에 담배를 피우거나 다른 곳에 눕거나하여 개별적으로 먼저 휴식에 들어갈 수 없었다.[33] 두레의 공동휴식도 그외 공동체적 특성을 나타내는 것의 하나라고 말할 수 있을 것이다.

11) 두레는 오락도 공동으로 하였다. 두레가 공동노동을 고통스러운 노동으로부터 즐거운 노동으로 전화시키기 위하여 발명해서 도입하여 노동과 결합시킨 각종의 오락과 예술은 두레꾼들이 모두 공동으로 참여하고 출연하는 공동오락과 공동예술이었다. 공동성과 집단성은 두레의 오락과 예술의 큰 특징의 하나였다. 예컨대 두레의 농악과 춤은 모든 두레꾼들이 참여하여 연출하는 공동오락, 공동음악, 공동무용이었으며 집단오락, 집단음악, 집단무용이었다. 앞소리의 선창에 따라 부르는 노래까지도 기본적으로 모두 합창이었다.

두레는 고통스러운 노동을 '즐거운 노동'으로 전화시켜 즐거움 속에서 노동능률과 노동생산성을 높이려고 공동오락을 풍부하고 충분하게 공동노동과 결합시켰다. 두레의 하루의 총 작업시간은 약 12시간이었는데, 그 중에서 실제의 공동노동 시간은 약 8시간이었고 나머지 4시간이 공동식사, 공동휴식, 공동오락 시간이었다는 사실은 두레가 얼마나 공동오락을 중시하고 그것을 공동노동에 충분히 결합시켰는가를 단적으로 나타내는 하나의 징표라고 할 수 있다. 두레의

---

32) 印貞植, 《朝鮮農村襍記》(1943), pp.11~12 참조.
33) 姜鋌澤, 〈朝鮮に於ける共同勞動の組織とその變遷〉, 《農業經濟硏究》 17卷 第4 號(1941) 참조.

공동오락도 두레공동체적 특성의 하나를 이룬 것이었다고 말할 수 있을 것이다.

12) 두레는 그 수입금을 두레의 성원 사이에 분배하지 않고 두레의 공동비용을 충당하는 데 공동으로 사용하였다. 두레의 수입으로는 먼저 '호미씻이'의 비용을 지불했으며, 나머지는 농악기의 구입이나 수선 등 두레의 공동경비에 충당하였다. 그래도 두레의 수입에 잔고가 있는 경우에는 이를 두레 구성원 사이에 분배하지 않고 마을의 동계(洞契)나 호포계(戶布契)에 편입하여 마을의 공동경비에 사용케 하였다.[34] 두레가 그 수입을 그 해의 잔고까지도 두레 성원들에게 분배하지 않고 모두 공동체의 공동비용에 사용한 곳에 두레의 강력한 공동체적 특성의 하나가 존재하였다.[35]

13) 두레의 성원들 사이에는 마을의 성원들과 두레의 성원들이 모두 하나로 묶인 '우리'라는 '우리 감정(we-feeling)'이 형성되어 있었으며, 그들이 모두 하나로 융합된 공동체라는 심성과 의지와 감정이 형성되어 있었다. 이것은 두레의 성원들이 강한 공동체의식을 갖고 있었음을 나타내는 것이라고 할 수 있다.

14) 두레의 성원들 사이에는 매우 친밀하고 친숙한 전인적 관계와 이해에 기초하여 '형제애'가 지배하였다. 이러한 형제애는 두레 또는 마을 성원 가운데 불행한 일이 발생하는 경우에 슬픔과 고통을 함께 나누며 물질과 노동에서 뿐만 아니라 정신적으로도 상부상조하는 문화유형을 형성하였다. 두레의 형제애는 두레의 공동체적 특성의 하나라고 할 수 있다.

이상과 같은 공동체적 특성을 가진 두레는 ① 협동생활 훈련의 기

---

34) 張基昌,〈農社に就て〉,《朝鮮彙報》1917年 8月號 참조.
35) 이것은 조선왕조 말기까지의 원래의 두레에 대한 설명이다. 일제강점기에 들어와 변질된 두레에서는 두레의 수입의 잉여금은 두레의 성원 사이에 분배되는 일이 많았다.

능 ② 노동쾌락화의 기능 ③ 노동능률 제고의 기능 ④ 공동부조의 기능 ⑤ 공동오락의 기능 ⑥ 농민생활 활성화의 기능 ⑦ 공동규범의 기능 ⑧ 사회통합의 기능 ⑨ 공동체의식 함양의 기능 ⑩ 농민문화 창조의 기능 등의 사회적 기능을 수행하였다.[36]

이 가운데서도 여기서 주목하고자 하는 것은 두레 농민의 민족문화 창조의 기능이다. 두레는 한국 농촌사회에서 독특한 한국 농민의 민족문화를 창조하는 기능을 수행하였다. 두레는 농악을 탄생시켰으며, 여러 가지 농민적 놀이와 음악과 민요와 가사와 무용을 탄생시키고 민속을 만들어 내었다. 근대 이전의 한국에서는 농민이 민족성원의 대부분이었으므로, 이것은 동시에 한국의 독특한 민족문화의 핵심부분을 창조한 것이 되었다. 두레를 모태로 하여 창조된 한국의 농민문화와 민족문화는 노동과 생활에 직접적으로 결합된 생산적이고 견실한 내용을 가진 것이 큰 특징이었다. 이 논문에서는 이러한 두레가 창조한 농민층의 민족문화 중에서 대표적인 것으로 볼 수 있는 10개 문화 항목을 찾아 고찰하기로 한다.

4. 農旗와 농기싸움

각 마을의 두레공동체는 그 두레의 상징으로서 '農旗'를 만들었다. 이것은 '두레기'라고도 불렸다. 보통 흰 천에 '農者天下之大本'이라고 쓴 세로로 된 대형 깃발이었다. 때때로 神農遺業이라고 쓴 가로로 된 깃폭에 깃섶을 댄 깃발을 사용하기도 했으나 이것은 드문 일이었다.[37] 대부분이 최고급 품질의 천으로 '농자천하지대본'의 글자를 쓴 세로로 된 농기(두레기)를 만들어 사용하였다. 농기의 천의 바탕에는

---

36) 신용하, 앞의 논문 참조.
37) 《韓國土地農産調査報告》(1906), 京畿道·忠淸道·江原道 篇, p.427 참조.

꿈틀거리며 승천하는 큰 용을 그려넣기도 했으며, 깃폭의 가장자리
에는 깃설을 대어붙이기도 하였다. 이 때문에 농기를 '龍纛旗'라고도
하였다. 깃대로는 대체로 매우 큰 왕대나무가 사용되었다. 농기 깃대
의 꼭지머리에는 '꿩장목'이라고 부르는 꿩의 꼬리깃털을 모아 만든
아름답고 화려한 다발(봉)을 만들어 달고 그 밑 양편에 용머리를 새
겨 단청한 나무를 대었다.

두레에는 농기 외에도 깃발로 令旗가 있었다. 그러나 이것은 두레
의 상징이 아니고, 상징인 농기·두레기를 호위하는 깃발이며 작업장
에서의 지휘나 농악대와 진법놀이에서의 지휘기·신호기로 사용된
깃발이었다. 영기는 가로가 약간 길고 세로가 약간 짧은 장방형의
깃발로서, 보통 붉은색과 푸른색의 2개를 만들고 기폭에 슈자를 썼
으며, 기폭의 둘레에는 깃설을 달았다. 깃대는 역시 대나무를 썼으
며, 깃대의 끝에는 놋쇠나 철로 만든 一枝槍이나 三枝槍을 달았다.

농기는 두레의 상징으로서 농민들의 자부심 및 긍지와 단결을 나
타내는 표상이었다. 비유하면 그것은 군대의 군기와 같은 성격의 것
이었다. 그러므로 농민들은 농기를 매우 신성시하였다. 농기를 세워
두면 농민들은 물론이고 어떠한 고귀한 신분의 양반이라도 말을 타
고 그 앞을 지나가지 못했으며, 반드시 말에서 내려 농기에 경의를
표하고 걸어가야 했다. 만일 양반이 이것을 위반하면 그 두레의 처
벌을 받는 것이 관습이었다.[38] 누구든지 농기에 대한 경시나 멸시는
바로 그 두레에 대한 경시나 멸시로 간주되어 두레꾼들의 격렬한 공
격과 투쟁의 대상이 되었다.

농기는 두레꾼들이 이른 새벽 농악 소리의 신호에 따라 농청에 집
합하여 대오를 지어서 작업장에 나갈 때 그 두레의 상징으로서 맨
앞에서 기수가 된 首總角에게 들리어 두레를 인도하였다.[39] 농기 다

---

38) 張基昌, 앞의 논문 참조.

음에는 농기를 호위하는 두 개의 영기가 뒤따르고, 그뒤에 농악대가
뒤따랐다. 두레가 작업장에 도착하면 두레꾼들은 농기와 영기를 논
두둑이나 근처의 공지에 높이 세워놓고 작업에 들어갔다. 마을로부
터 작업장이 가까운 경우에는 두레의 역원이 미리 작업장에 나가 농
기를 논두둑에 꽂아 세워놓고 농악이나 집합 날라리를 울렸으며, 두
레꾼들은 이 농악소리나 날라리 소리를 듣고 농기를 목표로 집합해
서 영좌의 통솔 하에 작업에 들어갔다. 두레꾼들이 작업을 마치고
농청으로 돌아올 때에도 일터에 나갈 때와 마찬가지로 농기를 앞세
우고 돌아왔다.

두레꾼들이 휴식할 때 농악이나 호미씻이에서도 '농자천하지대본'
의 농기는 그 중심에 세워졌다. 특히 호미씻이에서와 같이 농악이
잔치로써 펼쳐질 때에는 기수인 수총각이 가죽으로 만든 커다란 '농
기혁대'를 허리에 두르고 그 위에 농기를 받쳐 곡예사처럼 균형을 잡
으면서 춤을 추면, 농기와 농기의 끝에 붙인 꿩장목의 긴 깃털이 함
께 춤을 추면서 꿩장목에 매단 방울이 크게 울렸으며, 두레꾼들은 농
기를 둘러싸고 환호를 하며 농악을 울리면서 圓舞를 추었다.

마을들이 관청에 의하여 賦役이 주어져서 출역할 때에도 각 마을
은 두레꾼들이 이를 담당하여 농기를 앞세우고 작업장에 나가서 농
기를 세워 자기 마을 두레를 표시하고 부역의 작업을 하였다. 그밖
에도농기는 두레의 모든 활동에서 그 상징의 역할을 하였다.

또한 각 마을의 두레의 위신에 따라 농기에도 위신의 차이가 있었
다. 여러 마을의 두레들 사이에는 ① 그 두레의 역사의 깊이 ② 줄다
리기, 횃싸움, 석전 등 경기에서의 승패 ③ '두레싸움'에서의 승패 ④
부역에서의 공훈과 표창의 차이에 따라 '선생두레' '제자두레', 또는

---

39) 農旗가 매우 큰 것인 경우에는 農廳의 마당에 세워 놓거나 田野의 빈터에 세
   워놓고 출역의 행진과 이동 때에는 令旗로 이를 대신하기도 하였다.

'형두레' '아우두레'의 권위와 위신의 차별이 있었다. 그에 따라 각 두
레의 농기의 권위와 위신에도 차별과 차이가 부여되었다. 놀이의 경
기 장소에서나 여러 마을의 두레들이 농기를 들고 집합할 때에는 권
위있는 농기에 대하여 다른 농기들은 농기를 숙여 경의를 표하는 예
를 해야 했으며, 들에서 두레들이 행진하는 도중에 농기들과 두레꾼
들이 서로 마주치는 경우에도 권위있는 농기에 대하여 다른 농기와
두레꾼들은 길을 양보하고 농기를 숙여 역시 경의를 표하는 예를 갖
추어야 했다.

만일 권위를 얻은 농기에 대하여 이 예를 갖추지 않으면 모욕과
멸시로 간주되어 두레들 사이에는 이른바 '두레싸움'이 격렬하게 벌
어졌다. 두레싸움의 대부분은 농기의 권위와 위신에 대한 의견 차이
때문에 발생했었다.

호남·호서·영남 지방에서는 농기의 위신을 결정하는 행사로 '농기
싸움'이라는 놀이가 만들어져서 행해졌다. 전라도 咸悅의 경우에 채
록된 것을 보면, 음력 정월 대보름날 각 마을의 두레꾼들은 농기를
앞세우고 농악을 울리면서 이웃 마을에 찾아가서 자기 두레의 농기
에 대한 세배를 요청하였다.

그러면 도전당한 마을에서도 先禮의 양보가 없이 두레꾼들이 농기
를 앞세우고 응전해 와서 서로 힘으로 상대방의 농기를 빼앗는 농기
싸움을 놀이로 벌이게 되는 것이다. 이때 패배자는 농기의 깃대를 꺾
이게 되고, 그 다음해의 농기싸움에서 다시 승패를 가를 때까지는 그
해 승패에 따라 농기의 위신의 서열이 지어지는 것이다.[40] 농기싸움
은 두레가 성행했던 지방에서 고을에 따라 널리 행해졌던 놀이였다.

---

40) 송석하, 〈咸悅의 旗爭〉, 앞의 책, p.33 참조.

5. 농악(풍물)의 창조

두레는 집단 노동음악으로서 농악(풍물)을 창조하였다. 두레공동
체에 의하여 공동노동을 하면서 고통스러운 노동을 즐거운 노동으
로 전환시키려고 노력하는 과정에서 자연스럽게 두레공동체로부터
농악이 발생하여 두레공동체의 불가분의 한 구성요소가 되었고 여
러 가지 형태로 발전하게 되었다.[41]

농악은 지방에 따라서 풍물, 풍장, 걸궁, 매굿, 매귀, 군물, 상두, 굿
거리 등 여러 가지 이름으로 불렸다. 한국 농민들이 두레의 한 구성
요소로서 농악을 창조, 발명하여 결합시킨 것은 기본적으로 두레의
공동노동을 즐겁게 하면서 동시에 노동능률을 높이기 위한 것이었
다. 두레의 노동은 집단적 공동노동이었기 때문에, 그에 적합하도록
농악도 집단적 노동음악으로서 창조되어 발전한 것이었다. 두레로부
터 농악이 창조되고 발생하여 두레의 공동노동에 준 영향으로 다음
의 몇 가지를 우선 들 수 있다.

첫째, 농악은 두레의 공동노동에 음악을 결합시켜 즐거움을 창출
함으로써 고통스러운 노동을 즐거운 노동으로 전화시키는 데 크게
기여하였다. 둘째, 농악은 두레의 공동노동에 리듬과 규칙적 속도를
줌으로써 노동을 율동화하여 노동능률을 높이는 데 크게 기여하였
다. 셋째, 농악은 두레의 공동노동과 휴식을 유기적으로 결합시킴으
로써 농민들의 피로를 회복하게 하고 노동력을 재창조하는 데 크게
기여하였다. 넷째, 농악은 두레의 공동노동에 전투적이며 장쾌한 음
악과 율동을 공급하고 공동노동에 즐거운 보람을 공급해 줌으로써
농민들의 사기를 진작시키고, 농업노동 종사에 대한 자부심과 긍지

---

41) 신용하, 앞의 논문 참조.

를 배양하는 데 크게 기여하였다. 다섯째, 농악은 두레의 공동노동에 오락과 단결을 공급함으로써 두레공동체의 지속과 재창조에 크게 기여하였다. 한 관찰자의 기록에 의하면 농민들이 두레를 좋아하는 이유에는 그에 부수하는 농악이 있기 때문이라고 할 정도로 농악은 두레의 공동노동에 중요한 것이었다.[42]

두레에서 발생한 농악은 각 지방별로 특색을 가지면서 크게 발전 하여 특히 경기 농악, 강원 농악, 충청 농악, 전라좌도 농악, 전라우 도 농악, 경상북도 농악, 경상남도 농악, 황해 농악이 각각 독특한 특 성을 갖고 있었다.[43] 뿐만 아니라 각 지방 농악 안에서도 고을에 따 라 그 내용과 형식이 조금씩 달랐다. 따라서 이를 포괄하여 설명하 는 것은 여기서 불가능하고, 이러한 모든 농악들 중에서 공통적 요소 를 추출하여 하나의 보편적 이념형을 만들어 보면 농악의 구성은 다 음과 같이 그 이념형을 정립할 수 있다.

우선 농악에서 사용되는 도구와 배역은 기본적으로 ① 농기 ② 영 기 ③ 꽹과리[쇠, 錚] ④ 징[鉦] ⑤ 장고(長鼓) ⑥ 큰북[大鼓] ⑦ 작은북 [小鼓], ⑧ 법고(法鼓) ⑨ 날나리(새납, 胡笛) 그리고 ⑩ 잡색(雜色) 등 이었다.

　① 농기 : 두레의 상징적 표상으로서 농악에서 상징으로 사용되었 다. 앞서 설명한 바와 같다.

　② 영기 : 농기를 호위하고 농악대와 진법놀이의 신호기로 사용하 는 깃발로서, 앞서 설명한 바와 같다.

　③ 상쇠 : 꽹과리 제1주자이며, 농악의 실질적 지휘자였다. 상쇠는 꽹과리 중에서도 소리가 강하고 우렁찬 '수꽹과리'를 사용하였 다. 대개 상모를 썼다. 상쇠는 그 농악의 지휘자이기 때문에 가

---

42) 송석하, 〈만두레〉, 앞의 책, p.31 참조.
43) 文化公報部文化財管理局, 《韓國民俗綜合調査報告書》 1～13집(1969～1982).

장 숙달된 연주자가 선임되었으며, 상쇠의 수준이 그 농악의 수
준을 결정했으므로 그 권위가 매우 높았다.

④ 부쇠 : 꽹과리 제2주자였다. 상쇠를 도와 합주하며, 꽹과리 중에
서도 소리가 연한 '암꽹과리'를 사용하였다. 상모를 썼다.

⑤ 삼쇠 : 꽹과리 제3주자였다. 꽹과리 종류는 부쇠와 동일하였다.
'쇠잡이'는 여기서 끝나지 않고 농악대의 크기에 따라 사쇠(꽹과
리 제4주자), 오쇠(꽹과리 제5주자)를 얼마든지 늘릴 수 있었다.

⑥ 수징 : 징의 제1주자였다. 상모를 쓰지 않고 고깔을 썼다. 농악
대 내에서 매우 중요한 위치로 간주되었다.

⑦ 부징 : 징의 제2주자였으며, 수징을 보좌하여 합주하였다. 고깔
을 썼다. '징잡이'는 여기서 끝나지 않고 농악대의 크기에 따라
삼징(징의 제3주자), 사징 등 얼마든지 늘릴 수 있었다.

⑧ 상장고(수장고) : 장고 제1주자였다. 고깔을 썼다. 장고에 능숙할
뿐 아니라 무용에도 능숙한 잡이가 선발되는 것이 보통이었다.

⑨ 부장고 : 장고 제2주자였다. 고깔을 썼다. 장고잡이는 여기서 끝
나지 않고 농악대의 크기에 따라 삼장고(장고 제3주자) 사장고
등 얼마든지 늘릴 수 있었다.

⑩ 큰북잡이 : 큰북의 제1주자였다. 고깔을 썼다. 농악대의 규모에
따라 큰북을 2개, 3개 등 얼마든지 늘릴 수 있었다.

⑪ 상소고 : 소고의 제1주자였다. 머리에 고깔을 쓰지 않고 상모를
썼다. 소고를 침과 동시에 무릎을 올리고 튀어오르는 듯 하면서
잡아도는 '소고춤'을 추었다.

⑫ 부소고 : 소고의 제2주자였다. 상소고와 함께 소고를 협주하였
다. 상모를 썼다. 모든 것이 상소고와 같았다.

⑬ 삼소고 : 소고의 제3주자였다. 상모를 썼다. 농악대의 규모에 따
라 '소고잡이'는 자유롭게 늘리며 큰 두레에서는 최고 8개까지다.

⑭ 상법고(상버꾸) : 법고의 제1주자였다. 법고는 소고보다 더 작은

북이었다.[44] 상모를 썼다. 농악에 따라서는 소고와 법고를 구별
하지 않고 소고와 법고를 통일하여 사용하기도 하였다. 법고를
침과 동시에 '법고잡이'들은 '법고춤'을 추었다.

⑮ 부법고 : 법고의 제2주자였다. 상모를 썼다. 모든 것이 상법고와
같았다.

⑯ 삼법고 : 법고의 제3주자였다. 모든 것이 부법고와 같았다. 농악
대의 규모에 따라 법고의 숫자는 자유로이 늘렸으며, 큰 두레에
서는 법고를 최고 8개까지 두었다. 맨 끝번의 '법고잡이'는 12발
의 긴 상모를 쓰고 돌리기도 하였다.

⑰ 날라리잡이 : 날라리(새납, 胡笛)의 연주자였다. 고깔을 썼다.

이상의 것이 두레의 '본농악'의 편성이었다. 두레의 크기에 따라
본농악 편성의 규모도 각종 악기의 '잡이'의 수를 늘리거나 줄임으로
써 변동하였다. 지방에 따라 농악의 구성에 편차가 있었지만, '본농
악'의 구성은 위와 같은 편성원리에 의거하여 기본적으로 동일하였
고, 단지 그 악기 '잡이'의 배열의 순서에 차이를 보이었다.

농악의 악기 중에서 꽹과리(쇠)·징·장고·큰북을 특히 '사물(四物)'
이라고 하여 이 4악기의 사물과 그 잡이들을 농악의 중심으로 삼았으
며, 농악을 칠 때 한 조를 만들어 '사물놀이'를 연출하기도 하였다.[45]

두레의 농악은 휴식 때나 호미씻이·두레놀이의 행사를 할 때에는
본농악에다 '잡색'을 첨가하여 더욱 흥취를 돋구고 내용을 더욱 풍부
히 하였다. 지방과 지역에 따라 그 내용에 다양한 차이를 보인 것은
바로 이 잡색의 내용이었다. 삼남지방에서 주로 사용했던 잡색의 주

---

44) 法鼓는 원래 佛教寺刹에서 사용하던 작은 북을 농악에 도입한 것으로 보인다.
지방에 따라서는 小鼓와 구분하지 않고 통합하여 '소고'로 부르거나 '법고(버꾸)'
로 부르기도 하였다.

45) 室內에서 연주하는 사물놀이는 원래 農樂의 野外에서 연주하는 사물놀이에서
변형되어 발전된 것이다.

요한 사례를 들어보면 다음과 같다.

⑱ 무동(舞童, 꽃나비) : 성인의 어깨위에 올라서서 춤추는 소년이
  었다. 무동은 보통 노랑 저고리에 붉은 치마와 남색 쾌자를 입
  고 여장을 하며, 손에 수건을 들고 고깔을 쓰며 여자춤(무동춤)
  을 추었다. 무동은 주로 2층 무동과 3층 무동을 많이 서고, 최고
  5층 무동까지 섰다. 무동의 숫자는 원칙적으로 소고나 법고의
  숫자에 맞추었는데, 소고나 법고를 6개 사용하는 경우에는 상무
  동, 부무동, 삼무동 등의 이름으로 6개 무동을 만들었으며, 최고
  8개 무동까지 두기도 하였다.[46]

⑲ 포수(대포수) : 사냥꾼으로 분장한 무용수였다. 짐승의 털모자를
  쓰고 나무로 만든 총과 꿩망태를 메어 박제한 꿩을 매달았다. 포
  수는 주로 무용을 담당했으나 때때로 재담과 덕담도 곁드렸다.

⑳ 중 : 승려로 분장한 무용수였다. 흰 장삼에 가사를 띠고 흰 고깔
  을 썼으며 등에 바랑을 지고 손에 염주를 들었다. 어른 중과 함
  께 애기중(사미중)을 분장해서 두기도 하였다.

㉑ 각시 : 여자로 분장한 남자 무용수였다. 흥취를 돋구기 위하여
  여러 가지 색의 치마 저고리를 입고, 머리에 수건을 쓰고 여자
  춤을 추었다. 각시는 보통 두세 명을 두었다.

㉒ 양반 : 양반으로 분장한 무용수였다. 도포를 입고 뿔관(정자관)
  을 썼으며, 수염을 달고 손에는 부채나 담뱃대를 들고 춤을 추
  었다. 농악에서는 양반은 왜소한 이방인으로 취급되었다.

㉓ 창부 : 무당 차림을 한 남자 광대로서 무용수인 동시에 소리꾼
  이었다. 패랭이를 쓰고 청창옷을 입었으며, 무당춤을 추거나 소
  리를 하였다.

---

46) 《韓國土地農産調査報告》, 京畿道·忠淸道·江原道 篇, pp.427~428 및 〈舞童寫
  眞〉, 《朝鮮의 鄕土娛樂》, 朝鮮總督府調査資料 47집(1941) 부록, p.12 참조.

㉔ 탈광대 : 탈을 쓴 무용수였다. 보통 할미광대와 영감광대가 많이 사용되었으나, 지방에 따라 여러 가지 특색 있는 탈들이 많이 쓰였다. 할미광대와 영감광대는 마주 보고 춤을 추면서 동시에 사람들을 웃기기 위한 여러 가지 재담을 하였다.

위의 두레의 농악대 편성 중에서 농악기를 치는 연주자를 '잡이(재비)'라고 불렀다. 잡이의 복장에는 일정한 양식이 있었다. 농악복의 원형은 병농일치제에 있어서의 군복에서 변형되어 나온 것으로 보이나, 보통은 번거로움으로 평상시의 저고리·조끼와 바지에 '띠'를 둘러 대신하였다. 농악의 띠는 5색을 사용했으나, 그 중에서도 주로 청색·홍색·황색의 세 가지를 애용하였다. 홍색과 청색의 띠는 '가름 띠'라고 하여 좌·우 어깨로부터 허리로 비껴 두르고, 황색의 띠는 '허리띠'라고 하여 그들을 받아넣어서 허리를 동여맸다. 오직 상쇠만은 좌·우 어깨에 황색 띠를 하나 더 비껴 둘러서 농악의 지휘자임을 표시하였다.

농악의 상모는 군모인 '벙거지'를 변형하여 꽃을 단 것으로서, 상모 위에 '돌대'를 붙이고 '초리'라는 막대기를 달아서 돌릴 수 있게 만든 것이었다. 상모는 원칙적으로 꽹과리를 치는 쇠잡이와, 소고를 치는 소고잡이와 법고를 치는 법고잡이가 썼으며, 그밖의 잡이들은 고깔을 썼다. 상모 중에서도 쇠잡이들은 원칙적으로 상모의 초리 끝에 새의 꼬리깃털로 만든 '부포'를 단 상모를 써서 돌리고, 소고잡이와 법고잡이들은 상모의 초리 끝에 부포 대신 백지를 붙여서 만든 길이 세 자 정도의 '부전지'를 단 상모를 써서 돌렸다. 그러므로 농악에서 종이 원을 그리는 돌리기의 재주는 소고잡이와 법고잡이의 재주였다. 맨 끝번의 법고잡이는 특히 상모돌리기에 재주가 있는 잡이를 선임하여 12발의 긴 부전지를 돌리게 하기도 하였다. 그밖의 징잡이·큰북잡이·장고잡이·날라리잡이가 쓰는 고깔은 꼭지와 전후좌우에 종이로 만든 여러 가지 화려한 색깔의 꽃을 붙여 장식하였다.

위에서 기술한 농악의 편성은 하나의 이념형을 만들어 본 것이고, 두레공동체의 규모에 따라 이보다 훨씬 큰 규모의 농악대가 조직되기도 하고, 그 구성이 변형되기도 하였다. 농악의 규모가 이와 같이 컸기 때문에 농악의 조직과 유지에는 상당한 비용이 필요했으며, 두레 공동노동의 수입이 뒷받침되지 않으면 유지하기가 어려웠다.

농악 가락의 장단은 한 가락에 들어가는 징의 채 수에 따라 숫자를 붙여서 표시했는데, 채수가 올라갈수록 박자와 속도가 빨라졌다. 조선왕조 말기 두레 농악의 상쇠들은 보통 12채까지도 쳤다고 한다. 두레 농민들이 즐겨 쳤던 농악 가락으로는 길군악, 만장단, 덩덕궁이, 다드래기, 굿거리, 중모리, 자진모리, 휘모리, 장풍단, 춤장단 등이 가장 널리 연주되었다. 농악은 두레공동체의 공동노동에 처음부터 결합하여 큰 역할을 하였다. 우선 이른 봄 모내기철이 되어 두레가 새 역원을 선출한 날 저녁에는 농청에 모여서 그해 두레의 출범을 자축하는 농악을 크게 열었다. 이때에는 '진서턱'으로 두레의 새 가입자가 낸 막걸리와 음식을 차려서 잔치를 벌이고 밤이 늦도록 농악을 울리며 농악에 맞추어 돌아가며 춤을 추었다.

모내기나 김매기 등 두레의 공동노동이 시작되어 작업장으로 출역하는 날에는 새벽에 농청이나 마을의 작은 수풀인 射場·射亭에서 농악대가 북이나 농악을 쳐서 집합을 알렸다. 두레꾼들은 이 신호에 따라 농청이나 사장에 집합하였다.

두레꾼들이 모두 집합하면 대오를 지어서 작업장에 나갈 때 또 농악을 쳤다. 두레 대오의 행진 맨 앞에는 수총각이 기수가 되어 농기를 앞세워 나가고, 농기 다음에는 이 농기를 호위하는 영기가 뒤따랐으며, 그 다음에 바로 농악이 뒤따랐다. 농악은 상쇠가 앞에 서서 지휘와 인도를 하고 보통 ① 쇠잡이 ② 징잡이 ③ 장고잡이 ④ 큰북잡이 ⑤ 소고잡이 ⑥ 법고잡이 ⑦ 날라리잡이의 순서로 일렬 종대를 지었다.[47] 그 다음에는 일반 두레꾼들이 호미를 들고 농악에 맞추어 흥

을 내면서 행진하였다. 두레가 작업장에 나갈 때에는 강렬하고 전투
적인 독특한 가락으로 보통 '길군악'이라는 행진곡을 힘있게 두드렸
다. 그 가락이 우렁차고 박진감이 넘치며 전투적이어서 두레꾼들은
승리가 확실히 보장된 전투에 나가는 병사들처럼 흥에 겨워 보무도
당당하게 농악에 발을 맞추고 어깨를 흔들면서 씩씩하게 작업장까
지 행진하였다. 두레꾼들이 농청에서 작업장까지 여러 가지 색깔의
농기와 영기를 앞세워 펄럭이며 농악의 길군악을 우렁차고 요란하
게 울리면서 흥에 겨워 발맞추어 춤추듯 행진하는 광경은 참으로 하
나의 장관이었다.

두레가 작업장에 도착하면 농기와 영기를 가까운 빈터나 논두둑
에 세워놓고, 농악의 잡이들도 악기를 내려놓은 다음 모두 함께 두레
일꾼이 되어, 영좌의 지시에 따라 작업에 들어갔다. 그러나 이때에도
보통 '큰북잡이' 하나는 논두둑을 따라다니며 북을 치게 하고 '쇠잡
이' 하나를 따로 선발하여 일하는 두레꾼들의 뒤에 서게 하였다.[48] 두
레의 공동노동은 ① 매우 빠른 속도로 ② 규율있게 ③ 공동보조의 강
도 높은 공동노동을 하므로 때로는 한 두레꾼이 자기도 모르는 사이
에 동료 두레일꾼보다 뒤쳐지는 일이 있었다. 이때에는 선임된 '쇠잡
이'가 뒤쳐진 두레꾼의 꽁무니에 다가가서 힘차게 꽹과리를 쳐대면
전체 두레꾼들이 흥을 돋움과 동시에 그 뒤쳐진 두레꾼은 바로 자기
가 뒤쳐진 것을 깨닫고 더욱 속도 빠른 노동을 하여 동료 두레꾼과
보조를 맞추었다. 또한 두레꾼 중의 일부가 이른 아침부터 빠른 속
도의 작업으로 피로를 느껴 행동이 느려지는 낌새가 보이면 영좌는

---

47) 농악의 악기와 잡이의 배열의 순서는 상쇠와 쇠잡이가 선두에 서는 것을 제외
   하고는 지방에 따라 편차가 있었으며, 농악의 규모도 두레의 규모에 따라 상당
   한 차이가 있었다.
48) 작업장에서 두레꾼들의 작업을 독려하는 악기로서는 이밖에 장고잡이나 소고
   잡이가 선발되기도 하였다.

두레꾼 중의 몇 사람에게 호미 대신 악기를 들게 하여 일하는 두레꾼들의 뒤에 서서 활기 넘치는 장쾌한 가락의 농악을 연주하여 독려케 하였다. 두레꾼들은 이 율동적인 농악의 박자와 힘에 맞추어 심기일전해서 피로를 잊고 자기도 모르는 사이에 호미를 논바닥에 깊이 찍으며 작업 속도를 높였다.[49]

세워 둔 농기와 영기를 다시 옮겨 세워야 할 만한 꽤 먼 거리의 한 작업장으로부터 다른 작업장으로의 이동 경우에는 첫 출역할 때와 같이 다시 농기를 앞세우고 농악을 우렁차게 울리면서 모든 두레꾼들이 일렬 종대로 서서 보무 당당하게 행진하였다. 농기의 이동에는 반드시 농악이 뒤따랐다고 볼 수 있다. 그러므로 두레의 공동노동 철에는 이른 새벽 출역 때 뿐만 아니라 한 들판에서 공동노동을 마치고 다른 들판으로 이동해 가는 각 마을 두레꾼들의 우렁차게 울리는 '길군악' 농악소리가 서로 엇갈리면서 끊임없이 이어져서 한국 농촌은 마치 축제 속에서 농사 일을 하고 있는 것처럼 보이고 들렸다.

두레의 공동식사는 보통 ① 아침 ② 곁들이 ③ 점심 ④ 곁들이 ⑤ 저녁식사 다섯 번인데, 다른 식사 때는 농악이 없고 점심식사 직후에 농악이 한 차례 있었다. 점심의 공동식사는 반드시 어육이 붙은 뜨거운 식사와 술(막걸리)이 성대하게 준비되었다. 점심식사를 끝내면 반드시 농악을 신명나게 한 차례 울렸으며, 농악의 한판이 끝나면 피로를 풀고 원기를 회복하여 오후의 작업에 들어갈 준비로 두레꾼들은 나무 그늘 등을 찾아서 약 1시간 정도 낮잠을 잤다.[50] 오후에는 오전과 동일한 양식의 작업이 진행되었다.

---

49) 《韓國土地農産調査報告》, 京畿道·忠淸道·江原道 篇, p.426 참조.
50) E. S. Brunner, "Rural Korea : A Preliminary Survey of Economic, Social and Religious Condition," *The Christian Mission in Relation to Rural Problems*(New York, 1928), p.116에서는 두레꾼들의 이 낮잠자는 관행을 '게으름'으로 묘사했는데, 이것은 두레의 강도 높은 노동과 휴식의 필요를 알지 못하는 외국인 관찰자의 무지의 소산이라고 할 수 있다.

두레의 하루 공동노동이 끝나고 농청으로 돌아올 때에는 세벽 출
역할 때와 마찬가지의 순서로 농기를 앞세우고 농악을 울리면서 돌
아왔다.[51] 이때에는 하루 종일 고된 노동을 했음에도 불구하고 농악
을 치며 노래를 합창하면서 즐거운 노동을 했기 때문에 가슴 뿌듯하
게 생산노동의 보람을 느끼며 피로한 줄도 모르고, 출역할 때보다 더
흥에 겨워서 농악에 맞추어 힘차게 소리 높이 노래를 합창하면서 이
리저리 춤을 추며 돌아 왔다.[52] 두레꾼들은 농청에 돌아오면 바로 헤
어지지 않고 농청 마당에서 원무를 추면서 농악을 한판 벌인 다음
헤어지는 것이 보통이었다. 이와 같이 농악은 두레의 공동노동과 처
음부터 끝까지 불가분리의 내용으로 유기적으로 결합되어 있었다.

농악은 두레 공동노동의 작업과정 중에서 만이 아니라 한 종류의
작업단위가 끝날 때 마다 '큰농악'을 치기도 하였다. 예컨대 모내기
를 두레의 공동노동으로 한 경우에는 모내기작업을 모두 완료한 후
에 이를 경축하는 뜻으로 농청에서 큰농악을 한판 벌였다. '김매기'
를 두레의 공동노동으로 한 경우, '초벌(아시)' 김매기를 모두 완료한
후에도 농청에서 큰농악을 한판 벌이고, '두벌' 김매기를 모두 종료
한 후에도 큰농악을 한 판 벌였으며, '세벌(만물)' 김매기를 모두 종
료할 때에는 이때의 두레를 '만두레'[53]라 하여 농청에서 큰농악을 크
게 벌였을 뿐 아니라, 다음에서 독립절로 고찰하는 바와 같이, 따로
날을 잡아 '호미씻이'의 큰 축제를 벌였다.

농악은 이상과 같이 두레에서 발생하여 두레의 공동노동과 유기
적으로 통합되어서 발전했기 때문에, 농악의 가락은 무엇보다도 ①
약동적이고 ② 전투적이며 ③ 율동적이고 ④ 장쾌하며 ⑤ 정열적이고

---

51) 久間健一, 〈勞動隊制度と雇只隊制度〉, 《朝鮮農業の近代的樣相》(1935), p.220
  참조.
52) 《韓國土地農産調査報告》, 京畿道·忠淸道·江原道 篇, p.426 참조.
53) 송석하, 〈만두레〉, 앞의 책, p.30 참조.

⑥ 낙천적이며 ⑦ 생산적이고 ⑧ 견실하다는 점이 큰 특징이었다. 또한 농악은 다섯 차원의 종합적인 농민집단 예술로서 큰농악이나 호미씻이에서의 농악은 농민의 민족 노동문화의 극치를 이루었다. 즉 ① 상쇠의 꽹과리를 선두로 한 타악기들의 연주 ② 가락에 맞추는 선창과 합창 ③잡이들의 잡색들의 각종 무용 ④ 잡색들을 중심으로 펼쳐지는 재담과 연극 ⑤ 상모돌리기와 땅재주를 비롯한 각종 재주놀이 등의 다섯 가지 차원의 농민 예술이 하나로 배합되어 농악은 야외의 집단 음악과 집단 무용으로 전개되었다.[54]

두레에서 발생한 농악이 이와 같이 다섯 차원의 종합예술이었기 때문에 두레꾼들은 어떠한 역할로든지 농악에 전체 두레 성원이 적극적으로 참여하여 두레공동체의 구성원임과 동시에 농악대의 구성원이 되었다. 두레의 전체 성원의 참여는 농악대원 구성의 한 큰 특징이기도 하였다.

농악은 두레에서 발생했고 두레공동체의 집단 공동노동의 한 구성요소였지만, 일단 성립되자 비단 두레의 공동노동이나 호미씻이에서 뿐만 아니라 마을 안 농민들의 명절이나 휴한기에 예술과 오락을 공급하여 봉사하였다. 예컨대 농민들의 명절인 설, 정월 대보름[上元], 단오, 백중, 한가위 등에는 두레의 농악대가 농악을 쳐서 농민의 놀이와 오락으로서 봉사하였고, 동제(洞祭) 등 마을의 행사 때에도 농악을 쳐서 봉사하였다. 어촌에서는 어선의 진수 때에나 출어와 귀항 때에도 農樂을 쳤다. 이러한 농악은 두레 농악의 마을 성원들에 대한 봉사 형태의 농악이라고 볼 수 있을 것이다.

농악은 이밖에도 다음에서 별도로 고찰하는 '호미씻이', '지신밟기놀이', '마당놀이' 등의 농민층의 민족문화를 창조하는 핵심적 요소가 되었다. 또한 농악은 더욱 분화되고 발전하여 ① 집돌이 농악 ② 걸

---

54) 신용하, 앞의 논문 참조.

립패 농악 ③ 남사당패 농악 등 여러 가지로 발전함에 따라 농민문화임과 동시에 민족문화의 핵심적 요소의 하나로 되어 농촌 이외에서도 크게 성행하게 되었다.[55]

한국 농민들은 아득한 상고시대부터 두레를 형성했고, 그 구성요소로서 농악을 발명했으며, 그 농악으로부터 다시 사물놀이, 굿거리 등 각종 민족예술·민중예술을 분화 발전시켰다. 두레는 농민문화·민족문화·민중문화 창조의 뿌리와 토대였다고 할 수 있다.

6. 民謠의 창조

두레 공동노동의 큰 특징 가운데 하나는 노동을 즐겁게 하기 위하여 '노래하며 일하는 것'이었다. 두레로 '모내기'나 '김매기'를 할 때에는 두레꾼 중에서 노래를 잘하는 일꾼이 '앞소리' 또는 '솔소리'라고 불리는 선창자로 선정되어 먼저 선창을 해서 먹이면, 두레꾼들은 '뒷소리'가 되어 열심히 노동을 하면서 일제히 받아서 따라 불렀다. 노래에 더욱 흥을 돋구고 박자를 넣기 위하여 논두둑이나 일꾼들 뒤에서 한 사람이 농악의 꽹과리나 북이나 장고를 쳐서 반주를 하기도 하였다.[56]

두레꾼들은 공동노동을 하면서 〈풍년가〉, 〈농부가〉, 〈태평가〉 등을 비롯해서 그들이 아는 모든 노래를 편을 갈라 두 편이 절을 바꾸어 부르면서 흥을 돋구어 합창하기도 하였다.

그러나 두레꾼들의 부를 수 있는 노래는 공동노동의 장시간에 비하면 그들의 노래는 고갈되기 마련이었다. 이때에 앞소리(솔소리)의 선창자는 노래의 가사와 곡조를 창작하여 선창해서 먹이고, 두레꾼

---

55) 신용하, 앞의 논문 참조.
56) 강정택, 앞의 논문 참조.

들은 이를 받아서 합창하였다. 앞소리(솔소리)는 비록 정규의 음악교
육을 받지 않았다 할지라도 한 마을공동체에서 음악에 대한 천부적
소질이 가장 뛰어난 사람이 선발된 것이었으므로 그의 창작은 창조
성과 기지에 번뜩이는 우수한 작품이 많을 수밖에 없었다. 앞소리(솔
소리)의 창작을 두레꾼들이 받아서 합창하다가 두레꾼들이 그 창작
에 경탄하고 승복하여 다음 작업에서 다시 되풀이하여 애창하면 이
것이 민요로 되어 정착하기 시작하는 것이었다.

  앞소리(솔소리)도 두레꾼 중의 하나인 이름없는 농민이었기 때문
에 민요의 작사자와 작곡자는 밝혀질 수 없었고, 또 한 번 창작된 노
래도 두레꾼들에게 되풀이 되는 동안에 수정되어 버린 것이기는 했
지만, 앞소리(솔소리)들이 마을공동체에서는 음악에 대한 천부적 재
능을 가진 사람들이었기 때문에 놀라운 걸작을 창작해 내는 경우도
매우 많았다.

  지금은 거의 대부분이 소멸되어 버리고 말았지만, 한국의 전통사
회에서 농민문화에 이례적으로 민요가 매우 많고, 또 그것이 모두 구
성지고 아름다운 가락에 넘쳐흐르는 작품들로 가득차게 되었던 것
은 두레라는 공동노동의 공동체가 있었고, 이것이 공동노동을 하면
서 앞소리(솔소리)의 인도하에 노래하며 일하는 제도를 만들어 끊임
없이 민요를 창조하였기 때문이다.

  두레공동체가 창조해 낸 민요는 두레의 공동노동의 작업현장에서
노동 도중에 즐거운 노동을 하기 위하여 창조해 낸 것이었기 때문에
그 가사는 해학과 풍자에 넘쳤고, 그 곡조는 구성지고, 율동적이며,
낙천적인 것이 큰 특징이었다고 할 수 있다.

  강원도 춘천 지방에서 일제강점기에 채록된 것을 보면 〈모심기〉
의 두레에서 다음과 같은 새로운 아리랑곡이 창작되었다.

    춘천아 봉의산(鳳儀山) 너 잘 있거라

신연강 뱃머리 하직일다
춘천의 봉산은 명산인데
부내(府內) 팔동(八洞)이 개화를 한다.
삼학산 밑에다 신작로 내고
자동차 바람에 다 놀아난다

양구(楊口) 낭천(狼川) 흐르는 물에
배추씻는 저 처녀야
것대나 떡잎을 다 제치고
속에나 속대를 나를 주게
언제나 보든 님이라고
속에나 속대를 달라시요
지금 보면 초면이나
다시 보면 구면일세
초면 구면 그만 두고
부모님 무서워 못주겠네[57]

　송석하에 의해서 〈춘천 아리랑〉이라고 제명이 붙은 이 민요는 두
레꾼들이 고된 노동을 하면서 또 하나의 〈아리랑〉을 창작해 낸 것을
보여주고 있다. 이 민요에서는 구한말부터 일제강점 초기에 이르는
기간의 사회세태에 대한 농민들의 풍자와 은유와 정서가 소월시보
다도 더 정감 넘치게 표현되어 있음을 볼 수 있다.
　또한 이 시기에 채록된 남부 지방의 〈이앙가〉(모내기 노래)에도
두레꾼들의 풍자와 낙천적 해학이 넘쳐 흐르고 있다.

남창 남창 베리끝에
야속하다 울오라비
우리도 죽어 후생가서

---

57) 송석하, 〈民謠에 나타난 빛〉, 앞의 책, pp.55〜56.

낭군 한 번 섬겨볼 때[58]

이것은 홍수에 지붕을 타고 떠내려가는 시누이와 올케를 그 오라
비가 먼저 처(올케)를 구제하는 동안에 누이동생(시누이)이 구함을
받지 못하게 된 장면을 설정해서 두레꾼들이 누이동생의 노래를 의
인화하여 부르며 풍자한 것이다.

찔레야꽃은 장가가고
석류야꽃은 상객간다
만인간아 웃지마라
씨동자 하나 바래 간다[59]

찔레꽃(흰 꽃)과 석류꽃(붉은 꽃)은 모두 모내기 철에 피는 꽃이다.
이 민요는 장가들지 못한 두레의 머슴패들이 찔레꽃같은 백발노인
은 장가를 가고 홍안의 청년들은 장가를 가지 못하는 모순을 풍자하
며 익살을 부린 것이다. 두레의 공동노동이 창작해 낸 민요들은 근
로계급의 해학과 익살이 그 내용의 특징의 하나를 이루고 있다.
전라남도 장성 지방에서 채록된 민요 중에는 〈만두레씻기 노래〉
라고 하여 두레의 공동노동 자체를 민요화한 것도 있다.

밀어라 밀어라　　　　　　크고 작은 지심
지심(김)을 밀어라　　　　(후렴)
(후렴)　　　　　　　　　　풍년 들어라
두루루 두르르　　　　　　선영제사 지내지
두레박 허허로　　　　　　(후렴)
두두리 둠박　　　　　　　우리 농군들

58) 송석하, 〈農樂〉, 앞의 책, p.348.
59) 송석하, 〈農樂〉, 앞의 책, p.349.

어허 어허로
오호오오 오오롱
우리 농부들
소리도 잘하네
(후렴)
잔 지심은 띄어놓고
굵은 지심은 묻어놓고
(후렴)
이 지심은 밀어내어
풍년이 오거든
(후렴)
우리집 큰아들 놈
장가를 보내지
(후렴)
밀어라 갈아라

다함께 합심하면
(후렴)
누런 황소 지즐타고
풍장치며 들어가세
(후렴)
영감아 망주야
백년 동거 하자꾸나
(후렴)
수양산 까마귀
기별을 물어다놓고
(후렴)
북망산 가더라도
정은 두고 가자꾸나
(후렴)[60]

두레의 민요 창조의 기능은 논농사에 관련된 남자 두레에서만 있
었던 것이 아니라 여자 두레에서도 있었다. 이미 신라시대부터 여자
들은 길쌈을 두레로 하여 이것이 조선왕조 말기까지도 내려왔었는
데 이것을 '두레길쌈' 또는 '두레삼'이라 하였다. 때로는 밭농사의 김
매기 등을 여자들은 두레를 조직하여 수행하기도 하였다. 이때에 '두
레길쌈' 등에서는 노동을 즐겁게 전화시키기 위하여 옛이야기들과
함께 무수한 민요들이 여성에 의하여 창조되었다.

맹아대라 건조밭에
눈매곱은 저처자야
누구간장 녹힐려고
저리곱게 생겼던고

---

60)《韓國民俗綜合調査報告書》13집(1982), pp.326~327.

아무러몬 여자되어
장부간장 못녹힐까[61]

두레공동체가 창조해 낸 그 수많은 민요의 사례들을 여기서 도저히 낱낱이 들 수는 없다. 다만 여기서는 우리나라의 아름다운 민요들의 매우 많은 부분이 두레공동체에 의하여 창조되었음을 지적하는 데 그치지 않을 수 없다.

7. 두레장원

두레의 공동노동이 김매기의 마지막 벌(만두레)을 끝냈을 때에는 두레꾼들은 '두레장원(壯元)'놀이를 하였다.

이것은 그해의 두레의 공동노동에서 가장 일 잘하고 우수한 두레꾼을 뽑아 두레장원이라고 부르는 놀이를 만든 것이다. 두레꾼들은 김매기의 마지막 벌의 모든 작업이 끝난 최종일에는 두레장원의 머리에 버드나무 잎이나 꽃으로 월계관을 만들어 머리에 씌우고, 얼굴은 먹물로 환칠을 하여 단장하고, 목면으로 장식한 황소 등에 태워서, 농립(農笠)으로 일산(日傘)을 만들어 받치고, 농악으로 풍악을 잡혀서, '오잔소리'라는 노래를 합창하며, 때때로 '물렀거라'는 호령을 해가면서, 개선부대들처럼 의기양양하게 행진하여 농청으로 돌아와서 두레장원의 집과 마을을 한 바퀴 돌았다.

두레꾼들의 두레장원놀이는 양반들의 과거제도와 양반문화에 대한 두레 농민들의 대항의식과, 자기들의 두레공동체와 두레 공동노동에 대한 높은 자부심과 긍지를 나타내는 놀이였다고 할 수 있다.[62]

---

61) 《韓國民俗綜合調査報告書》 13집(1982), pp.399~400.
62) 신용하, 앞의 논문 참조.

때때로 두레장원을 항소에 태울 때 거꾸로 뒤를 보고 타게 태워 풍악을 잡히고 호령을 하며 행진을 했는데, 여기에는 양반의 과거제도에 대한 두레꾼들의 대결의식이 짙게 표현되어 있었던 것으로 보인다.

두레장원에는 대체로 일 잘하는 큰머슴이 뽑히기 마련이었다. 이때의 두레장원에 뽑힌 큰머슴은 그해의 각종 양반 과거시험에서 장원으로 뽑힌 '양반 장원급제자'와 맞수가 되는 것이어서 두레 공동노동에 대한 자부심과 긍지가 대단하였다.

두레장원에 큰머슴이 뽑혔을 때에는 그 머슴을 고용한 지주나 대농은 장원례(壯元禮) 또는 등풍연(登豊宴)이라고 부르는 주연을 의무적으로 베풀지 않으면 안되었다. 마을에 큰머슴을 고용한 지주가 없거나 두레 장원에 머슴 아닌 일반 농민이 선정되었을 경우에는 장원례·등풍연은 마을의 부농이나 일반 농민들이 돌림 번으로 돌아가면서 협동하여 개설하였다.

두레꾼들은 두레의 공동작업이 끝나는 날 장원례·등풍연에서 두레장원을 칭송하면서 밤이 깊도록 즐거움에 넘쳐서 농악을 울리고 어지러이 춤추며 노래하였다. 두레장원놀이가 끝나면 한 해의 두레의 공동노동의 작업기는 일단 끝나고 결산과 준비기에 들어가기 위하여 호미씻이를 마련하게 되는 것이다.

8. 호미씻이

'호미씻이'는 그해의 공동노동을 그해의 마지막 벌까지 모두 끝낸 후에 두레의 공동작업의 성과를 총결산하고 스스로 축하의 '큰잔치'를 벌이는 두레의 축제였다. "올해의 공동작업을 모두 끝냈으므로, 내년의 공동노동을 위하여 호미에 묻은 흙을 씻어둔다"는 뜻에서 이러한 이름이 나온 것으로 보인다. 두레공동체에서는 두레의 공동작

업을 시작하기 직전에 '호미모둠'의 의식도 행했는데, 호미는 두레의 상징과 같은 것이었다.[63]

호미씻이는 이 이름 이외에도 지방에 따라서 '날알이·공굴(共屈)·공회(共會)·백중놀이·두레놀이·머슴놀이·두레먹기·술메기·두레연' 등 여러 가지 이름으로 불리기도 하였다. 호미씻이는 보통 음력 7월 15일의 '백중'날에 열렸다. 그때까지 김매기의 마지막 벌을 끝내지 못한 만부득이한 경우에만 이를 백중날에 열지 못하고 별도로 길일을 택하여 개최했다. '호미씻이'는 그 마을의 동산이나 마을 옆의 넓은 들에서 열리는 것이 보통이었다.

김윤식은 앞서 쓴 바와 같이(1891) 충청도 지방의 호미씻이(두레연)의 관행에 대하여 기록하였다.[64]

호미씻이의 기원은 두레의 기원과 더불어 매우 오래인 것이어서 기록에 나타나는 것도 삼한·삼국시대로 거슬러 올라간다. 《後漢書》韓條에는 삼한 사람들이 5월의 봄갈이가 끝난 후에 귀신을 제사지내고 밤이 다하도록 술과 음식을 먹으며 무리를 지어 노래하고 춤추며 10월의 농사가 끝난 후에도 이와 같이 한다고 기록하였다.[65] 비슷한 사실이 《三國志》魏書 東夷傳에도 기록되어 있다.[66] 이것은 수전농업이 성립된 후의 호미씻이의 기원을 나타내주는 기록이라고 볼 수 있다. 한전농업시대에 5월에 하던 호미씻이의 고대형태가 수전농업시대에 이르러 '김매기'의 작업 때문에 7월로 이동한 것이라고 추정된다.

---

63) '두레'공동체가 그들의 상징으로서의 깃발을 그림으로써 현대적으로 도안한다고 가정하는 경우에는 '黃土'의 진홍 바탕에 '호미'를 그려 넣었을 정도로 두레꾼들에게는 호미가 그들의 상징적 표상이었다.

64) 金允植, 《沔陽行遣日記》, 高宗 28年(1891) 7月 27日條 ; 《續陰晴史》上卷, p.180.

65) 《後漢書》東夷傳 韓條, "常以五月田竟 祭鬼神 晝夜酒會 群聚歌舞 舞輒數十人 相隨 踏地爲節 十月農功."

66) 《三國志》魏書 東夷傳 韓條 참조.

호미씻이의 본래의 구성은 ① 마을회의 ② 농악과 놀이 ③ 향연으로 구성되어 있었다.

조선왕조 말기까지 촌락자치체가 존재했던 시대에는 '마을회의[洞會, 里會]'는 호미씻이 때에 총회 성격의 모임이 열려 마을의 주요 문제와 사항들을 토론하고 의결한 다음 농악과 놀이로 들어갔었다. 그러나 일제강점 이후 촌락자치체가 해체된 후에는 마을회의는 무력한 것이 되었으므로, 많은 호미씻이들이 마을회의를 열지 않고 바로 농악과 놀이로 들어갔다. 호미씻이의 핵심을 이루었던 것은 '농악과 놀이'였다. 호미씻이에서의 농악은 두레의 공동노동 과정에서의 '본농악'보다 훨씬 더 확대된 것이었다. 이때에는 두레꾼들이 모두 농악에 참여할 수 있도록 '소고잡이'와 '법고잡이'의 수를 대폭 늘리고 그에 따라 '무동'의 수도 대폭 늘렸다. 또한 호미씻이에서의 농악은 두레꾼들이 모두 참여할 수 있도록 '잡색'을 풍부히 넣어서 무동, 포수, 중, 각씨, 양반, 할미, 창부, 탈광대 등이 농악에 맞추어 노래하고 무용을 할 뿐 아니라 연극과 덕담과 재주를 배합하여 흥을 돋구게 하였다.

호미씻이에서의 농악은 또한 농기를 선두로 하여 상쇠의 선도하에 전 농악대가 농기춤, 멍석말이, 당산벌림, 두통백이, 삼통백이, 사통백이, 절구댕이, 가새벌림, 쓰레질, 등지기, 진법놀이 등 여러 가지 내용과 양식의 매스게임을 하면서 놀았다. 농민들의 매스게임은 일종의 집단무용이었는데, '호미씻이'의 농악에서 성립하여 발전한 것이었다. 이 매스게임이 농한기 '지신밟기놀이'와 '마당놀이'에서도 공연된 것이었다.

호미씻이에서 농악과 놀이의 큰 특징의 하나는 두레꾼들이 모두 참여하고 마을 성원들까지도 모두 참가하는 마을공동체 전체의 농악과 놀이가 된다는 사실이었다. 앞서 쓴 바와 같이 호미씻이의 농악에서는 두레꾼들이 모두 연주자로 참여하도록 두레꾼의 숫자에 맞추어 '잡이'의 숫자를 증가시켰으며, 마을 남자 성원들이 대부분 참여할 수 있도록 잡색을 대폭 늘렸다. 그러므로 호미씻이의 농악과 놀이에서 두레꾼들과 마을 남자 성원들은 관람자가 아니라 모두 참가자였다. 어린이들과 부녀들은 호미씻이에 나와서 주로 관람자로서 이를 즐겼으나, 지방에 따라서는 어린이들과 부녀들도 모두 참가시키기 위하여 농악 이외에도 씨름, 줄다리기, 그네뛰기 등의 다른 놀이들을 곁들이는 경우도 있었다.

호미씻이의 향연은 특히 성대한 것이었다. 호미씻이의 향연을 위해서는 반드시 소나 돼지를 도살하여 일부는 마을의 가족들에게 나누어서 그들의 노동을 위로하고 두레꾼들과 마을의 남자 성원들은 호미씻이에서 큰 술잔치를 벌였다. 호미씻이의 농악과 놀이에는 원칙적으로 두레꾼들과 마을의 남자 성원들만이 참여하는 것이 원칙이었으나, 공동향연의 음식준비는 마을의 부녀들이 담당하였고, 어린이들은 일부가 무동으로 선발되었으며, 공동향연에는 두레꾼들과 마을의 남자 성원들 뿐 아니라 마을의 부녀들과 어린이들도 모두 평등하게 참가하여 잔치의 음식을 나누어 들었다. 따라서 호미씻이의 농악과 놀이에서는 부녀들과 어린이들은 대부분이 관람자였지만, 호미씻이의 공동향연에서는 부녀들과 어린이들도 두레꾼들과 평등한 참가자들이었다. 그리하여 호미씻이는 남녀노소를 가리지 않고 온 마을 공동체 성원들의 축제가 되었으며, 한국의 근로농민들의 최대의 축제가 되었다. 두레꾼들과 마을공동체의 성원들은 호미씻이를 통하여 노동의 피로를 씻었을 뿐 아니라 두레 공동노동의 성과를 재확인하여 자부심을 높이고 마을 성원들이 공동노동을 통하여 하나로 묶여진 형제임을 다짐하여 공동체의식과 단결을 재확인하고 강화하였다.

한국 농민들이 두레의 공동노동과 함께 '호미씻이'라는 한국 농민들 '최대의 잔치'를 발명하여 장구한 기간에 걸쳐 성행해 온 것은 농민층의 민족문화 창조 측면에서 매우 중요하고 큰 의미를 가진 것이었다.

호미씻이의 큰 잔치가 끝나면 두레의 유사(有司)가 두레의 한 해의 '셈[會計]'을 하였다. 조선왕조 후기까지 화폐경제가 농촌에 침투하기 이전에는 과부와 병약자의 농민가족에 대해서는 무상의 공동노동을 제공하고 셈을 하지 않았으며, 두레꾼 상호간에도 계산을 하지 않았다. 오직 지주와 대농으로부터만 경작면적의 크기에 따라 두레의 공동노동 제공의 반대급부를 정확하게 산출하여 그 보수를 받아내었다. 그러나 화폐경제가 농촌에 깊이 침투한 조선왕조 말기부터는 과부와 병약자의 농민가족에 대해서만 반대급부를 면제해 주고, 그밖의 마을성원들에 대해서는 계산을 정확하게 하였다. 지주와 대농이 경작면적에 비례하여 두레의 유사가 계산한 일정한 보수를 두레에 지불해야 했음은 물론이다.[67] 화폐경제가 농촌에 깊숙이 침투한 이후에는 두레꾼 상호간에도 자기가 투입한 노동력의 작업 면적보다 광대한 경작면적을 가진 두레꾼은 초과면적에 비례하여 보수를 두레에 지불하도록 한 것이 관행이었다.

그러나 두레의 이러한 수입은 두레꾼들 사이에 분배하여 처분하지 않고, 호미씻이 비용, 농악기 구입과 수리 등 두레의 공동비용을 충당하는 데 공동으로 사용하였다. 여기에 화폐경제의 침투 하에서도 두레의 공동체적 성격이 여전히 존재하였다. 두레의 수입으로 호미씻이 비용과 농악기 구입·수선의 비용 등 두레의 공동경비에 충당하고서도 두레 수입에 잔고가 있는 경우, 두레는 이 잔고를 두레꾼들에게 분배하여 처분하지 않고 마을의 동계나 호포계 등에 넘겨주어 마을의 공동경비에 사용토록 하였다.[68]

그러나 일제 강점기부터는 이러한 공동체적 관행이 현저히 해체

---

67) 金允植, 《汚陽行遣日記》, 高宗 28年(1891) 7月 初4日條, 《續陰晴史》, p.178 참조. 두레는 酒價를 地主집인 金允植家에 紛給해 보내도록 하고 그의 논의 김을 매주고 있다.

68) 張基昌, 앞의 논문 참조.

되고 두레의 공동작업의 보수지불과 두레의 수입금의 처분 방법에 근본적인 변질이 일어나서 두레의 수입과 잔고가 두레꾼 사이에 분배되어 처분되기 시작하였다.[69]

호미씻이의 큰 잔치가 끝나고 두레 한 해의 셈이 마무리되면 두레의 작업기는 일단 끝나고 다음의 작업기를 위한 준비기로 들어갔다.

9. 농민무용의 창조

두레공동체의 농악과 '호미씻이' 등은 또한 독특한 한국의 농민무용을 창조하였다. 농악 가락과 마찬가지로 두레 농악의 춤도 매우 씩씩하고 약동적인 것이 큰 특징이었다. 그중에서도 한쪽 무릎을 높이 올리며 뒷발을 힘차게 차면서 잡아도는 것이 기본동작인 소고춤과 법고춤을 비롯하여 빠른 가락에 맞추어 상체를 좌우로 율동적으로 흔들면서 휙휙 내닫다가 뚝그치고 다시 내닫는 농악춤은 모든 두레꾼들과 농민들이 출줄 알고 사랑했던 한국 농민의 춤이었다.

두레공동체의 농악과 호미씻이, 지신밟기, 마당놀이 등으로 말미암아 농악과 함께 한국 농민들은 누구나 세계에서도 가장 춤을 잘 추는 농민이었다. 두레공동체가 창조해 낸 농민무용은 오늘날에는 많이 소멸되어버려서 그 흔적만 남아 있으나 이를 통해서 소급하여 그 형태를 찾아볼 수는 있다.

두레공동체가 창조해 낸 농민무용은 농악과 결합된 것이었기 때문에 농악의 연주자에 따라서 독특한 춤과 유형을 정립하여 발전시켰다.[70] 두레꾼들의 춤은 지방에 따라 약간씩 차이가 있지만 공동적 특징을 중심으로 하여 농악의 연주자별로 농민무용의 이념형을 몇

---

69) 송석하, 〈만두레〉, 앞의 책, pp.30~31.
70) 《韓國民俗綜合調查報告書》 5집, pp.564~578 참조.

가지 정리해 보면 다음과 같다.

1) 쇠잡이(특히 상쇠)의 춤[71]

쇠잡이 특히 상쇠는 농악대를 자휘하며 행진해야 하기 때문에 몸의 동작보다도 고개 춤에 의거하여 '상모'를 돌림으로써 무용을 하였다. 호남우도 농악을 중심으로 하여 쇠잡이의 상모놀이 무용의 기본예를 들어보면 다음과 같다.

① 외상모 : 부포를 어느 한쪽으로만 돌리는 사위(동작).

② 양상모 : 부포를 좌·우 한 번씩 교대로 돌리는 사위.

③ 사사 : 부포를 좌로 2회, 우로 2회 교대로 돌리는 사위.

④ 사사이 : 부포를 먼저 좌로 2회, 우로 2회 돌리고, 이어서 좌·우로 1회씩 돌리는 사위.

⑤ 팔사 : 부포를 좌로 4회, 우로 4회 교대로 돌리는 사위.

⑥ 이슬털이 : 부포가 뒤에서만 좌·우로 왔다갔다 하는 사위.

⑦ 산치기 : 부포를 위로 세우는 사위.

⑧ 양산치기 : 부포를 세우고 재치는 것을 반복하는 사위.

⑨ 퍼넘기기 : 부포를 앞에서 뒤로 퍼넘겨 끄떡끄떡하는 사위.

⑩ 전조시 : 부포를 전립 4방으로 돌리면서 전립 끝만 찍는 사위.

⑪ 배미르기 : 부로를 뒤로 젖혔다가 약간 앞으로 올리고 부포 끝이 꽃모양으로 활짝 피게 하면서 앞뒤로 미는 듯 걷는 사위.

⑫ 꾀꼬리상모(일사놀이) : 부포를 좌·우로 흔들어 8자형으로 돌리는 사위.

⑬ 돗대치기(꽃이상모) : 부포 전체를 수직선으로 세우고 그대로

---

71) 《韓國民俗綜合調查報告書》 7집, pp.428~445, 같은 報告書, 제13집, p.57, 65, 75, 83 참조. 민속학적 관점에서는 地方別 差異가 더 문제로 될 수 있지만 社會學的 관점에서는 지방별 차이를 넘은 한국민족의 共通的 특징이 더 중요할 수 있으므로 여기서는 공통적 특성을 중심으로 한 이념형을 정리해 보았다.

있거나 제자리에서 회전하는 사위.

⑭ 좌우치기 : 부포를 좌·우로 보내는 사위.

⑮ 복판치기 : 부포를 중앙에 세웠다가 꺾는 사위.

⑯ 연봉놀이 : 부포를 세워 고개춤으로 끄떡끄떡하면서 연봉오리처럼 보이게 하는 사위.

2) 장고춤[72]

① 미지기굿 : 두 패로 나누어 대면하고 전진후퇴의 걸음을 반복하는 사위.

② 3진 3퇴 : 장고 치면서 3보 전진, 3보 후퇴의 동작을 반복하는 사위.

③ 제자리뛰기 : 제자리에서 양발을 꼬아 뛰고 한 발 돌기를 하는 사위.

④ 바꿈질굿 : 까치걸음(잦은 걸음)으로 위치를 바꾸는 사위.

⑤ 옆걸음치기 : 장고를 치면서 좌·우로 옆으로 가볍게 뛰거나 옆걸음치는 사위.

⑥ 제자리 뒤로 돌기 : 장고를 치면서 제자리에서 뒤로 회전하는 사위.

⑦ 연풍대 : 장고를 치면서 시계바늘 돌아가는 반대 방향으로 오른발 왼발 순으로 한발 뛰기를 하면서 회전하는 사위.

⑧ 영봉오리 : 장고채와 궁글채를 머리 위에서 치는 사위.

3) 북춤[73]

① 모젓기 : 북 복판을 두 번 치고 북채를 머리 위로 올린 다음 북

---

72) 《韓國民俗綜合調査報告書》 13집, p.24, 66, 76 참조.
73) 《韓國民俗綜合調査報告書》 13집, p.66, 91, 104 참조.

굴레인 궁편을 한 번 치고 북채를 머리 위로 올리는 기본동작의 춤사위.

② 옆걸이 : 북을 치는 기본동작과 동시에 오른발 왼발 순으로 한 발뛰기를 하면서 갈지자(之)로 원진무(圓進舞)를 하는 춤사위.

③ 한발돌기 : 북을 치는 기본동작을 함과 동시에 오른발 왼발 순으로 한발뛰기를 하면서 원선상(圓線上)을 회전하면서 뛰어가는 춤사위.

④ 덧배기 : 손을 벌리고 어깨춤과 좌우로 손을 흔들어 흥에 맞추는 춤사위.

⑤ 북받치기 : 오른발을 들어 북을 받치고 북을 치면서 좌로 회전하는 춤사위.

4) 소고춤[74]

① 앞치기 : 약간 몸을 앞으로 숙이고 소고를 몸 앞으로 한 번 친 다음 몸을 좌우로 틀면서 앞으로 약간 뛰어 나가는 춤사위.

② 앞뒤치기 : 두 팔을 밑으로 쭉 펴서 소고 앞면을 친 다음, 손목을 꺾어서 두 손을 가슴 앞까지 올려 가슴 앞에서 소고의 뒷면을 치고, 이어서 가슴 앞에서 앞면을 친 다음 소고 든 왼손을 왼쪽 방향으로 돌려 소고의 뒷면을 치는 춤사위.

③ 물푸기 : 상모는 외상모를 돌리면서 두 팔을 밑으로 쭉 펴서 소고 앞면을 치고 소고를 든 왼손과 소고채를 쥔 오른손을 팔자(八)형으로 머리 위에 올려 소고의 뒷면을 치고 내리는 춤사위.

④ 벌려겹치기 : 두 팔을 밑으로 쭉 펴서 소고 앞면을 치고 손목을 꺾어 가슴 앞에 올린 다음 이어서 두 팔을 바깥으로 벌리고, 마지막에는 두 손을 몸 앞에서 서로 엇갈려 정지하는 춤사위.

---

74) 《韓國民俗綜合調査報告書》 13집, pp.23~24, 56~57 참조.

⑤ 제자리뛰기 : 제자리에서 약간 뛰면서 상모는 외상모·양상모·꼭두상모를 돌리고 소고를 몸 앞에서 가슴으로 올렸다 내렸다 하는 춤사위.

⑥ 옆걸이 : 옆걸음을 치면서 왼쪽 어깨 위에 소고를 올렸다 내렸다 하는 춤사위.

⑦ 한발돌기 : 한발을 들고 소고를 치며 잡아도는 춤사위.

⑧ 앉아치기 : 발을 벌려 앉아서 소고의 앞뒤치기와 같은 동작으로 소고놀이를 하면서 약간 옆걸음을 치는 춤사위.

⑨ 판걸이 : 1박에 먼저 두 팔을 밑으로 쭉 펴서 앞면을 치고, 2박에 오른손은 왼손 겨드랑이에 끼고 왼손은 팔꿈치를 꺾어서 소고를 세워 올린 다음, 3박에 다시 든 팔을 밑으로 쭉 펴서 소고 앞면을 치고, 4박에 왼손은 오른손 겨드랑이에 끼며 오른손은 팔꿈치를 꺾어 위로 향하는 춤사위.

⑩ 사채(역진굿놀이) : 소고를 한 번 치고 얼굴 앞에서 소고를 세워 돌며 제자리에서 어깨춤을 추는 춤사위.

⑪ 사사 : 소고를 앞뒤로 돌려치되 먼저 앞·뒷면을 두 번 치고, 1박 쉬었다가 마지막에 앞면을 한 번 치는 춤사위.

5) 법고춤

법고춤은 두레와 농악이 성행한 모든 지역에서 가장 다양하게 발전한 농민무용 양식으로 그 기본동작을 정리해 보면 다음과 같다.[75]

① 말법고 : 양상모를 하면서 법고를 몸 앞에서 위로 올려내리는 춤사위.

② 엎어배기 : 외상모를 하면서 깨금질을 하고 법고를 두 장단에

---

75) 《韓國民俗綜合調査報告書》 7집, pp.438~439 및 同 보고서 13집, p.15, 24, 66, 76 참조.

앞뒤로 네 번 치는 춤사위.

③ 물푸기 : 법고를 밑에서 앞면을 한 번 스쳐친 다음 양손을 밖으로 돌려 벌리고 법고를 위에서 몸 앞으로 내릴 때는 손목을 감아 법고 뒷면을 앞으로 하고 법고채를 갖다 대면서 끝맺음을 하는 춤사위.

④ 사모잡이 : 법고를 앞뒤, 등으로 번갈아 가볍게 치는 춤사위.

⑤ 제기법고 : 제자리에서 두 발 돋움을 하고 왼발을 앞으로 들어올리며 양손을 왼발 끝에 대고 다음으로 그 발을 내리면서 법고를 뒤집어 가슴 앞으로 가져가서 뒷면을 치고 이어서 두 발 돋움을 하고 오른발을 앞으로 들어 올리며 양손을 오른발 끝에 대고 다음으로 그 발을 내리면서 법고를 뒤집어 가슴 앞으로 가져가 뒷면을 치는 춤사위.

⑥ 좌우치기 : 법고를 한 번 친 다음 양손을 어깨높이로 벌려 올리고 좌우로 손을 흔들어 어깨춤을 추는 춤사위.

⑦ 벌려겹치기 : 두 손을 밑으로 쭉 펴서 법고 앞면을 친 다음 손목을 꺾어 가슴 앞에 올리고 이어서 두 손을 옆으로 벌려 마지막에는 두 손을 몸 앞에서 서로 엇갈려 정지하는 춤사위.

⑧ 삼채법고 : 앙감질을 하면서 법고를 12박에 2번 치고 3박에 법고를 위로 올려 4박 때 다시 한 번 치는 춤사위.

⑨ 사채법고 : 법고를 한 번 친 다음 법고를 얼굴 앞에 세워 들며 제자리에서 어깨춤을 추는 춤사위.

⑩ 칠채법고 : 끝장단에 법고를 한 번 치고 잡아도는 춤사위.

⑪ 마당일채 가락 : 혼합박자의 끝박에서 법고를 치고 잡아도는 춤사위.

⑫ 사사 : 법고의 앞뒷면을 두 번 치고 1박 쉬었다가 마지막에 앞면을 한 번 치는 춤사위.

⑬ 지게북 : 오른발과 왼발 순으로 법고를 발로 차며 회전하는 춤

사위.

⑭ 앉은상 : 1, 2박에 법고의 앞뒷면을 치고 앉으며 3, 4박에 일어 서서 오른발 왼발 순으로 가볍게 뛰고 상모는 머리 뒤로 넘기는 춤사위.

⑮ 연풍대 : 법고를 어깨에 메고 상모를 돌리면서 원선상(圓線上) 을 회전하는 춤사위.

⑯ 나비상 : 나비 모양으로 춤을 추면서 앉았다 일어서는 춤사위.

⑰ 차고앉은상 : 상모를 돌리면서 오른발을 올려 법고를 차고 한 바퀴 돌아앉는 춤사위.

⑱ 자반뛰기 : 준비자세를 한 다음 몸을 뒤집어 원선상을 뛰어 회 전하는 춤사위.

⑲ 열두발 외상모 : 뒤에서 손을 합치고 외상모를 돌리거나 땅에 엎드려 외상모를 돌리는 춤사위.

⑳ 열두발 양상모 : 뒤에서 손을 합치고 양상모를 돌리거나 땅에 엎드려 양상모를 돌리는 춤사위.

위에서 든 것은 '쇠잡이춤', '장고춤', '북춤', '소고춤', '법고춤'의 기 본 형태만을 든 것이고 이밖에도 이러한 춤의 형태 안에 여러 가지 변화의 춤사위가 있었다. 뿐만 아니라 이밖에도 '무동춤', '잡색춤'이 각각 독특한 양식으로 발전되었고, 지방에 따라 상당히 큰 차이들이 있었기 때문에 여기서는 그 예들을 낱낱이 들 수 없을 정도이다.

두레 호미씻이에서의 농악과 같은 경우에는 농악대는 30~50명의 큰 규모가 되는 것이 보통이었으므로, 농악대원들이 열을 지어 다양 한 양식으로 예술화하여 변화시키면서 율동하는 매스게임을 창조해 내었다. 농민의 집단무용으로서의 농악대의 매스게임은 그 종류가 매우 많고 지방에 따라 양식의 변화도 다양하기 때문에 여기서 낱낱 이 다 들 수 없고, 이 중에서 가장 널리 행해지던 매스게임의 몇 가 지 사례만을 골라 들기로 한다.

① 농기춤 : 대개 '큰농악'을 칠 때에 농악대기 2열 횡대를 지으면 '농기'가 그 안으로 들어가고 이어서 잡이들은 그 농기를 중심으로 원형을 만들면서 농기에 대하여 3배한 다음 늦은 삼채로 농기를 중심으로 하여 시계바늘 돌아가는 반대 방향으로 원무를 추다가 마지막에는 다시 2열 횡대를 짓는 매스게임이다.[76] 농기의 기수는 때로 농기의 혁대에 농기를 바치고 농기의 솟대를 쳐다보면서 곡예사처럼 깃대의 균형을 유지한다. '농기춤'은 큰농악과 호미씻이의 시작 때에 맨 처음 출연하는 매스게임이었다.

② 멍석말이 : 상쇠는 일채 가락이나 삼채 가락을 치고 외상모를 돌리면서 우로 전진하여 멍석을 마는 모양처럼 안으로 나선형으로 감아돌아 잦은 이채를 몰아치면서 빠른 속도로 조여 들어갔다가 방향을 바꾸어 좌로 돌며 나사모양으로 풀어 나온 다음 다시 딴 곳에 멍석말이를 하는 매스게임이었다.[77]

③ 당산벌림 : 사물은 왼편에, 법고는 오른편에, 무동은 맞은 편에 서서 'ㄷ'자형으로 벌려 선 다음, 처음에는 상쇠 다음에는 법고잡이, 그 다음에는 무동이 상쇠의 인도에 따라 각각 집단별로 중앙에 들어와서 원무를 하고 제자리에 돌아갔다. 다음에는 법고잡이들이 사물에서 좀 물러났다가 우로 돌아 원을 그리고 나서 쇠 가락에 맞추어 좌우치기를 하고, 이 좌우치기 가락에 잡이들이 일정한 쇠 가락에 맞추어 전후, 좌우 3보씩 전진과 후퇴를 하는 매스게임이었다.[78]

④ 두통백이 : 상쇠의 일채 가락에 맞추어 법고잡이와 무동이 각각 우로 돌아 각각 따로 두 개의 원을 만들어 원무를 추는 매스게

76) 《韓國民俗綜合調查報告書》 13집, p.5, 100, 124 참조.
77) 《韓國民俗綜合調查報告書》 7집, p.439. 同 보고서 8집, p.529, 同 보고서 13집, p.21, 35, 73, 120 참조.
78) 《韓國民俗綜合調查報告書》 9집, p.338, 同 보고서 13집, pp.12~13, p.118 참조.

임이었다.[79] 외부에서 보면 호미씻이의 마당에 두 개의 각각 큰 원이 잡아도는 매스게임을 하는 것이다.

⑤ 삼통백이 : 상쇠가 삼채를 치면 전원이 우로 크게 원을 그리며 돌다가 사물·법고·무동(꽃나비)이 각각 따로 세 개의 원을 그리며 우로 도는 매스게임이었다. 무동은 수건춤을 추기도 하고 박수를 치기도 했다.[80]

⑥ 사통백이 : 상쇠의 덩덕궁이 가락에 맞추어 사물, 소고, 무동, 법고 등이 정방형을 그리며 마주 서서, 처음에는 사물과 무동이 서로를 향해서 전진하여 서로 사이를 뚫고 나가 맞은 편까지 갔다가 돌아서면, 다음에는 소고와 법고가 마주보고 전진하여 엇갈려 나갔다. 사물과 무동이 다시 전진하여 서로 사이를 뚫고 비껴나가 제자리로 가고나면, 소고잡이와 법고잡이도 서로 마주보고 전진하여 서로 사이를 뚫고 나가 제자리로 갔다. 각각 제자리에 간 다음 사물, 소고, 무동, 법고가 저마다 우로 돌며 각각 네 개의 원을 그리어 원무를 했다. 네 개의 원의 원무가 끝나면, 먼저 사물이 상쇠를 선두로 원을 풀어 마당을 우로 크게 돌고, 소고잡이와 법고잡이들이 원을 풀어 사물을 뒤따르고, 끝으로 무동이 원을 풀어 법고잡이를 뒤따르면서, 전농악대가 큰 원을 그리고 마치는 매스게임이었다.[81]

⑦ 절구댕이 : 상쇠의 덩덕궁이 가락에 맞추어 소고잡이와 법고잡이들이 쌍줄로 나와서 사물과 나란히 섰다가 이 줄이 앉으면 저 줄이 서고 저 줄이 앉으면 이 줄이 서는 춤사위를 두 번 또는 세

79) 《韓國民俗綜合調査報告書》 13집, p.29 참조.
80) 《韓國民俗綜合調査報告書》 13집, p.36, 129 참조.
81) 《韓國民俗綜合調査報告書》 7집, p.439, 同 보고서 13집, pp.13~14, p.119 참조.
　　江原道 지방에서는 '사통백이'를 '진법놀이'라고도 부르면서 '팔진법'과 통합시키기도 하였다.

번 반복하는 매스게임이었다.[82]

⑧ 가새벌림 : 상쇠가 삼채 가락(덩덕궁이)을 치면서 전 농악대가 원무를 하다가 상쇠가 방향을 안으로 굽어 쇠잡이들을 이끌고 전진하여 상법고 앞에 이르면 상법고는 상쇠 뒤에, 부법고는 부쇠 뒤에 서서 법고잡이들이 사물의 사이사이에 끼었다. 무동은 그대로 사물에 법고가 낀 줄의 뒤를 따랐다. 이렇게 한 바퀴 돌고 저편으로 가서 중앙선을 타고 정면으로 오다가 이쪽쯤 와서 상쇠가 우로 돌아가면 상법고는 좌로 돌아가고, 부쇠가 우로 돌면 부법고는 좌로 돌아갔다. 이렇게 되면 사물은 우로 돌아 다시 전편으로 돌아가고 법고는 좌로 돌아 다시 전편으로 돌아가는데, 무동은 홀수 짝수로 갈라서 홀수는 사물에 붙고 짝수는 법고에 붙었다. 양편이 저쪽 끝에 가면 서로 마주 돌아 중앙선을 타고 일렬로 합쳐 이쪽으로 왔다. 이 과정의 동작을 몇 차례 반복하는 매스게임이었다.[83]

⑨ 쓰레질 : 사물, 법고, 무동(꽃나비)이 3열을 지어 정면을 향해서 종대로 늘어선 다음 사물의 가락에 맞추어 법고와 무동이 점점 앉았다 점점 섰다 하였다. 삼채 가락에 사물은 그대로 서 있고 법고와 무동이 합하여 우로 크게 돈 다음, 또 쇠 가락에 따라 그 자리에 서서 점점 앉았다 점점 섰다 하였다. 삼채 가락에 사물과 법고가 두 줄로 나란히 가다가 서로 좌우로 갈려 한 바퀴 돌았다. 이때 무동은 두 줄의 뒤를 따랐다. 사물과 법고가 나란히 서서 우로 돌고 무동도 밖에서 우로 돌았다. 이 전과정의 춤사위를 쓰레질이라 하였다.[84]

⑩ 등지기 : 잡이들이 어림굿을 치며 홀수 짝수 서열이 두 줄로 늘

---

82) 《韓國民俗綜合調査報告書》 13집, p.13, 118 참조.
83) 《韓國民俗綜合調査報告書》 7집, pp.438~439, 同 보고서 13집, p.14 참조.
84) 《韓國民俗綜合調査報告書》 13집, pp.35~36, p.120 참조.

어 서서 농악을 치다가 두 줄이 서로 마주 대하고 왼쪽 줄이 한
가락 치면 한걸음, 오른쪽 줄이 한 가락 치면 한걸음씩 이런 식
으로 서로 다가가 사이사이로 지나가서 두 줄로 선 다음 뒷걸음
으로 다시 두 줄 사이를 좁혀 등을 대고 설 때까지 갔다. 이때
잦은 타령의 가락을 치며 이편이 저편을 뒤로 업었다가 저편이
이편을 뒤로 업었다가 하는 동작을 계속했다. 잡색들이 '콩떡'하
고 외치며 등을 맞댄 채 한편으로 업으면 '쑥떡'하고 외치며 반
대편이 업었다. 한 동안 이렇게 업었다 젖혔다 하는 놀이를 했
다. '콩떡쑥떡'이 끝나면 2열을 다시 넓혀 새끼풀기를 해서 기의
맨 뒤쪽부터 돌아 기의 앞쪽으로 풀어가서 기본진으로 돌아가
는 매스게임이었다.[85]

⑪ 삼방진(三方陣) : 잡이들이 삼방진 가락을 치며 쇠잡이와 징잡
이들은 시계바늘 돌아가는 반대 방향으로 원을 만들고, 장고잡
이와 북잡이들은 시계바늘 돌아가는 방향으로 원을 만들어 돌
며, 법고잡이들은 시계바늘 돌아가는 반대 방향으로 원을 만들
어 멍석말이를 하는 양식처럼 돌아서 삼장진을 만들었다. 이어
서 상쇠는 쇠잡이들과 징잡이들을 인솔하여 장고잡이와 북잡이
들이 돌고 있는 원을 밖으로 돌아 이들을 쇠잡이와 징잡이 뒤에
따라오게 하고 다시 법고들이 돌고 있는 원 밖으로 돌아 멍석풀
이를 하는 것처럼 이들을 풀어서 후미에 따라오도록 하는 매스
게임이었다.[86] 이것은 삼통백이와 멍석말이를 결합한 매스게임
양식이라고 볼 수 있다.

⑫ 오방진(五方陣) : '농기'와 새납을 원 중심의 '중앙'에 둔 다음,
상쇠의 인도 하에 동서남북에서 각각 멍석말이를 하고, 끝으로

---

85) 《韓國民俗綜合調査報告書》 13집, p.54, 121 참조.
86) 《韓國民俗綜合調査報告書》 7집, p.439, 同 보고서 13집, p.74, 94, 122 참조.

농기를 둘러싸고 중앙에서 길군아을 몰다가 잦은 가락(조름쇠)
으로 바꾸어 멍석말이를 하여 상쇠는 가운데서 돌고 사물은 그
다음 쌓고 법고잡이는 그 다음 쌓고 무동은 밖에서 돌며 꽉 조
인 후에 상쇠가 잦은 가락을 마치고 삼채를 치며 시계바늘이 도
는 방향으로 돌면서 멍석풀이를 반복하는 매스게임이었다.[87]

⑬ 방울진 : 상쇠는 삼채 가락을 치면서 시계바늘 돌아가는 방향으
로 원진(圓進)하다가 원을 점점 좁혀서 나선형으로 돌고, 쇠·징·
장고·북·소고·법고의 순으로 그 주변을 돌아 잡이들이 따라 오
도록 따라치기를 한 다음에, 상쇠가 방향을 바꾸어 시계바늘 돌
아가는 반대 방향으로 원을 점점 넓혀서 일렬 원진무를 추는 매
스게임이었다.[88]

⑭ 팔진법(八陣法) : 쇠·징·장고·북 등이 한 조가 되고 소고·법고·
무동 등이 한 조가 되어, 2열 원을 만들어 행진무(行進舞) 하다
가 각 열이 8번 각을 만들면서 행진하는 매스게임이었다. 행진
무 때에는 주로 좌우치기를 하였다.[89]

⑮ 돌굿 : 상쇠와 잡색은 원 안에서 돌고 나머지 잡이들은 원 밖에
서 돌다가 상쇠가 쇠 가락을 바꾸는 것을 신호로 도는 방향을
계속 바꾸어 주므로 돌굿이라고 했다. 이렇게 계속하여 오른편
과 왼편으로 방향을 바꾸어 가다가 상쇠가 느린 가락을 치고 징
잡이가 이에 응하여 징을 한 채 치면 한 바퀴 돌고 나서 상쇠의
잦은 가락의 신호에 맞추어 또 방향을 바꾸어 돌기를 반복했다.
이 때 무동과 잡색과 때로는 부녀자들도 원 안에 들어가 어울려
춤을 추는 매스게임이었다.[90]

---

87) 《韓國民俗綜合調査報告書》 13집, p.12, pp.82~83, p.90, 101 참조.
88) 《韓國民俗綜合調査報告書》 7집, p.439, 同 보고서 13집, p.52, pp.74~75, p.122
참조. 보통은 '방울진'과 '달아치기'는 통합된 매스게임이었다.
89) 《韓國民俗綜合調査報告書》 9집, p.338, 同 보고서 13집, p.22, 29, 119 참조.

⑯ 두레풍장 : 상쇠를 중심으로 사물이 안으로 가깝게 조여가며 둘러 쌓고, 법고잡이들은 밖에서 사물을 가깝게 조이면서 둘러 쌓으며, 무동은 그 밖에서 둘러 쌓아 3중의 원을 만들어서, 빠른 속도로 농악을 치며 회전하는 매스게임이었다.[91]

⑰ 연풍대 : 상쇠가 굿거리 가락을 치면 농악대가 오른발 왼발 순으로 한발뛰기를 하고 이어서 회전하는 매스게임이었다. 때로는 사물과 법고잡이와 무동은 정방형으로 둘러서고 상쇠와 잡색은 가운데로 들어가서 일채 가락에 맞추어 앉았다가 뛰어 일어서는 사위로 돌면서 춤을 추었다. 상쇠와 잡색이 제자리로 돌아가고, 상쇠는 중모리 가락으로 몰면 사물과 무동은 밖에서 돌도 법고는 안으로 들어가 우로 돌며, 상쇠가 잦은 가락으로 몰면 옆걸음 치며 돌림법고를 하기도 하였다.[92]

⑱ 호호굿 : 상쇠가 매우 빠른 2박과 3박의 혼합박자로 된 열두마치의 '호호 가락굿'을 치면 전농악대원이 시계바늘 돌아가는 반대 방향으로 휠휠 뛰며 원진무를 추면서, 상쇠가 군호를 부르듯 '호!호!' 하고 앞소리로 먹이면 전농악대원들이 '호!호!' 하고 받아 합창하면서 전투훈련을 하는 것처럼 씩씩하게 돌아가는 매스게임이었다. 농악대는 '호호굿 가락'을 치며 이와 같은 동작을 반복하다가 전농악대가 더욱 잦은 호호 가락을 치며 원의 중심을 보고 서서 우로 옆걸음 2회와 좌로 옆걸음 2회를 한 다음에 앉았다 일어서는 동작을 2회 반복하고, 다시 전농악대가 원의 중심으로 밀집해 들어가서 앉았다 일어서는 동작을 2회 반복한 다음에 뒤로 물러서서 제자리에 돌아와 다시 '호호굿'을 연출하였다. 호호굿은 두레농악대의 매스게임 중에서 가장 씩씩하고

---

90)《韓國民俗綜合調査報告書》 13집, p.54, 121 참조.
91)《韓國民俗綜合調査報告書》 13집, p.36 참조.
92)《韓國民俗綜合調査報告書》 13집, p.15, 102 참조.

전투적인 집단무용이었다.[93]

위에서 든 농민들의 매스게임의 양식은 몇 가지 예를 든 것에 불과하다. 각 지방의 농악에 따라 이밖에도 다양한 매스게임의 양식이 있었으며, 또 위의 양식에서 변형된 다수의 매스게임 양식이 존재하였다.

두레의 농악에서 창조된 농민무용의 특징은 잡이의 춤과 매스게임 모두가 무엇보다도 ① 씩씩하고 ② 약동적이며 ③ 집단적이고 ④ 전투적이며 ⑤ 낙천적인 곳에 있었다고 할 수 있다.

10. 地神밟기놀이

두레의 농악에서 파생된 농민의 민속의 하나로 '지신밟기'라는 것이 있었다. 이것은 지방에 따라서는 '마당밟기·매귀(埋鬼)·매굿·고사반·두레놀이' 등으로 불리기도 하였다. 이것은 두레의 농악 중에서 '집돌이 농악'과 퇴귀의 민속신앙이 결합된 농민층 민족문화의 한 항목이라고 볼 수 있다. 한국 농민들의 민속신앙에는 원시사회 이래로 재해와 질병에는 그를 매개하여 가져오는 악귀가 있으므로, 이 악귀를 추방함으로써 화를 제거하고 복을 찾아오게 할 수 있다는 신앙이 이어져 내려왔다. 이 '악귀추방'의 일은 주로 '무당'의 일이었는데, 두레의 농악이 성행하게 된 이후에는 농악을 쳐서도 악귀를 추방할 수 있다는 민속신앙을 만들어 내어 농악의 놀이와 악귀추방의 민속신앙을 결합시킨 것이었다.

지신밟기라고 하는 것은 음력 정월 대보름[上元] 경에 두레꾼들이 농악대를 편성하여 마을 집집마다 돌아다니며 농악을 치고 일정한

---

93) 《韓國民俗綜合調査報告書》 3집, p.559 및 同 보고서 13집, p.63, 72, 74, 83, 88 참조. '호호굿'은 지방에 따라 '호호딱딱'이라고도 불렸다.

양식의 고사굿을 해주면 문간, 마당, 뜰, 부엌, 곳간, 장독 등에 숨어 붙어 있는 악귀들이 추방되어 그 집에 일년 동안 화가 멀어지고 복이 찾아온다고 하여 행하는 '농악굿'이라고 정의할 수 있다. 주목해야 할 것은 농민들이 집안의 이러한 처소에 붙어 숨어 있는 악귀를 추방하는 신통력에 대하여 무당의 힘은 크게 신뢰했지만, 농악의 힘은 신통력을 신뢰한 것이 아니라 농악의 즐거움을 신뢰했다는 사실이다. 따라서 지신밟기는 신앙적 민속이라기보다는 오히려 오락적 민속의 성격이 강한 것이었다. 한국 전통사회의 농촌에서 음력 설날부터 정월 대보름(때로는 정월 그믐)까지는 일종의 축제와 놀이의 기간이었으며, 그 절정을 이루는 것이 지신밟기놀이였다.

음력으로 새해가 들어서고 설날이 지나면 두레꾼들은 지신밟기를 준비하기 시작하여 성급한 두레꾼들은 정월 3, 4일 경부터 지신밟기를 시작하는 경우도 있지만, 보통은 정월 14일이나 15일부터 지신밟기를 시작하였다. 지신밟기가 시작되는 낮에는 두레꾼들은 농청에 모여 준비해두었던 농악대를 편성하여 '서낭당(城隍堂)'을 찾아가서 '서낭굿' '당굿'이라고 하는 농악과 고사를 지내고 다음에 마을의 집집을 돌면서 지신밟기의 농악을 치고 풀이를 해주었다.[94] 지신밟기의 구성은 지방에 따라 약간의 차이가 있으나 그 기본형은 동일하므로 대체로 다음과 같이 전국적 이념형을 정립하여 제시할 수 있다.[95]

① 기굿 : 지신밟기를 시작하는 날 새벽에 새납(날나리)잡이가 새납을 세 번 불면 두레꾼들이 농청에 모여 농악대를 편성하고 오전 8, 9시경에 '농기'를 중앙에 세우고 영기를 그 좌우에 세운 다

---

94) 《韓國民俗綜合調査報告書》 4집, pp.516~519 참조. 마을에 공동의 방앗간이 있는 경우에는 '서낭굿'을 하고 돌아오면서 '방앗간굿'을 치고, 공동우물이 있는 경우에는 '샘굿'을 친 다음 '집돌이농악'을 시작하였다.

95) '지신밟기'의 구성은 지방에 따라서도 큰 차이가 없지만 그 辭說인 '풀이'는 특히 지방에 따라 큰 차이가 있었다. 여기서는 역시 사회학적 관점에서 그 '구성'의 지역 차이를 넘은 共通性을 중심으로 이념형을 정립하고자 하였다.

음 농기를 둘러싸며 원형을 이루어 놓고 농기에 대하여 세 번
절한 후에 시계바늘 돌아가는 반대 방향으로 원무를 추었다. 이
것이 기굿이었다. 기굿을 마치면 길군악을 치면서 일렬 종대로
열을 지어 서낭당으로 향하였다.

② 서낭굿 : 이것은 '당굿' 또는 '당산굿'이라고도 불렸다. 농악대는
농기를 앞세우고 길군악을 치면서 서낭당에 도착하면 농기를
세워놓고 서낭굿을 시작하였다. 강원도 평창지방 등의 경우에는
먼저 농악대가 "서낭님 서낭님 동네 밖에 서낭님"[96]하는 가락을
치고 나서 서낭당에 주과포와 메로 제물을 차리고 잔을 올리며
축문을 읽고 3배를 드린 다음 마당굿과 같이 농악을 한바탕쳤
다. 이것이 서낭굿이었다. 서낭굿이 끝나면 농기를 앞세우고 마
을로 돌아와 집돌이를 시작하였다.

③ 문굿 : 농악의 유사(화주)가 먼저 집집이 들려 허락을 받은 다
음, 두레꾼들이 허락받은 집의 대문에 도착하여 "주인 주인 문
여소 나그네 손님 들어가오"[97] 또는 "문여소 문여소 수문장군 문
여소"[98]하는 가락의 문굿을 쳤다. 두레꾼들이 문굿을 치면 주인
이 나와 이들을 반가이 집안으로 맞아들였다.

④ 마당굿 : 주인의 인도 아래 마당으로 들어선 두레꾼들은 일렬로
원진(圓陣)을 만들어 마당을 돌면서 원진무를 추었다. 이것을
'마당굿' 또는 '터주굿'이라고 하였다. 농악대가 마당굿을 치는
동안에 허두잡이가 집주인에게 고사상을 마루(대청)에 차리게
하였다.

⑤ 성주풀이 : 이것은 '고사굿' '고사반'이라고도 불렸다. 마루에 고

---

96) 《韓國民俗綜合調查報告書》 8집, p.539 및 同 보고서 13집, p.22 참조.
97) 《韓國民俗綜合調查報告書》 13집, p.88 참조. 이 '풀이'는 경상북도 淸道 지방의
사설이다.
98) 《韓國民俗綜合調查報告書》 9집, p.338 및 同 보고서 13집, p.28 참조.

사상을 차리는데, 보통 소반에 쌀을 가득 담은 말을 올려 놓고,
그위 대주 식기에 쌀을 가득 담은 것을 올려놓으며, 식기 위에는
양초에 촛불을 켜고 꽂아 놓았다. 고사상이 차려지고 나면 농악
대들은 〈성주풀이〉, 〈노적타령〉, 〈나락타령〉, 〈떡타령〉, 〈나물
타령〉, 〈액막이〉 등 축원의 노래를 상쇠의 인도 아래에 합창하
였다. 이것이 '성주풀이' '성주풀이굿' '고사굿'이었다.[99]

이때 부르는 성주풀이의 노래는 지방에 따라 큰 차이가 있었다.
예컨대 경상북도 청도 지방의 〈성주풀이〉는 다음과 같았다.

에헤루 지신아	임진강이 둘러쌓다
지신아 밟아보자	지신아
에헤루 지신아	서울이라 삼각산은
성주야 지신을 밟아보자 ……	지신아
가자가자 찾아가자	한강이 둘러쌓고 ……
팔도강산을 찾아가자	지신아
함경도라 백두산은	경상도라 태백산은
지신아	지신아
압록강이 둘러쌓고	낙동강이 둘러쌓고
지신아	지신아 ……[100]
황해도라 구월산은	
지신아	

경상남도 동래지방의 '지신밟기'의 〈성주풀이〉는 또 달라 다음과
같았다.

세상천지가 개벽하고	하던열수 둘러보고
태고천지 돌아올 때 ……	우주봉산 터를 닦아

신농씨를 나타내서   초가삼간 집을 지어
농사법을 가르칠 때   남남간에 부부삼아
농사짓게 힘을 쓰니   아들낳고 딸낳으니
풀은 베어 하식하고   아들딸이 장성하니
곡식베어 밥을 지어   천지공덕이 장하도다
처음으로 먹게 하니   억조창생 원님들아
엄유시인 나타나서   성주님을 잘 모시소 ······[101]

경상남도 밀양지방 지신밟기의 〈성주풀이〉는 위의 것들과는 또 달라 다음과 같았다.

여루여루 지신아   오른 어깨다 대톱걸고
성주지신을 올리세   왼 어깨다 소톱걸어
좋은날 갈이 받아   알매망태 걸머지고
오색놓고 금토놓고   거지봉안 들어가니
경상도 안동땅   선천지 후천지는
제비원에 솔씨받아   억만세계가 무궁하라
부진농사 부려서   산이조종은 골동산이요
타박솔이 들었구나   수리조종은 항하수라
삼정승이 가꾸어서   올농사 일매지게
황장목이 되었구나   좋은 수리 생겼으니
앞집에는 김대목   팔도야산이 주산되고
뒷집에 박대목   한라산이 안산이요
첫닭 울어 밥해 먹고   두만강이 청룡되고
두 홰 울어 사발하여   압록강이 백호로다 ······[102]

이밖에도 각 지방에 따라 〈성주풀이〉는 다양한 내용으로 존재하였다.[103]

---

101) 《韓國民俗綜合調查報告書》 13집, p.364.
102) 《韓國民俗綜合調查報告書》 13집, p.384 참조.

⑥ 조왕굿 : 부엌에 붙어 숨어 있는 악귀를 쫓아내는 굿이었다. 농악대는 부엌(정지)에 들어가 빠른 박자의 농악을 치고 상쇠의 앞소리로 '조왕풀이'의 사설을 읊었다. 조왕굿의 농악은 지방에 따라서도 별 차이가 없으나 그 사설은 지방에 따라 큰 차이가 있었다.

⑦ 장독굿 : 이것은 '철용굿' 또는 '장고방굿'이라고도 하였다. 장독대에 가서 농악을 치고 상쇠의 앞소리로 사설을 읊었다. 역시 장독굿의 농악은 지방에 따라서도 별 차이가 없었으나 그 사설은 지방에 따라 큰 차이가 있었다. 예컨대 경상남도 동래지방 '장독굿'의 사설은 여러 가지가 있었는데, 그 중의 하나는 다음과 같았다.

어히여루 지신아	꼬초장은 매워야
장독지신 올리자	지렁장은 짭아야
꿀치자 꿀치자	막장은 달아야
이 장독에 꿀치자	된장은 누렁어야
강원도벌이 날아와	잡귀잡신은 물알로
이 장독에 꿀치네	만복은 이리로.[104]

한편 바로 이웃 지방인 경상남도 밀양지방 장독굿의 사설은 다음과 같았다.

어여루 지신아	이거저거 품어놓고
장독가세로 올리세	콩을 씻어 메주 쑤어
이 장독이 생길 적에	뜨신 방에 달아놓고
명산잡아 생겼구나	거미줄 닦은 후에

103)《韓國民俗綜合調査報告書》 2집, pp.434~440 참조.
104)《韓國民俗綜合調査報告書》 13집, p.380 참조.

앞밭에 콩심어	깨끗이 씻어놓고
부지런히 가꾸어서	좋은 날 갈이받아
가을이라 추수하여	오색토록 금토놓고
여기저기 재어놓고	이집이라 대부부인
바닷물을 길어다가	이장을 담으려고
염밭을 다룬 후에	중탕에 목욕하고
염밭 따라 소금내어	하탕에다 손발 씻고
여기저기 재어놓고	상탕에 물을 떠서
항하수를 길어다가	조왕축제 푸념이다 ……[105]

이밖에도 모든 지방에서 특유한 '장독풀이' 사설이 존재했었다.

⑧ 샘굿 : 이것은 '우물굿' 또는 '용왕굿'이라고도 하였다. 집안에 개별 가족용 우물이 있는 경우에는 우물에 가서 농악을 치고 상쇠의 앞소리로 그 사설을 읊고 합창하였다.

⑨ 고방굿 : 농악대는 고방(庫房)으로 가서 덧배기 가락으로 농악을 치고 상쇠의 앞소리로 고방풀이의 사설을 읊었다.

⑩ 정락굿 : 농악대는 변소간에 가서 농악을 치고 상쇠의 앞소리로 그 사설을 읊었다.

⑪ 마구간굿 : 농악대는 마구간에 가서 농악을 치고 상쇠의 앞소리로 '마구간풀이'의 사설을 읊었다.

농악대가 이상과 같이 대문·마당·대청(성주풀이)·부엌·장독·우물·고방·변소·마구간에서 농악을 치고 그 '풀이'의 사설을 읊고 나서는 마당에서 다시 한 번 일렬로 원진무를 추며 농악을 벌였다. 이때 주인은 악귀를 쫓아 준 사례로 농악대에게 약간의 돈과 쌀을 내거나 술과 안주를 제공하였다. 농악대는 다시 다음 집을 찾아 '지신밟기'를 해주는 것이다.

---

105) 《韓國民俗綜合調查報告書》 13집, pp.387~388 참조.

농악대가 '지신밟기'에서 얻은 전곡(錢穀)은 정월 대보름날 밤에 열리는 '줄다리기[索戰]'의 비용으로 충당되는 것이 보통이었다. 이 때문에 '두레'의 분포와 줄다리기의 분포는 밀접히 연관되고 중첩되어 있었다.[106]

정월 대보름날 낮에 지신밟기를 하고 밤에 줄다리기가 끝나면 이긴 편이 선두에 서서 경상북도 안동 지방에서는 〈쾌지나 칭칭나네〉의 '칭칭이놀이'를 하며 즐겼다.

> 하늘에는 별도 많다
> 쾌지나 칭칭 나네
> 시내강변 돌도 많다
> 쾌지나 칭칭 나네 ……[107]

또한 경상북도 달성·경산 지방에서는 〈쾌지나 칭칭나네〉 대신에 '호호방아야 놀이'를 하고, 경상남도 지방에서는 '떫애기 놀이'를 하였다.[108] 어떠한 놀이이든 간에 모두 '힘의 무용'의 특징을 가진 씩씩하고 약동적인 놀이들이었다.

지신밟기놀이는 농민들의 퇴귀(退鬼) 신앙과 두레의 농악이 결합한 것이지만, 그 내용을 보면 농민들도 두레의 농악대가 지신밟기를 해준다고 악귀가 물러간다고 신앙한 것이라기보다는 이것을 오락과 놀이의 하나로 즐긴 것으로 보인다.

---

106) 전라남도 靈光 지방에서와 같이, 지방에 따라서는 '줄다리기'와 '농악'을 결합하여 '줄굿'이라는 농악을 치면서 행하는 줄다리기놀이도 있었다.
107) 송석하, 〈지신밟기 무용〉, 앞의 책, pp.20~21 참조.
108) 송석하, 〈지신밟기 무용〉, 앞의 책, pp.22~23 참조.

11. 마당놀이

'마당놀이'는 지방에 따라 '판굿' 또는 '마당굿·놀음마치'라고 불린
것으로서, 두레의 농악대가 '지신밟기'를 한 후에나 또는 봄철의 화전
놀이, 가을철의 추석놀이 또는 추수 뒤의 걸립놀이로서 마을 큰 집의
마당에서 농악판을 벌이는 놀이였다. 마당놀이는 본질적으로 두레의
호미씻이를 큰 집의 마당으로 자리를 옮겨 축제의 성격을 줄이고 오
락과 연예에 무게를 주어 농악판을 벌인 것이라고 볼 수 있다.

마당놀이와 호미씻이의 큰 차이는 호미씻이가 두레의 공동노동
완료의 농민축제 성격을 갖고, 두레 성원들과 마을 성원들이 참여하
는 집단음악과 집단무용을 중심으로 구성된 데 비하여, 마당놀이는
농민의 오락적 성격을 갖고, 마을 성원들을 관객으로 하여 집단놀이
와 개인놀이를 동일하게 중시했으며, 마당놀이를 해준 보수를 받은
데 있었다고 할 수 있다.[109] 따라서 마당놀이에서는 농악기의 연주,
가락에 맞추는 선창과 합창, 집단무용 뿐만 아니라, 잡색들을 중심으
로 펼쳐지는 재담과 연극, 잡이와 잡색들의 각종 개인놀이가 매우 중
시되어 공연되었다.

마당놀이의 구성은 지방에 따라 상당한 차이가 있었다. 현재 그
잔영을 볼 수 있는 것으로부터 소급하여 충청도 부여지방의 마당놀
이의 구성을 보면 다음과 같다.[110]

① 인사굿 : '마당놀이'를 시작할 때의 인사를 대신한 농악이다. 쇠
  잡이들이 무동·법고·사물(꽹가리·징·장고·큰북)순으로 3열 종대

---

109) '마당놀이'의 수입은 마을 書堂을 차리거나 농청을 짓는 등 마을의 '공동비용'
    에 사용하는 것이 관행이었다.
110) 《韓國民俗綜合調査報告書》 13집, pp.34~36 참조.

로 열을 지어 마당에 들어가서 인사하고, 사물·법고·무동 일렬로 원형을 이루어 우로 돈 다음, 쇠 가락에 맞추어 4방으로 밖을 향해 서서 다시 쇠 가락을 맞추어 인사하는 놀이이다.[111]

② 도둑굿 : 도둑굿 가락을 치며 우로 도는 농악춤이다. 이때 도둑굿 가락을 두 번치고 세마치로 돌리고 두마치로 넘겼다가 세마치로 돌렸다. 이때 소고는 양상모를 돌렸다.

③ 칠채 : 칠채를 치면서 우로 도는 농악춤이다. 칠채 다음에는 세마치로 넘기고 다시 두마치로 몰았다가 허튼 세마치로 몰며 우로 돌았다.

④ 쩍쩍이 : 쩍쩍이 가락을 치면서 옆걸음을 침과 동시에 법고춤이나 무동춤을 추면서 우로 도는 농악춤이었다.

⑤ 연풍대 : 느린 가락의 굿거리를 치면서 춤을 추며 우로 돌고 이때 새납을 길게 불었다. 이어서 꽹가리와 징이 세마치 가락을 주고 받다가 두마치로 넘어감과 동시에 뒤로 돌아 좌로 돈 다음 원안으로 두 번 들어갔다가 두 번 나오는 농악춤이었다.

⑥ 멍석말이 : 상쇠는 잦은 세마치 가락을 치고 외상모를 돌리면서 우로 전진하여 안으로 나선형으로 감아돌아 멍석말이를 하고 잦은 두마치를 몰아치면서 빨리 조여들어 간 다음 풀어서 나왔다가 딴 곳에 가서 다시 멍석말이를 하고 풀었다.

⑦ 쓰레질 : 느린 세마치를 치면서 사물·법고·무동의 3열을 정면을 향하여 종대로 늘어 세운 다음 빠른 가락을 치면서 이 가락에 따라 법고와 무동이 점점 앉았다가 점점 일어섰다. 이어서 세마치 가락에 사물은 그대로 서 있고, 법고와 무동을 합하여 우로 크게 돈 다음 다시 쇠 가락에 따라 그 자리에 서서 점점 앉았다

---

111) '인사굿'은 마당놀이가 끝날 때에도 다시 반복했는데, 전통적 농악의 인사굿을 오늘날에는 변용하여 행하고 있다.

가 점점 일어섰다가 하였다. 끝으로 세마치 가락에 사물괴 법고
가 두 줄로 나란히 기다가 서로 좌우로 갈려 한 바퀴 돌았다.

⑧ 좌우치기 : 세마치장단에 사물·법고·무동이 3열 종대로 늘어선
다음 왼편으로 두 발 옆걸음, 오른편으로 두 발 옆걸음, 뒤로 두
발 뒷걸음, 앞으로 두 발 앞걸음을 하여 좌우치기를 하였다.

⑨ 삼통백이 : 세마치를 치면 전원이 우로 크게 원을 그리며 돌다
가, 사물·법고·무동이 각각 따로 3개 원을 그리며 우로 돌았다.

⑩ 장고놀이 : 상쇠는 잦은 마치를 몰았다가 세마치로 돌리고 전원
을 일렬로 우로 돌리면서, 장고잡이 셋을 원 안으로 달고 들어가
상쇠와 장고잡이가 서로 마주보고 서서 장고놀이를 하였다.

⑪ 두레풍장 : 상쇠를 중심으로 사물이 안으로 가깝게 조여가며 둘
러쌓고 그 다음 밖에서 법고가, 맨 끝의 밖에 서는 무동이 둘러
쌓아.3중의 원을 만들어서 세마치 장단을 점점 몰아가며 흥겨운
농악춤을 추었다.

⑫ 열두발 상모 돌리기 : 쇠잡이가 세마치를 치며 우로 크게 돈 다
음 제자리에 서서 쇠자락을 치면 법고잡이 하나가 열두발 상모
를 쓰고 나와 중앙에서 긴 상모를 돌렸다.

한편 다른 예로서 전라남도 화순지방 두레 농악의 '마당놀이'는 다
음과 같이 구성되어 있었다.[112]

① 길굿 : 상쇠는 정문 삼채와 느린 삼채 순으로 길군악을 치면서
마당에서 일렬 종대를 지어 입장하였다.

② 가새진 : 상쇠는 느린 삼채를 치면서 잡이들을 지휘하여 원을
좁혀 원내로 들어갔다가 돌아가는 방향을 바꾸어 밖으로 빠져
나오며 결국은 일렬 원을 형성하고 모든 잡이들은 원의 중심을
보고 서서 농악춤을 추었다.

---

112) 《韓國民俗綜合調査報告書》 13집, pp.63~65 참조.

③ 짝들임 : 쇠잡이들만 원의 중심으로 들어가서 상쇠의 쇠잡이(부
쇠·3쇠·4쇠)들이 '짝들임'이라 하여 마주보고 상쇠가 치는 가락
을 쇠잡이들이 받아치면서 각기 상모놀이를 하며 즐겁게 농악
춤을 추었다.

④ 이십팔수 : 동서남북 4방의 칠성을 상징하는 '이십팔수'라고 부
르는 가락을 치면서 다른 잡이들은 원의 중심에서 제자리에 서
있고 쇠잡이들만 을(乙)자 진을 만들면서 징잡이 앞으로 가서
같이 어울렸다.

⑤ 일채 : 쇠 가락 일채를 치면서 잡이 전원이 시계바늘 돌아가는
반대 방향으로 원진무를 추었다.

⑥ 이채 : 쇠 가락 이채를 치면서 잡이 전원이 시계바늘 돌아가는
반대 방향으로 원진무를 추었다.

⑦ 삼채 : 쇠 가락 삼채를 치면서 잡이 전원이 시계바늘 돌아가는
반대 방향으로 원진무를 추었다.

⑧ 호호굿 : 잡이들 전원이 시계바늘 돌아가는 반대 방향으로 원진
무를 추면서 호호 가락을 치고 잡이들이 일제히 '호허이' 하는
구호를 불렀다.

⑨ 사채 : 쇠 가락 사채를 치면서 잡이 전원이 시계바늘 돌아가는
반대 방향으로 원진무를 추었다.

⑩ 오채 : 쇠 가락 오채를 치면서 잡이 전원이 시계바늘 돌아가는
반대 방향으로 원진무를 추었다.

⑪ 노래굿 : 느린 삼채를 치면서 일렬로 원진무를 추다가 4열을 만
들면서 계속해서 원진하고 모든 잡이들은 연주를 중지한 채 장
고만 살풀이 가락을 치는 가운데 상쇠가 앞소리를 먹이면 모든
잡이들은 뒷소리를 받았다.

⑫ 육채 : 쇠 가락 육채를 치면서 잡이 전원이 시계바늘 돌아가는
반대 방향으로 원진무를 추었다.

⑬ 도둑잡이 : 쇠 가락 삼채를 치고 멍석말이 진법을 3번 반복하는 이른바 3방진놀이를 한 다음 잡이들을 길게 외줄로 세우고 '다리치기'와 '새조시'를 3번 반복하는 등 상쇠의 지휘에 따라 농악판을 벌였다. 상쇠는 2열 종대의 잡이들을 선도하여 양쪽을 벌여 원을 만들고 잡색들은 원의 중심으로 들어가 '투전놀이'를 하는데 새납잡이는 여기에 다가가서 귀에다 대고 새납을 힘차게 불어대면, 잡색·포수·비리쇠·상쇠 등이 '도둑잡이'의 연극과 재담을 하였다.

⑭ 칠채 : 쇠 가락 칠채를 치면서 잡이 전원이 시계바늘 돌아가는 반대 방향으로 원진무를 추었다.

⑮ 개인놀이(구정놀이) : 전라좌도 화순지방의 농악과 '마당놀이'에서 널리 행해진 개인놀이로는 ㉠ 소고놀이, ㉡ 북놀이, ㉢ 장고놀이가 보편적이었다.

㉠ 소고놀이 : 상쇠가 빠른 가락을 치고 잡이 전원이 원의 중심을 향해 서 있으면, 소고잡이들만 원의 중심으로 들어가 시계바늘 돌아가는 반대 방향으로 원무하거나, 원의 중심을 본 채 옆걸음 치며 마지막에는 '연풍대'를 연출하여 오른발 왼발 순으로 한 발 뛰기로 회전하면서 시계바늘 돌아가는 반대 방향으로 원진무를 추었다.

㉡ 북놀이 : 처음에는 느린 삼채를 치고 이어서 '덩덕궁이'를 치며 마지막에는 잦은 삼채에 북을 빨리치는 놀이였다.

㉢ 장고놀이 : 장고잡이들은 시계바늘 돌아가는 반대 방향으로 돌면서 가지각색의 장단을 치거나 또는 원의 중심을 보고 옆걸음을 치며 또한 '연풍대'를 연출하여 한 사람씩 오른발 왼발을 교대로 한 발 뛰기를 하여 회전하면서 시계바늘 돌아가는 반대 방향으로 이동하였다.

또 하나의 다른 사례로 경상남도 동래·부산 지방 두레농악의 마당

놀이 구성을 들어보면 대체로 다음과 같았다.[113]

① 모듬굿 : 상쇠가 단마치 일채 가락을 치면 징·북·장고·소고·법
고 순으로 줄을 서며, 상쇠는 일채를 잠깐만 치고 다음 이채를
치다가 '길군악'을 치면서 마당 안을 일렬로 행진하였다.

② 길굿 : 상쇠가 이채·삼채·사채 가락을 치면서 3열을 지은 다음
길군악을 치면서 인사굿을 준비하였다.

③ 인사굿 : 상쇠가 삼채와 오채 가락을 치면서 전농악대가 3열 종
대로 서서 마당놀이의 관중들에게 인사를 하는 굿이다.

④ 맞춤굿 : 상쇠가 삼채와 구채 가락을 침과 동시에 농악대는 시
계바늘 돌아가는 반대 방향으로 일렬 원진무를 추면서 마당놀이
를 전개하기 위하여 맞춤굿 가락과 농악대의 동작을 맞추었다.

⑤ 문굿 : 농악대 전원이 원의 중심을 보고 앉은 다음에 상쇠가 두
사람 사이를 돌아다니면서 달아치기를 하면 두 사람은 일어서
서 상쇠를 따라 갔으며, 상쇠의 이 동작이 모두 끝나면 결국 전
농악대가 일렬 원진을 하게 되어 돌다가, 상쇠가 꺾으면 다시 반
대 방향으로 일렬 원진을 하다가, 상쇠의 인도 하에 2열 종대를
만들어 앞으로 나와 영기 앞에 섰다. 다음에 상쇠는 상모놀이를
하면서 앞뒤로 돌아다니고 잡색들은 덧배기춤을 추고 다녔으며,
마지막에는 2열 종대를 양쪽으로 벌려 다시 일렬 원형으로 이동
하였다.

⑥ 오방진 : 상쇠의 빠른 덧배기 가락에 맞추어 전 농악대는 동서
남 북, 중앙 등 5방으로 멍석말이와 멍석풀이를 반복하였다.

⑦ 승전굿 : 상쇠의 인도 아래 전 농악대가 시계바늘 돌아가는 반
대 방향으로 일렬 원진하면서 승전하여 입성하는 것처럼 굿거
리 가락에 덧배기춤을 추면서 돌았다.

---

113) 《韓國民俗綜合調査報告書》 13집, pp.101~104 참조.

⑧ 마당굿 : 잡이들은 마당굿 가락을 치며 원의 중심을 보고, 상쇠와 부쇠는 원 안으로 들어와 상모놀이를 하며 춤을 추다가 앞을 보고 좌우 옆 걸음 친 다음 서로 마주보고 서서 이어 자리바꾸기를 하였다. 다음은 잦은 마당굿 가락을 치며 '연풍대'를 연출하여 오른발 왼발 순으로 한발뛰기를 하면서 회전하고 이어서 자반뛰기를 하면서 시계바늘 돌아가는 반대 방향으로 원선상을 내달았다.

⑨ 영산다드래기 : 농악대 전원이 다드래기를 치며 시계바늘 돌아가는 반대 방향으로 오른발 왼발 순으로 한발뛰기와 빨리 뛰는 걸음 그리고 2박에 발을 바꾸어 걸어가는 까치걸음 등을 하였다. 이때 소고잡이들은 '일사'를 하고 쇠잡이들은 '꽃이 상모'를 하였다.

⑩ 호호굿 : 농악대 전원이 마당굿 가락을 치며 갈지자(之) 걸음으로 오른발 왼발을 밖으로 뛰어 시계바늘 돌아가는 반대 방향으로 원진하고, 상쇠가 쇠소리를 끊고 '호호'하고 소리를 치면 농악대는 악기를 딱딱치면서 빨리 뛰어 돌아갔다. 마지막에는 전원이 다드래기를 치며 '연풍대'를 연출하여 돌았다.

⑪ 우물굿 : 농악대 전원이 우물굿 가락을 치며 시계바늘 돌아가는 반대 방향으로 원진하면서 먼저 쇠소리가 멈추면 오른발 왼발 순으로 한발뛰기를 하고 이어서 회전하는 연풍대와 2회를 자반뛰기로 돌고 앉았다 일어서는 '엎어베기'의 동작을 반복하였다.

⑫ 농사굿 : 잡이들이 행진하여 'ㄷ'자형을 만든 다음 소고잡이들이 농악을 치면서 농사일의 각 단계 작업을 집단무용으로 나타내었는 바, ㉠ 씨뿌리기, ㉡ 모찌기, ㉢ 모심기, ㉣ 김매기, ㉤ 벼베기, ㉥ 타작, ㉦ 벼쓸어모으기, ㉧ 벼(가마니) 쌓기 등이 농악과 집단무용으로 연출되었다.

⑬ 풍년굿 : 전 농악대가 'ㄷ'자형을 만들어 섰고, 소고잡이들은 앉

아서 춤을 추고 잡색들은 안으로 들어와 흥겹게 덧배기춤을 추
었다.

⑭ 들법고 : 고깔을 쓴 소고잡이들만 소고를 침과 동시에 1박에 두
발뛰기를 하면서 시계바늘 돌아가는 방향으로 일렬 원진하고,
방향을 바꾸어 소고를 치면서 앉았다 일어서기를 몇 번 반복한
다음, 이어서 연풍대로 제자리에 돌아왔다.

⑮ 개인놀이 : 경상도 동래·부산 지방의 농악과 마당놀이에서 널
리 행해진 개인놀이로서는 ㉠ 쇠잡이의 상모놀이 ㉡ 소고놀이
㉢ 장고춤 ㉣ 북춤 ㉤ 열두발 상모 등이 유명하였다.

㉠ 쇠잡이의 상모놀이 : 쇠잡이들이 징과 마주 보고 앞뒤로 왔다
갔다 하면서 앉았다 일어서기와 연풍대를 했으며 상모는 '일사'
와 '꽃이상모'를 돌렸다.

㉡ 소고놀이 : 소고잡이는 상쇠 앞으로 나가 앉았다 일어서기와 소
고차고돌기 그리고 연풍대와 자반뛰기 등을 하는데, 이때의 상
모놀이는 '일사' '양사' '꽃이상모'를 돌렸다.

㉢ 장고춤 : 장고잡이는 외장고(보통 치는 것)와 양장고(궁글체로
궁편과 채편을 치는 것)를 침과 함께 상쇠와 마주보고 춤을 추면
서 자진모리 가락에 맞추어 가볍게 뛰며 3진 3퇴하고 이어서 연
풍대와 자반뛰기를 계속하였다.

㉣ 북춤 : 북춤은 집단놀이와 개인놀이가 있었다. 집단놀이는 일렬
원진무, 마주보고 서서 좌우로 옆걸음치기, 원의 중심과 원 밖으
로 3진 3퇴, 빠른 가락으로 자반뛰기 등이 있었으며, 개인놀이는
먼저 느린 굿거리로 입장하여 양손을 벌려 어깨춤을 추고 자진
모리 가락에는 1박에 두발뛰기 걸음으로 원무하다가 연풍대로
돌아가며 한 발로 북을 받친 채 제자리에서 회전하고 휘모리 가
락에 맞추어 까치걸음으로 원진하다가 마지막에는 연풍대로 돌
아갔다.

㉤열두발 상모 : 법고잡이가 먼저 서서 열두발의 긴 상모를 돌리
　　다가 앉았다 일어서면서 돌리고 이어서 한 손을 땅에 짚고 돌리
　　면서 서서히 일어선 다음에 양발을 뛰면서 좌우로 돌리고 마지
　　막에는 상모가 돌아가는 사이를 좌·우로 뛰었다.

　여기서는 세 지방의 세 사례만을 들었지만, 이밖에도 경기도·강원
도·황해도·제주도의 각 고을마다에 독특한 구성의 마당놀이가 있었
으며, 평안도와 함경 지방의 일부 고을에도 마당놀이가 있었다.[114]

　마당놀이는 농민들의 연예문화(演藝文化)의 하나였다. 때때로 마
당놀이는 걸립패농악과 결합되기도 했으며, 그 특징의 하나는 주체
가 두레꾼 또는 근로농민이어서 '농민층의 민족문화'의 중요한 항목
을 이룬 농민 연예문화의 하나였다.

　필자의 생각으로는 '남사당패 농악'은 농민층의 민족문화의 한 항
목으로서 마당놀이에서 분화되어 나간 것이라고 본다. 남사당패 농
악은 농악과 개인놀이를 전문으로 하는 사람들이 완전히 독립된 직
업적 농악대와 연예대를 조직해 가지고 장마당과 큰 마을과 도시를
순회하면서 흥행을 하여 그 보수를 받아서 생계를 유지하였다. 남사
당패 농악은 농악 뿐만 아니라 줄타기, 땅재주, 버나돌리기, 광대놀
이 등 곡예와 연극을 풍부하게 넣어 흥행성을 높였으며 재주가 뛰어
나고 전문적이었다. 또한 남사당패의 농악은 마당놀이의 규모가 매
우 크고 화려하며 기예가 뛰어난 것이어서 무대 연예적 성격을 많이
가진 것이었다. 그러나 남사당패 농악의 근저에 있는 것은 두레 농
민의 마당놀이였음을 그 구성을 보면 바로 알 수 있게 된다.

　두레농민의 마당놀이는 농민의 연예문화를 창조했으며 동시에 민
족문화의 하나를 창조했다고 말할 수 있을 것이다.

---

114) 《韓國의 鄕土娛樂》, pp.336~357 참조.

12. 머슴날

두레공동체의 머슴들이 만든 명절로 조선왕조 말기·일제강점 초
기까지는 '머슴날[雇傭節]'이라는 머슴들을 위한 명절이 있었다. 이것
은 매해 음력 2월 초하루를 머슴날로 정하여, 이날은 온 마을 사람들
이 머슴을 특별히 우대하고, 머슴들은 농청에 농기를 세우고 농악을
울리며 자기들의 큰 잔치를 벌리어 즐기는 날이었다.

김윤식은 《속음청사》에서 1894년 충청도 면양에서의 '머슴날' 행
사에 대하여 다음과 같이 기록하였다.[115]

　2월 초하루. 오늘은 곧 농가의 머슴날[雇傭佳節]이다. 마을마다 농기를
　세우고 징[鉦]과 북[鼓]을 울리며 이를 즐긴다.

김윤식이 머슴날의 기록에서 이것을 한문으로 '고용절(雇傭節)'이
라고만 하지 않고 '고용가절(雇傭佳節)'이라고 하여 '가(佳)'자를 넣은
것은 이것이 머슴들의 잔치날이요, 명절임을 강조한 것이라고 이해
된다. 머슴날은 충청도 지방 뿐만 아니라 두레가 시행된 모든 지방
에서 널리 행해진 민속이었다.

충청남도 대덕군 진잠면 고로(古老)들의 설명에 의하면, 마을마다
마을 머슴들이 모이는 농청이나 '큰사랑'이 있는데, 해마다 정월 대
보름날에는 머슴들이 사랑방에 모여 그들의 대표인 '큰머슴'을 뽑았
으며, 이 큰머슴이 그해의 두레 조직의 수총각(首總角) 또는 총각대

방(總角大方)이 되었다고 한다. 큰머슴은 마을 머슴들의 대표로서 머슴날 행사 준비를 독려하여 음력 2월 초하루에 맞추어 농악대와 음식 준비를 서둘렀다. 음식은 머슴을 고용한 주인이 송편과 술, 고기를 준비하고, 그해의 16세가 되는 머슴들이 '성인'이 되는 턱으로 각각 막걸리 2말씩을 준비하였다.

2월 초하루 머슴날이 돌아오면 농청이나 큰사랑에서 먼저 마을 머슴들의 행사가 시작되는데 머슴들의 나이 숫자에 맞추어 차린 송편상(술·고기를 곁들임)을 받아 시식을 하고, 그해 16세가 되는 머슴들이 큰머슴을 비롯한 선배 머슴들에게 준비한 막걸리의 술잔을 올리고 큰머슴이 16세되는 머슴에게 답례의 술잔을 내렸다. 이 의식이 끝나면 16세가 된 머슴은 그 이전에 '꼴머슴'으로부터 '중머슴'이 되는 것이었다. 또한 그해 마을에 새로 고입된 머슴이 있으면 그들로부터 큰머슴에게 술잔을 바치게 했다.

아침의 잔치상과 의식이 끝나면 머슴들은 농청 마당에 농기를 세우고 농악을 치기 시작하였다. 이것을 '머슴날놀이'[116]라고 하였다. 머슴들은 추위도 잊은 채 하루 종일 농악을 치고 춤을 추다 지치면 음식잔치를 벌이며 다시 농악과 춤을 추고 소리를 합창하면서 밤이 깊도록 하루를 즐겼다. 머슴날에는 온 마을 사람들이 머슴을 특히 우대하고 존중하였다고 한다.

머슴날이 언제부터 시행되었는지 그 기원은 정확히 알 수 없으나, 두레가 성행한 조선왕조시대에 시행되었다는 것은 틀림없는 사실이었다. 한국의 전통사회에서 최하층 농업노동자의 일종인 머슴들의 머슴날이 제정되어 실행되었다는 사실은 주목할 필요가 있는 중요한 사실이라고 할 수 있다.[117]

---

116) 송석하, 〈傳統娛樂의 分類〉, 앞의 책, p.309 참조.
117) 한국 전통사회에서 실행되었던 '머슴날[雇傭節]'은 서양의 개념에 비유하면 '메이데이[勞動節]'와 유사한 것으로서, 한국 전통사회의 농촌에는 일종의 '노동절'

13. 공동우물치기와 용왕굿

두레 공동작업과 공동행사의 하나로 마을의 공동우물치기가 있었
다. 상고시대 두레가 발생한 이래 마을 식수는 공동우물에 의존하였
고, 큰 규모의 마을인 경우에 두세 개의 공동우물을 파서 사용하였
다. 마을 안에 가호별(家戶別) 단독 우물이 나타난 것은 마을 안에 귀
족과 지주가 나타나서 신분·계급의 분화가 격화되고 사적(私的) 가
족단위 생활이 강화된 후대의 일인 것으로 추정된다. 그러나 조선왕
조 말기까지는 가호별 단독우물이 일반화되었음에도 불구하고 마을
의 공동우물은 여전히 병존하여 마을 안에서 널리 애용되었다.

마을의 공동우물치기는 두레의 발생 이래로 두레의 책임이었다.
해마다 음력 3월 또는 7월에 두레꾼들은 길일을 택하여 공동작업으
로 공동우물치기를 수행하고 '용왕굿'을 친 다음 그날 밤을 잔치로
즐겼다. 두레의 공동우물치기의 관행은 언어에도 삼투하여, 우리나
라의 고어(古語)에는 우물을 공동으로 치는 도구나 지형이 낮은 곳
으로부터 높은 곳으로 물을 공동으로 퍼올리는 양수도구(揚水道具)
를 '용두레'라고 했으며, 공동우물(또는 후에는 모든 우물)의 물 퍼올
리는 바가지를 '두레박'이라고 했는데, 이것은 모두 두레공동체의 공
동우물치기·공동관개사업과 관련되어 나온 용어라고 볼 수 있다.

두레꾼들은 공동우물치기가 끝나면 공동우물가에서 용왕굿을 쳤
다. 먼저 공동우물의 터주인 용왕을 위하여 간단한 고사상을 차리고
두레의 영좌가 '맑은 물이 마르지 않고 철철 넘치도록' 축원하는 3배
를 올린 다음 두레의 농악대가 우물가에서 '용왕굿'이라는 농악을 치

이 존재했었다고 볼 수도 있을 것이다.

기 시작하였다. 두레의 농악대는 공동우물을 둘러싸고 한 바퀴 돌면서 원진을 만든 다음 우물을 향하여 3배하고 다시 뒤로 돌아서 마을과 마을 사람들을 향하여 3배한 다음 시계바늘 돌아가는 반대 방향으로 원진무를 하며 공동우물을 돌면서 상쇠의 인도 아래 '용왕굿 가락'을 쳤다. 상쇠가 쇠 가락을 딱 멈춘 다음에는 상쇠의 앞소리에 따라 '용왕풀이'의 축원의 노래를 합창하였다.[118] 후대에는 이 용왕풀이가 지신밟기에도 전용되었는데, 경상도 동래지방의 〈용왕풀이〉의 예를 보면 다음과 같았다.

어히여루 지신아	칠년대한 가믈음에
용왕지신 올리자	물이나철렁 실어주소
동방청제 용왕님	구년장마 홍수에도
남방적제 용왕님	물이나철렁 맑아주소
서방백제 용왕님	잡귀잡신은 물알로
북방흑제 용왕님	만복은 이리로[119]

또한 경상남도 밀양지방의 〈용왕풀이〉는 다음과 같았다.

이여루 지신아	만년술을 먹더라도
용왕지신을 누르자	물맛이나 변치마소
하늘에는 옥황상님	이젠니가 이래도
물밑에는 용왕님	칠년대한 가뭄에
동해바다 용왕님아	천년술을 댕겨주고
서해바다 용왕님아	만년술을 댕겨주네
남해바다 용왕님아	천만년 먹더라도
북해바다 용왕님아	물맛이나 변치마소[120]

---

118) 《韓國民俗綜合調查報告書》 9집, p.337 참조.
119) 《韓國民俗綜合調查報告書》 3집, p.822 및 同 보고서 13집, p.380 참조.

천년술을 당겨주고

용왕풀이가 끝나면 두레의 농악대는 다시 용왕굿 가락을 치며 공
동우물을 둘러싸고 시계바늘 돌아가는 반대 방향으로 원을 그리며
오른발 왼발 순으로 한발뛰기를 하고 이어서 회전하는 연풍대와 2회
를 자반뛰기로 돌고 앉았다 일어서는 엎어베기를 반복하면서 농악
과 집단무용을 하였다. 용왕굿이 끝나면 두레꾼들은 농청으로 돌아
와서 그날 밤은 농청에서 잔치를 벌였다.

14. 맺음말

지금까지 한국 전통사회에서 두레공동체가 창조하여 발전시킨 농
민층의 민족문화 중에서 주로 농기와 농기싸움·농악·농민의 민요·
두레장원·호미씻이·농민무용·지신밟기놀이·마당놀이·머슴날·공동
우물치와용왕굿 등을 고찰하였다. 여기서는 두레가 창조하여 발전시
켰던 10개의 문화 항목을 고찰했음에도 불구하고, 이밖에 두레가 만
들어 낸 농민층의 민족문화가 보다 많이 있었음은 더 말할 필요도
없다.

한국 전통사회에서 농민이 한국민족의 절대다수의 구성원이었기
때문에 두레가 창조해 낸 농민문화는 또한 바로 민족문화를 창조해
낸 것이기도 하였다. 이러한 점에서 두레는 한국의 농민문화를 창조
해 낸 주체로서의 공동체였을 뿐 아니라 한국의 민족문화를 창조해
낸 주체로서의 공동체이기도 하였다.

두레가 창조해 낸 농민층의 민족문화는 또한 전형적인 공동체문화

---

120) 《韓國民俗綜合調査報告書》 13집, p.387 참조.

였다. 두레와 두레가 창조해 낸 농민층의 민족문화들 속에는 이해타
산과 상호반목과 상호불신과 소외를 철저히 극복하고, 상호간의 신
뢰와 사랑 속에서 더욱 친밀하고, 충분히 서로 이해하며, 더욱 자유롭
고 평등하며, 상호간에 더욱 철저히 상호부조하고, 불우한 성원을 철
저히 공동부조하며, 성원 상호간의 전인격적 관계 속에서 감정적 응
집과 공동체의식을 강화하고, 충만감을 갖고 느끼며, 도덕적 헌신을
하고, 성원들이 지속적으로 긴밀한 유대를 맺으면서 살아가는 '공동
체적 삶'이 실현되고 있었다.

두레가 창조해 낸 공동체적 농민층의 민족문화는 자연에 대한 투
쟁으로서의 공동노동과 결합하여 만들어지면서 매우 약동적이고 전
투적이며 율동적이고 장쾌하며 정열적이고 낙천적이며 생산적이고
견실하며 매우 씩씩한 특성을 가진 민중문화와 민중예술이었다. 두
레가 창조해 낸 농민층의 민족문화의 이러한 특성은 한국 농민과 한
국민족의 생활 속에도 이러한 특성을 배양해 주어 어떠한 압제에도
굴복하지 않고 낙천적으로 이를 극복하여 약동하는 문화적 힘을 조
성해 주었다.

조선왕조시대에 최하층 농민들이 장쾌하고 약동적인 농악 가락을
울리며 씩씩한 춤을 추면서 흥겹게 돌린 상모는 조선 봉건사회의 농
민들이 양반과 지주들의 착취 아래에도 자기들의 농민문화와 민족
문화를 창조하면서 힘차게 성장하고 있었음을 상징적으로 나타내
준 것이었다.

또한 일제치하의 캄캄한 어둠의 시대에 한국 농민들이 홍색·청색·
황색의 강렬한 색조의 복장을 하고 전투적인 농악 가락과 튀어오르
는 듯한 상무적인 씩씩한 춤을 추면서 상쇠의 '호!호!' 하는 구령에
맞추어 우렁찬 합창을 마을이 떠나가도록 외치며 공동체 단결을 다
짐한 것은 제국주의자들의 어떠한 야수적 탄압에도 굴하지 않고 밝
은 미래를 약속하는 한국민족과 한국 농민들의 불굴의 생명력과 낙

천적이고 씩씩한 생활양식을 상징적으로 나타낸 것이었다.

일제의 관찰자들이 '두레'와 '농악' 등 한국 농민층의 민족문화를 보고 "조선 농부의 농사는 전적으로 축제의 소동"이라고 비판했던 것은 그들에게 없는 한국 고유의 슬기로운 문화에 대한 질시에 넘친 것이었다. 일제 침략자들이 두레와 농악 등 농민층의 민족문화에 대한 간교하고 가혹한 탄압을 자행하여 이를 소멸시키려고 온갖 획책을 다 한 것은, 두레가 창조해 낸 농민문화가 한국민족의 불굴의 생명력과 생동력을 배양해 주는 원천의 하나임을 간취했었기 때문이었다.

두레와 두레가 창조해 낸 농민층의 민족문화에는 개별 노동으로서는 힘겹고 고통스러운 작업이 될 수밖에 없는 일을 공동노동의 공동체를 만들어서 농악 등 여러 가지 농민층의 민족문화를 창조하여 융합시킴으로써 노동능률을 크게 재고시킴과 동시에 고통스러운 노동을 즐거운 노동으로 전화시키는 데 훌륭히 성공한 슬기가 실현되어 있었다. 또한 두레와 두레가 창조해 낸 농민문화·민족문화·공동체문화는 함께 일하고 즐기면서 상호부조와 공동부조의 협동적 생활양식을 발전시키고 민족공동체의 연대와 단결을 발전시켰다.

회고해 보면, 일제의 식민지 강점시기를 겪는 동안에 수많은 아름답고 창조적인 민족문화가 일제의 한국민족말살정책에 의하여 소멸되고 말살되어 버렸다. 두레와 두레가 창조해 낸 여러 가지 농민문화들도 그러한 문화 항목들의 하나이다. 그리하여 오늘날에는 한국 민족성원 모두의 고향이며, 한국 민족문화의 뿌리 터전인 농촌사회가 '두레공동체'를 상실하고 호미씻이의 축제 한 번도 없는 메마른 곳이 되어가고 있다.

우리가 민족문화 유산과 민족의 전통 중에서 귀중한 문화 항목들을 오늘날 우리 시대에 맞게 창조적으로 계승 발전시켜 민족발전에 원동력의 하나로 삼아야 한다면, 두레와 두레가 창조해 낸 농민층의 민족문화들은 반드시 재검토해 보아야 할 우리의 문화 항목들이 아닐까 한다.

(최홍기교수회갑기념논문집,《현대자본주의와 공동체이론》, 한길사, 1987 수록, 〈두레공동체와 농민문화〉에서 改題)

耽羅國의 形成과 초기 民族移動

1. 머리말

상고시대에 최초의 고대국가 형성과정을 역사적으로 관찰해 보면, 소규모 국가이든 대규모 국가이든 간에, 최초의 국가형성은 자연발생적인 부족들의 결합과 성장에 의한 것도 있지만, 선진적 부족과 원(선)민족들의 타지역으로의 이동에 따른 고대국가 형성의 경우도 많았음을 알 수 있다.

동아시아에서는 B.C. 3세기 경에 遼河·浿水(大凌河 포함) 유역의 선진적 古朝鮮文明圈과 黃河 유역의 선진적 奏(漢) 문명권의 충돌로 초기 民族大移動이 일어나기 시작하여, B.C. 2세기~A.D 1세기 경에는 이 민족이동의 큰 흐름은 한반도 전역 및 제주도, 일본열도에도 파급되었다.

이 민족이동의 큰 흐름의 파급과정에서 마한·진한·변한·고구려·백제·신라·가라 등의 고대국가가 건국되었다.

제주도에 형성되었던 耽羅國도 이 거대한 초기 민족이동의 흐름과 관련되어 형성되었음을 자료를 통하여 관찰할 수 있다.

이 논문은 초기 철기시대에 제주도에 형성되어 발전했던 형성과

정의 기본구조를 사회사적으로 거시적 관점에서 초기 민족이동과 관련하여 고찰하려는 것이다.

최근 고고학계의 발굴성과에 의하면, 이미 구석기시대부터 제주도에 사람이 살기 시작하였다고 한다. 1973년 애월읍 어음리 빌레못 동굴에서 타제석기들과 동물뼈가 발굴되었는데, 중기구석기 유물로 평가되었으며, 1975~1977년 서귀포 天地淵 유적의 타제석기와 돌칼 등은 후기구석기 유물로 평가되었다.[1] 이 시기는 제주도가 한반도 및 중국대륙과 연륙되어 있던 빙하기였다.

지질학계에서 말하는 洪績世가 B.C. 8000년 경에 끝나고 冲績世가 시작되면서 기후가 따뜻해져 빙하가 녹았기 때문에, 오늘날의 바다 지형과 같이 서해·남해·동해가 생기어 제주도는 오늘과 같은 지형의 섬이 되었다. 그리고 이 과정에서 화산활동이 간헐적으로 진전되었다고 추정되고 있다.[2]

제주도가 섬이 된 이후 신석기시대에도 제주도에 사람이 거주했다는 사실은 고고학의 발굴성과로 잘 증명되고 있다.[3] 예컨대 高山里式 有文토기는 B.C. 5000~B.C. 3000년의 것으로 평가되었으며,[4]

---

1) ① 鄭永和,〈제주도의 舊石器時代 穴居遺蹟趾〉,《제주도》제60호, 1973 ;〈舊石器時代 穴居遺蹟에 대하여〉,《韓國文化人類學》제6집, 1974 ;〈제주도의 考古學的 調査 — 新發見遺物을 중심으로〉,《韓國文化人類學》제9집, 1977.
   ② 夫宗休,〈韓國 新·舊石器時代의 穴居遺蹟에 대하여 — 제주도 빌레못굴·한들굴〉,《교육제주》제24집, 1973 참조.
2)《東史綱目》, 高麗 穆宗 壬寅 5年(1002년) 6月條에는 "壬寅 穆宗五年六月 耽羅 山開 山開四孔 赤水湧出 五日而上 其水 皆成瓦石(임인 목종5년 6월에 탐라산에 구멍이 열렸다. 산에 4구멍이 열려 붉은 물(용암)이 용출하다가 5일만에 그쳤는데, 그 붉은 물은 모두 기와색 돌이 되었다)"고 하여 한라산의 火山활동이 A.D. 1002년까지도 계속되었음을 기록하였다.
3) ① 金哲埈,〈제주도 支石墓 調査報告〉,《서울대論文集》제9집, 1959.
   ② 宋錫範,〈제주도의 고인돌 小考〉,《제주도》제13집, 1964 및〈곽지패총에 대한 小考 — 郭支貝塚을 발견하고〉,《교육제주》제23집, 1973 참조.
4) ① 任孝宰,〈제주도 先史文化 研究의 現況과 課題〉,《濟州島研究》제4집,

北村里式 有文토기는 B.C. 2000~B.C. 1000년, 上募里式 無文토기는 B.C. 500~B.C. 100년의 것으로 평가되었다.[5]

이 논문에서는 이러한 시기의 정치·사회·경제는 전혀 다루지 않고, 그보다 고고학 편년상의 청동기시대 말기부터 철기시대 초기(제주도의 토기문화의 경우는 郭支1式 赤褐色土器 및 灰色陶器 시기)의 탐라국의 형성과정을 바로 다루려고 한다.

탐라국 형성과정을 설명하는 문헌자료는 극히 회귀하므로,[6] 이 논문에서는 고고학의 성과 뿐만 아니라 사회사 학파들이 애용하는 설화·민담·언어·민요·관습 등도 사실적 부문을 분리하여 취해서 최대로 활용하려고 한다.

특히 三乙那說話는[7] 탐라국의 개국설화로서 신화적 요소도 많지만 사실적 요소도 매우 많으므로, 이 설화를 사회사 학파가 애용하는 口傳歷史(oral history)의 신화화한 형태라고 보아,[8] 다시 사실적 부문을 분리해서 최대로 활용할 것이다.[9]

1987.

  ② 李淸圭, 《濟州道考古學硏究》(學硏文化社), 1995, pp.93~98 참조.

5) 李淸圭, 《濟州道考古學硏究》, pp.93~107 참조.

6) ① 金奉玉, 〈耽羅國에 관한 文獻 考察〉, 《濟州島史硏究》 제2집, 1992.

  ② 高昌錫 編著, 《耽羅國史料集》(新亞文化社), 1995 참조. 이 史料集에는 耽羅史의 문헌자료가 거의 모두 수집되어 있는데, 이 논문에서 사용한 原資料의 부분들은 이 史料集에 대부분 수록되어 있다. 일일이 사료집頁을 쓰기가 번거로워 원자료의 이름을 바로 기재하였다.

7) 三乙那說話는 三姓始祖說話이면서 동시에 제주도 최초 古代國家 開國說話이다. 그 증거는 三乙那의 배필이 碧浪國 國王이 보낸 3公主임에서도 알 수 있다.

8) 《唐會要》 耽羅國條에 "활과 칼과 방패와 창이 있었으나 文記는 없다(有弓刀楯猶 無文記)"라고 하였다. 이것은 耽羅國의 건국과정을 기술한 文獻記錄(歷史書)은 없음을 알려주는 것이다. 이러한 경우에는 開國(建國)說話는 사실을 많이 포함한 口述史로서 神話化되면서 傳承되어 오는 것이 대부분이다. 이 때 神話的 요소를 분리·제거하고 사실적 부분만을 재구성하면 開國說話는 훌륭한 史料로 사용될 수 있는 것이다.

9) ① 張籌根, 〈三姓神話 解釋의 한 시도〉, 《국어국문학》 제22집, 1960.

탐라국 형성의 역사연구는 초기단계이므로, 여기서는 약간 대담한 새 패러다임을 제시하여 동학들의 질정을 받으려고 한다.

2. 耽羅國의 형성과 3원민족(高句麗族·良貊族·夫餘族)의 이동

제주도에 耽羅國이 형성되기 시작한 약 3세기 전인 B.C. 3세기~ A.D. 1세기 경에 북방 한반도와 요동반도 일대에서는 중국의 秦·漢 의 통일국가형성에 관련된 인접국가 침략정책으로 말미암아 여러 선민족 및 부족들의 대대적 민족이동이 일어나게 되었다. B.C. 3세 기 초에 燕의 장군 秦開가 古朝鮮의 서부영토를 침략하여 점령했기 때문에 고조선족과 그에 연맹한 貊族·濊族이 동남방으로 이동하기 시작하였다.

B.C. 195년에는 燕에게 점령당했던 고조선 구영토에 남아 있던 고 조선 후예 衛滿이 부하주민 1,000여 명을 거느리고 古朝鮮에 투항해 왔으므로, 고조선 準王은 위만을 일단 고조선 서부지역에 살면서 서

---

② 梁重海, 〈삼성신화와 혼인지〉, 《國文學報》(제주대) 제3집, 1970.

③ 玄容駿, 〈三姓神話 研究〉, 《耽羅文化》 제2호, 1983.

④ 홍순만, 〈삼성설화로 열린 탐라국〉, 《월간 관광제주》, 1984. 12.

⑤ 金宗業, 《耽羅文化史》, 조약돌, 1986.

⑥ 金戊祚, 〈三神神話의 階層的 秩序〉, 《韓國傳統文化研究》(曉星女大) 제3집, 1987.

⑦ 全京秀, 〈上古耽羅社會의 基本構造와 運動方向〉, 《濟州島研究》 제4집, 1987.

⑧ 玄容駿, 〈濟州島 開闢神話의 系統〉, 《濟州島研究》 제5집, 1988.

⑨ 全京秀, 〈乙那神話와 耽羅國 散稿〉, 《濟州島研究》 제9집, 1992.

⑩ 張籌根, 〈三姓神話의 形成과 문헌정착과정〉, 《耽羅文化》 제14호, 1994.

⑪ 全京秀, 〈乙那神話의 文化傳統과 脫傳統〉, 《耽羅文化》 제14호, 1994.

⑫ 李淸圭, 〈三姓神話에 대한 고고학적 접근〉, 《耽羅文化》 제14호, 1994.

⑬ 許南春, 〈三姓神話의 神話學的 고찰〉, 《耽羅文化》 제14호, 1994.

⑭ 許椿, 〈三姓神話 研究 : 成果와 課題〉, 《耽羅文化》 제14호, 1994.

방을 지키게 하였다. 그러나 B.C. 194년에 위만은 정변을 일으켜 고
조선왕 準을 내쫓고 정권을 장악하였다. 이에 고조선에는 위만왕조
가 수립되었다. 한편 쫓겨난 고조선 준왕은 수천 명의 추종자를 거
느리고 海路로 남하하여 辰國 땅에 馬韓을 세우고 스스로 韓王을 칭
하였다. 이 과정에서 북방으로부터 남방으로의 선진민족의 이동이
더욱 증가하게 되었다.

중국에서 秦이 멸망하고 漢이 일어나서 통일국가를 확대하자 위
만의 고조선과 계속 갈등이 일어나더니, B.C. 108년에는 漢의 대군이
위만의 고조선을 공격하여 멸망시키고, 그 영토에 樂浪·眞番·臨屯의
3郡과 濊의 영토에 玄菟郡을 두어 이른바 漢四郡을 설치하였다. 이
에 고조선 계통의 왕족과 일부 무사들이 부하와 주민을 거느리고 대
규모로 남하하여 민족이동은 더욱 증가하였다.

이러한 격변 속에서 B.C. 5세기 경에 수립된 것으로 추정되는 貊
族의 고대국가 夫餘國의 왕족인 朱蒙[鄒牟]이 구려(원고구려) 소국으
로 피난해 들어가서 B.C. 37년에는 보다 큰 나라로서 高句麗를 건국
했으며, 고구려의 왕족 溫祚는 남하하여 한강유역에다 B.C. 18년에
百濟를 건국하였다. 또한 경주지역에서는 B.C. 57년에 赫居世를 왕
으로 한 新羅가 건국되었다. 이러한 대격변 속에서 급속히 강성하게
된 고구려는 漢四郡을 몰아내기 위해서 치열한 공격을 가하면서, 동
시에 다른 부족들을 급속히 통합해 나갔기 때문에 권력투쟁에서 실
세한 각 부족들의 군장·귀족·무사·주민들이 뿌리가 뽑히어 새로운
정착지를 찾아서 대세를 따라 남방으로 남방으로 더욱 끊임없이 이
동하게 되었다.[10)]

이러한 초기 민족이동 과정에서 고대국가를 형성시킨 수단적 원
동력을 무엇보다도 金屬武器와 國家樹立 管理支配의 經驗知識이었

---

10) 李基白,《韓國古代政治社會史研究》, 一潮閣, 1996, pp.42~90 참조.

다. 일본에서는 騎馬를 강조하여 騎馬民族移動과 征服을 거론하는
데,[11] 이것은 金屬製武器 다음의 수단이었다고 필자는 생각한다. 즉
민족이동 과정에 있어서 고대국가 건설의 가장 중요한 수단적 원동
력은 ① 금속제무기 ② 國家樹立 管理支配의 經驗知識 ③ 騎馬戰術
등이었다고 볼 수 있다.

선진민족·부족들의 북방으로부터 남방으로의 이동은 B.C. 1세기
에는 더욱 증가하여 한반도 서해안을 따라 海路로만 남하한 것이 아
니라 육로로도 남하가 진행되었다. 이 민족이동의 흐름에는 B.C. 3
세기에 요동반도·한반도 북부로부터 시작하여 B.C. 1세기~A.D. 1
세기에는 한반도 남해안·제주도는 물론이오, 대마도·일본 九州 지방
으로까지 계속 이어졌다. 민족이동 과정에서 북방의 선진부족들은
당시로서는 선진한 철제무기를 사용했으므로 새 정착지에서 낙후한
원주민을 제압하고 새 나라를 세우는 것은 그다지 지난한 일은 아니
었다고 볼 수 있다.

중국의 漢이 衛滿朝鮮을 공격하여 멸망시키고 漢四郡을 설치한
직후인 B.C. 1세기~A.D. 1세기 경에 한사군의 둘레 지역에서는 고
구려를 선두로 하여 貊族의 소국들이 한사군에 대항하면서 한편으
로 자기세력을 중심으로 연맹왕국을 건설하려는 경쟁과 투쟁이 격
렬하게 전개되었다. 압록강 하구에서 배를 잘 타던 良貊族, 종래의
지배세력이던 夫餘族, 신흥세력인 高句麗族, 佟佳江 유역의 小水貊
族, 압록강 중류의 大水貊族, 고원지대의 蓋馬族 등이 그 대표적이
다. 이들 사이에는 전쟁·정복과 병합·분리가 거듭되는 동안에 고구
려족의 우세와 융성이 부각되기 시작하였다.

이 부족 간의 경쟁·투쟁과 부족 내의 권력투쟁에서 실세한 각 부
족 지배층의 일부는 새로운 정착지를 찾아 추종집단을 거느리고 당

---

11) 江上波夫, 《騎馬民族國家》(中公文庫), 1984 참조.

시의 민족이동의 대세에 따라 육로로 또는 배를 타고 해로로 남하하
였다. 예컨대 부여·고구려족의 일부는 B.C. 1세기에 남하하여 한강
유역에 백제를 건국하였다.

이중에서 B.C. 1세기~A.D. 1세기에 夫餘族·良貊族·高句麗族의
일부가 해로로 앞서거니 뒤서거니 약간의 시간차를 두면서 제주도
에 도착하였다. 제주도에서는 A.D. 65년에 한라산의 폭발이 있어서
밤에는 한반도 남해안에서도 붉은 기운을 볼 수 있을 정도였다고 하
므로,[12] 이 무렵 海路로 남하하는 부족들이 제주도를 찾아 도착하는
것은 그다지 어려운 일이 아니었을 것이며, 활화산 활동 재개가 없었
다 하더라도 남해안에서 제주도는 청명한 날에는 가시거리 안에 있
으므로, 민족이동 중의 각 부족들의 도래지가 되었을 것이다.

오늘의 제주도에 각각 별도로 약간 다른 시기에 도착한 양맥족·고
구려족·부여족은 각각 그들의 인솔 族長(乙那)의 지휘 하에 정착하
여 생활하다가 일정 시간이 지나자 한라산 북쪽 해안가의 '毛興穴'에
서 회의를 하여 B.C. 1세기~A.D. 1세기에 연맹왕국으로서 '耽羅國'
을 건국한 것이었다.[13] 그들은 모두 貊族 계통으로서 언어와 문화가
거의 같았으므로 각각 천신만고로 도착한 신천지에서 새 국가를 개
국하는 데 서로 크게 갈등한 흔적은 보이지 않으며, 오히려 순조로운
건국의 흔적이 민속에 남아 있다.

필자는 약 10년 전부터 三乙那說話(三姓說話)에 나오는 高·良·夫
가 고구려족·양맥족·부여족을 나타내는 것이며, 耽羅國을 건국한 지
배세력은 북방으로부터 이동해 들어온 貊族으로서의 良貊族·高句麗

---

12) 朴用厚,〈耽羅部族國家의 成立〉,《濟州島研究》 제3집, 1986 참조.
13) '耽羅國'이라는 國名이 고정된 것은 대체로 A.D. 5세기의 기록부터이고, 그 이
   전에는 '한라(韓羅, 漢拏)' '耽牟羅' '聸牟羅' '涉羅' '乇羅' '托羅' '儋羅' '耽浮羅' '屯
   羅' 등 여러 가지의 다른 國名 呼稱으로 나오고 있어서 別稿가 필요하므로, 여기
   서는 편의상 3부족이 건국한 '國'을 우선 '耽羅國'이라는 이름으로 논의를 전개
   하기로 한다.

族·夫餘族의 귀족·무사층이라는 견해를 강연 등으로 발표해 왔다.

우선 첫째, 삼을나설화에 나오는 高·良·夫가 북방에서 이동해 들어왔다는 증거는 그 족장의 호칭 '乙那'에 있다. '을나'는 濊·貊族에서 사용하던 '王' '君長' '族長'의 호칭 용어이다. 부여·양맥·고구려는 물론이오 東濊·邑樓·女眞 등도 왕·군장·족장을 '을나'라고 하였다.[14] 백제 관직의 '어라하(於羅瑕)', 加羅의 '阿利', 우산국의 '우르'가 동일 계통의 호칭이라고 볼 수 있다.[15] 즉 '왕·군장·족장'을 '을나'로 호칭한 곳에서 우리는 그들이 북방에서 이동해 온 濊·貊族의 일부임을 알 수 있다.

둘째로, 그렇다면 高·良·夫는 북방의 濊·貊族 중에서 구체적으로 어떤 부족인가? 민족이동을 수행한 부족집단은 원주민 및 다른 부족집단과 섞여 공생할 때 자기의 원부족집단의 명칭에서 취하여 姓을 삼는 것은 세계 보편적인 현상이다. 高·良·夫도 그러한 경우의 하나이며 이동해온 高句麗族·良貊族·夫餘族과 관련되어 있다고 볼 수 있다. 이것은 3부족 중 하나만 증명되면 다른 두 부족은 자연이 증명되는 것이다.

고구려족은 초기에는 高禮·高麗·高離 등으로도 불리고, 일본에서는 '고마·구마'로 불리었다. 그런데, 탐라국의 왕자 고씨가 일본에 사절로 갔을 때에는 '高'를 '구마' '고마'로 표기하여 '고구려족'임을 알리었다. 예컨대《日本書記》에는 다음과 같은 기록이 있다.

> 耽羅가 王子 久麻伎 등을 파견하여 공헌하였다. 丙申일에 耽羅王에게 五穀의 종자를 주었다. 이날 王子 久麻伎 등이 귀국하였다.[16]

---

14)《歷代諸哲誠信錄》및《高麗史》世家, 卷5, 顯宗 21年 春正月丁巳條 참조.
15) '乙那' '을나'의 현대어 계통어로서는 '어른' '어르신'을 들 수 있다.
16)《日本書記》天智紀 8년(669년) 3월 己丑條. "八年三月己丑 耽羅遣王子久麻伎 等貢獻. 丙申 賜耽羅王五穀種 是日 王子久麻伎等罷歸."

耽羅가 王子 久麻藝·都羅·于麻 등을 파견하여 조공하였다.[17]
耽羅國 調使 王子 久麻伎가 筑紫에 도착하였나.[18]

여기서 왕자 구마기(久麻伎)·구마예(久麻藝)는 高伎·高藝로서 '高'
가 '고구려'의 '구마'로 표기된 것이었다.

탐라국이 비슷한 시기에 신라에 왕자를 파견했을 때에는 '구마'로
표기하지 않고 '高'로 표기하여, 예컨대 高厚·高淸·(高)季 등이 신라
에 도착했다고 하였다.[19]

우리는 여기서 '高乙那'의 '高'가 '高句麗族'의 '高'임을 명확히 알
수 있다. 高乙那의 '高'가 '高句麗族'의 뜻이라면, 良乙那의 '良'이 '良
貊族'의 뜻이며, 夫乙那의 '夫'가 '夫餘族'의 뜻임은 바로 미루어 알
수 있는 것이다.

대체로 민족이동을 수행한 이주민들은 특히 그 지배자들은, 자기
부족(또는 선민족)의 명칭을 자기의 姓으로 삼는 경우가 역사적으로
매우 많이 있었다. 우리나라 고대의 경우를 예로 들면, 고구려의 시
조 高朱蒙과 백제 시조 溫祚는 모두 부여의 왕족으로서 본래의 성은
'해(解, 태양의 뜻)'씨였는 데, 주몽은 고구려 건국 후에 '高'씨를 성으
로 취했을 뿐만 아니라, 그 후손들도 모두 고씨가 되었다. 또한 고구
려 멸망 후에 당에 귀화한 고구려 귀족들도 고씨를 성으로 삼은 경
우가 매우 많았다. 반면에 온조는 백제 건국 후에 왕실의 성을 '解'씨
로 하지 않고 '夫餘'씨로 하였다.

그러므로 B.C. 1세기부터 A.D. 1세기 사이에 제주도에 들어와 탐
라국을 개국한 3乙那인 良乙那·高乙那·夫乙那는 번역하면, '良貊族

---

17)《日本書記》天武紀 2년(674년) 6월 壬辰條. "二年閏六月壬辰 耽羅遣王子久麻
藝·都羅·宇麻等朝貢"
18)《日本書記》天武紀 4년(676년) 8월 壬申條. "四年八月壬申朔 耽羅調使王子 久
麻伎泊筑紫"
19)《東文選》,〈星主高氏家傳〉條 참조.

의 君長', '高句麗族의 君長', '夫餘族의 君長'의 의미임을 판단할 수 있을 것이다.

또한 다음으로 주목할 것은 《新唐書》 등 중국측 고문헌에 기록된 탐라국 국왕의 성이다. 《新唐書》 東夷傳에서는 "龍朔 초년에 儋羅라는 나라가 있어서 그 왕 儒李都羅가 사신을 보내어 入朝하였다"[20]고 기록하였다. 또한 《唐會要》 耽羅國조에서는 "탐라는 신라의 武州의 해상에 있다. 섬 위에는 산이 있고 주위는 모두 바다에 접하였는 데, 북쪽으로 백제와는 5일을 갈만한 거리이다. 그 나라 왕의 성은 儒李이고 이름은 都羅인데, 城隍은 없고, 다섯 부락으로 나누어져 있다"[21]고 기록하였다. 또한 《冊府元龜》에서는 "龍朔 원년 8월에, 多蔑國王 麻如失利, 多福國王 難修强宜說, 耽羅國王 儒李都羅 등이 함께 사신을 보내어 각각 方物을 바쳤는데, 이 3국은 모두 林邑의 남쪽에 있는 바닷가 小國이다"[22]라고 기록하였다.

탐라국 왕의 성 '유리(儒李)'는 부여·고구려 왕족 성명의 하나로서, 고구려 시조 고주몽이 부여의 왕족으로 있을 때 잉태한 장남의 성명이 '유리'였고, 그는 고구려에 찾아와 제2대 '유리왕(琉璃王, 瑠璃)'이 되었다. 탐라국왕의 성씨 '유리'는 부여·고구려 왕족과 연결되어 있는 것이라고 볼 수 있다.

최근 고고학 부문의 큰 성과인 유물발굴에서도 위의 사실을 증명하는 몇 가지를 발견할 수 있다. B.C. 1세기~A.D. 1세기는 요동과 한반도 북부의 초기철기시대에 해당하며, 이 무렵의 권력투쟁의 결과로 남하한 부족들의 군장은 鐵劍 등 鐵製武器를 사용했을 것은 당연한 일이다. 제주도에 들어온 고구려·양맥·부여의 '乙那'세력의 경우도 으레 鐵劍을 가지고 들어왔을 것임은 충분히 미루어 알 수 있

---

20) 《新唐書》 東夷傳 流鬼 ; 附 儋羅, 〈龍朔初 有儋羅者 其王儒李都羅 遣使入朝〉.
21) 《唐會要》 耽羅國條.
22) 《冊府元龜》 外臣部, 朝貢條.

는 일이다. 이 철검의 유물은 혹시 남아있지 않을까?

제주대학교 박물관이 1984년 발굴한 제주시 용담동 석곽무덤 안에 부장된 鐵器들과 鐵製武器 중에서 鐵製長劍 2점이 발굴되었는데, 길이 85㎝에 달하는 것이었다. 이청규 교수의 보고에 따르면, 이 철제장검은 삼국시대 전기의 다량의 철제유물이 부장된 영남지역의 목곽·목관묘에서도 발견되지 않음은 물론이요, 일본 九州 지방에서도 거의 발견되지 않는 것이다. 이 철제장검은 만주·한반도 지역에서는 대동강 유역의 西北韓 지역과 멀리 중국 吉林省의 楡樹老河深의 목관·목곽묘 유적에서 다량 발견된 바 있는 것이었다.[23]

필자는 이 유물을 적극적으로 해석해야 한다고 생각한다. 만주 吉林省 楡樹老河深과 대동강 이북 西北韓 지역에서만 발견되고, 영남지방 등 한반도 남부·남해안 지방에서는 발견되지 않는, 이 鐵製長劍은 그 소유자와 사용자가 만주 吉林省 지방부터 대동강 이북의 서북한 지역에 거주한 부족장·무사들의 일부가 해안선을 타고 제주도에 들어왔음을 증명하는 것이라고 볼 수 있다. 그리고 이 부족은 그 거주지역으로 볼 때 貊族 계통이며, 부여·고구려·양맥족들이 포함됨을 명백히 알 수 있다. 즉 용담리 유적에서 발굴된 철제장검은 탐라국을 세운 '乙那'세력들이 양맥족·고구려족·부여족의 을나·무장들의 철제장검과 연결되어 있음을 명백히 증명해 주는 것이라고 볼 수 있다.

다음으로 주목할 것은 최근 三陽洞 유적에서 발굴되었다고 보고된 琵琶形銅劍片과 環玉이다. 강창화 연구원 팀의 보고에 따르면, Ⅱ-6호 주거지에서 환옥 1개와 刀干(中間刀部) 1개가 초기철기시대에 공반하는 다른 부장품들과 함께 출토되었고, Ⅰ-1호 주거지에서는 遼寧式 銅劍이 1개 출토되었다.[24]

---

23) 李淸圭, 〈제주도와 남해안지방의 初期鐵器文化 交流〉,《동아시아의 鐵器文化》(문화재연구 국제학술대회 발표논문, 제5집, 문화재관리국 문화재연구소), 1996.
24) 姜昌和·김광명·김경주, 〈제주도 三陽洞遺蹟 발굴조사 중간보고〉, 제21회 한국

이것은 B.C. 2세기~A.D. 1세기 경에 古朝鮮의 王族, 또는 貊族(부여·고구려·양맥)의 왕족의 일부가 제주도에 들어왔음을 증명하는 유물로 추정될 수 있다. 이것이 古朝鮮族·貊族 계통임을 알 수 있고, 이것이 玉과 銅鏡을 공반하면 왕족계임을 추정할 수 있기 때문이다.[25]

이 유적 유물은 북방으로부터 맥족인 양맥족·고구려족·부여족과 선후하여 몰락한 고조선족 왕계도 제주도에 들어왔을 가능성을 시사해 주는 중요한 유물이라고 할 수 있다.

다음으로 주목할 것은 역시 삼양동 유적에서 발굴된 竪穴住居趾이다. 강창화 연구원 팀의 보고에 의하면, 1차 발굴조사를 통해 확인된 주거지는 모두 27기인 데, 이 중에 17기가 圓形竪穴住居趾였다.[26]

현재 발굴도중이므로 더 기다려 보아야겠지만, 현재까지의 중간보고만 보아도, 이 수혈주거는 만주·한반도 貊族(부여·고구려·양맥)과 韓族의 수혈주거양식과 연결된 것으로서 북방으로부터 들어온 것이라고 볼 수 있다.

다음으로 주목할 것은 3乙那가 나왔다는 '毛興穴'이다. 이것은 수혈주거의 신화적 투영이지만, '모흥혈'은 직접적으로 '乙那(君長)'의 신성성과 '穴[굴]'을 결합하는 貊族의 전통과 관습에 연결된 것이다.

《後漢書》東夷列傳 高句麗 條에는 "그 나라(고구려)의 동쪽에 큰 굴[大穴]이 있는데 그것을 襚神이라고 부르며, 또한 10월에 (그 神을) 맞이하여 제사지낸다"[27]는 기록이 있다. 또한 《三國志》魏書 東夷傳

고고학 전국대회 발표요지, 1997.

25) 古朝鮮의 檀君系인 韓(桓)族의 왕권의 상징은 銅劍·銅鏡·玉의 3天附印이었다. 琵琶形銅劍과 玉과 함께 銅鏡만 한 무덤이나 집자리에서 앞으로 발굴된다면 古朝鮮王族의 제주도 유입가능성도 검토해 볼 필요가 있다고 본다. 한반도 북부에서 靑銅器時代에 제주도에는 銅鑛이 없어 제주도식 土器시대가 계속되었으며, 현재까지 발굴된 細形銅劍 1점, 漢式 彷製鏡 1점(山地港 축항시 발견) 정도의 추가로는 사회학적 해석의 정립이 현재까지는 불가능하다.

26) 姜昌和·김광명·김경주, 〈제주도 三陽洞遺蹟발굴 중간보고〉, 1997 참조.

27) 《後漢書》東夷列傳, 高句麗條.

高句麗條에 보면, "그 나라의 동쪽에 큰 굴[大穴]이 있는데 그것을 隧穴이라고 부른다. 10月에는 나라에서 크게 모여 隧神을 맞이하여 나라의 동쪽 (江) 위에 모시고 가서 제사를 지내는 데, 나무로 만든 隧神을 좌석에 모신다"[28]고 기록하였다.

심지어 단군설화에서는 곰과 범이 함께 같은 굴[同穴]에 살았다고 하였다.[29] 곰은 貊族이었고 범은 濊族이었는데 同穴에서 살다가 나와서 나라를 세운 것이었다.[30]

良乙那·高乙那·夫乙那는 각각 양맥족·고구려족·부여족을 거느리고 제주도에 이동해 온 '을나'로서 그들의 신성성, 신적 권위와 지휘력을 정립 강화하기 위하여 '隧穴' '隧神'과의 상징적 실제적 결합이 당연히 필요했었다고 볼 수 있다. 3神人이 출현했다는 '毛興穴'은 고구려의 '수혈', 단군설화의 '동혈'에 해당하는 것이었다고 볼 수 있을 것이다.

'毛興穴(지금의 三姓穴)'은 자료에 따라 '慕興穴'로 표기되기도 한다.[31] 자료에 따라 한자표기가 다른 것으로 보아 '모흥혈'은 원래는 古한국어였다고 볼 수 있다. 필자는 이것을 '모흔굴'의 한자표기이며, 그 뜻은 '모이는 굴' '모시는 굴' '신성한 굴'의 뜻이라고 본다. 즉 '3을나가 모이는 신성한 굴'의 뜻이라고 해석하고 있다. 그러나 더 연구해 보아야 할 것이다.

또한 3을나가 거주구역과 형제의 순위를 정할 때 弓射試合으로 결정했다는 설화도 맥족의 관습이다. 貊弓을 발전시킨 양맥족을 비롯하여 부여족·고구려족은 무력의 경쟁력을 弓射의 우열로 결정하는

---

28)《三國志》魏書, 東夷傳, 高句麗條.
29)《三國遺事》卷1, 古朝鮮(王劍朝鮮)條 참조.
30) 愼鏞廈,〈檀君說話의 社會學的 해석〉,《설화와 의식의 사회사》(한국사회사학회논문집 제47집), 문학과지성사, 1995 참조.
31)《長興高氏家乘》의〈瀛洲誌〉참조.

관습을 갖고 있었다.

현재 남아 있는 탐라국 형성 초기의 유적 유물들이 모두 제주도의 북방 해안에 집중되어 있다는 사실도 또한 그들이 북방 한반도로부터 이동해 들어왔다는 사실을 거시적으로 잘 증명해 주고 있다.

제주도는 기후가 한라산을 중심으로 하여 남쪽은 매우 온화할 뿐만 아니라 바람도 약하다. 반면에 한라산의 북쪽은 바람도 매우 강하고 겨울에는 추위도 온다. 따라서 탐라국의 건국 집단이 제주도 내에서 자생했거나 남방에서 왔다면 당연히 한라산 남쪽에 여러 가지 건국의 유적 유물들을 먼저 남겼을 것이다.

탐라국 초기의 유적 유물들이 한라산 북방 해안의 제주시 부근에 집중되어 있고 북방 맥족의 유적 유물과 연결되어 있다는 사실은 탐라국이 B.C. 1세기~A.D. 1세기의 북방으로부터 남방으로 민족대이동기의 큰 흐름 속에서 형성되었음을 잘 알려주는 것이라고 볼 수 있다.

북방으로부터 제주도에 들어온 양맥족·고구려족·부여족의 탐라국 건국에서의 결합양식은 '聯盟'이었고, 그 '연맹'의 방법은 가족 또는 친족관계에 있어서의 '형제'에서 유추된 것이었다. 즉 가족관계에서의 '長·次·三'의 3兄弟의 '兄弟聯盟'의 양식이 모든 자료에서 기록되고 있다.[32] 탐라국 건국에서 3부족의 관계는 갈등과 정복의 관계는 아니었고, 협동과 조정의 관계였음이 삼성설화에서 강력히 시사되어 있다.

즉 탐라국의 형성 때에는 3부족(양맥족·고구려족·부여족)은 각각 거주구역을 나누어 각각 자기 부족끼리 공동체적 생활을 하면서 3을 나가 공존하여 자기부족을 통치했으므로, 처음에는 하나의 왕권을

---

32) 《高麗史》 地理志 2, 耽羅國條 ; 《新增東國輿地勝覽》 卷38, 濟州牧條 ; 《瀛洲誌》
   의 三姓說話 참조.

확립하지 못하고, 3부족의 君長[을나]이 연맹하여 합의통치하는 3부족 聯盟王國으로 탐라국이 건국되었다고 볼 수 있다.

양맥족·고구려족·부여족이 처음 제주도에 이동해 들어왔을 때에는 그들은 "황량한 들판에서 사냥을 하여 가죽옷을 입고 고기를 먹으며 살았다"고 한 바와 같이 수렵어로 경제에 의존하지 않을 수 없었으며, 의복도 가죽옷을 입을 수밖에 없었을 것이다. 이것은 맥족들이 한반도 북방에서 이미 오랫동안 익숙해져 온 생활방식이기도 하였다.

3. 耽羅國의 형성시기

良貊族·高句麗族·夫餘族 등 3부족의 일부가 제주도에 입도한 시기는 언제이며 그들이 탐라국을 형성한 시기는 언제일까?

제주도에는 철광이 없기 때문에, 이 문제는 제주도에서의 鐵器文化 유물유적의 발굴성과가 잘 증명해 해결하여 줄 것이다.

제주도에서 발굴된 가장 이른 시기의 철기 유물은 구좌읍 終達里 패총과 金寧里 동굴 유적에서 점토띠토기와 공반된 초기형의 三角形鐵鏃과 刀子片을 들 수 있다고 한다.[33] 이청규 교수는 이 유물의 편년을 한반도 남해안 지방과 거의 비슷한 삼천포 늑도와 창원 다호리묘의 이른 시기인 B.C. 1세기 경까지 소급할 가능성이 높다고 평가하였다.[34]

제주도에서 보다 많은 철기문화 유물이 발굴된 것은 제주시 龍潭

---

33) ① 李清圭, 《濟州道考古學研究》 pp.159~161.
　　② 濟州道民俗自然史博物館, 《東金寧里 洞屈遺蹟 간략 보고서》, 1993.
　　③ 李清圭, 〈제주도와 남해안지방의 初期鐵器文化 交流〉, 1966 참조.
34) 李清圭, 〈제주도와 남해안지방의 初期鐵器文化交流〉, 1996 참조.

洞 무덤의 유적 유물이다.[35] 용담동 무덤은 석곽무덤과 여러 기의 옹관무덤이 시설되어 있는데, 석곽 무덤 부장품으로 長劍 2점, 短劍 1점, 鐵斧(철제 도끼) 등의 철제무기와 유리구슬 등이 출토되고, 묘역곳곳에서 산발적으로 鐵鉾, 鐵鑿(철제 끌형무기), 鐵斧(철제 도끼), 鐵鏃(철제 화살촉), 판상철부형 철정, 異形鐵器 등이 발굴되었다. 이 용담동 무덤의 철제장검과 단검, 철제창, 철족, 이형철기 등은 A.D. 1~2세기의 것이라고 판단되었다.[36]

이 유물에서 우리의 주제와 관련하여 가장 주목되는 것은 철제장검 2점과 鐵鑿 2점이다. 장검은 2점 모두 전체 길이가 85cm이며, 莖部 길이는 각각 21.5cm, 16.5cm의 것인데, 만주 吉林省의 楡樹老河深의 목관·목곽묘와 大洞江 유역의 西北韓 지역에서 대량 출토된 바 있고, 남한 지방과 일본 지방에서는 출토된 바 없는 것이다. 또한 鐵鑿(철제 끌형무기)는 횡단면 사각형의 長鋒 끝에 單刀를 만든 것으로 끝부분에 소켓이 있는 것과 없는 것 2점이 출토되었는데, 전자는 대동강 유역의 土壙木棺墓와 木槨墓에서 집중 발굴된 바 있으나, 남한 지방이나 일본에서는 거의 발견되지 않은 것이다.[37]

제주도에서 발굴된 위의 철제무기들은 B.C. 1세기~A.D. 1세기 경에 만주 길림성 지방으로부터 대동강 유역까지의 지방에서 활동하던 부족들과 전사집단들이 제주도에 이동해 유입되었다는 명백한 증거를 제시해 준다고 할 것이다.[38]

35) 濟州大學校博物館,《龍潭洞古墳 ─ 제주시 용담동 유적발굴 조사보고》, 1989 참조.
36) 李淸圭,〈제주도와 남해안지방의 初期鐵器文化交流〉, 1996.
37) 李淸圭,《濟州道考古學硏究》, pp.184~188 참조.
38) 龍潭洞무덤에서 발굴된 鐵製武器와 鐵器 중에는 南海岸을 거친 貿易을 통해 구입해 온 것들도 다수 있다고 볼 수 있다. 그러나 南海岸이나 南韓 지방에서 발굴되지 않고 만주 吉林省 지방과 大洞江 이북의 北韓 지방에서만 발견되는 鐵製長劍과 鐵鑿 등은 민족이동과 함께 사람들이 갖고 들어온 것이라고 판단되는 것이다.

고문헌에서 보면, 《高氏家譜》는 3乙那의 출현 시기를 漢 宣帝 五鳳 2년(B.C. 56)이라고 하였다.[39]

《耽羅紀年》에는 《擇里志》에 이르기를 "漢나라 明帝 永平 8년 (A.D. 65)에 붉은 기운이 남해의 어둠 속에서 떠올랐으니, 三姓이 나온 것이 그 때가 아닌가 한다"[40]고 하여 永平 8년(A.D. 65)을 기록하였다.

일종의 민속자료인 무속자료에는 "영평 8년(A.D. 65) 을축 3월 열사흘날 자시 생천 高의 王……"[41]이라는 본풀이가 몇 개 있고, 또한 "을축(A.D. 65) 3월 대보름날……"[42]이라는 본풀이가 있다. 샤먼들은 오랫동안 탐라국의 건국연기를 A.D. 65년으로 전승시켜 온 것이다.

한반도 북방과 만주에서 양맥족·고구려족·부여족 등 맥족들이 대대적으로 남방행 부족이동을 단행한 시기는 고대국가 건국기인 B.C. 1세기 경이며, 그들의 이동 물결은 남한 지방과 제주도 뿐만 아니라 이 시기에 일본 九州 지방까지 닿았다.

이러한 자료들을 종합해 볼 때, 한반도 북방과 만주 지방에서 여러 부족들이 제주도에 본격적으로 이동해 들어온 것은 B.C. 2세기~A.D. 1세기 경이며, 이 중에서 良貊族·高句麗族·夫餘族 등이 왕족 또는 귀족 전사의 지휘 하에 여러 차례 제주도에 들어와 정착한 후 3부족이 연맹하여 탐라국을 건국한 시기는 빨리 잡아보면 B.C. 1세기이고, 늦게 잡아보면 A.D. 1세기 경이라고 할 수 있으며, 안전하게 B.C. 1세기~A.D. 1세기라고 말할 수 있을 것이다.

구태여 耽羅國의 형성시기를 더 좁혀 말하라고 요구받는다면, 현

---

39) 金錫翼, 《耽羅紀年》 外書條 참조.

40) 《耽羅紀年》 外書條 참조. 현재 강행된 《擇里志》에는 이 기록이 없다. 그러나 구한말까지 《擇里志》에는 多數의 筆寫本이 널리 돌아다녔는 데, 《耽羅紀年》의 저자 金錫翼은 筆寫本 중의 하나를 引用한 것으로 보인다.

41) 玄容駿, 〈三姓神話研究〉 《耽羅文化》 제2집, 1989 참조.

42) 玄容駿, 〈三姓神話研究〉, 위의 책 참조.

재까지 발굴된 고고학적 자료에 의존할 수밖에 없다. 현재까지 철기 유물이 발굴된 곳의 하나는 구좌읍 終達里 패총과 金寧里 동굴의 B.C. 1세기 경의 三角形鐵金族 및 刀子片 등이다. 다른 하나는 제주 시 龍潭洞 무덤의 長劍 2점, 短劍 1점, 鐵斧 등을 비롯하여 각종 A.D. 1세기 경의 鐵器 등이 대량 발굴된 경우이다.

鐵製武器의 종류(長劍·短劍·鐵斧)와 발굴된 지역(제주시 지역과 구좌읍·금녕 지역)을 참조해 볼 때, 제주시 용담동 무덤의 유물을 중 시하여 耽羅國의 形成時期를 A.D. 1세기 경이라고 안전하게 지적할 수 있을 것이다.

그러나 철기 유물의 발굴이 현재 완결된 것은 아니고 앞으로 얼마 든지 새 발굴이 있을 수 있으므로, 탐라국의 건국시기가 B.C. 1세기 로 소급될 가능성을 배제하는 것은 전혀 아니다. 또한 A.D. 1세기 경 에 현재의 제주시 지역을 중심으로 耽羅國이 형성되었다고 말하는 것은 최초의 부족연맹 고대소국으로서의 탐라국의 건국을 말하는 것이고, 그후 확립되고 보다 발달된 탐라국을 지적하는 것이 아님을 유의해 둘 필요가 있을 것이다.

4. 先耽羅人과 耽羅國의 형성

한반도 북방과 만주 지방에서 貊族들의 일부가 제주도에 이동해 들어왔을 때 제주도에는 물론 이전부터 先住民이 살고 있었다. 최근 에 다수 발굴되기 시작한 신석기시대 유적 유물들이 이를 잘 증명해 주고 있다.[43] 제주도가 지형상 섬으로 된 이후 선주민들은 구석기시

---

43) ① 崔夢龍, 〈郭支里 支石墓 답사보고〉, 《서울大文理大學報》 제14집, 1967.
    ② 文基善, 〈濟州道 無文土器文化 硏究〉, 《濟州大論文集》 제5집, 1973.
    ③ 金元龍, 〈제주도 先史文化와 住民〉, 《耽羅》 제10집, 1976.

대부터의 자생한 선주민 뿐만 아니라 모든 방향에서 표류해 들어오
거나 완만하게 이동해 들어와서 해안에 거주했을 것이다. 그러나
B.C. 2세기 경까지 선주민들의 사회단계는 북방에 비하여 낙후되어
있어어 아직 '國'을 형성할 수 있는 단계는 아니었다고 볼 수 있다.
특히 제주도에서는 銅鑛石과 鐵鑛石이 나오지 않아 靑銅器와 鐵器
를 자생적으로 제조할 수 없었으므로 선주민의 무기 체제는 열악했
다고 추정하지 않을 수 없다. 선주민들은 B.C. 2세기까지는 해안에
작은 마을공동체들을 드문드문 형성하여 어로와 수렵생활의 단계에
있었다고 볼 수 있을 것이다.

최근의 고고학적 발굴성과에 의하면, 탐라국 형성 이전의 신석기
시대와 청동기시대 토기유물의 분포는 제주도 해안 전체에 걸쳐 있
으며, 특히 한라산 남쪽 해안에서 대량 발굴되고 있다. 예컨대 B.C.
3000년 이전의 高山里式 有文土器는 한라산 서남해안에서 발굴되었
으며, B.C. 2000∼B.C. 1000년의 北村里式 有文土器는 한라산 북동쪽
해안에서 발굴되었고, B.C. 500∼100년의 上摹里式 無文土器는 한라
산 남쪽 해안에서 발굴되었다.[44] 이것은 先耽羅人의 '마을공동체'가
제주도 전체 해안에 드문드문 골고루 분포되어 있었음을 시사해 주
는 것이라고 볼 수 있다.

이러한 상태에서 B.C. 1세기 경에 북방으로부터 靑銅器와 鐵器의

---

④ 金宗業·李淸圭, 〈光令里와 郭支里 遺蹟遺物의 比較〉, 《濟州大論文集》 제20
집, 1977.

⑤ 李白圭, 〈제주도 無文土器에 대한 일고찰〉, 《古考學》 제5·6합집, 1979.

⑥ 任孝宰, 〈제주도 先史文化 연구의 현황과 과제〉, 《濟州島硏究》 제4집, 1987.

⑦ 李淸圭, 〈제주도 土器에 대한 일고찰〉, 《耽羅文化》 제6집, 1987.

⑧ 金秉模, 〈濟州文化의 考古學的 性格 考察〉, 《濟州島硏究》 제5집, 1988.

⑨ 李淸圭, 〈濟州島 古代土器文化의 硏究〉, 《湖南考古學報》 제1집, 1994.

⑩ 李淸圭, 〈耽羅上古社會 變遷過程 硏究〉, 《省谷論叢》 제27집의 제4책, 1996.

44) 李淸圭, 《濟州道考古學硏究》, pp.93∼107 참조.

선진무기와 선진문화를 가진 부족들이 제주도에 들어왔으나, 처음에
는 소수일 수밖에 없었을 것이다.

북방에서 제주도에 들어온 良貊族·高句麗族·夫餘族들은 원래 만
주와 한반도 북방에서 鐵製武器로 전쟁을 거듭하면서 생활하다가
이동하여 들어온 세력이고 일종의 戰士集團이며, 제주도에 들어왔을
때에도 鐵製長劍·鐵槍 등을 비롯한 철제무기를 갖고 들어왔으므로,
원주민을 제압하고 새 정착지에 '國'을 형성하기는 그다지 어려운 일
이 아니었을 것이다.

현재까지 발견된 고고학적 유적·유물을 추정해 보면 탐라국 건국
이전의 제주도 선주민들은 제주도 전 해안에 걸쳐 동굴과 식수가 있
는 곳을 중심으로 드문드문 작은 '마을공동체'들을 이루어 소수가 거
주하던 상태에서 북방으로부터 선진적 철기문화와 철제무기를 가진
일부 良貊族·高句麗族·夫餘族의 이동·입도를 맞이한 것을 알 수 있
다. B.C. 1세기~A.D. 1세기에 최초로 건국된 탐라국은 처음에는 전
체 제주도에 걸친 국가가 아니라 현재의 제주시 일대를 중심으로 한
小國이었다가, 훨씬 후에야 제주도 전체를 영토로 했다고 볼 수 있
다. 따라서 제주도 지역 일대에 거주하고 있던 선주민 중에서 제주
시 지역 이외의 다른 해안 지역에 거주하던 선주민들은 변함없이 그
들의 '마을공동체' 생활을 지속하다가 점차 탐라국 백성으로 편입되
었다고 추정된다.

그러면 중국측 사료에 나오는 州胡人은 무엇인가? 《後漢書》 東夷
傳 韓條에는 "마한의 서쪽 바다의 섬 위에 州胡國이 있다. 그 나라
사람은 키가 작고 머리를 깎으며 가죽옷을 입는데, 상의만 입고 하의
는 입지 않는다. 소나 돼지 기르기를 좋아하며 배를 타고 왕래하면
서 韓의 국중에서 물건을 거래한다"[45]고 하였다.

---

45) 《後漢書》 東夷傳 韓條. "馬韓之西 海島上有州胡國 其人 短小髡頭 衣韋衣 有上

또한《三國志》魏書 東夷傳 韓條에는 "또 州胡가 馬韓의 서쪽 바다 가운데의 큰 섬에 있다. 그곳 사람들은 조금 키가 작고 언어도 韓과 같지 않다. 그들은 모두 鮮卑族처럼 머리를 삭발했으며, 옷은 오직 가죽으로 해입고 소나 돼지기르기를 좋아한다. 그들의 옷은 상의만 있고 하의는 없어서 거의 나체와 같다. 배를 타고 왕래하며 中韓에서 물건을 사고 판다"[46]는 유명한 기록이 있다.

여기서 '州胡'의 '州'는 '洲'와 동일하게 쓴 것으로서 '물 건너' '바다 건너' '먼'의 뜻이고, '州胡'는 '바다 건너 오랑캐'라는 뜻의 중국인들이 이웃나라 사람들에게 붙이는 존화주의적 상투어에 불과한 것이다.《後漢書》와《三國志》의 이 기록자들은 당시 탐라국의 국명을 확실히 몰랐기 때문에 이러한 호칭을 썼을 것이다.

州胡人에 대한 이 기록을 놓고 그동안 학계에서는 여러 가지 견해가 제시되어 왔는데, 모두 주호인을 제주도 原住民(3부족 포함)이라고 전제한 것이었다.

일찍이 일본학자 白鳥庫吉은 이 기록을 놓고 제주도 원주민인 州胡人은 鮮卑族이나 烏桓族이 해상으로 이동해 와서 제주도에 정착한 사람이라고 보았다.[47] 崔南善은 州胡人을 제주도에 거주한 아이누족 계통이라고 시사하였다.[48] 金泰能씨는 주호인을 일본의 九州 방면에서 들어온 '고루보구' 계통의 島嶼族으로 추정하였다.[49]

한편 李丙燾 박사는 주호인의 삭발과 가죽상의 묘사를 고대 노예의 모습이라고 해석하였다. 古代 우리나라에서는 外族의 침입자나

無下 好養牛豕 乘船往來 貨市韓中"
46)《三國志》魏書, 東夷傳 韓條. "又有州胡 在馬韓之西海中大島上 其人差短小 言語不與韓同 皆髡頭如鮮卑 但衣韋 好養牛及豬 其衣有上無下 略如裸勢 乘船往來 市買中韓"
47) 白鳥庫吉,〈亞細亞族の變髮に就いて(1)〉,《史學雜誌》제37권 제1호, 1926 참조.
48) 崔南善,〈濟州島의 文化史觀〉,《朝鮮의 文化》(東明社), 1948 참조.
49) 金泰能,《濟州道史論攷》, 1982, pp.9~11 참조.

포로에 대하여 일부러 머리를 깎아 유표케 하고 奴隷와 같이 부리는
풍속이 있었는데, '州胡'는 韓과 언어가 다르고 신체가 작다고 한 점
으로 보아 남방으로부터 표류해 온 포로 집단을 보고 묘사한 것으로
서, '州胡'는 제주도의 토착 원주민이 아니라 외래 표류인 捕虜集團
일 것이라고 해석하였다.[50] 참으로 탁견이라고 생각한다.

중국측 《史書》에 기록된 州胡人이 제주도의 先(原)住民이라면, 이
것은 鮮卑族·鳥桓族이 될 수 없다. 그 증거는 《後漢書》에는 주호인
의 모습만 중국상인들로부터 들은 대로 묘사해 놓았을 뿐 선비족에
비정한 바가 없다. 《三國志》는 이 《후한서》의 기록을 전재하면서
그 관습에 대하여 약간의 설명을 붙일 때 '鮮卑族'이라고는 하지 않
고 '如'鮮卑(선비족처럼)라고 하여 삭발과 가죽옷의 설명에 '선비족'
처럼의 예를 들어 친절하게 설명했을 뿐이다. 또한 일본의 아이누족
이나 고루보구족의 남방으로부터의 이동도 근거없는 주장이라고 생
각한다.

제주도에는 이미 구석기시대부터 사람들이 거주하였고, 제주가 섬
이 된 신석기시대에도 계속 사람들이 살았기 때문에 이렇게 만년에
나 오래된 원주민은 그 특성이 유전인자에까지도 영향을 충분히 미
쳤을 것이므로 '先耽羅人'으로 독립된 개념을 정립하여 고찰하는 것
이 더욱 정확할 것이다.

先耽羅人은 제주도 전체 해안에서 발견되는 고고학적 유물들이
시사해 주는 바와 같이, 제주도 해안 전체에 걸쳐서 식수가 나오고
동굴이 있거나 취락을 형성하기 적합한 곳에 드문드문 '마을공동체'
를 형성하며 거주했음은 앞서 지적한 바와 같다. 이러한 마을공동체
들에는 물론 촌장이 있었음은 재론할 필요가 없다. 제주도 해안 전
체에서 특히 한라산 남쪽 해안에서, 널리 발굴되는 각 단계의 토기들

---

50) 李丙燾, 〈三韓時代硏究 — 附州胡考〉, 《韓國古代史硏究》(博英社), 1976 참조.

과 支石墓들이 다수의 선탐라인의 '마을공동체'와 촌장의 신재를 알려주고 있다.

또한 탐라국 건국 이전에 先耽羅人들만 제주도에 거주하고 있던 B.C. 2세기까지의 표류인도 반드시 노예신분으로 취급되었다고 볼수도 없다. 당시는 인구가 희소한 시기여서 표류민이 다수이었을 때에는 그들대로 점차 작은 마을을 형성해 가면서 선탐라인의 일부가 되었을 것이라고 추정할 수 있다.

갑자기 상황이 급변한 것은 B.C. 1세기~A.D. 1세기에 북방으로부터 부족·선민족들의 소집단적 이동·이주가 빈번하게 된 시기부터라고 볼 수 있다. 북방으로부터 良貊族·高句麗族·夫餘族 등이 이동하여 연달아 제주도에 들어온 후 현재의 제주시 일대에 小國으로서 탐라국을 건국할 때에 先耽羅人들과의 관계는 어떻게 되었을까?

先耽羅人과 이동해 온 3부족이 전투를 하거나 심한 갈등관계에 있었던 흔적은 없다. 선탐라인의 인구가 희소하고 제주도의 면적은 상대적으로 매우 넓었기 때문에 갈등이 일어날 조건은 약했다고 볼 수 있다. 탐라국이 최초로 건국되었을 때에는 단지 거주지역만을 구분하여 선탐라인의 거주지역과 이동해 온 부족들의 거주지역을 일단 구분한 정도였다고 추정된다. 그러나 탐라국이 그 통치행정 지역을 전체 제주도로 확대할 때에는 선탐라인의 마을공동체에도 신분 분화가 현저히 진전되어 村長과 장로 가족은 탐라국의 귀족신분으로 편입되고 일반 마을공동체 성원은 평민으로 편입되었을 것이라고 추정된다.

탐라국 건국 후에 신분상 가장 큰 변화를 일으켰던 것은 '표류인'으로 추정된다. 건국 후의 표류인 특히 남방으로부터 표류인은 노예신분처럼 취급되어, 북방으로부터 온 탐라국의 지배층은 표류인들을 삭발을 시키고 가축을 기르거나 뱃짐 등 무거운 짐을 운송하는 데 사역한 것으로 보인다.

중국 사서의 州胡人의 모습 설명은 양맥족·고구려족·부여족이 제주도에 들어온 직후 일부 발생한 노예의 모습이라고 해석하는 것이 가장 과학적 해석이 될 것이라고 생각한다.

요컨대 良貊族·高句麗族·夫餘族 등의 소수 일부가 제주도에 이동해 들어와서 주체 세력이 되어 B.C. 1세기~A.D. 1세기에 耽羅國을 건국할 때 先耽羅人 중에서 마을의 촌장과 장로 가족들은 귀족으로서 대우받고 귀족이 되었으며, 일반 마을공동체 성원들은 평민으로 편입되어 탐라국 건국에 참가하고 편입되었다고 볼 수 있을 것이다.

5. 碧浪國(靑海)과 韓半島 남해안으로부터의 인구 및 농경문화의 유입

탐라국 형성(B.C. 1세기~A.D. 1세기) 직후 탐라국의 발전에 획기적 전기를 이룬 것은 碧浪國과 韓半島南海岸으로부터 상당한 규모의 인구와 농경문화의 유입이다.

삼을나설화에 기록된 碧浪國은 어디인가? 필자는 이것을 뜻으로 풀면 '파랑바다국'이며, '靑海國'을 의미한다고 본다. '碧'은 '파란 벽'이니 '파랑'은 명백하다. '浪'은 그 자체가 '바다물결'이지만, '碧'자와 합하여 '碧浪'을 풀면 '바랑' '바라('바다'의 古語)'가 됨은 현용준 교수가 밝힌 바와 같다.[51] 그러나 '碧浪國'은 현교수의 해석처럼 '바다국 [海國]'이어서 실재하지 않는 상상의 나라이거나,[52] 日本國의 어느 한 지방인 것은 아니다.[53] 그것은 오늘날의 '莞島·康津·海南' 일대에 실

---

51) 玄容駿, 〈三姓神話 硏究〉, 《耽羅文化》 제2호, 1983 참조.
52) 玄容駿, 〈三姓神話 硏究〉, 위의 책 참조.
53) 《瀛洲誌》에 기록된 '碧浪國'에 대신하여 《高麗史》 地理志(1451년 편찬)과 《世宗實錄》 地理志(1432년 및 1454년 편찬)에는 '日本國'이라고 기록되어 있다. 그러나 이것은 '碧浪國'이 原型이고 '日本國'은 碧浪國을 찾을 수 없으니까 15세기

재했던 마한시대의 小國이었다.

《新增東國輿地勝覽》에 보면, 오늘날의 강진은 원래의 耽津과 道康의 2현을 태종 17년(1417)에 합한 것이다. 耽津縣은 본래 백제에서는 冬音縣이었는데, 耽羅 星子가 신라에 입조할 때에 현의 九十浦에 정박한 일로 인하여 신라 때에 탐진으로 개명하였다고 한다. 조선왕조 시대에 이 耽津縣에 속한 큰 섬으로 오늘의 莞島가 있고 매우 작은 섬으로 碧浪島가 있다.[54] 그밖에 다수의 섬들이 있음은 물론이다. 완도에는 일찍이 신라가 張保皐을 보내어 '靑海鎭'을 설치해서 1만 명의 군대를 주둔시키고 해상 무역의 근거지가 되었는데, 장보고가 청해진을 근거로 반란을 일으킨 이후 鎭을 폐지하고 주민을 모두 다른 곳으로 옮겨 황폐화되었으며, 이 때 이후 갈대가 많다고 하여 莞島라는 이름이 생기었고, 완도의 서남은 海南縣에 속하게 되고 동북은 耽津縣에 속하게 되었다. 또한 주목할 것은 해남현에는 현의 남쪽 30리 지점의 珍島와 경계하는 곳에 '碧波津'이 있었다는 사실이다.[55] '碧波'는 '碧浪'과 완전히 동일한 것이다. 또한 海南縣의 '海'는 '(파랑바다의) 바다'의 의미도 갖는다.

따라서 馬韓 시대에 '탐진현·해남현·완도'를 묶은 한반도 남해안 소국으로서 '碧浪國'이 있었음을 알 수 있으며, 신라 때에는 이 '碧浪國' 지역에 鎭을 두게 하고 동일한 의미의 다른 한자표기인 '靑海鎭'을 설치했던 것이다. 이에 따라 于山의 국명이 독도에 이동해 가서 于山島가 된 것과 같이, 碧浪의 국명이 청해진 옆의 小島에 붙어서 '碧浪島'의 명칭이 남게 되었고, 해남현의 서남쪽에 '碧波(碧浪)'津의

에 추정하여 기록한 것으로 본다. 왜냐하면 碧浪國으로부터 3공주·인구이동의 사실은 A.D. 1세기 말엽의 일이고 일본에서 자기나라를 '日本'으로 부르기 시작한 것은 7세기 경부터이니, 시기로 보아서도 日本國이 原型이 될 수는 없기 때문이다.

54) 《新增東國輿地勝覽》 卷37, 康津縣 山川條 참조.
55) 《新增東國輿地勝覽》 卷37, 海南縣 山川條 참조.

이름이 남게 된 것이라고 해석된다.

'碧浪國'은 가상의 나라가 아니라 마한시대에 오늘날의 '莞島·耽(康)津縣·海南縣'을 묶어 실재했던 남해안 소왕국이었던 것이다.[56]

耽羅國과 碧浪國 사이의 B.C. 1세기~A.D. 1세기 무렵의 교류에 대해서는 고고학적 유물도 발견되기 시작하고 있다. 이청규 교수의 설명에 의하면, 郭支1式 土器의 원형은 전남 海南郡 郡谷里에서 발굴된 점토띠토기가 B.C. 1세기 경 제주도에 유입되어 구좌읍 終達里·金寧里 궤네기굴 유적에서 확인되고, 郭支1式으로 독자적 발전을 보게 된다고 한다. 뿐만 아니라, 이 제주도식 곽지1식 토기는 海南지역으로 들어가서 해남의 郡谷里 출토의 적갈색 토기와 공반 출토되었다고 한다.[57]

고려시대와 조선왕조시대에도 제주도와 한반도의 왕래 출입포구는 한반도 남해안의 경우 耽津과 海南의 館頭梁 및 碧波津이었음을 고려하면, 왜 제주도에의 제2차 대규모 인구이동과 농경문화의 유입이 '碧浪國'을 통해서 이루어졌는가를 알 수 있을 것이다.

'碧浪國'은 '파랑바다 나라'로 '靑海鎭'과 같은 의미의 소국으로서 직접적으로 좁게는 그후 통일신라 시기에 장보고가 '靑海鎭'을 설치했던 '완도' 일대를 가리키는 것이며, 넓게는 '완도·강진·해남' 일대를 가리키는 것이었다고 필자는 본다.

오늘날의 '완도·강진·해남' 일대에 A.D. 1세기 경 형성되었던 소

---

56) 《新增東國輿地勝覽》 卷37, 長興府 建置沿革條에 의하면, 長興에 鎭을 옮겼을 때 長興鎭이 강진(완도 포함)·해남(완도 포함)·진도의 3현을 屬縣으로 모두 포함 관장하고, 강진·완도·해남·진도 사이에는 행정구역의 통폐함이 끊임없이 진행되었던 것을 보면, '靑海鎭'은 오늘의 완도에 본부를 두고 탐진·해남을 모두 포함한 단위였으며, '碧浪國'도 오늘의 완도만이 아니라 耽津·海南·莞島를 모두 포함한 南海岸 小國이었던 것으로 이해된다. 珍島도 한때 海南에 통합되었는데 海南에 면한 나루에 碧波亭이 있다.
57) 李淸圭, 《濟州島考古學硏究》, pp.171~174, 291~300 참조.

국은 '파랑바다[靑海]'의 뜻을 가진 순수한 古한국어의 명칭을 가진
나라였는데, 이것이 삼성설화에서는 '碧浪國'이라고 의미와 발음을
통합하여 절묘하게 한자번역하였고, 장보고 등은 '청해'로 뜻만 의역
하여 한자번역 명칭을 붙였다고 볼 수 있는 것이다.

 '완도·강진·해남'의 '靑海' '碧浪'은 어떠한 특징을 가진 지역인가?
'벽랑' '청해'는 ㉠ 황해를 內湖로 하여 당시의 해안무역에서 물산과
문화가 선진했던 한반도 서해안의 압록강 유역·대동강 유역·한강
유역 등지와 ㉡ 요동반도·산동·중국 등지와 ㉢ 耽羅와 ㉣ 金海 등 弁
韓·辰韓 지역과 ㉤ 일본 九州지역 등지와 직접 교역을 하던 성대한
교역 중심지였다.

 그후 통일신라기에 장보고가 청해[碧浪]에 '靑海鎭'을 설치하고 1
만 명의 병력을 양성함과 동시에 서해·남해·동중국해의 해상무역의
패권을 장악한 것은 불모지에 새로이 교역중심지를 건설한 것이 아
니라 그 훨씬 이전에 '완도·강진·해남 일대'가 이미 국제무역상의 중
심지로 되어 있었는데, 발호하는 각국 해적들을 제압하고 해상무역
의 패권을 장악하기 위하여 무려 1만 명의 水軍鎭營을 여기에 설치
한 것이었다고 볼 수 있다. 그리고 청해진의 1만 명 수군 규모에서
볼 수 있는 바와 같이 청해는 단지 완도만이 아니라 그 일대를 포함
한 넓은 범위의 '완도·강진·해남' 일대를 가리킨 것이었다.

 따라서 碧浪國으로부터 탐라국으로 인구와 농경문화가 유입되었
다고 함은 한반도의 마한과 남해안 인구 및 농경문화가 완도·강진·
해남을 거쳐 탐라로 들어왔음을 의미하는 것이다.

 삼을나설화는 碧浪國으로부터 3공주가 망아지·송아지와 오곡의
씨앗을 가지고 온 것으로 신화적 설명을 기록했다. 이것은 이 때 비
단 3공주 뿐만 아니라 한반도 남해안으로부터 탐라국으로 상당한 규
모의 인구이동이 있었음을 의미한 것이며, 특히 인구 증식을 결정하
는 여성인구의 이동도 포함되어 있어서 탐라국의 인적 번영을 수반

했음을 알게 해준다고 할 수 있다.

또한 이러한 인구이동은 사회학적으로는 한반도 남부에서 韓族이 제주도에 상당한 규모로 입도하여 耽羅國人을 구성하는 주요 구성 요소가 되었음을 알려 주는 것이다. 즉 碧浪國으로부터의 새 이동에 따라 韓族이 탐라국 국민 구성에 참가하게 되고, 탐라국은 ① 先耽羅人 ② 良貊族 ③ 高句麗族 ④ 夫餘族 ⑤ 韓族의 5개 부족집단을 기본 부족으로 하여 건국하게 된 것이었다.

또한 碧浪國으로부터의 망아지·송아지와 오곡의 씨앗으로 상징되는 목축과 농경의 도입은 탐라국의 생산과 경제를 급속히 발전시켜서, 전단계와는 다른 경제적 번영을 가져오기 시작했다고 볼 수 있다.

벽랑국으로부터 인구와 농경문화가 들어온 시기는《瀛洲誌》의 三姓說話에 "碧浪國王이 서쪽 바다의 기상을 바라보니 자주빛 기운이 하늘을 이어 상서로운 빛이 서리는 것을 보고, 딸들과 송아지·망아지·오곡의 씨앗을 보냈다"[58]는 요지의 기록을 한 것으로 보아 한라산 폭발이 있었다는 A.D. 65년 직후 1세기 후반이었다고 볼 수 있다.

碧浪國을 靑海(완도·강진·해남 일대)로 보고 한반도 남해안으로부터 목축·농경문화의 탐라로의 유입을 설명하는 해석은 물론 고고학적 유적 유물로서도 증명된다.

이청규 교수에 의하면, B.C. 6세기 초에서 B.C. 5세기 것으로 남한 지방에서 팽이형 토기에는 공렬과 골아가리토기의 속성이 복합되어 나타나는 복합형 토기가 한강 유역에 등장하고 전라도 지방은 공백인 데, 제주도 상모리 유적에는 복합형 토기가 비율도 클 뿐 아니라 대량 출토되었다.[59] 인구와 문화의 이동 흐름이 B.C. 6세기~B.C. 5세기에는 한강유역으로부터 남해안을 거쳐 제주도로 이어졌음을 시

---

58)《瀛洲誌》의 三姓說話 참조.

59) 李淸圭,〈제주도 上摹里 土器에 대한 일고찰〉,《三佛金元龍教授停年退任紀念論叢》, 1987 참조.

사하는 것이라고 볼 수 있다.

한편 B.C. 500~B.C. 100년에 이르면 남한 지방에서는 金海式 토기와 함께 외반구연 항아리 토기가 성행하는 데, 제주도의 경우도 곽지패총 Ⅱ지구와 용담동 옹관 유적에서 볼 수 있는 바와 같이, 한반도 남해안과 마찬가지의 김해식 토기와 외반구연 항아리 토기가 성행하였다. 이청규 교수는 이 B.C. 500~B.C. 100년(제Ⅲ기)의 제주도 토기문화와 한반도 남해안 토기문화의 동일성에 대해, 그 절대연대에 있어서 용담동 옹관 유적의 漢式鐵器의 공반상황을 보아 A.D. 1~2세기 대에 걸친 것으로 추정하였다.[60] 이청규 교수는 곽지리에서 출토된 A.D. 2세기 경으로 편년되는 군곡리 擦文土器에서 제주도와 전남 해안 지방과의 빈번한 왕래가 있었음을 추정하고, 중계 항구로서 康津(冬音津, 耽津)의 가능성을 강조하였다.[61]

현재까지 발견된 자료와 고고유물로 추정할 수 있는 것은 B.C. 1세기부터 A.D. 1세기 사이 북방에서 민족이동을 감행하여 제주도에 들어온 일부 양맥족·고구려족·부여족들에 의하여 주도적으로 탐라국이 개국되고, A.D. 1~2세기 경에는 완도·강진·해남을 중계항으로 한, 한반도 남해안으로부터 韓族 인구·農耕牧畜文化가 대량으로 들어와서 탐라국의 경제와 문화를 목축과 농경단계로 크게 발전키켰으며, 탐라국의 인구도 크게 증가하게 되었다고 볼 수 있는 것이다.

또한 탐라국 형성기에 馬韓·弁韓·辰韓과 이어서 樂浪·高句麗·百濟·新羅 등은 물론이오, 中國·倭와도 교역을 한 사실은 1928년 제주시 山地港 축항공사 때 출토된 五銖錢(4매), 貨泉(11매), 大泉五十(2매), 貨布(1매) 등으로 증명되며, 新의 王莽 때의 유통 기간이 명확히 A.D. 14~24년으로 한정된 화천·화포가 공반되어 이 화폐유물이

---

60) 李淸圭, 〈제주도 土器에 대한 일고찰〉, 《耽羅文化》 제6집, 1987.
61) 李淸圭, 〈제주도와 남해안지방의 초기 철기문화 교류〉, 1996 참조.

A.D. 1세기 경의 것임을 알려주고 있다.[62]

6. 三徒 편성과 五徒體制

연맹왕국으로서 건국한 탐라국은 주민을 어떻게 나누어 통치했을
까?《高麗史》의 삼성건국설화에는 良乙那가 거처하는 곳을 第一徒
(都)라 하고, 高乙那가 거처하는 곳을 第二徒(都), 夫乙那가 거처하
는 곳을 第三徒(都)라 하였다고 한다.[63]《星主高氏家傳》과 같이 순서
를 바꾸어 高乙那가 거처하는 곳을 第一徒, 良乙那가 거처하는 곳을
第二徒라고 기록한 자료도 있다.[64]

여기서는 그 순서가 문제가 아니라, 제주도에 들어온 양맥족·고구
려족·부여족이 처음에는 각각 구역을 나누어 집단으로 거주했으며,
행정도 이 거주 구역의 구획에 따라 나누어 시행했다는 사실이다.

이병도 교수는 일찍이 '徒'가 '두레'의 한역임을 밝힌 바 있다.[65] '두
레'는 순수한 古한국어로서 그 자체가 共同體·共同隊를 의미하는 용
어였다.[66] 이병도 교수는 辰韓의 '徒', 신라의 '喙[돌]', 伽倻의 '刀'는
모두 '두레·도리'의 對譯語이며, 제주도 삼성설화의 第1·2·3徒도 그
러하다고 지적하였다.[67] 이것은 양맥족·고구려족·부여족 등이 을나
의 인솔 아래 제주도에 들어와서는 혼거하지 않고, 일단 부족별로 거
주 구역을 구획하여 거주했음을 나타내는 것이라고 볼 수 있다. 민

---

62) ① 朴用厚,〈耽羅部族國家의 成立〉,《濟州島研究》제3집, 1986.
　　② 李清圭,《濟州島考古學研究》, 1995 참조.
63)《高麗史》地理志 2, 耽羅縣條 참조.
64)《東文選》,《星主高氏家傳》참조.
65) 李丙燾,〈古代南堂考〉,《서울大學校論集》제1집, 1954 참조.
66) 慎鏞廈,〈두레共同體와 農樂의 社會史〉,《한국사회연구》제2집, 1984 참조.
67) 李丙燾,〈三韓時代研究 — 附 州胡考〉, 1976 참조.

족이동을 수행한 부족별로 두레를 편성하여 집단정착한 것은 충분히 가능한 일이었고 또 그러했을 것이다.

그런데 탐라국 형성기의 거주구획에는 제일도·제이도·제삼도 이외에 2개의 '徒(공동체적 거주구역)'가 더 있었다. '別徒(別刀)'와 '外徒(內·外都)'가 그것이다.

'별도'는 현재의 禾北 1洞으로서 보통 '別刀'라고 한자표기를 하는 경우도 있으나, 徒·都·刀는 모두 '도' '두레'의 對譯에 불과하기 때문에 의미의 차이는 없다. 이주민들은 왜 '별도'를 설치하지 않을 수 없었을까?

당시 '별도'는 제주도와 한반도의 왕래 제1出入浦口였기 때문에, 어느 한 부족에 의해 독점되어서는 안되는 별도의 특별 공동관리 지역이 되지 않으면 안되었을 것이다. 따라서 제1·2·3도와 대비해서 '제1포구'를 '별도(別徒)'로 설정하고 3부족이 공동관리 하게 되었다고 볼 수 있다.

그 증거가 되는 것이 禾北(別刀·別徒)의 三射石이다. 3부족의 '을나'는 제1·2·3도의 거주 지역의 우선순위를 결정하기 위하여 화북(별도)에서 弓射試合을 하여 승자가 '제1도'에 배정되었다고 하였다. 비단 弓射大會만이 아니라 3부족의 공동 행사의 다수를 이 '별도'에서 거행했던 것으로 보인다. 왜냐하면 '별도'가 3부족 각각에게 모두 가장 공정한 지역이었기 때문이었다. 실제로 3부족이 제주도에 처음 입도할 때, 당시 한반도와의 왕래에 제1출입포구였던 '별도' 포구를 통해 입도했었을 것이라고 추정할 수 있다. 따라서 '별도'는 제1·2·3도의 설정과 동시에 설정한 특별 공동관리 지역이었다고 볼 수 있는 것이다.

한편 '외도(外徒, 內·外都)'는 처음에는 3부족 이외의 先耽羅人 및 그 후에 도착한 後來人의 거지주역이었다고 추정된다. 한라산의 폭발이 A.D. 65년 경에 있어서 그 이전의 선주민이 많이 희생되어 큰

타격을 입었다고 할지라도, 해안에서 생존한 선주민이 다수 남아 있
게 되었을 것이다. 그들은 '國'을 세우지 못하고 있는 상태에서 생활
하고 있다가 B.C. 1세기~A.D. 1세기에 북방으로부터 철제장검·철
제창·철제단검 등 철기문화를 가진 강력한 선진부족들이 해로로 제
주도에 도착하여 '國'을 세우자, 현재의 제주시 지역에 살던 선주민
은 먼저 이에 편입되었을 것이며, 건국 후 남방으로부터 표류해 온
사람들은 노예처럼 예속화되었을 것이고, 그들은 밀려나서 선진 도
래인들의 정착지(제1·2·3徒)로부터 먼 지역에 마을을 만들어 거주하
게 되었을 것이다.

《後漢書》東夷傳 韓條에 州胡人을 묘사하여 "그 나라 사람은 키가
작고 머리를 삭발하여 가죽옷을 입는데, 상의만 입고 하의는 입지 않
는다. 소나 돼지기르기를 좋아하며 배를 타고 왕래하면서 韓中에서
물건을 거래한다"[68]고 한 것이나, 《三國志》魏書 東夷傳 韓條에서 이
를 약간 수식하면서 전재한 기록은,[69] 이병도 박사가 지적한 바와 같
이 탐라국 건국기에 노예신분으로 억압당한 일부 표류인 포로에 대
한 묘사로 보인다. 선주민들과 3부족 이외의 도래인 및 표류인 포로
들의 거주지역이 '外徒'이었다고 추정된다.[70]

이상의 설명을 표로 간소화해 보면 다음 표와 같다.

탐라국 건국기의 행정구역은 건국 주체 세력 부족인 3부족(양맥족·
고구려족·부여족)을 중심으로 보면 '3徒체제'이지만, 탐라국 전체로
보면 '5徒체제'라고 볼 수 있다.

《唐會要》에 "耽羅는 신라의 武州 해상에 있다. 섬 위에는 산이

---

68) 《後韓書》東夷傳 韓條, (註 45)와 같음.
69) 《三國志》魏書 東夷傳 韓條 참조. (註 46)과 같음.
70) '외도(外徒, 外都)'는 현재는 都近川을 사이에 두고 內都里와 外都里로 발전되
   어 있으나, 원래는 냇물 밖의 '外徒'가 먼저 형성된 것이고, 인구 증가에 따라 '內
   徒'가 후에 형성되어 '內外徒'가 되었다고 추정된다. 여기서는 이를 합하여 '外
   徒'로 표기하기로 한다. 탐라국 형성기의 유적 유물은 外都에 집중되어 있다.

5徒 행정구역의 구획

5徒구분	주요거주 부족	비 고
第1徒	良乙那, 良貊族의 거주지역	일설 高乙那, 高句麗族의 거주지역
第2徒	高乙那, 高句麗族의 거주지역	일설 良乙那, 良貊族의 거주지역
第3徒	夫乙那, 夫餘族의 거주지역	모든 기록에 일치됨
別徒	出入港口. 共同管理 거주지역	別刀는 別徒와 동일
外徒	先耽羅人, 韓族 거주지역	外都(內·外都)는 外徒와 동일

있고 주위는 모두 바다에 접하였는데, 북쪽으로는 백제와 5일을 갈
만한 거리이다. 그 나라 왕의 성은 儒李이고 이름은 都羅인데, 城隍
은 없고 5部落으로 分作하였다(分作五部落). 그들의 집은 둥글게 돌
담을 둘러서 풀로 덮었다. 戶口는 8천이 있다. 활과 칼과 방패와 창
이 있으나 文記는 없고, 오직 귀신을 섬긴다"[71]는 기록이 있다.

여기서 주목할 것은 "5부락으로 나누어 만들었다(分作五部落)"는
기록이다. 이 5부락은 탐라국 내의 큰 주요 5개 마을을 가리킨 것으
로도 볼 수 있지만, 자연발생적으로 성장한 마을이 아니라 5부락으
로 '分作(나누어 만들었다)'했다는 기록에서 인위적 편성의 흔적을 읽
을 수 있고, 이것은 위에서 설명한 탐라국 형성 때의 '5徒체제'와 연
결된 것이 아닌가 생각해 볼 수 있다.

탐라국 건국기에 '제1도'에 거주한 부족은 연맹왕국에서 맨 처음
의 우위세력의 부족이라고 간주될 수 있다. 이 부족을 처음에는 良
貊族이었다고 기록한 자료는,《高麗史》地理誌에 수록된 삼성설화
에서 "長(맏이)을 良乙那, 次(다음)를 高乙那, 三을 夫乙那로 했다"[72]

---

71)《唐會要》, 耽羅國條. "耽羅在新羅武州海上 居山島上 周廻並接於海 北去百濟可
　　五日行 其王姓儒李名都羅 無城隍 分作五部落 其屋宇爲圓牆 以草蓋之 戶口有八
　　千 有弓刀楯稍 無文記 唯事鬼神"
72)《高麗史》地理志 2, 耽羅縣條.

고 기록했고, 《新增東國輿地勝覽》도 이를 따랐으며,[73] 《長興高氏家乘》에 수록된 《瀛洲誌》는 高氏族譜임에도 불구하고, 그 서차를 "長(맏이)을 良乙那라 하고, 次를 高乙那라 했으며, 三을 夫乙那라 했다"[74]고 기록하였다.

한편 《東文選》의 〈星主高氏家傳〉과 《瀛洲誌》 기타 등에서는 "長(맏이)을 高乙那로 하고, 次를 良乙那로 하며"[75]라고 하여, 맏이를 고을나로 기록하고, 따라서 고을나가 '第1徒'에 거주한 것으로 기록하였다.[76]

良貊族은 압록강 하구에서 성장한 水貊으로서 뱃길과 물에 익숙하고 밝았던 貊族이므로 긴 항해에서 다수가 제주도에 이동해 들어왔으리라고 추정된다.[77]

제1·2·3도, 別徒(刀), 外徒(內外都)의 지리적 위치 비정에 대하여 두 가지 견해가 있는 것 같다. 이에 대해서는 고고학상의 유적 유물에 의존하는 것이 가장 과학적이라고 필자는 생각한다. 이청규 교수는 郭支1式 토기의 집중적 분포지역인 제주시 일대를 1도·2도·3도의 지역이라고 비정하였다.[78]

고고학의 발굴 조사보고를 일별해 보면 제1·2·3도는 이병도·이청규 교수와 같이 오늘날의 舊濟州市에 비정하되, 別徒는 오늘날의 禾北1洞(別刀)이고, 外徒는 오늘날의 內·外都와 일치한다고 필자는 생각한다.

李衡祥은 《南宦博物》에서 《高氏世系錄》에 이르기를 "3인이 화살

---

73)《新增東國輿地勝覽》卷38, 濟州牧 建置沿革條 참조.
74)《長興高氏家乘》,《瀛洲誌》참조.
75)《東文選》,〈星主高氏家傳〉참조.
76)《瀛洲誌》참조.
77)《南原梁氏世譜》隆生事蹟條에 의하면, 良宕이 廣巡使로 新羅에 갔을 때 新羅王이 爵位를 주면서 '良'을 '梁'으로 고치도록 하여 梁氏가 되었다고 한다.
78) 李淸圭,〈三姓神話에 대한 고고학적 접근〉,《耽羅文化》제14호, 1994 참조.

을 쏘아 거주지를 정했는데, 高의 所居는 第一徒이니 한라산 북쪽의
一徒里요, 良의 소거는 第二徒이니 한라산 右翼의 남쪽 山方里요, 夫
의 소거는 第三徒이니 한라산 좌익의 남쪽 土山里이다"[79]라고 하였
다. 이것은 제주도의 행정 구역을 3분하는 사고의 설명이며, 탐라국
후기의 일이라고 볼 수 있다.

탐라국의 개국 초에는 한라산 북쪽 현재의 제주시와 禾北을 중심
으로 하여 동으로는 朝天, 서로는 內外都里를 거쳐 涯月까지의 지역
을 중심으로 한, 나라를 세웠다가 첨차 세력이 커지고 체제가 정비되
자 제주도 전체를 탐라국의 영토로 하여 三分 행정구역 체제로 만든
것이라고 볼 수 있다.

따라서 탐라국의 수도는 '성안[城內]'이라고 통칭하는 현재의 '제주
시'의 제1·2·3도 동지역이라고 볼 수 있다.

탐라국 인구는 《唐會要》의 7세기 기록에 "戶口가 8천이 된다"[80]고
하였다. 여기서 호구는 인구로 해석된다. A.D. 1~7세기에 인구의 자
연증가는 극히 완만한 시기이고 사회이동 증가가 더 유의미한 시기
이므로, 탐라국 건국기의 인구는 약 8천 명 미만이었다고 볼 수 있다.

7. 맺음말

지금까지 고찰한 바를 요약하여 정리하면 다음 같이 말할 수 있다.
(1) 耽羅國은 요동반도와 압록강 이북 만주 지방과 한반도 북부를
중심으로 하여 선민족 및 부족들이 고대국가들의 영토확장 경쟁과
권력투쟁 과정에서 B.C. 3세기~A.D. 1세기에 일어난 북방으로부터
남방으로의 민족(선민족·부족) 대이동 과정에서 북방으로부터 제주

---

79) 李衡祥, 《南宦博物》.
80) 《唐會要》 耽羅國條.

도에 이동해 들어온 鐵器文化(특히 鐵製武器)를 가진 선진부족들에 의해 형성된 古代國家이다.

(2) 북방에서 鐵器文化와 鐵製武器를 갖고 제주도에 들어와서 耽羅國을 건국한 주도적 선진부족들은 일부의 良貊族·高句麗族·夫餘族 등이다. 그들은 각각 제주도에 들어와 정착을 시도해서 양맥족의 君長(良乙那)과 고구려족의 君長(高乙那)과 부여족의 君長(夫乙那)이 연맹하여 3部族 聯盟王國으로서 耽羅國을 건국하였다.

(3) 3부족에 의한 탐라국의 건국시기는 고고학계 발굴의 유적 유물과 문헌자료와 구전자료를 종합해 볼 때 B.C. 1세기～A.D. 1세기경이라고 안전하게 말할 수 있다.

(4) 북방으로부터 3부족이 제주도에 들어와 탐라국을 건국하기 이전에 제주도에는 소수의 先住民들이 살고 있었다. 이들은 '先耽羅人'이라고 호칭하는 것이 적합한 고대인으로서, 구석기시대 — 신석기시대 — 청동기시대를 거치면서 이 섬에 영주하던 사람들과 주변 각지역으로부터 표류해 온 표류인으로 구성되었다. 이들 '선탐라인'은 제주도 해안 전체에 걸쳐 식수와 동굴 등 거주가 적합한 지역에 드문드문 '마을공동체'를 형성하고 촌장의 지배하에 생활하고 있었다.

(5) 先耽羅人은 북방에서 이동해 들어온 3부족을 주도 세력으로 탐라국이 건국되고 발전될 때, '마을공동체'의 촌장과 장로 가족들은 귀족신분으로 흡수되고 일반 마을공동체 성원들은 평민으로서 점차 탐라국의 백성으로 편입되었다.

(6) 탐라국 건국 이전에 제주도에 표류해 온 표류민들은 노예신분으로 취급된 것 같지 않다. 그러나 탐라국 건국 후에는 남방으로부터 표류해 온 사람들은 노예신분으로 취급된 것으로 추정된다. 중국 史書들에 나오는 '州胡人'에 대한 묘사는 탐라국의 포로집단·노예신분의 묘사이며, '先耽羅人'을 묘사한 것은 아니라고 본다.

(7) 한반도 남해안으로부터 A.D. 1세기 후반에 상당한 규모의 人

口와 농경문화가 탐라국에 유입되었다. 이것은 탐라국 사람들의 구
성에 韓族의 큰 비중의 유입을 추가하였다. 또한 이것은 탐라국의
경제생활을 수렵·어채 중심의 경제생활로부터 농경·목축 중심의 경
제생활로 발전시키는 데 큰 계기가 되었다.

(8) 사회학적 관점에서 볼 때 그 결과 耽羅國의 A.D. 1세기 말까지
부족 구성은 기본적으로 ① 先耽羅人 ② 良貊族 ③ 高句麗族 ④ 夫餘
族 ⑤ 韓族의 5부족 또는 5원민족으로 구성되어서, 시간의 경과와 함
께 하나로 융합되어 탐라인을 형성했다고 볼 수 있다.

(9) 삼성설화의 碧浪國은 가공의 나라가 아니라 그후 신라시대 '靑
海鎭'의 설치 관장 지역에 A.D. 1세기에 실재했던 古代小國이다. '碧
浪'과 '靑海'는 동일한 것이다. 현재의 행정 구역으로는 대체로 海南·
康津·莞島가 이에 해당한다. 조선왕조 말기까지에도 莞島 옆에는 康
津縣에 소속된 '碧浪島'라는 명칭의 섬이 있있고, 海南縣에는 '碧波
津'이라는 나루가 남아 있어서, 碧浪國이 실재했었음을 알려주고 있
다. 碧浪國의 위치는 대체로 靑海鎭의 관장 지역과 일치하고, 오늘날
의 명칭으로는 한반도 남해안의 '莞島·康津·海南' 지역에 해당한다
고 할 수 있다. A.D. 1세기 말엽에 당시 '벽랑국'이라고 불리던 오늘
날의 '완도·강진·해남' 지역으로부터 인구와 농경문화가 대대적으로
탐라국에 유입되어 탐라국 발전의 큰 계기가 된 것이었다.

(10) 탐라국 형성 초기에는 백성들의 거주 지역을 모두 5도체제로
구분하여 만들었다. 第一徒·第二徒·第三徒·別徒·外徒가 그것이다.
탐라국 형성의 주도부족인 良貊族·高句麗族·夫餘族은 거주지역을
각각 제1도·제2도·제3도로 구획하여 배정하였고, 別徒는 출입항 포
구이므로 공동관리 구역으로 하여 공동행사를 거행하였다. 外徒(內
外都)는 先耽羅人과 기타 3부족 이외의 다른 부족들의 거주지역으로
하였다.

(11) 탐라국은 형성 초에는 연맹왕국으로 성립되어 어느 한 부족

이 지배 王權을 확립하지 못하고, 3부족의 君長(乙那)의 합의에 의해 통치하면서 3乙那 중의 장자를 군왕으로 삼은 연맹체제였던 것으로 추정된다. 3부족 연맹의 결합양식은 가족제도에서 유추한 '兄弟結合'의 양식이었던 것으로 설화는 전하고 있다.

(12) 탐라국 형성기의 인구는 약 8,000명 정도였던 것으로 추정된다. 건국기의 탐라국은 삼한시대를 기준으로 할 때 中規模의 중요한 고대왕국이었다고 볼 수 있다. 또한 사회제도는 신분제 사회이었고, 위로는 王族으로부터 아래로는 노예까지 모두 존재하였다.

탐라국 형성기의 경제생활에서 주거는 여름에는 草屋生活을 하고 겨울에는 竪穴住居를 한 것으로 보인다. 주거용 집은 둥글게 돌담을 둘러서 지붕을 풀로 덮었다. 의복은 가죽옷을 주로 사용했다고 기록되어 있다. 식생활은 처음에는 수렵과 어채에 의존하다가, A.D. 1세기 경부터는 농경·목축경제 단계에 들어갔다.

(13) 탐라국은 대외적으로 형성 초기인 A.D. 1세기 초부터 이미 馬韓·弁韓·辰韓 등과 교역을 하고, 북방으로 樂浪·高句麗·百濟·新羅 등은 물론이오 中國과 倭와도 교역을 행하였다.

탐라국은 이상과 같이 B.C. 1세기~A.D. 1세기에 ① 先耽羅人 ② 良貊族 ③ 高句麗族 ④ 夫餘族 ⑤ 韓族의 5개 부족이 중심이 되어 형성된 고대국가로서 발전하다가 후에 한국민족의 형성에 통합되어 그 구성요소의 하나가 된 것이었다.

(《韓國學報》제90집, 1998년 봄호 수록)

제 2 부
민족사회학과 한국사회사

民族形成의 이론

1. 머리말

오늘날 우리가 배우며 가르치는 사회학은 민족(nation)과 민족형성(formation of the nation)의 이론을 빠뜨리고 있다. 제2차세계대전 종전까지는 서구의 사회학은 '민족'을 매우 중요한 연구 주제로 다루었다. 왜냐하면 민족문제가 그 사회의 해결해야 할 중요한 과제의 하나였기 때문이었다.

오늘날의 미국의 사회학은 민족을 전혀 다루지 않으며, 그 대신 인종(race)이나 인종집단(ethnic group)을 다루고 있다. 이것은 그들이 해결해야 할 중요한 문제가 인종이나 인종집단들의 문제이기 때문인 것으로 보인다.

한국은 1945년 이전에는 일본 제국주의의 침략을 받아 36년간 그 식민지로 강점되었기 때문에 민족문제가 가장 중요한 문제였었다. 또한 1945년의 민족해방 이후부터 오늘날까지 민족이 남과 북으로 타의에 의하여 분단되었기 때문에 민족문제가 여전히 가장 중요한 문제의 하나로 남아 있다. 한국 사회의 1945년 이전의 기본 과제가 '민족의 해방과 독립'이었다고 한다면, 1945년 이후의 기본 과제는

'민족의 재통일'이라고 할 수 있다.

그럼에도 불구하고 한국 사회학이 '민족'을 학문적으로 다루지 않는 것은 직설적으로 표현하면, 아직 학문의 주체성을 정립하지 못하고 구미사회학의 수입과 소화에만 급급하고 있는 단계에서 있기 때문이 아닌가 하는 생각을 금할 수 없다. 분단시대 한국 사회학의 기본 과제 가운데 하나는 '민족'에 관한 과학적 연구를 전개하여 민족의 재통일과 독립적 발전의 사회학 이론의 기초를 정립하는 일이라고 할 수 있다. 뿐만 아니라 오늘날 이 지구 위의 인류사회에는 아직도 민족 간의 불평등과 억압, 착취가 잔존하고 있다. 과거에 식민지·반식민지 상태에서 민족적 피압박과 피지배의 고통을 겪다 해방된 민족들이 이제는 크게 각성하여 '제3세계'라는 새로운 국제 사회의 집단을 만들어 부상하면서 민족 간의 불평등의 폐지와 명실상부한 인류의 공동의 번영을 요구하고 있다. 또한 제3세계의 일부 나라들에서는 1945년 이후에 먼저 신생독립국가를 건설하고 그 주민을 바야흐로 '민족'으로 형성시켜 나가는 도중에 있다.

이러한 상황에서는 한국과 제3세계에서 '민족'은 살아 있는 현재의 문제이며, 또한 가장 중요한 미래의 문제의 하나라고 할 수 있다. 그리고 민족과 민족형성의 이론은 사회과학 중에서도 특히 사회학이 그 고유의 연구영역으로서 학문적으로 깊이 탐구해야 할 주제라고 할 수 있다.

이 논문에서는 사회사(社會史)의 자료들과 연구결과들에 기초하여 '원민족(선민족 : prot-nation or pre-nation)', '전근대민족(pre-modern nation)', '신민족(neo-nation)'의 개념을 정립하고, 민족이 근대뿐만 아니라 '전근대'와 '현대'에서도 형성되는 이론의 포괄적 기본 틀을 정립해 보려고 한다.[1]

---

1) 慎鏞廈, 〈韓國社會史의 對象과 '理論'의 問題〉, 《韓國學報》 제25집, 一志社,

2. 유럽 사회학 민족형성이론의 한계

민족과 민족형성의 이론은 유럽에서 일찍이 연구되었으나, 그 이론들은 지구 위의 전 인류사회의 사실들을 자료로 사용하지 않고, 서구의 역사적 사회적 경험에만 기초를 두었기 때문에 다른 지역에는 적용하기 어려운 근본적 한계를 설정하게 되었다. 그 대표적인 것 가운데 하나가 '민족은 근대에 형성된 인간집단의 역사적 범주'라는 이론이다.

서구사회학의 민족 이론은 모든 학파가 '민족'은 근대국가와 근대자본주의 성립의 결과로 그와 궤도를 같이하여 '근대'에 형성된 인간집단이라고 설명하였다.[2]

서구 아카데미 사회학의 경우, 피어칸트(A. Vierkant)는 문화공동체로서의 민족(Nation)은 통일된 근대국가의 성립기에 형성된 것으로서 그 이전의 자연공동체인 폴크(Volk)와 구별되는 것이라고 하였다.[3] 퇴니스도 이 견해를 받아들여서 '민족'을 근대국가 형성기의 산물이라고 하고, 그것은 폴크에서 발전해 나온 근대적 인간집단의 공동체라고 하였다.[4] 일찍이 노이만(K. Neumann)은 인간의 공동체는 부족(Stamm) → 폴크(Volk) → 민족(Nation)으로 발전했으며, 민족은 근대국가의 형성과 함께 근대에 형성된 것이라고 했는데 독일의 사회학자들은 이 학설을 계승하고 있는 것이라고 볼 수 있다.[5] 베버는

1981 ;《社會史와 社會學》, 創作과 批評社, 1982 所收 참조.
2) Charles Tilly, "Western State-Making and Theories of Political Trans-formation", *The Formation of National State in Western Europe*, Princeton University Press, 1975, pp.601~632 참조.
3) Alfred Vierkandt, *Gesellschaftlehre*, 1923, p.319 참조.
4) Ferdinand Tonnies, *Einfuhrung in die Soziologie*, 1931, p.389 참조.

바로 이렇게 직설적으로 표현하지는 않았지만 민족의 형성은 근대의 '국가'의 형성과 분리될 수 없다고 하여 근대국가의 성립과 더불어 '민족'이 형성되었음을 인정하였다.[6] 또한 조셉은 구체적으로 프랑스 민족이 참으로 하나의 민족을 형성한 것은 프랑스대혁명 이후의 일이라고 하였다.[7] 최근의 민족과 국가의 형성에 대한 실증 연구의 심포지엄도 민족이 근대국가의 형성과 함께 '근대'에 형성된 것임을 대전제로 하고 있다.[8]

민족이 '근대'에 형성되었다는 이론은 그 논거의 측면만 다를 뿐이지 마르크스주의에서도 마찬가지였다. 마르크스주의에서 처음으로 민족문제를 본격적으로 다룬 카우츠키는 민족이 '근대'의 산물임을 강조하면서 자본주의 상품경제의 발전이 봉건적 영주경제로부터 자본주의적 국민경제를 성립시킨 결과 민족이 형성된 것이라고 하였다. 그에게 있어서 민족은 자명하게 근대민족을 의미하는 것이었다.[9]

마르크스주의 학파에서 민족 이론을 주로 담당한 것은 스탈린이었는데 그도 카우츠키에 따라 민족은 근대의 산물이라고 주장하였다. 스탈린은 1921년에 민족은 영속적 존재가 아니라 발흥하고 있는 자본주의 시대의 역사적 범주임을 지적하고, 봉건제도의 폐지와 자본주의 발전 과정은 인민의 민족에의 결합 과정으로 나타났으며, 영

---

5) Franz N. Neman, *Volk und Nation*, 1888, p.74 참조.
6) Max Weber, *Economy and Society*, English Edition of Bedminster Press, Vol. 2, 1968, p.922 참조.
7) Bernard Joseph, *Nationality : Its Nature and Problems*, 1929, p.175 참조.
8) R.D. Grillo(ed), '*Nation*' and '*State*' in *Europe*(1981)에서 세미나에 참가한 Jeff Pratt, Marianne Heiberg, L.F. Baric, R.D. Grillo, Amalia Signorelli, Rosemary Lumb, Leonard Mars, Reginald Byron, Robert Wade, Serif Mardin 등은 한결같이 유럽의 민족들이 근대에 형성된 것임을 인정하고 주제 발표와 토론을 전개하고 있다.
9) Karl Kautsky, "Die Moderne Nationalität", *Die Neue Zeit* 5, Jahrgang, 1887, p.392 참조.

국인·프랑스인·이탈리아인은 봉건적 분열에 대한 자본주의 승리의
발전에 따라 '민족'으로 결합하게 된 것이라고 주장하였다. 그는
1950년에는 근대 이전의 인간공동체를 준민족(Narodnosti)이라고 명
명하고, 민족은 부족 → 준민족 → 민족의 단계를 거쳐 '근대'에 이르
러 자본주의 성립의 결과로 형성된 것이라는 견해를 제시하였다.[10]

그러나 위에서 간단히 본 유럽 아카데미 사회학과 마르크스주의
학파의 두 조류의 민족형성이론은 한국민족을 비롯하여 이미 고대
와 중세에 중앙집권적 통일국가와 민족을 형성하였던 민족들에게는
들어맞지 않는 이론이다.

한국을 비롯하여 중국·일본·인도 등 동남아 제민족, 터키·이란·이
집트 등 아랍 제민족, 에티오피아 등과 같이 유구한 문명의 역사를
갖고 고대나 중세에 통일국가를 장기간 이룩한 곳에서 '민족'은 근대
이전의 '전근대'에 이미 형성된 것이 역사적 사회적 사실이었다.

따라서 '민족이 근대에 형성된 역사적 범주의 인간집단이다'라는
유럽 아카데미 사회학과 마르크스주의 학파의 민족형성이론은 유럽
과 같이 중세를 장기간 지방분권적 봉건사회의 형태로 경험한 지역
과 민족에만 적용될 수 있는 매우 좁은 한계를 가진 이론이라고 말할
수 있다.[11]

---

10) *Joseph V. Stalin, Le Marxisme et les Problemes de Linguistique*, 1950 ; *Le*
   Marxisme et la Question Nationale et Coloniale, 1953 ; "On Marxism in
   Linguistics", Pravda, 1950, June 20, translated in The Current Digest of The
   Soviet Press, Vol. 2, No. 21, 1950, pp.3~9 ; *Marxism and Linguistics*, 1951,
   pp.9~32 참조.
   스탈린은 다시 민족을 그것이 근대에 형성하는 사회체계에 따라 자본주의 체
   제하의 '부르주아 민족'과 사회주의 체제하의 '사회주의 민족'으로 구분하고, 나
   아가 공산주의 체제하에서는 민족들의 융합이 있을 것이라고 예견하였다. 그러
   므로 그의 민족이론의 도식은 미래까지 연결하면, 부족 → 준민족 → 민족(부르
   주아 민족 → 사회주의 민족) → 민족의 융합으로 된다.
11) Hugh Seton-Watson, *Nations and States : An Enquiry into the Origines of*

한국을 비롯하여 중국·일본·인도 등 동남아 제민족, 터키·이란·이집트 등 아랍 제민족, 에티오피아 민족들은 서구의 민족형성이론을 무리하게 자기 민족에게 적용하여, 자기 민족이 '근대'에 이르러서 민족을 형성하였다고 억지 설명을 할 필요가 없다고 본다.[12] 예컨대 한국민족은 개화기에 자기 민족을 형성하게 되었다는 전혀 역사적 사회적 사실과 일치하지 않는 해석을 할 필요가 없다. 도리어 한국과 같이 민족형성의 역사가 오래된 민족들은 학문적 주체성을 발휘하여 자기 민족 사회사의 자료에 기초해서 '전근대'에 민족이 형성됨을 인식하는 새로운 민족형성의 이론을 정립할 필요가 있는 것이라고 본다.

여기서는 먼저 민족형성의 요소들을 검토한 다음 '민족은 근대에 형성될 뿐만 아니라 전근대에 형성되기도 하며 현대에도 형성되는 역사적 범주의 인간집단 공동체이다'라는 민족형성의 포괄적 기본 이론을 정립하고 그에 따른 몇 가지 새로운 개념들을 정립하여 논의하기로 한다.

3. 민족형성의 요소들

민족형성의 요소들로서 가장 중요한 것은 객관적 요소로서 언어의 공동, 지역의 공동, 혈연의 공동, 문화의 공동, 정치의 공동, 경제의 공동, 역사의 공동 등이며, 주관적 요소로서 민족의식 등이다. 즉 민족은 한마디로 정의하면 '인간이 객관적으로 언어·지역·혈연·문화·정치·경제·역사를 공동으로 하여 공고히 결합되고, 그 기초 위에서

Nations and the Politics of Nationalism, Westview Press, 1977, pp.89~191.

12) John A. Amstrong, *Nations before Nationalism*, The University of North Carolina Press, 1982, pp.283~299 참조.

민족의식이 형성됨으로써 더욱 공고하게 결합된 역사적 범주의 인간 공동체'라고 할 수 있다. 朴殷植은 민족을 혈연·토지·언어·풍속·國性이 독자적이어서 다른 사람들과 특히 구별되는 집단이라고 생각하였다.[13] 민족이 사회학적으로 결사체(Gesellschaft)가 아니라 공동체(Gemeinschaft)라는 사실은 두말할 필요가 없을 것이다. 민족은 본질적으로 넓은 의미의 문화공동체(Kulturgemeinschaft)의 특성과 생활공동체(Lebensgemeinschaft)의 성격을 가진 인간의 집단이라고 할 수 있다.

1) 언어의 공동

민족형성의 가장 중요한 요소는 수많은 학자들이 지적해 온 바와 같이 언어의 공동이다. 이것은 필수 불가결의 요소라고 할 수 있다.

인간이 민족이라는 대규모의 공동체로 결합함에 있어서 끊을 수 없는 공고한 특수 연대(a specific solidarity)를 구성할 만큼 충분한 사회적 의사소통(social communcation)과 이해를 가능케 하는 것은 문화 중에서도 '언어의 공동'의 요소이다. 언어의 공동은 사람들을 민족으로 결합 하는 가장 공고한 유대이며 민족의 가장 기본적인 구성요소이다.

언어의 공동은 민족공동체의 성원으로 하여금 사회적 의사소통을 하여 결합케 하고, 유아기에 학습을 통하여 그 공동체 문화를 습득케 함으로써 그 성원을 진정한 그 공동체의 성원으로 만든다.[14] 언어의 공동은 민족공동체의 성원에게 공동의 사고 유형과 공동의 감정과 의지를 형성하도록 큰 영향을 끼치기도 한다. 이 때문에 언어를 공

---

13) 朴殷植,《韓國獨立運動之血史》,《朴殷植全書》(檀國大東洋學硏究所)上卷, 1975, pp.449~451 참조.
14) Karl W. Deutsch, *Nationalism and Social Communciation : An Inquiry into the Foundation of Nationality*, 1969, pp.41~46 참조.

동으로 하는 사람들끼리는 매우 미세한 부문까지 깊이 '융합'할 수 있으며 특수한 공동연대의 감정을 가질 수 있고, 성원 상호간의 행동 을 비교적 정확하게 기대하고 예측할 수 있다.

이러한 언어의 공동이 주는 공고한 융합은 언어를 달리하는 사람 이 도저히 끼어들 수 없는 성질의 것이다. 예컨대 아무리 프랑스어 에 능통한 외국인일지라도 그가 태어날 때 프랑스인으로서 프랑스 어를 습득하지 않는 한, 프랑스 사람들의 생활감정과 생활양식과 은 유적인 재담과 웃음에 한번도 제대로 끼어들어 융합할 수 없는 것이 다. 외국에서 동일한 민족의 성원을 만날 때 가장 큰 기쁨은 우선 언 어의 동일성의 기쁨이라고 할 수 있다.

민족형성에서 언어 공동의 첫째 중요성은 일찍이 피히테[15]와 카우 츠키[16]에 의하여 잘 인식되었다. 우리나라에서는 일찍이 周時經이 민 족의 본질을 언어공동체로 간파하여 언어 민족주의를 창도했었다.[17]

필자는 민족형성의 최대의 경계가 동일 언어권이라고 보고 있다. 동일한 언어를 사용하는 사람들이 2개 이상의 민족으로 나누어질 수 는 있어도, 2개 이상의 상이한 언어를 사용하는 사람들이 하나의 민 족을 형성할 수는 없다.

어떤 학자들은 스위스는 독일어(주민의 70퍼센트), 프랑스어(주민 의 22퍼센트), 이탈리아어(주민의 7퍼센트), 로만슈어(주민의 1퍼센트) 의 4개 언어공동체를 이루고 있는데도 하나의 스위스 민족을 형성하 고 있다고 말한다. 그러나 이것은 민족과 국민(people of state)을 혼 동하는 것이라고 본다. 이 경우 스위스는 다민족[複數民族] 국가라고

---

15) Johann G. Fichte, *Reden an die Deutsche Nation*, 1808, p.70 참조.

16) Karl Kautsky, 1906, "Nationalität und Internationalität", *Die Neue Zeit* 26, Jahrgang, p.14 참조.

17) 愼鏞廈, 〈周時經의 愛國啓蒙思想〉, 《韓國社會學研究》(서울대사회학연구회)제1 집, 1977 참조.

보아야 하며, 그것은 다민족 국가인 중국과 근본적으로 다르지 않다.

언어를 공동으로 하면서도 다른 민족들을 형성하는 경우가 많기 때문에 언어의 공동을 민족형성의 유일한 요소라고는 말할 수 없다. 영국과 아일랜드는 동일한 영어를 사용하지만 다른 민족을 형성하고 있으며, 라틴 아메리카와 남아메리카 여러 민족들은 스페인으로부터 독립한 후에도 여전히 스페인어를 사용하고 있다. 그러나 이것은 인류사회의 역사가 제국주의시대와 식민주의시대를 거쳤으며 이민의 역사가 있었음을 상기하면 이해될 수 있는 사실이다.

인류사회가 왜곡되지 않은 자연스런 상태에서 민족형성의 본질적 요소를 이루고 있는 것은 언어의 공동이며, 모든 언어는 언제나 민족어로서만 생명을 보전하고 발전해 왔다.[18] 민족은 무엇보다도 제일차로 언어공동체인 것이라고 할 수 있다.

그러므로 어느 민족에 있어서나 민족을 사랑하는 사람들이 자기의 언어(민족어)를 잘 갈고 닦으려고 노력하는 것은 확고한 과학적 근거를 가진 것이다. 일본 제국주의자들이 일제 강점기에 한국민족에 대하여 '동화정책'이라는 이름의 민족말살정책을 써서 한국민족을 지구상에서 소멸시키려고 했을 때, 무엇보다도 '한국어'를 말살하고 그 대신 '일본어'를 가르쳐 쓰도록 한 것은 한국어 말살이 한국민족 말살의 본질적 핵심을 이루는 것이기 때문이었다. 만일 이때 한국민족이 민족어를 지키기 위한 항일투쟁을 전개하지 않고 한국어를 잃어버렸다면 한국민족도 따라서 소멸하게 되는 것이다. 민족어를 잃으면 생물학적인 목숨은 살아도 민족은 소멸되는 것이다. 周時

---

18) 민족어로서의 언어만이 생명력을 갖는 것은 그것이 '일상 사회생활'의 살아 있는 언어이기 때문이다. 인류는 이미 세계 공용어로서 에스페란토語를 발명하여 보급해 왔으나 그것이 일상 사회생활의 언어가 아니기 때문에 목적한 바의 역할을 다하지 못하고, 오히려 민족어로서 영어가 그 구실을 대신하는 추세에 있는 것이라고 볼 수 있다.

經과 조선어학회 회원들과 수많은 애국적 민족 성원들이 일본 제국
주의의 한국 민족말살정책 하에서 '민족'을 수호하기 위하여 민족어
와 민족문자(한글)를 지키고 갈고 닦으려고 투쟁한 것은 민족형성이
론에 비추어 볼 때 문제를 정확하게 파악한 것이었다고 말할 수 있
을 것이다.

2) 지역의 공동

민족형성의 둘째의 불가결의 요소는 지역의 공동이다. 여기서 지
역은 자연과학적으로 해석된 의미가 아니라 사회학적으로 해석된
것으로서 인간의 상호교섭과 상호접촉의 場을 의미하는 것이며 전
통적인 표현을 빌리면 지연을 의미하는 것이다.

인간이 민족이라는 대규모의 공고한 공동체로 결합하기 위해서는
가장 빈번한 상호접촉과 상호교섭이 필요했으며, 이를 위해서는 지
역의 공동이 반드시 필요하였다. 동일 지역에 거주하는 사람들이 가
장 빈번한 상호접촉과 상호교섭을 통하여 문화의 공통화를 실현하
고 공동체를 구성하는 것이다. 이 점을 간파하여 파크는 공동체의
본질은 지역의 공동에 있다고 하였다.[19] 언어를 공동으로 하는 인간
집단이 지역을 공동으로 하면 기본적으로 여기에서 자연히 민족이
형성되는 것이다.

일반적으로 인류사회의 역사에서 언어를 공동으로 하는 인간집단
은 크든 작든간에 무리를 지어 동일한 지역에 모여 살려는 경향을
보여 왔으며, 또한 동일한 지역에 모여 사는 인간집단은 동일한 언어
와 동일한 문화를 갖는 경향을 보여왔다. 이것은 민족이라는 넓은
의미의 문화공동체가 지역의 공동에 뿌리를 박고 있음을 나타내는
것이다. 따라서 '지역의 공동'은 민족형성의 유일한 요소는 아니지만

---

19) Robert E. Park, *Human Communities*, 1952, p.148 참조.

불가결의 요소임이 명백한 것이다.

민족형성의 요소 중에서 '지역의 공동'의 중요성을 단적으로 증명하여 잘 나타내 주는 사례가 미국이다. 미국은 이민으로 구성된 나라로서 수많은 인종집단을 제1차적으로 '지역의 공동'이라는 '녹이는 도가니(melting pot)'에 넣어서 아메리카 민족(American nation)을 형성해 가고 있다.[20] 종래 민족형성에서 '지역의 공동'의 요소를 결여한 민족의 예로 들어온 것이 유태 민족이었다. 이 때문에 어떤 학자들은 유태인은 하나의 민족이 아니라고 주장하기도 하였다. 그러나 유태 민족이 형성된 고대에 그들은 팔레스티나에 '지역의 공동'을 지니고 있었으며, 로마의 침입으로 전 세계에 분산된 이후에는 시오니즘(Sionism) 운동으로 토지 있는 완전한 민족을 형성하기 위하여 피나는 노력을 하다가 드디어 1945년 이후에 토지와 결합하는 데 성공하여 완전한 민족형성의 요소를 획득한 것이었다. 한편 팔레스타인 민족은 제2차세계대전 종전 후 열강의 일방적 결정에 의하여 이스라엘 민족에게 토지를 빼앗기고 민족의 구성요소에 '지역의 공동'의 결여라는 본질적 결여를 초래하였으므로 결사적으로 '영토'를 탈환하려고 투쟁하는 것이다.[21] 여기서도 '지역의 공동'이 민족형성의 불가결의 요소임을 재확인할 수 있다.

민족형성과 영토(지역의 공동)와의 관계가 이와 같이 불가분리의

---

20) Milton Gordon, *Human Nature, Class, and Ethnicity*, Oxford, University Press, 1978, pp.65~93 참조.
21) 민족의 구성요소 중에서 '지역의 공동', 즉 '영토'는 본질적인 불가결의 요소이기 때문에 유태 민족이 '영토'를 상실하자 수천 년을 영토의 획득을 위하여 투쟁해 온 것과 같이 이번에는 팔레스타인 민족이 영토를 탈환하기 위한 투쟁을 결사적으로 감행하는 것이다. 민족형성의 둘째 요소가 '영토' '지역의 공동'이라는 사실을 이해하면 팔레스타인 민족이 민족 소멸을 방지하고 완전한 민족을 재형성하기 위하여 민족 성원이 남아 있는 한 과감한 투쟁을 전개하리라는 것은 충분히 이해할 수 있는 일이다.

것이기 때문에 대부분의 민족에서는 민족과 국토와 조국을 구분하지 않고 사용하는 것이 보통이다. 그들은 조국(patrie)을 자기 민족의 토지를 의미하는 父土(fatherland) 또는 母土(motherland)와 동일한 뜻으로 사용하는 경우가 매우 많다.

민족형성에서 '지역의 공동'이 이와 같이 불가결한 요소이기 때문에 어느 곳에서나 민족을 사랑하는 사람들은 국토를 사랑하고 잘 가꾸려고 노력해 왔다. 한국민족은 '한반도'라는 영토를 민족형성에서 '지역의 공동' 요소로 포함했기 때문에 전통적으로 '한반도'를 '금수강산'이라는 이름으로 불러왔다. 한국민족이 자기의 토지를 '비단에 수를 놓은 듯이 아름다운 산천'이라고 부르는 것에는, 한국인의 민족과 국토에 대한 애정이 짙게 표현되어 있다. 한국에서 예컨대 金正浩가 한반도의 정확한 지도 1장을 그리기 위하여 30여 년간 전 국토를 답사하고 전 생애를 여기에 모두 바친 것은 민족과 국토에 대한 그의 사랑이 뒷받침한 것이었다고 할 수 있다.

3) 혈연의 공동

민족형성의 셋째의 중요한 요소로서 들 수 있는 것이 혈연의 공동이다. 서양의 민족을 나타내는 용어인 'nation'은 라틴어 'nasci(탄생하다)'에서 나온 말이며 어원적으로는 혈연에서의 탄생을 의미하고 있다. 그러나 어원이 실체를 나타내는 것은 아니기 때문에 이 요소에 대해서는 주의해야 할 점이 있다.

일반적으로 혈연의 공동은 '전근대민족'의 형성 초기의 기원적 요소를 이루고, 그 이후에는 퇴색한다. '근대민족'은 혈연의 공동을 초월하여 더욱 더 문화적 정치적 경제적 요소에 의하여 결합됨으로써 형성된다. 그러므로 혈연의 공동은 민족형성 초기의 극히 발생론적 기원적 요소라고 보아야 하는 것이다.

혈연의 공동은 인간집단이 동일 지역 내에서 동일 언어의 사용자들끼리 혼인을 계속함으로써 나타난 결과이다. 실제로 전근대에서 혼인권은 농일 언어권과 동일 지역권을 벗어날 수 없기 때문에 민족 형성의 초기에는 혈연의 공동이 크게 작용하였다. 그러나 전근대 시대에도 어느 곳에서나 귀화와 정복과 통합에 의한 혼혈은 끊임없이 계속되어 왔다.

주의해야 할 것은 혈연의 공동은 민족형성의 중요한 요소이기는 하나 불가결의 요소는 아니라는 점이다. 만일 중국인이나 일본인이 한국에 귀화하여 한국어를 모국어로 사용하고 한국 국토 위에서 거주하면 그와 그의 자손은 의문의 여지없이 한국민족의 성원의 하나가 되는 것이다.

어느 민족이나 전근대 시대에도 많은 혼혈이 있어 왔다. 근대에 이르면 교통의 발달과 교류의 개방으로 다른 민족 성원끼리의 혼인이 급속히 증가하였다. 특히 유럽의 여러 민족에서는 혼혈이 매우 심하여 혈연의 공동은 민족형성에서 중요한 요소가 거의 되지 못하게 되었다고 볼 수 있다. 유럽에서는 노르웨이 민족이나 아시아의 한국민족과 같이 비교적 혼혈이 적은 민족은 오히려 예외적으로 드문 경우이다.

민족형성에서 혈연 공동의 요소는 사실에서는 기원적인 것이고, 그 이후에는 약한 것임에도 불구하고 사람들의 혈연 공동에 대한 신념은 매우 강한 것이 보통이다. 많은 사람들이 민족은 무엇보다도 먼저 혈연을 함께 한 혈연공동체라는 확신을 가지고 있다. 이러한 견해는 통속적인 것이지만 대중이 그것을 확신하고 있기 때문에 엄청난 대중 동원의 힘을 가지고 있다.

나치의 민족 이론가들은 제2차세계대전 종전 이전에 일반 대중들의 혈연공동체에 대한 이러한 확신을 최대로 악용하였다. 노이만은 민족을 '혈통과 토지(Blut und Boden)의 영구 법칙에 의거하여 형성된 공동체'라고 주장했다.[22] 로젠베르크(A. Rosnberg)가 영예로운 게르만 민족의 혈통을 강조하여 독일 민족 성원들을 선동한 것은 우리 모두가 잘 알고 있는 사실이다. 나치가 게르만 민족의 '피의 순수성'을 추구하여 연출하는 희극은 게오르그의 소설 《25시》에 잘 묘사되어 있다.

나치 이론가들의 근본적인 오류는 인종(race)과 민족(nation)을 명확하게 구분하지 못하고 동일시 하는 것이다. 인종은 유전적 특성에 기초한 생물학적 분류의 개념이다.[23] 이에 비하여 민족은 사회 문화적 개념이다. 나치가 순수한 게르만 민족의 특징을 찾기 위하여 사용한 지표인 눈의 색과 형, 두발의 색과 형, 코의 높이, 신장, 두개골 지수 등은 인종 분류의 지표이지 민족 분류의 지표가 아니다. 민족은 이러한 유전적인 신체적 특징과는 관계없는 사회학적 역사적 문화적 공동체인 것이다.

나치 이론가들이 민족은 정신적 소질과 능력을 유전시키는 것이라고 보고 게르만 민족이 인류사회에서 가장 우수한 소질과 능력을 가진 민족이라고 주장한 것도 전혀 비과학적이고 황당무계한 것이다. 생물 유기체로서의 개인은 소질과 능력에 차이가 있고 그것이 유전할 수 있으나, 인간집단의 사회학적 문화공동체로서의 민족은 그러한 소질과 능력의 차이나 유전이 있을 수 없다. 개인이 천 명 이상만 모여도 각 민족의 지능지수의 평균이나 우수한 지능 보유자의 빈도가 균등한 것은 이를 잘 뒷받침하는 것이다. 하물며 수십 만, 수백 만, 수천 만의 대규모 '문화공동체'인 민족에 그러한 유전이 있을 수 없고 유전적 차이가 있을 수 없음은 명백한 것이다.[24]

---

22) Karl Neumann, *Volk und Nation*, p.4 참조.

23) Ruth Benedit, *Race : Science and Politics, Revised Edition*, 1950, pp.9~18 참조.

24) 필자는 민족들이 능력은 본래 평등할 뿐만 아니라 인종들도 능력과 지능은 본래 평등한 것이라는 확고한 견해를 갖고 있다. 인종적 특질들은 유전되는 것이기는 하지만 '집단'으로서 인종집단의 지능지수 평균이나 우수한 지능 보유자의

여기서 명백히 밝혀두건대 모든 민족은 본래 평등한 것이다. 민족들 사이에 불병능이 존재하는 것은 각 민족이 사회와 국가를 건설하여 생활할 때 후천적 사회구조가 각 민족의 평등한 능력을 활용하는 데 차이를 보여 선진·후진의 차이를 냈기 때문이며, 근대에 이르러 선진 사회를 이룩한 민족들이 사회구조 때문에 낙후하게 된 다른 민족을 도와주기는커녕 '제국주의'라는 인류 역사상 최악의 악한을 만들어 약소 민족을 침략하고 착취하여 약한 민족의 자유로운 발전을 억압했기 때문에 나타난 것에 불과하다. 그러므로 과학적 사회학적 민족 이론의 관점에서 인류사회는 인종주의와 제국주의를 철폐하고 큰 민족이든 작은 민족이든, 강한 민족이든 약한 민족이든간에 민족 간의 완전한 평등을 실현하여 인류의 평화로운 공동 번영을 추구하는 것이 자연스러운 것이다. 민족형성의 요소로서 '혈연의 공동'을 들 때에는 특히 위의 사실을 주의할 필요가 있을 것이다.

4) 문화의 공동

민족형성의 넷째의 불가결의 요소는 문화의 공동이다. 여기서 문화라 함은 매우 좁은 의미의 '일상 사회생활(everyday social life)'과 관련된 문화이다. 넓은 의미의 문화는 생활양식의 총체로서 물질 문화도 포함하지만 여기서는 이를 빼고 극히 좁은 의미의 관습·제도·규범·도덕·문화·예술·음악·미술·건축·조각·민속 등을 의미한다.

이러한 문화의 공동은 행동양식과 사고방식, 감정과 의식과 의지를 공통하게 하고 '共屬意識'을 낳아서 민족공동체로 결합하도록 한다.[25] 민족은 넓은 의미와 좁은 의미 모두 '문화공동체'라고 할 수 있다.

빈도는 민족에 있어서와 마찬가지로 균등할 것이기 때문이다. 고비노(Joseph A. Gobineau) 이후의 모든 종류의 인종 불평등론은 비과학적이고 허구적인 것이며, 기본적으로 인종주의의 편견에 의거하여 인종을 관찰한 견해들이다.

25) 李相佰, 〈韓國人의 思考方式의 研究方法論〉, 《李相佰著作集》 제3권, 乙酉文化史, 1978, pp.628~650 참조.

우리는 동일한 관습(custom)과 原規(mores)를 가진 사람들끼리 결합하고 다른 관습과 원규를 가진 사람들과는 분리하는 것을 자주 경험한다.[26] 또한 우리는 예컨대 모든 민족들이 각각 독특한 민요를 갖고 있으며 동일한 민요를 부르는 사람들끼리는 감정의 융합과 공속의식을 갖는 것을 자주 경험한다. 한국인들은 '아리랑'을 합창하면서 동일 민족 성원임을 거듭 확인하는 것이다.

민족형성의 요소로 들어가는 성원들의 공동의 문화를 간단히 민족문화라고 부른다. 민족문화는 민족공동체의 내부에는 공통되고 외부에는 특수한 관습·제도·규범·도덕·문학·예술·음악·미술·건축·조각·민속 등등의 총체를 의미한다. 민족문화는 민족 성원의 생활양식과 행동양식과 사고 유형과 성격에 공통의 틀을 제공하여 준다.[27] 또한 민족문화는 그 민족의 생활 능력을 보장하여 주기도 한다. 민족문화가 증대시킨 생활 능력은 그 민족이 한 시기를 생활하는 능력이 되어줄 뿐만 아니라 그것을 시간적 공간적으로 계승할 수 있다. 그러므로 민족문화는 그 민족의 생활 능력을 보존하는 작용을 하는 것이며, 어떠한 외부의 침략이나 약탈에도 상실되지 않는 민족 역량의 창고가 될 수 있다.[28]

민족문화는 보통 통속적으로 알려진 것처럼 폐쇄적이지 않다. 인류가 만든 문화는 동일한 사회 문화적 인간의 욕구를 충족하기 위한 생활 설계이기 때문에 모든 민족의 민족문화에는 그 민족의 특수한 요소 뿐만 아니라 인류에게 보편적인 요소가 있다. 민족문화는 다른 문화와 끊임없는 접촉과 교섭, 변증법적 상호작용 속에서 다른 문화가 전달하는 문화 요소들을 자기 체질에 맞게 취사선택하면서 창조

---

26) Max Weber, *Economy and Society*, Vol. 1, p.396 참조.
27) Hugh Seton-Watson, *Nations and States : An Enquiry into the Origines of Nations and the Politics of Nationalism*, 1977, pp.473~483 참조.
28) 金哲埈, 《韓國文化史論》, 知識産業社, 1976, pp.281~287 참조.

적으로 발전하는 것이다. 다른 문화와의 교섭을 통하여 문화 변용을
일으킬 때 민족문화는 주체성과 능동성을 발휘하여 문화로 하여금
민족 성원의 더욱 효율적인 생활 설계와 생활 능력이 되도록 창조적
힘을 발휘하는 것이며, 이러한 과정으로 취사선택되어 창조적으로
변용되고 흡수된 다른 문화의 문화 요소들은 민족문화의 일부로 융
합되는 것이다. 즉 민족문화는 다른 문화와 교섭 속에서 전파와 창
조를 통해 이루어지는 보다 발전된 새로운 문화를 창조 발전시켜 나
감으로써 주체와 토대와 자원을 제공하는 것이다.

그러므로 민족의 융합과 민족의 생활 능력의 발전을 위해서는 민
족문화의 창조적 발전이 필수 불가결한 것이다. 민족문화가 민족 성
원의 모두에 分有되는 범위가 넓고, 민족문화에 대한 민족 성원의 긍
정적 태도의 강도가 높으면 높을수록 민족성원의 융합은 더욱 공고
해지며 민족문화의 창조적 능력과 민족의 생활 능력은 더욱 증대되
는 것이다.

반면에 민족공동체 내부에서 지배신분이나 지배층이 다른 문화와
의 교섭과정에서 다른 문화를 주로 수용만 하고 민족문화의 창조적
발전을 등한시한 경우에는 고급문화가 다른 문화에 의거한 타율적
인 모방적 문화가 되고 본래의 민족문화는 사회의 최저변층에 침전
하여 기층문화로서만 남게 된다. 이 경우에는 문화의 창조적 능력과
민족의 생활 능력이 감퇴하게 되는 것이다.

한국의 민족문화는 한국민족이 역사적으로 오랜 기간에 걸쳐 창
조하고 발전시킨 독자적 문화이다. 그것은 동시에 한국민족의 독자
적 생활 능력을 나타내는 것이기도 하다. 한국민족 대부분의 성원들
은 자기 민족문화에 대하여 깊은 애착을 가지고 있다. 이때 민족문
화가 반드시 다른 문화보다 우수하기 때문에 그들이 애착을 갖는 것
만은 아니다. 물론 농악과 같이 다른 문화에서 볼 수 없는 우수한 생
산적 집단 음악과 집단 무용도 있다. 그러나 가야금 소리가 반드시

바이올린 소리보다 우수하다고 할 수 없을지도 모르며, 판소리 〈춘향전〉이 오페라 〈카르멘〉보다 반드시 우수하다고 할 수 없을지도 모른다. 그럼에도 불구하고 한국민족이 자기의 민족문화에 애착을 갖는 것은 그것이 오랜 기간에 걸쳐 민족공동체를 응집시키는 요소가 되어 왔으며, 민족의 공동 생활의 에토스가 되어 왔고, 문화창조와 민족 생활 능력의 근원적 원동력과 토대 및 자원을 제공해 주는 것이기 때문이다.

그러므로 민족을 사랑하는 사람들이 민족의 발전을 위하여 민족문화를 가꾸려고 노력하며, 민족문화를 자기 시대에 적합하도록 창조적으로 생활 속에서 계승 발전시키려고 노력하는 것은 확고한 과학적 사회학적 근거를 가진 것이다.

5) 정치의 공동

민족형성의 다섯째의 중요한 요소는 정치의 공동이다. 인간집단이 동일한 지역(地域의 共同) 위에서 하나의 국가나 통일된 정치체(polity)를 이루어 다른 집단과 구별되는 통치조직과 이해관계를 갖고 오랜 기간에 걸쳐 공동의 정치 생활을 하면 이것은 민족형성에 하나의 요소로 되는 것이다. 실제로 인류사회의 역사상 다수의 민족이 형성될 때 그들이 하나의 통일국가나 동일한 정치체 안에서 공동의 정치 생활을 함으로써 민족이 형성된 경우가 많았다.

반대로 또한 일단 민족이 형성되면 그 민족은 반드시 자기들끼리의 독립된 정치체를 실현하려는 강력한 성향을 보여왔다. 이때의 독립된 정치체는 '민족독립국가'의 형성을 말하는 것이다. 만부득이한 경우에만 그것은 '민족자치'의 실현으로 나타나는 것이 보통이었다. 따라서 왜곡되지 않는 경우에는 민족은 독립된 주권 국가를 건설하려는 강렬한 내적 욕구를 갖고 있다고 할 수 있다. 따라서 민족형성과 국가형성과는 권력을 매개로 하여 불가분리의 밀접한 관계를 갖

고 있다.[29] 통일된 하나의 국가는 주민을 하나의 민족으로 형성하려
는 강력한 경향을 갖고 있으며, 하나의 민족은 반드시 하나의 국가를
형성하려는 강력한 경향을 갖고 있다. 근대 초기에 유럽의 절대국가
들이 민족형성을 급속히 촉진한 사실이나 또는 이때 유럽의 민족들
이 독립된 국가의 형성을 열망하여 민족국가(nation-state)를 수립한
것은 이 관계를 잘 나타낸 한 예이다.[30] 또한 오늘날에 있어서도 스
페인과 프랑스의 바스크(Basques) 민족이 국민으로서는 하등의 차별
이 없음에도 불구하고 구태여 민족독립국가를 수립하려고 독립운동
을 전개하는 것은 민족형성의 한 요소에 정치 공동의 요소가 있음을
인식하지 못하고서는 이해될 수 없는 것이며, 또한 민족형성과 국가
형성의 불가분리의 밀접한 관계를 고려하지 않고서는 설명될 수 없
는 것이다.

또한 제국주의자들이 지난 시기에 아시아·아프리카·라틴 아메리
카를 침략하여 아시아 제민족의 국가를 소멸시켰을 때, 모든 피압박
민족들이 민족해방을 민족독립국가의 재건과 동일시한 것은 '정치의
공동'이 민족의 중요한 구성요소의 하나임을 인식하지 않고서는 충
분히 설명될 수 없는 것이다.[31]

고대와 봉건시대와 제국주의시대에는 국가의 영역을 팽창시키려
는 침략과 정복 전쟁이 끊임없이 자행되어 왔었기 때문에, 복잡한 과
정의 누적된 결과로 오늘날에는 민족의 범위와 국가의 범위가 일치
하지 않게 되었으며, 세계에는 다수의 다민족 국가 또는 복수민족국
가들이 출현하게 되었다. 그러나 이러한 다민족 국가들에서는 한 국
가 안의 여러 민족들의 '독립'을 위한 끊임없는 요구와 운동에 부딪

---

29) Max Weber, *Economy and Society*, Vol. 1, p.398 참조.
30) Charles Tilly, *Ibid*, pp.632~638 참조.
31) Anthony D. Smith, *State and Nation in the Third World : The Western
State and African Nationalism*, Wheatsheaf Books, 1983, pp.18~96 참조.

히지 않을 수 없게 된다. 오늘날 각종의 다민족 국가들이 그 국가 안의 각 민족들에 대하여 독립국가로의 완전 분리는 허용하지 않을지라도 적어도 '자치'만은 허용하지 않을 수 없으며, 만일 그렇게라도 하지 않을 때에는 극심한 정치적 불안정에 빠지게 된다는 사실도 '정치의 공동'이 민족형성의 중요한 요소임을 인식해야만 비로소 설명될 수 있는 것이다. 이러한 면에서 하나의 민족이 하나의 국가를 세운 단일민족국가는 침략과 정복으로 점철된 인류사회의 역사에서 결과적으로 비교적 왜곡되지 않은 자연스러운 정치 생활 단위를 구성한 행복한 경우라고 말할 수 있을 것이다.

한국민족은 민족형성 이래 단일민족국가를 형성하여 생활해 왔다. 한국민족은 그 유구한 역사에 걸쳐서 온갖 우여곡절을 겪으면서도 독립국가를 건설하여 영위해 오다가 근대에 이르러 일본 제국주의의 침략을 받고 처음으로 36년간 다른 민족의 식민지로 되는 고통과 굴욕을 경험하였다.[32] 1945년 민족해방 후 독립국가를 재건하는 과정에서 한국민족의 의사와 상관없이 강대국의 분열정책으로 말미암아 타의적으로 한 민족이 남과 북으로 분단된 형편에 놓이게 되었다. 이것은 한국민족의 형성과 발전과정에서 볼 때 전적으로 부자연스럽고 유해하며 낭비와 손실을 가져오는 상태인 것이다. 또한 이것은 민족형성의 이론에서 볼 때에도 강대국의 횡포에 의한 자연스러운 역사의 극심한 왜곡인 것이다. 한국민족의 모든 성원들이 강대국들의 간섭과 규제를 물리치고 모든 이해관계를 초월하여 하루속히 자주적 민족 통일을 평화적으로 달성하려고 노력하는 것은 민족형성

---

32) 한국민족이 오늘날 남북으로 분단되고 강대국들의 각종 간섭과 압력을 받으며 아직도 민족문제를 다 해결하지 못하여 고통을 받고 있는 사실의 역사적 근원은 일본 제국주의의 침략에 있는 것이다. 따라서 일본 제국주의는 오늘날 한국민족이 짊어지고 있는 모든 불행과 고통의 원천이다. 한국의 민족문제가 각종 형태의 일본 제국주의의 문제와 직결되어 전개되어 왔고 전개되고 있음을 특히 유의할 필요가 있다.

의 이론에서 볼 때 너무나 당연하고 자연스러운 일인 것이다.

6) 경제의 공동

민족형성의 여섯째의 중요한 요소는 경제의 공동이다. 여기서 말하는 경제의 공동도 일상 사회생활에 관련된 '경제생활'의 공동을 의미한다. 인간집단이 하나의 동일한 경제권과 시장권에서 생활하는 것은 사람들을 '민족'으로 결합시키는 중요한 요소가 된다.

전근대 시대에 고대통일국가나 중앙집권적 봉건사회를 수립하여 그후에 분권화되지 않은 나라에서는 일찍부터 국가 내의 경제의 공동이 저급한 상태로나마 부분적으로 실현되었다. 물론 이 경우에도 교통·통신의 미발달과 자연경제의 지배는 주민의 경제생활의 범위를 한정시켰으나, 필요한 경우에 전 국가 내의 경제활동을 원칙적으로 금지하는 장벽은 존재하지 않았다.

그러나 전근대 시대에 지방분권적 봉건사회와 영주경제를 구성한 지역에서는 주민의 경제생활이 각 영지별로 엄격하게 분절되고 고립되었다. 각 영주들은 자기의 영지에 대하여 不輸不入權(Immunität)을 가지고 있었기 때문에 각 영지의 주민들의 경제생활의 최대 범위는 좁게 분할된 영지를 조금도 벗어나지 못하였다. 이러한 곳에서는 주민은 철저하게 분할된 영지라고 하는 지방적 고립(provincial isolation) 속에서 봉쇄되어 생활하였다. 이 위에 자연경제의 지배와 농노의 토지에의 긴박과 교통·통신의 미발달은 주민의 지방적 고립과 봉쇄를 강화하였다. 이러한 곳에서는 영지나 지방을 넘어선 국가경제나 국민경제를 성립할 수 없었으며 하나의 '민족'을 형성하기도 어려웠다.

지방분권적 봉건사회와 영주경제를 경험한 지역에서 국민경제가 성립한 것은, 자본주의가 발흥하고 발전하여 지방분권적 영주경제의 장벽을 분쇄시켜 버리고 국가의 통일된 시장을 성립시킨 이후의 일이다. 이러한 지역에서 이 시기 자본주의의 발흥은 국민경제의 성립과 근대 국가형성을 이룩하였다고 볼 수 있다. 따라서 경제를 사회구성체의 토대로서 극단적으로 중시하는 마르크스주의 학파는 이러한 지역의 자료에 기초하여 '민족'의 형성을 자본주의의 성립과 궤도를 같이하는 것이며 그 결과라고 보는 것이다.[33] 이러한 견해에는 큰 문제점이 있지만, 민족형성의 요소에 '경제생활의 공동'이 들어가는 것은 분명한 것이라고 할 수 있다.

일반적으로 '경제생활의 공동'은 하나의 민족을 형성하는 중요한 요소로 작용하는 것이며, 또한 하나의 민족은 반드시 동일한 경제생활권을 갖는 것이라고 말할 수 있다.

7) 역사의 공동

민족형성의 일곱째 중요한 요소는 역사의 공동이다. 동일한 역사를 공유한 사람들끼리는 하나의 민족으로 결합한다. 여기서 말하는 역사는 기본적으로 민족사를 의미하며, 또한 역사학이 아니라 '객관적 사실과 경험으로서의 역사'를 가리키는 것이다.

하나의 '민족'을 형성하는 사람들끼리는 '경험'을 공유한다. 경험은 세대로부터 세대로(from generation to generation) 전승됨에 따라 역사가 되어 성원들 사이에서 공유된다. 이 경험의 내용은 매우 광범한 것이어서 때로는 신화와 전설까지도 포함하며, 때로는 공동의 영웅을 포함하기도 한다.

한 민족을 형성하는 사람들이 겪은 경험 중에서 가장 오래도록 기억되고 전승되는 것은 '고난'과 '영광'의 경험이다. 고난 중에서도 가장 어려운 고난은 자연과의 투쟁이기보다 오히려 인류사회의 역사

---

33) Karl Kautsky, "Die Moderne Nationalität", *Die Neue Zeit* 5, Jahrgang, 1887, p.393 참조.

에서는 다른 민족의 침략에 대항하여 싸우는 민족전쟁과 내전인 경우가 더 많았다. 지리적으로 고립되어 있던 일본 민족을 제외하고는 지구 위의 모든 민족들이 다른 민족의 침략으로 가장 큰 고난과 고통을 받아 왔으며, 따라서 다른 민족의 침략을 물리치고 자기 민족을 구제한 역사를 공유하고 그러한 인물들을 민족 영웅으로 공유하여 왔다. 또한 한 민족을 형성하는 사람들은 그들이 경험한 공동의 영광과 '자랑'을 세대로부터 세대로 전승하면서 공유하여 왔다. 이러한 영광과 자랑에는 전쟁에서의 승리로부터 예술상의 걸작품에 이르기까지 광범위한 사항이 포함된다. 이와 같이 지난날의 생활 세계의 경험을 공유하는 사람들끼리는 민족으로 결합하려는 강력한 성향을 갖는 것이 일반적이다. 물론 객관적인 역사적 사실은 무한하고 전승되는 것은 역사가의 선택에 의거한 유한한 것이며, 역사학에는 수많은 학파가 있으므로, 한 민족을 구성한 인간집단이 공유하는 역사는 역사가의 사관에 의하여 내용이 현저히 달라질 수 있다. 그러나 어떠한 학파의 어떠한 역사가가 역사를 쓸지라도 그 인간집단이 '경험한 객관적 사실' 중에서 선택하지 않을 수 없는 것이기 때문에 그 인간집단은 동일한 역사를 공유하게 된다. 그리고 역사를 공동으로 하는 사람들끼리는 강력한 결합력을 갖게 되는 것이다.

그러므로 한 민족이 형성될 때에는 반드시 공동의 역사를 체계화하며 또한 민족 성원들이 공동의 역사를 많이 알수록 민족의 결합은 더욱 공고하게 된다. 우리나라에서는 일찍이 朴殷植이 이 점을 강조하였고[34] 申采浩가 이 사실을 잘 인식하여 제국주의 침략의 시기에 의식적으로 민족의 결합을 공고히하고 민족을 보존하기 위하여 자기 민족의 역사를 저술하였다.[35]

---

34) 朴殷植, 《韓國通史》, 《朴殷植全書》 上卷, 1975, pp.375~377 참조.
35) 申采浩, 〈讀史新論〉, 《改訂版丹齋申采浩全集》(申采浩先生紀念事業會) 上卷, 1977, pp.471~473 참조.

지금까지 고찰한 언어의 공동, 지역의 공동, 혈연의 공동, 문화의 공동, 정치의 공동, 경제의 공동, 역사의 공동은 민족형성의 객관적 요소들이다. 민족은 이러한 객관적 요소들만 존재하면 주관적 요소가 존재하지 않더라도 일단 형성되는 것이다.

8) 민족의식

민족형성의 여덟째의 중요한 요소는 민족의식(national conscious-ness)이다. 위에서 든 일곱 개의 객관적 요소들과는 다르게 민족의식은 널리 지적되는 바와 같이 민족형성의 주관적 요소이다. 주의해야 할 것은 민족의식은 위에서 든 객관적 요소들의 기초 위에서 형성된다는 사실이다. 객관적 요소들만으로도 물론 민족이 형성되지만 민족의식이라는 주관적 요소가 존재하면 민족은 '더욱 공고하게' 형성된다. 베버는 민족이란 다른 집단과 직면했을 때 '특수한 연대 감정(a specific sentiment of solidarity)을 갖는 집단'이라고 하여 민족의식을 특수한 연대 감정으로 이해하고 민족형성에서 그의 극히 중요한 역할을 강조하였다.[36]

여기서 필자가 말하는 민족의식이란 한 민족의 성원들이 다른 민족과 구별되는 통일적 공동체로서 자기 민족의 독자성과 주체성을 집단적으로 또는 개별적으로 자각하는 것이다. 민족의식이 형성된 민족은 자기 민족을 보존하고 발전시키려는 강렬한 의식적 노력을 하게 된다. 민족의식의 역할은 무엇보다도 민족 내부에 동태성과 능동성을 조성하여 그 민족의 보존과 발전의 역동적 집단의지를 만들어 내는 데 있다. 따라서 민족의식이 형성된 민족은 안으로는 성원들의 사회를 공동체적으로 발전시키려고 하며, 밖으로는 제국주의와 패권주의의 침략이 있을 때 자기 민족의 자유와 해방을 위하여 적극

---

36) Max Weber, *Economy and Society*, Vol. 2, p.992 참조.

적으로 투쟁하게 된다.

우리는 민족형성의 객관적 요소들만으로서 형성되고 민족의식의 요소가 없는 민족을 '즉자적 민족(Nation an sich)'이라고 부를 수 있다. 즉자적 민족도 객관적으로 형성되어 있는 민족이다. 그러나 즉자적 민족은 다른 민족이나 제국주의자들로부터 침략을 당할 때 능동적으로 이에 대항하여 민족의 자유와 주체성을 보전하려는 노력과 투쟁을 충분히 하지 못한다.

한편 객관적 요소들과 함께 민족의식이라는 주관적 요소까지 포함하여 형성된 민족을 우리는 '대자적 민족(Nation für sich)'이라고 부를 수 있다.[37] 대자적 민족은 자기 민족의 독립과 발전을 능동적으로 추구하며 제국주의자들이 침략할 때에는 이에 대항하여 민족의 자유와 독립을 지키려고 능동적 민족해방 투쟁을 전개한다. 민족의식은 이와 같이 한 민족을 생동적으로 만들며 주체적으로 발전할 수 있게 만드는 중요한 기능을 수행하는 것이다.

민족의식은 일반적으로 다음과 같은 조건이 주어졌을 때 형성되고 강화되어진다.

첫째, 한 민족이 다른 민족의 도전을 받고 민족 사이에 갈등과 대립의 관계가 조성된 조건이다. 이 갈등과 대립의 관계는 넓은 의미의 것이어서 다른 민족에 의한 의사소통의 차단·요구·압력·모욕·간섭·이해관계의 대립·침투·침입·전쟁 등과 같은 것을 모두 포함하는 것이다. 다른 민족의 도전을 받고 갈등관계가 조성되면 한 민족은 다른 민족과 선명하게 구별되는 자기 민족의 객관적 실체와 주체성을 주관적으로 재인식하여 자기 민족에 대한 공속의식(共屬意識 ; Zusammengehorigkeitsbewubtstein)과 정체성(Identität)을 형성하고

---

37) Karl Marx, *The Poverty of Philosophy, English Edition*, undated, 1847, pp.140~195에서 Hegel의 이론 틀을 빌어다가 Marx가 계급에 적용한 틀을 여기서는 수정하여 민족에 적용하였다.

민족의식을 형성 강화하여 다른 민족의 도전을 극복하려고 노력하
게 된다.

둘째, 한 민족의 성원의 커뮤니케이션의 폭과 사회활동 참여, 정치
참여가 확대 강화되는 조건이다. 민족 성원은 자기가 속한 민족 사
회에서 커뮤니케이션의 폭과 강도가 강화되고 중요한 의사결정에
적극적으로 참가할 수 있게 되면 민족공동체를 자기의 것으로 자각
하여, 공속 의식과 정체성을 높이고 민족의 미래의 命運을 자기 자신
의 명운과 동일시하여 민족의식이 크게 고양된다. 따라서 한 민족의
민주주의 실현은 일반적으로 그 민족의 민족의식을 크게 고양 발전
시킨다. 이것은 민족 성원의 個我와 자유와 해방과 개인의 권리[人
權] 신장이 민족의식을 고양시킨다고 관찰되기도 한다.[38] 민족의식은
물론 전근대 시대에도 형성되기는 하지만 그것이 특히 근대 이후에
고양 발전된 것은 민족의식의 발전이 민주주의의 발전과 궤도를 같
이하는 것이었기 때문이라고 할 수 있다.

셋째, 민족 성원에 대하여 민족어에 의한 보편적 민족 교육과 특
히 민족사 교육이 강화되는 조건이다. 민족의식은 민족형성의 주관
적 요소이므로 교육의 심대한 영향을 받게 된다. 즉자적 민족이 이
미 형성되어 있는 경우에는 그에 기초하여 민족의식도 자연 발생적
으로 형성되는 경향이 있으므로, 여기에 민족 교육과 민족사 교육을
부여하면 곧 민족의식이 체계적으로 형성되어 공고하게 발전된다.
뿐만 아니라 민족의식의 구체적 내용과 성격도 대체적으로 역사 교
육의 구체적 내용과 성격에 의하여 좌우되는 경향이 매우 강하다.

그러나 모든 역사 교육이 민족의식을 고양하는 것은 아님을 주의
할 필요가 있다. 신채호가 일찍이 지적한 바와 같이 다른 민족을 주
인으로 하고 자기 민족을 객으로 한 비자주적 비주체적 역사는 민족

---

38) 李用熙著·盧在鳳編, 《韓國民族主義》, 瑞文堂, 1977, p.26 참조.

의식을 고양하기는커녕 노예 정신만 배양한다. 오직 자주적이고 주체적인 민족사 교육만이 민족의식을 고양 발전시키는 것이다.[39]

넷째, 민족적 자부심이 고취될 때 민족의식이 크게 고양된다. 한 민족의 역사적 문화적 성취와 업적에 대하여 그 민족 성원이 자부심과 긍지를 갖게 되면 그들은 민족의식을 강화하여 더욱 능동적으로 자기 민족을 발전시키려고 노력하게 된다. 베버는 민족의식을 고취하는 민족적 자부심을 '문화적 위신(cultural prestige)'이라는 용어로 표현하여 강조하였다.[40] 물론 때로는 한 민족이 다른 민족으로부터 받은 '굴욕'을 알게 한 결과 민족의식이 고양되는 경우가 있다. 그러나 이것은 먼저 민족적 자부심을 고취하는 요소가 선행될 때 그러한 효과가 나타나는 것이지 '굴욕'만을 인식시킬 때에는 열등감을 배양하여 민족의식이 감소하게 될 수도 있다. 박은식은 일제 강점기에 일본 제국주의에 대항하는 한국민족의 민족의식을 고양하기 위하여 먼저 고대와 전근대 시기에 한국민족이 선진문화를 일본 민족에게 가르쳐 주어 일본의 스승이었음을 일깨워 주어 민족적 자부심을 배양한 다음, 근대 이후에 일본이 한국민족을 침략하여 한국민족이 받은 굴욕을 알게 해서 '치'와 '통'을 더욱 절실히 깨닫게 함으로써 민족의식을 고취하였다.[41] 일반적으로 민족의식의 고양을 추구하는 사람들이 민족 역사에서 '영광'을 찾고 민족문화에서 아름다운 정수를 찾아내어 민족적 자부심과 긍지를 배양하려고 하는 것은 확실한 과학적 근거를 갖고 있는 것이다.

우리는 민족의식을 때로는 민족정신으로 부르는 경우와 자주 만나게 된다. 이것은 사회 사상사에서는 과거에 독일 낭만주의 학파에서 민족 유기체설을 주장했을 때에 개인 유기체와 같이 민족도 하나

---

39) 愼鏞廈,《申采浩의 社會思想硏究》, 한길사, 1984, pp.99~100 참조.
40) Max Weber, *Economy and Society*, Vol. 1, pp.395~398 참조.
41) 愼鏞廈,《朴殷植의 社會思想硏究》, 서울대출판부, 1982, pp.263~264 참조.

의 유기체로 보아 개인에게 정신이 있는 것처럼 민족에게도 민족정신(Nationalgeist)이 있다고 주장한 데에서 나온 것이다.[42] 또한 통속적으로 알기 쉽게 민족을 개인 유기체에서 연역하여 '민족정신'이라는 용어를 사용하기도 한다. '민족혼' '국혼' '민족 얼' '민족정기' 등의 용어와 개념도 크게는 동일한 맥락의 것이다. 그러나 사회학적으로는 민족은 일종의 공동체이기는 하나 유기체는 아니므로, 과학적 개념으로서 '민족의식'이 정확한 것이라고 할 수 있다.

또한 우리는 민족의식을 민족 감정(national sentiment)이라는 용어로 표현하는 경우도 자주 만나게 된다. 베버가 그 대표적 경우이다.[43] 그러나 이것은 정확한 것이 아니며, 양자가 동일한 것도 아니다. 민족은 대면적(face to face) 공동체인 가족과는 달리 대규모의 복잡하고 보다 고차원의 공동체이기 때문에, 그에 대한 자각과 의식은 고도의 지적 인식 (intellectual recognition)을 필요로 한다. 민족의식은 성원의 감정적 성능(affective faculty)에 관련된 것이기 보다 더욱 지적 성능(intellectual faculty)에 관련된 것이다. 즉 민족의식은 그 기초의 일부에 민족 감정을 포함하기는 하지만, 그보다 외연과 내포가 크고 차원이 매우 높은 지적 의식인 것이다. 따라서 민족의식은 성원의 감정적 성능에 기초를 두고 있는 가족의식이나 향토의식과는 차원이 전혀 다른 것이다. 오히려 가족의식과 향토의식을 초월할 때에야 고도의 보편적 의식으로서의 민족의식이 형성되는 경우가 일반적이라고 할 수 있다.[44] 민족의식은 민족주의 형성과도 밀접한 관련이 있다.[45] 민족주의는 민족 성원이 가족·신분·향토·종파·파당을 초월하여 충성을 직접적으로 민족국가에 바칠 것을 요청하는 민

---

42) 崔文煥, 《民族主義의 展開過程》, 三英社, 1977, pp.133~159 참조.
43) Max Weber, *Economy and Society*, Vol. 2, p.925 참조.
44) 黃性模, 《現代社會思想史》, 民潮社, 1964, pp.250~253 참조.
45) 崔文煥, 《민족주의의 展開過程》, 三英社, pp.100~109 참조.

족 내부의 보편주의적 특성을 갖고 있다.[46]

하나의 민족은 앞에서 든 객관적 요소들과 함께 주관적 요소로서의 민족의식이 형성되어 그 구성요소로 들어갈 때에 '더욱 공고한' 민족으로 형성될 뿐 아니라, 주체적으로 발전할 수 있는 '능동적' 민족으로 형성되는 것이다.

지금까지 민족형성의 요소에 대한 설명은 가장 일반적인 이념형을 제시한 것이다. 따라서 복잡하고 구체적인 역사적 사실에서는 약간의 편차가 있을 것이다.

4. 원민족(선민족)과 전근대민족과 근대민족

1) 原民族(先民族)

민족형성에 들어가는 위의 여덟 가지 구성요소들에 의하여 하나의 민족이 형성되는 것은 반드시 '근대'에 이르러 국민국가의 형성과 자본주의 성립의 결과로 그와 궤를 같이하는 것은 아니다. 이 점에서 유럽의 아카데미 사회학과 마르크스주의의 민족형성이론은 역사적 사실과 반드시 일치하는 것은 아니라고 할 수 있다.

인류사회의 역사에서 문명의 역사가 매우 오래이고, 고대나 중세에 중앙집권적 통일국가를 세운 지역인 예컨대 한국·중국·일본·인도·인도차이나반도의 제국·아프가니스탄·이란·이집트 등 아랍 제국, 아프리카의 에티오피아 등에서는 '민족'은 '전근대 시대'에 형성되었다.

인류사회의 역사에서 본질적으로 혈연공동체인 씨족과 부족으로부터 본질적으로 문화공동체인 '근대민족'이 형성되는 과정에 선행

---

46) 陳德奎, 《現代民族主義의 이론 구조》, 知誠産業社, 1983, pp.48~117 참조.

하는 문화공동체로서의 민족 결합체가 존재하였다. 이 선행하는 민족 결합체는 존속 기간이 매우 길고 독자적인 인간공동체이어서 '독자적' 범주의 명칭과 개념이 필요했음에도 불구하고 종래 그러한 명칭과 개념이 없었다.

여기서는 '부족'으로부터 '전근대민족'의 형성 사이에 있는 장구한 기간의 과도적 공동체를 '原民族(proto nation or pre-nation)'과 '전근대민족(pre-modern nation)'이라는 명칭의 개념으로 정립하기로 한다.

'원민족(선민족)'은 본질적으로 혈연공동체인 부족으로부터 본질적으로 문화공동체인 전근대민족(때로는 지역에 따라 바로 근대민족)으로의 이행의 과도기의 최초의 민족공동체로서 기본적으로 정치·군사·언어·신앙·관습의 공동적 결합을 특징으로 하는 공동체이다. 특히 원민족(선민족)에서 나타나는 군사공동체의 특징은 지배 지역과 지배 주민을 끊임없이 정복에 의하여 확대하려는 강렬한 운동을 촉발시켜 꾸준히 민족형성으로 팽창해 가는 동태를 가지고 있음을 볼 수 있다.

원민족의 존속 기간은 인류 역사에서 매우 장기의 것이기 때문에 이를 다시 '전기 원민족(the former proto-nation)'과 '후기 원민족(the late proto-nation)'으로 구분하여 볼 수 있다. 전기 원민족과 후기 원민족을 구분하는 지표가 되는 것은 부족들의 통합도이다. 전기 원민족에 있어서는 부족들을 통합하여 원민족이 형성되었다 할지라도 아직 부족연맹 또는 부족연합의 성격을 그 내부구조에 많이 갖고 있는 것이 특징이다. 그러나 후기 원민족에 있어서는 부족연맹 또는 부족연합의 성격은 완전히 불식되어 하나의 통합된 공고한 공동체로서 원민족으로 발전되고 다시 '전근대민족'의 형성을 향하여 운동하는 것이 특징이다.

한국의 역사에서 초기 기록에 나오는 고조선·부여·예·맥·옥저·마한·진한·변한·고구려·백제·신라·가라·탐라 등과 발해는 모두 한국민족의 '원민족'들이라고 할 수 있다. 한국민족의 원민족 중에서 오래된 고조선족의 단군설화에서 신화적 요소를 제거하고 사회적 사실의 요소만을 분리해 보면 고조선족이 태양 숭배 부족과 곰 토템 부족과 범 토템 부족의 세 개 부족의 연맹적 통합에 의한 '원민족'으로 형성되었음을 알 수 있다. 고조선족은 처음부터 부족이 아니라 '원민족'으로 형성된 것이다.[47] 이때 호랑이 토템 부족은 혼인동맹에 실패하여 그후 '濊' 부족으로 별도 방법의 참가를 보이고 있다. 따라서 중국 사서들에 기록되어 있는 한국민족의 기원적 諸族은 부족들이 아니라 그보다 한 단계 더 발전한 '원민족'들이며 그들이 세운 국가는 부족 국가가 아니라 원민족 국가임을 주목할 필요가 있다.

한국민족의 민족적 특징은 기원적으로 고조선 원민족부터 뚜렷하게 드러나기 시작하고 있다. 따라서 한국민족의 형성사는 적어도 반

---

47) 사회학적 관점에서 단군설화를 보면, 여기에는 사회적 사실의 부분과 신화의 부분이 혼효하고 있음을 알 수 있다. 신화의 부분을 떼어 버리고 사회적 사실의 부분만을 보면 여기에는 세 개의 부족들이 등장한다. 첫째는 태양을 숭배하고 하늘의 아들이라는 사상을 가진 '환주(桓)부족'이다. 이 신화의 桓因, 桓雄은 이를 《古記》에서 옮겨적을 때 一然이 불교식으로 표현한 것이고, 여기서는 공통 인소 '桓'을 추출하여 편의상 '환' 부족이라고 잠정적으로 부르기로 한다. 둘째는 곰을 토템으로 하는 '곰 토템 부족'이다. 셋째는 호랑이를 토템으로 하는 '호랑이 토템 부족'이다. 이 신화는 先進한 '환 부족'과 보다 낙후한 '곰 토템 부족'이 연맹적으로 통합하여 최초의 '고조선 선민족'을 형성했음을 알려주는 신화인 것이다. '호랑이 토템 부족'과도 혼인동맹을 시도했으나 실패했음을 이 신화는 시사하고 있는데, 이 '호랑이 토템 부족'이 '濊族'인 것이다. '환' 부족이 가장 先進했다는 사실은 두 부족의 통합 직전에 '환' 부족의 통치 체제가 風伯·雨師·雲師로 삼분되어 기능이 분화되어서 각각 곡물과 질병과 형벌 …… 을 담당하는 막료들을 분립시키고, 그 하위 지배 체제를 세분하여 정비한 곳에서 알 수 있다. 또한 '환' 부족과 '곰 토템 부족'의 연맹에 의한 '선민족' 형성에 있어서 '환 부족'이 중심이 되었다는 사실은 이 신화를 문자화한 시대는 가부장적 남성 중심 사회의 시대인 데 '환' 부족이 남성으로, '곰 토템' 부족이 여성으로 배치된 곳에서 이를 알 수 있다. 이 설화는 '환 부족'과 '곰 토템 부족'과 범 토템 부족 연맹적으로 통일하여 최초의 '고조선 원민족'을 형성했으며 그 통치자를 '檀君'이라고 불렀음을 나타내 주는 것으로 해석된다.

드시 고조선 원민족의 형성사로부터 시작하지 않으면 안 될 것이다.

한국민족의 원민족들 중에서 고조선·부여·예·맥·옥저·마한·진한·변한 등은 '전기 원민족'의 범주에 포함되는 것이고, 고구려·백제·신라·가라·탐라·발해 등은 '후기 원민족'의 범주에 포함되는 것이다.[48] 후기 원민족들은 각각 원민족 국가들을 형성하여 발전하면서 통합과 정복을 통하여 자기들의 주도 하에 '전근대민족'을 형성하려는 운동을 전개하였다.

한국 역사에서 한국민족의 형성과정을 한 마디로 요약하면, B.C. 3000~B.C. 2000년부터 고조선 원민족을 비롯해서 부여·예·맥·옥저·마한·변한 등이 '전기 원민족'을 형성하여 원민족 국가들을 수립해서 발전하다가 B.C. 1세기 경부터 고구려·백제·신라·가라·탐라의 '후기 원민족'으로 통합 발전되었으며, '후기 원민족'들은 각각 후기 원민족 국가들을 수립하여 자기의 주도 하에 통일 운동을 전개하다가 결국 신라의 주도 하에 통일되어 통일신라기에 '전근대민족'을 형성하게 되었다고 볼 수 있다. 고구려 원민족의 일부가 원민족 국가로서 발해국을 세웠으나 발해와 신라의 통일이 달성되지 못하여 발해는 '전근대민족' 형성에는 부분적으로 합류하였다. 그러나 발해가 한국민족의 원민족 국가임은 명백한 것이다. 한국민족은 통일신라에 의하여 '전근대민족'이 성립되어 후삼국의 반동을 극복하고 고려 왕국과 조선 왕국을 거치면서 발전하다가 19세기 후기에 이르러 '근대민족'으로 변혁되어 더욱 발전하게 된 것이라고 볼 수 있다.

한국민족의 민족적 특징은 고조선 원민족에서부터 나타나기 시작하므로, 한국민족의 형성의 역사는 적어도 전기 원민족 형성의 역사는 적어도 전기 원민족 형성의 역사로부터 시작하는 것이 당연한 것

---

48) 申采浩,《朝鮮相古史》上卷, 1977, pp.91~248에서 '前三韓'과 '後三韓'을 구분하고 있는 것은 '전기 선민족'과 '후기 선민족'의 구분에 많은 시사를 준다.

이라고 말할 수 있다.

2) 前近代民族

우리는 어떤 지역에서는 원민족이 발전하여 다음 단계로 전근대에 형성되는 민족을 '전근대민족(pre-modern nation or traditional nation)'의 개념으로 정립할 수 있다.

전근대민족을 한마디로 정의하면 '시기적으로 전근대 시기에 일차적으로 언어·문화·혈연·정치의 공동과 부차적으로 경제·역사의 공동을 기초로 하여 형성된 즉자적 민족'이라고 할 수 있다. 전근대민족에 있어서는 경제와 역사의 공동의 요소는 중요한 역할을 하지 못하며 사회신분제도와 신분의식의 지배로 민족의식도 미약하게 밖에 형성되지 않는다. 따라서 그것은 본질적으로 즉자적 민족이라고 할 수 있다.

역사적 사회적 사실에서 귀납하여 '전근대민족' 형성의 일반적 조건을 간략히 몇 가지를 들면 다음과 같은 점을 특히 지적할 수 있다.

첫째, 중앙집권적 고대통일국가나 중세통일국가의 성립은 주민에게 매우 일찍이 '정치의 공동'의 요소를 갖다 주었다. 전근대 시대인 고대나 중세에 일찍이 중앙집권적 통일국가를 성립하고, 그 후에 장기의 '지방분권적' 봉건사회를 거치지 않은 곳에서는, 그 성립과정은 다양할지라도 모두 그 주민에 대하여 무엇보다도 먼저 하나의 정치의 공동을 형성하여 준 것이다.[49] 이것은 전근대민족 형성의 가장 중

---

49) 고대 중앙집권적 통일국가의 전근대민족 형성에 대한 이러한 역할은 고대 도시 국가의 이 주제에 대한 역할과 대비가 된다. 그리스·로마 등의 고대 도시 국가들은 찬란한 고대문명을 창조해 냈음에도 불구하고, 그 구조의 현격한 차이로 인하여 고대 중앙집권적 통일국가의 전근대민족 형성에 대하여 이룬 역할을 수행하지 못한 것으로 보인다. 동양과 서양의 민족형성의 과정의 편차는 벌써 고대부터 현격한 구조적 차이를 나타내고 있으며, 이것은 동양과 서양의 민족 형성과정을 별개의 유형으로 정립할 필요를 시사하는 것이라고 볼 수 있다.

요한 조건을 조성해 준 것이다.

둘째, 전근대 시대의 중앙집권적 통일국가 안에서는 그 통일의 주체 세력(또는 지배층) 또는 주도 원민족의 '언어'의 부과와 보급에 의하여 점차 언어의 통일이 이루어졌다. 물론 지배 세력의 언어를 중심으로 한 언어의 통일에는 비교적 장구한 시일이 소요되었지만 결국 언어를 하나로 통일한 것은 주민에게 '언어의 공동'을 결과하여 전근대민족 형성의 또 하나의 가장 중요한 요소를 창출한 것이었다.

셋째, 전근대 시대의 중앙집권적 통일국가의 형성은 자연히 국경 내의 '지역'을 하나로 통일하여 주민에게 '지역의 공동'을 결과하였다. 물론 전근대 시대에 강인하게 잔존하는 지방 토호 세력은 기회만 있으면 지역적 분할을 시도하는 것이 일반적이었지만 중앙집권제가 성공한 곳에서는 결국 토호 세력은 점차 몰락하거나 신분적 귀족화의 방향으로 개편되고 '지역' 그 자체는 국경을 경계선으로 하여 주민에게 '지역의 공동'을 실현케 하여 전근대민족 형성의 또 하나의 요소를 창출하였다.

넷째, 전근대 시대의 중앙집권적 통일국가에서는 지배 세력이 자기의 관습과 규범을 모든 지배신분에게 요구하여 먼저 지배층 사이에서 '관습과 문화의 공동'이 실현되고 다음에는 피지배 신분층에게도 이것이 점차로 확산되어 '문화의 공동'이 실현되었다. 특히 지배층은 자기의 종교를 국내의 전 주민에게 장려하거나 강요하는 일이 많았는데, 전근대 시대의 관습과 문화는 종교와 신앙에 결부된 것이 매우 많았으므로, 이것은 전 주민의 '관습과 문화의 공동' 실현을 크게 촉진하였다.

다섯째, 전근대 시대의 중앙집권적 통일국가에서는 지배신분층을 형성하는 민족들 사이의 혼인권이 급속히 확대되고 피지배 신분층끼리의 혼인권도 점차 확대되었다.[50] 특히 族外婚의 관습이 지배한 지역에서는 이 경향은 더욱 급속히 촉진되어 주민에게 '혈연의 공동'

의 신념을 형성하고 강화하였다. 이것은 주민을 '전근대민족'으로 결합케 하는 하나의 요소로 작용하였다.

여섯째, 전근대 시대의 중앙집권적 통일국가의 형성은 그에 상응하는 저급의 전근대적 국가경제를 성립시켰다. 이것은 근대의 국민경제와는 크게 다른 것이지만, 국내에 不輸不入權이 있는 완전히 분절된 영주경제를 극복하고 적어도 중앙 재정과 관련된 부분을 중심으로 한 것일지라도 중앙집권적 통일국가의 유지에 필요한 저급의 '국가경제의 공동'을 실현하여 주민의 경제생활에 영향을 끼쳤다. 그러나 이것은 주민의 경제생활의 공동의 측면에서는 아직도 취약한 것이었다.

일곱째, 전근대 시대의 중앙집권적 통일국가의 주민은 적어도 국가 생활에 관한 한 점차 공동의 경험을 갖게 되고, 공동의 영웅을 중심으로 하여 점차 역사의 공동을 갖게 되기 시작하였다. 물론 이 시기의 역사는 왕조와 지배자의 역사에 불과한 것이었다. 따라서 이때의 주민의 '역사의 공동'은 신화와 지배자와 영웅들에 대한 口傳 공유의 성격이 강한 것이었다. 그러나 공동의 구전과 공동의 영웅의 소유는 '역사의 공동'의 초기 형태를 형성하기 시작한 것이었다고 볼 수 있다.

여덟째, 전근대 시대의 중앙집권적 통일국가의 주민들은 위의 일곱 가지 객관적 민족형성의 요소가 형성되어 결합하는 경우에는 이에 기초하여 미약하게나마 민족의식을 형성하기 시작하였다. 특히 전근대 시대에 대규모의 이민족의 침략이 자주 있었던 경우에는 이

---

50) 고대와 중세의 중앙집권적 통일국가 안에서 주민의 혼인권의 확대는 다른 신분 사이에서의 확대가 아니라 동일 신분 내의 지역간의 확대임을 주의할 필요가 있다. 이것은 사회 신분제 하에서의 혼인권 확대의 불가피한 유형이기도 한 것이다. 그러나 이 과정도 '혈연의 공동'의 사실과 신념 확대를 수반하는 것이라고 볼 수 있다.

를 방위하는 투쟁과정에서 전근대적 범주의 민족의식을 형성하는 것이 일반적이었다. 그러나 이러한 민족의식은 아직도 미약한 것이 어서 대자적 민족을 형성할 수 있을 만큼 강한 것은 아니었다.

이상에서 고찰한 바와 같이 민족형성의 요소들이 '전근대 시대'에 도 출현하여 결합할 수 있는 것이기 때문에 나라와 지역에 따라서는 이러한 요소들이 결합되면 전근대 시대에 전근대민족이 형성되는 것이다. '전근대민족' 형성의 가장 큰 動因的 요소는 물론 지역과 사회에 따라 다르다. 어떤 지역에서는 '언어의 공동'이나 '관습과 문화의 공동'이 선행할 수도 있고, 어떤 민족에게서는 '지역의 공동'이 선행할 수도 있을 것이다.

그러나 필자는 전근대민족의 형성에 가장 중요한 역할을 한 것은 전근대 시대의 중앙집권적 통일국가의 형성이라고 보고 있다.

동태적으로 고찰하면 먼저 전근대 시대에 중앙집권적 통일국가의 성립이 선행하고, 이와 동시에 '정치의 공동'과 '지역의 공동'의 요소가 형성되며 뒤이어 '언어의 공동'과 '문화의 공동'의 요소가 형성되고 다른 민족형성의 요소들이 형성 결합되어 '전근대민족'의 형성에서 상대적으로 취약한 요소는 '경제의 공동' '역사의 공동' '민족의식'의 3요소이다. 이러한 요소들은 전근대민족의 형성에 그 구성요소로 들어가기는 하지만, 아직 저급의 취약한 것이어서 충분히 큰 구실을 하지 못한다고 볼 수 있다. 또한 전근대민족에는 성원의 공동체로의 결합을 저해하는 사회제도가 존재하여 그 공고한 결합을 제약하였다. 그 대표적인 것이 씨족제도의 잔존과 신분제도의 지배이다. 특히 그 중에서도 신분제도는 혈통에 귀천이 있다는 환상적 신념에 의거하여 출생할 때부터 엄격한 불평등의 차별을 법제화함으로써, 주민의 민족공동체로의 막힘이 없는 공고한 결합을 저해한 가장 큰 사회제도적 요인으로 작용하였다. 따라서 '전근대민족'은 본질적으로 즉자적 민족이며, 그 결합도는 다음에서 고찰할 '근대민족'의 결합도

보다 상대적으로 낮았다고 볼 수 있다. 한국 역사에서 '전근대민족'이 형성된 것은 통일신라부터 고려 초기에 이르는 기간이라고 필자는 관찰하고 있으며, 단순화시켜 그 시기를 좁힌다면 그것은 통일신라의 성립기라고 할 수 있다.

다음에서 설명하는 후기 '원민족'으로서 고구려·백제·신라가 각각 자기의 주도 하에 중앙집권적 통일국가를 수립하려고 상호 쟁투를 벌이다가, 결국 한국 역사에서는 신라에 의하여 그러한 통일국가가 성립되었다. 이것은 연구자들의 선호나 당위론적인 논구와 별도로 엄연한 객관적 사실이다.[51] 전근대 시대의 중앙집권적 통일국가의 성립이 고구려에 의해 주도되지 않고 고구려의 국토를 상실하면서 신라에 의해 주도된 것은, 그간의 복잡한 우여곡절을 생략하고 한마디로 일축하면 지역의 공동을 압록강 이남의 반도로 결정한 중요한 요인으로 작용하였다. 고구려의 후계 국가로서 발해가 7세기 말에 고구려 舊土에 성립되었으나, 신라와 발해의 어느 쪽도 더 이상 '통일'을 하지 못함으로써 한국민족의 발해 선민족은 한국의 전근대민족의 형성에 들어가기는 했으나 신라처럼 큰 역할을 하지 못하였다.

신라에 의한 중앙집권적 통일국가의 성립은 곧 '정치의 공동'과 '지역의 공동'을 형성했을 뿐만 아니라, 신라어에 의한 언어의 통일을 결과하였다. 현재까지 언어학자들의 연구결과를 보면 한국어의

---

51) 申采浩, 〈讀史新論〉, 《改訂版申采浩全集》上, 1977, pp.508~509 참조. 申采浩는 여기서 신라의 통일은 '半邊的 통일'이오, '전체적 통일'이 아니라고 예리하게 비판하였다. 또한 그는 후기 신라와 발해의 '兩國時代論'을 주장하였다. 이러한 견해는 높은 타당성을 갖고 있다. 또한 삼국의 舊土를 모두 포함하지 못하고 신라에 의하여 '고구려의 구토를 상실'하면서 삼국 통일이 이루어진 것이 애석하기는 하지만, 당위론적 관점이 아니라 결과론적으로 민족형성에 관련된 역사적 사실을 보면 신라에 의한 삼국 통일(또는 반도 통일)을 일단 객관적 사실로 받아들이지 않을 수 없다고 본다. 이러한 견해는 물론 발해가 한국민족의 원(선)민족 국가임을 확인하면서 결과론적으로 말하는 것이다.

기원은 알타이 祖語 → 퉁구스 祖語 → 夫餘·韓 祖語로부터 夫餘系
언어와 韓系 언어의 분화를 거쳐 고구려어·백제어·신라어가 형성되
었으며, 삼국 언어의 異同의 정도에 대해서는 약간의 견해 차이가 있
으나, 현대 한국어가 신라의 '삼국통일'과 함께 신라어를 주종으로
하여 고구려어와 백제어를 흡수 통합해서 기원적으로 통일되어 형
성되었다고 설명되어 있다.[52] 이것은 '언어의 공동'이 통일신라에 의
하여 신라어를 중심으로 이루어졌음을 설명하는 것이다. 더 소급하
면 한국민족 언어의 공동은 고조선 원민족에서 형성된 것이지만, 그
러나 위의 견해는 한국 '전근대민족' 형성의 시기를 포착하는 데 중
요한 사실을 시사해 주는 것이다.

---

52) 李基文, ① 〈韓國語形成史〉, 《韓國文化史大系》 5, 言語·文學史, 1967. ② 〈高
句麗의 言語와 그 特徵〉, 《白山學報》 제4집, 1968. ③ 〈신라어의 '福' '童'에 대하
여〉, 《국어국문학》 제49·50집, 1970. ④ 〈韓國古代諸語系統論〉, 《한국사》 23,
1977. ⑤ 〈百濟語研究에 관련된 諸問題〉, 忠南大 百濟研究學術大會 發表要旨文,
1982. ⑥ 〈古代 三國의 言語에 대하여〉, 제27회 全國歷史學大會 發表要旨文,
1984 참조.
　　金芳漢, 〈原始韓半島語 — 日本語와 관련하여〉, 《韓國文化》 제1집, 1980 ; 《韓國
語의 系統》, 民音社, 1983 참조.
　　언어학자들의 연구성과를 종합하여 간단히 요약하면 알타이 祖語와 다음에
그로부터 분화된 퉁구스 祖語가 있었고 다시 최근에 제시된 원시 한반도어가 존
재한 선사 시대가 있었다. 한국어의 유사 시대 이래 기원은 퉁구스 祖語로부터
분화되어 나온 夫餘·韓 祖語에서부터 시작한다. 夫餘·韓 祖語는 원시 부여어와
원시 한어의 분화를 거쳐 고구려어·백제어·신라어가 통일신라에 의해서(고구려
어와 백제어가 이에 흡수·통합되어) 언어의 통일이 이루어졌다는 사실은 대체로
의견의 일치를 보이고 있다. 이 언어의 통일을 이룬 신라어가 중세 한국어(고려·
조선 왕조語)와 전반적 일치를 보이는 언어이며 현재의 한국어와 기본적으로 일
치를 보이는 언어라고 한다(한국어의 표준어는 고구려어와 발해어를 흡수하고
있는 신라어의 개성 방언에 기원적 기초를 두고 있다고 본다). 그러나 古朝鮮語
는 밝혀져 있지 않다. 이러한 언어학자들의 연구성과는 한국의 근대민족이 통일
신라에 의하여 형성되었음을 시사해 주고 뒷받침 해준다. 무엇보다도 필자와 같
이 민족을 제일차적으로 언어공동체라고 보는 관점에서는 원(선)민족과 전근대
민족의 형성과정은 한국어의 기원과 형성과정에 직결되어 있는 것으로 보는 것
이다. 물론 언어 이외의 다른 구성요소의 형성을 등한시하는 것은 아니다.

통일신라에 의한 '정치의 공동' '지역의 공동' '언어의 공동'의 형성이 증명되면, '문화의 공동'을 비롯한 다른 민족형성 요소의 형성을 논증하는 것은 어려운 일이 아니다. 특히 주목할 것은 삼국의 후기 원(선)민족들이 '통일' 이전에 모두 '불교'를 대부분 신앙했다는 사실의 관련은 전근대민족의 형성을 위한 '문화의 공동'의 실현의 촉진적 요인의 발전으로서 근원적으로 설명될 수 있는 것이다.

통일신라의 성립에 의하여 한국의 '전근대민족'이 일단 형성되었으나, 하나의 민족의식까지도 공고하게 형성되었는지는 의문이다. 이 점은 통일신라가 약 230년 지속된 이후에 통일신라의 지배력이 약화되자 후백제(A.D. 900) 후고구려(A.D. 901)가 건국되어 이른바 후삼국의 정립된 곳에서도 이를 물을 수가 있다. 그러나 통일신라 시기 230년 동안 이루어진 주민의 하나의 민족공동체로서의 객관적 결합은 크게 진전된 것이어서 지방 호족들의 야심에 찬 후삼국의 정립을 극히 짧은 기간밖에 용납하지 않았다. 역사 발전의 대세는 민족형성의 공고화 방향으로 진전되고 있었으며, 고려에 의하여 후삼국은 재통일(A.D. 936)되어 한국민족의 전근대민족의 형성은 다시 최종적으로 완성되었다.

고려의 후삼국 재통일은 비단 고려 창건자들의 정치적 역량에 의거한 것만이 아니라 이미 그에 앞서 이룩한 하나의 '전근대민족' 형성의 진전 궤도 위에서 민족형성의 대세 흐름에 따라 이루어진 필연적 과정이었다고 볼 수 있다. 고려의 재통일 이후에는 어떠한 힘도 한국민족을 내부에서 다시 분열시키지 못하였다.

3) 近代民族

전근대 시대에 중앙집권적 통일국가의 성립을 계기로 하여 하나의 민족을 '전근대민족'으로 형성한 곳에서는 근대에 이르러 그의 내부구조를 변혁시켜 근대민족(modern nation)을 형성하는 것이 일반적 과정이다. 또한 중세 장기간에 걸쳐 지방분권적 봉건사회를 영위했기 때문에 전근대 시대에 전근대민족을 형성하지 못한 곳에서도 '근대'에 이르러 중앙집권적 국민국가와 자본주의 성립에 병행하여 '근대민족'을 성립시켰다고 볼 수 있다.

근대민족을 한마디로 정의하면 '시기적으로 근대에 일차적으로 언어·지역·문화·정치·경제·역사의 공동 및 민족의식과 부차적으로 혈연의 공동을 기초로 하여 형성된 대자적 민족'이라고 할 수 있다. 근대민족에서는 혈연의 공동 요소는 무의미하게 되며 사회 신분제 폐지를 전기로 하여 경제와 역사의 공동의 요소가 일차적 요소로 되고 민족의식이 크게 형성되어 고양되고 강화된다. 특히 근대민족에서 민족의식의 고양은 매우 특징적인 것이어서 이것이 바로 민족주의 형성과 결부되는 것이 보통이다. 근대민족은 본질적으로 대자적 민족이라고 할 수 있다.

전근대민족으로부터 '근대민족' 형성으로의 변혁에 가장 큰 역할을 수행한 몇 가지 사회적 조건을 간략히 들면 다음과 같다.

첫째, 사회 신분제의 폐지이다. 전근대민족 내부에서 하나의 민족의 가일층의 공고한 결합을 제약하던 사회 신분제도가 폐지되면 전근대민족 성원들은 공동체 내부에 전근대 장벽을 제거하여 직접적으로 더욱 폭넓고 깊은 사회적 소통과 더욱 공고한 결합을 함으로써 근대민족을 형성하게 된다. 또한 사회 신분제와 깊이 연관되어 잔존한 씨족제도와 가족주의도 크게 약화되어 '근대민족'의 형성과 변혁을 더욱 촉진하는 조건을 조성하게 된다.

둘째, 자본주의 발흥과 국민경제의 성립이다. 자본주의의 발흥은 경제의 지역적 봉쇄성을 타파하고, 전국을 하나의 통일된 경제권으로 만들어 국민경제를 성립시킴으로써 '경제의 공동' 요소를 획기적으로 강화한다. 이것은 전근대민족을 '근대민족'으로 변혁시키며 '근대민족'을 형성하는 데 매우 중요한 조건을 조성하는 것이다.

셋째, 민주주의 발흥과 국민국가의 성립이다. '전근대민족'이 형성된 곳에서 민주주의가 발흥하고 성원이 주인으로서 정치에 참여하게 되어 국가체제가 국민국가로 되면 성원은 민족을 자기의 것으로 더욱 자각하여 민족공동체의 융합이 더욱 공고하게 되고 '근대민족'을 형성하게 된다. 또한 지방분권적 봉건사회가 지배했던 곳에서는 민주주의가 발흥하고, 주민의 정치 참여가 실현됨에 따라 '근대민족'과 민족국가로서 국민국가의 성립이 동시에 같은 궤도 위에서 실현되는 것이라고 볼 수 있다.

넷째, 국민 교육의 보급과 민중의 문화적 발전이다. 특히 종래의 피지배 민중들에 대한 자기 문자와 일반 지식의 보편적 국민 교육은 민중들로 하여금 민족사와 민족문화 등을 비롯하여 자기 민족에 대한 지식을 획득케 하여 종래의 피지배 민중들의 민족공동체로의 더욱 공고한 결합을 강화한다. 이러한 민중의 문화적 성장은 전근대민족을 '근대민족'으로 변혁시키는 데 크게 작용하게 된다.

다섯째, 민족의식의 고양과 민족주의의 발흥이다. 근대에 이르러 민족어와 민족 문자에 의한 보편적 민족 교육의 실시는 성원의 민족의식을 형성하여 크게 고양시켰으며, 국민국가와 자본주의 발흥에 따른 민족 간의 치열한 경쟁은 민족의식을 더욱 강화하고 민족주의를 발흥케 하였다. 서구에서 시작된 제국주의의 대두까지도 민족의식의 고양과 민족주의 발흥을 더 한층 자극하였다.[53] 이러한 민족의

---

53) 서구에서의 제국주의 대두는 비교사적으로 양면에서 민족의식의 강화에 작용하였다고 볼 수 있다. 첫째로 제국주의를 형성한 곳에서는 다른 지역을 침략할 정신적 준비로서 人種主義와 自己種族中心主義의 비과학적이고 비합리적인 이론에 기초하여 민족의식을 고취하였다. 이러한 비합리적 민족의식의 고취는 제국주의적 민족주의와 결부되어 제국주의의 타지역에 대한 침략을 고취하는 부정적 역할을 수행하였다. 한편 제국주의 침략의 위협을 받거나 침략을 당한 지역에서는 제국주의 침략을 방어하고 자기 민족의 독립과 통일 및 발전을 이룩하기 위한 정신적 준비로서 과학적이고 합리적인 이론에 기초한 민족의식이 고

식의 고양과 근대 민족주의의 형성은 전근대민족을 '근대민족'으로 변혁시키는 데 결정적으로 큰 역할을 수행하였다.

이러한 사회적 조건의 변화의 결과로 이루어진 '전근대민족'의 '근대민족'으로의 변혁은 민족의 구성요소의 조합에서 동태적 변화를 수반한 것이라고 할 수 있다. 즉 '근대민족'에서는 민족의 구성요소 중에서 '혈연의 공동' 요소는 실제로 거의 소멸되어 버린다. 또한 '문화의 공동'과 '언어의 공동'과 '지역의 공동' 요소의 위치는 큰 변화를 보이지 않는다. 한편 '정치의 공동' '경제의 공동' '역사의 공동' '민족의식'의 요소는 현저히 강화된다. 이 중에서도 '근대민족'의 형성에서 가장 획기적으로 강화되는 것은 '경제의 공동'과 '민족의식'의 요소라고 할 수가 있다.

근대민족의 사회제도에서는 한편으로 사회 신분제가 붕괴되고 다른 한편으로 경제생활의 범위와 지배력을 확대시키는 것이 특징적인 것으로 된다. 이것은 전근대민족 내부의 구조에서 사회적 장벽을 철거하여 사회 관계를 '신분으로부터 계약으로' 변화시키고 자본주의와 국민경제의 성립과 더불어 성원의 '경제의 공동'을 획기적으로 강화시켜 민족의 내부 구성을 근대적으로 변혁시켰다.

또한 근대민족에서는 '민족의식'의 요소가 비약적으로 강화되는 것이 큰 특징이다. 특히 제국주의의 침략을 받은 전근대민족에서는 이에 대항하기 위한 계기에서 민족의식이 크게 발흥되고 강화되어 전근대민족을 근대민족으로 변혁시키는 큰 동력을 형성하였다. 근대민족에 있어서의 '민족의식'의 비약적 고양은 '근대민족주의'의 출현을 결과하였다. 근대민족이 형성된 모든 곳에서 민족주의가 형성되

양되었다. 이러한 합리적 민족의식의 고양은 민족해방적 민족주의와 결부되어 제국주의의 인류 공영에 대한 침략 행위를 저지하고 약소 민족의 독립과 발전을 고취함으로써 인류사회의 진보에 커다란 긍정적 역할을 수행하였다. 여기서 말하는 민족의식은 과학적이고 합리적인 민족의식을 의미하는 것이다.

어 발전된 것은 민족의식의 고양의 결과인 것이다. 또한 근대민족에
서 민족의식의 고양과 민족주의 형성 발전은 근대민족의 구성요소
에서 '정치의 공동'과 '역사의 공동' 강화에 상호 인과적으로 연결되
어 있는 것이다.

　한국민족의 '전근대민족'으로부터 '근대민족'으로의 변혁은 19세기
의 개화기에 이루어졌다고 볼 수 있다. 그 획기적 전환의 분기점이
되는 것은 사회 신분제 폐지를 중심으로 한 민족 내부의 사회조직의
근대적 변혁이다. 그리고 전근대적 민족으로부터 근대민족으로의 변
혁을 추진한 운동은 기본적으로 개화 운동과 갑오 농민혁명 운동이
라고 볼 수 있을 것이다.

5. 제3세계 일부의 신민족

　한편 오늘날 제3세계에 속하는 나라들의 일부에는 '부족'이 지배
하던 시기에 서구 열강의 침략을 받아 식민지로 되었던 나라들이 많
이 있다. 이러한 지역에서는 제2차세계대전 종전 이전까지 독립운동
을 전개하는 과정에서 부족연맹을 결성하여 '원민족'을 형성했다가
1945년 이후에 신생독립국가를 수립하였다.[54]

　이러한 나라들에서는 먼저 '국가'를 건설하고, 그 국가의 주민이
속하는 모든 부족들과 원민족을 융합하여 새로이 민족형성의 작업
을 진행하는 도중에 있다.[55] 여기서는 이러한 민족을 '新民族(neo-

---

54) Harry A. Gaiely Jr., *The History of Africa in Maps*, 1967, pp.54~93 참조.
55) 이러한 신생독립국가들에서 국가의 경계가 이전의 제국주의자들과 식민주의
　　자들이 침략과정에서 지도위에 줄자와 콤파스로 식민지의 경계선으로 그어 놓
　　은 곳에 따라서 설정되고 그 범위 안의 부족들과 원민족들을 통합하여 신민족
　　을 형성하고 있는 것은 역사의 심한 아이러니가 아닐 수 없다. 여기서도 단절
　　없는 역사의 냉혹성을 절감하지 않을 수 없게 된다.

nation)'으로 명명하여서 개념화하기로 한다. 신민족은 제2차세계대전 종전 후에 제3세계의 일부에서 새로 형성되었거나 현재 제3세계의 일부 나라에서 '형성되고 있는 도중의 민족(nation in the making)'이다.[56]

예컨대 서부 아프리카에 위치한 인구 8,000만(면적 92만 3,768킬로미터)의 나이지리아는 각각 다른 언어를 사용하는 250에 달하는 부족들로 구성되어 있다. 잠정적으로 불가피하게 영어를 공용어로 채택하고 있으나, 신문·잡지·서책 등은 30종류 이상의 언어로 쓰이고 있고, 라디오 방송은 영어 이외에 16종류 이상의 언어로 방송되고 있다. 서구 열강이 이들을 침략하여 식민지화하기 이전에 이들 다수의 부족들 중에서 북부의 하우사족(현재 인구 1,000만), 풀라니족(500만), 가누리족(220만), 동부의 이보족(900만), 서부의 요루바족(1,000만), 중서부의 에도족(1,000만) 등은 약간 더 발전하여 '원민족'을 형성하고 원민족 왕국을 수립하고 있었다.

영국이 1851년 라고스항을 무력으로 점령하여 1861년에 직할 식민지로 만든 이후 단계적으로 여러 부족들과 원민족들을 식민지화하여 1899년에 '북부 나이지리아 보호령'과 '남부 나이지리아 보호령'이라는 이름의 식민지를 창설했다가 1914년에 남북을 합하여 '나이지리아 식민지 및 보호령'이라는 이름으로 식민지를 설치하였다. 제1차세계대전 종전 후에 이들 부족들과 원민족들은 요루바족과 이보족을 중심으로 하여 서로 연맹을 맺으면서 집요한 독립운동을 전개하였다.

제2차세계대전 종전 후에는 이들의 독립운동은 더욱 광범위하게 전개되어 1954년에 연방제의 헌법을 성립하고 1960년에 영연방의

---

56) Robert J. Gordon, "Papua New Guinea : Nation in the Making", *National Geographic*, Vol. 162, No. 2, August 1982 참조.

일원으로 독립을 달성했으며, 1963년에 연방공화국을 선포하기에 이르렀다. 그러나 신생독립국가로서 나이지리아 연방 공화국의 주민은 구식민지 시대에 영국의 통치를 공동으로 받았고, 독립운동에서 상호 연합했다는 공통성 이외에는 민족적 공통성을 갖고 있지 못하기 때문에 국가 독립 후에 민족형성 문제에 당면하게 되었다. 그들은 먼저 국가를 건설해 놓고 다음에 국가 안의 다수 부족들과 원민족들을 통합하여 민족형성의 작업을 전개하기 시작하였다.

민족형성의 과정에서 1967년에 동부의 이보(Ibo)족은 석유 자원을 경제적 기초로 독립을 시도하여 '비아프라 공화국'을 선언하였으나, 다른 부족들과 원민족들이 이에 반대하여 내전이 일어난 결과 1970년에 이보족은 전사자와 아사자를 합쳐 250만 명의 희생자를 내고 다시 나이지리아 연방 공화국에 귀속되었다.

현재는 요루바(Yoruba)족이 민족형성 과정을 주도하고 있으며 非요루바족이 연합하여 이에 경쟁하는 상태에 있다. 앞으로 일정한 시간이 경과하면 하나의 나이지리아 민족이 형성될 것인지, 또는 몇 개의 민족이 형성되어 나이지리아국은 다민족 국가의 형태로 귀착될 것인지 더 기다려 보아야 할 것이다. 명백한 것은 그들이 현재 '신민족' 형성의 도중에 있다는 사실이다.

또한 예컨대 남태평양에 있는 인구 300만(면적 46만 1,695킬로미터)의 뉴기니섬의 동반부와 도서들로 이루어진 파푸아뉴기니는 인종적으로는 크게 나누어 파푸아 인종과 폴리네시아 인종으로 구성되고 현재 각각 다른 언어를 사용하는 700~800개의 부족들로 구성되어 있다. 그들은 19세기에 서구 열강이 이 지역을 점령했을 때, 수많은 작은 부족들로 나누어져 생활하고 있었다. 네덜란드가 1828년 뉴기니섬의 서반부를 식민지로 점령했으며, 1884년에는 독일이 뉴기니섬의 동반부를 식민지로 점령하였다. 영국은 이에 대항하여 역시 1884년 이 섬의 남동부를 점령하여 식민지화한 후 1906년에 호주 연방의

準州로서 파푸아라고 개칭하였다.

제1차세계대전 후 독일령은 호주의 국제연맹 위임 통치령이 되었으며, 제2차세계대전 후인 1946년에는 호주의 국제연합 신탁통치령이 되었다. 주민들의 요구에 의하여 1973년에는 전지역이 자치를 인정받게 되었으며, 1975년 9월에 파푸아뉴기니로서 영연방의 일원으로 독립하게 되었다.

파푸아뉴기니는 먼저 국가를 세운 다음 이제는 무엇보다는 언어를 통일하기 위하여 집중적 노력을 하고 있다. 공용어로는 피진 영어 (Pigin English)와 모투(Motu)어가 채택되어 교육되고 있는데, 주민의 45.17퍼센트가 피진 영어를 말할 수 있고, 22.34퍼센트가 일반 영어를 말할 수 있으며, 9.41퍼센트가 모투어를 사용하고 있다. 이것은 그들이 '신민족' 형성 초기의 작업을 진행하고 있음을 나타내는 것이라고 할 수 있다. 앞으로 파푸아뉴기니가 어떠한 형태로 민족을 형성하게 될 것인가는 더 기다려 보아야 하겠지만 현재 그들이 '신민족' 형성을 시작했다는 것은 명백한 사실이다.

위의 두 개 예에서 볼 수 있는 바와 같이 현재 제3세계의 일부에서 진행되고 있는 '신민족'의 형성은 민족형성의 문제가 아닌 바로 오늘날에도 생동하는 문제이기도 하다는 사실을 단적으로 나타내 주는 것이다.[57] 이러한 지역에서는 민족형성은 기본적으로 '부족 → 원민족 → 신민족'의 과정으로 이루어지고 있다고 말할 수 있다.

제3세계 일부의 '신민족'의 형성은 그 자체가 오늘의 새로운 민족 문제로서 좀더 실증적으로 깊이 고찰할 필요가 있는 것이다.

---

57) Anthony D. Smith, *State and Nation in the Third World : The Western State and African Nationalism*, 1983, pp.122~135 참조

6. 맺음말

지금까지의 고찰에서 우리는 서구의 민족사회학 이론들이 '민족'을 근대 국민국가와 근대 자본주의 성립의 결과로 그와 궤도를 같이하여 '근대'에 형성된 역사적 범주의 인간집단이라고 설명하는 것은 전 인류사회에는 적용할 수 없는 것임을 알 수 있었다. 인류사회의 역사에는 전근대 시대에 자기의 '민족'을 형성한 민족들이 많은 것이 객관적 사실이며, 현대에 민족을 형성하고 있는 도중에 있는 경우도 많은 것이 엄연한 객관적 사실이다.

우리는 종래 너무 무비판적으로 서구의 사회과학 이론을 역사적 사회적 구조가 크게 다른 서구 이외의 다른 사회들에 무리하게 적용해 왔으며, 너무 자주 서구의 사회과학 이론을 맹종해 왔다. 그리하여 침대가 너무 작아서 발이 튀어나왔을 때 침대를 늘이지 못하고 발을 잘라내는 어리석음을 저지른 경우가 많았다.

민족형성의 사회학 이론 부문에서도 전 인류사회의 이론이 사실에 합치하도록 설명하려면 적어도 '원민족' '전근대민족' '근대민족' '신민족'의 개념을 새로 정립하여 종래의 민족에 관한 개념들에 추가할 필요가 있으며, 민족이 '근대'에서 만이 아니라 '전근대'와 '현대'에도 형성되는 포괄적 이론의 기본 틀을 정립하여 종래의 민족형성 이론을 수정하고 보완할 필요가 있었다.

지금까지의 고찰에 기초하여 전 인류사회의 역사에서 민족형성의 과정을 유형화하면 적어도 다음의 5가지 유형이 제시될 수 있을 것이다.

제 1 유형 : 부족 → 원(선)민족 → 전근대민족 → 근대민족
제 2 유형 : 부족 → 원(선)민족 → 근대민족[58]

　　제 3 유형 : 부족 → 이주민 → 근대민족
　　제 4 유형 : 이주민 → 근대민족
　　제 5 유형 : 부족 → 원(선)민족 → 신민족

　제1유형은 고대나 중세에 중앙집권적 통일국가를 장기간 이루었던 주로 아시아 민족들과 아랍 민족들 및 아프리카의 에티오피아 민족에 기본적으로 적용되는 유형이다. 한국민족은 이 유형에 속한다. 이 유형에서는 민족은 전근대시대에 '원민족' '전근대민족'으로서 형성되는 것이다.

　제2유형은 기본적으로 고대에 분권적 도시국가와 중세에 지방분권적 봉건사회를 장기간 경험했던 지역에 적용되는 유형이다. 주로 유럽의 민족들이 이 유형에 속한다. 이 유형은 종래 서구사회학 이론들이 일반 이론으로서 정립하여 보급했던 유형이다. 이 유형에서는 민족은 근대 국민국가와 근대 자본주의의 성립의 결과로 그에 궤도를 같이하여 근대에 형성된다고 볼 수 있다.

　제3유형은 근대 초기에 이주민들이 다른 대륙으로 이동하여 원주민 부족들과 여러 가지 정도의 결합을 하면서 근대민족을 형성한 유형이다. 주로 중앙아메리카와 남아메리카의 민족들이 이 유형에 속한다. 이 유형에서는 이주민은 원주민 부족들을 소멸시키지 않고 다양한 형태로 결합하여 새로운 형태의 근대민족을 형성한 것이 특징이다.

　제4유형은 근대 초기에 이주민들이 다른 대륙으로 이동하여 원주민 부족들을 학살하거나 구축해서 사실상 대부분 소멸시켜 버리고

---

58) 제2유형은 근본적으로 유럽의 유형이므로 그곳 연구자들의 개념을 존중하여 '원민족' 대신에 '폴크(Volk)' 또는 '준민족'을 대체해도 기본 유형에는 변화가 없을 것이다. 그러나 유럽 민족들 중에서도 특정 민족에 따라서는 '전근대민족'을 형성한 경우가 있지 않는가를 그곳 연구자들이 검토할 필요가 있다는 것이 필자의 생각이다.

이주민만으로써 새로이 분화된 근대민족을 형성한 유형이다. 주로 미국·캐나다·오스트레일리아·뉴질랜드·남아프리카 연방의 백인 등이 이 유형에 속한다. 이 유형에서는 원주민 부족들을 소멸시키거나 구축하여 절대로 원주민과 결합하지 않고 이주민들만으로써 근대민족을 형성하는 것이 특징이다. 따라서 이 유형은 역사적으로 진화된 민족이라기보다도 본질적으로 다른 지역의 민족으로부터 분화되어 형성된 근대민족의 특성을 지닌다고 볼 수 있다.

제5유형은 제2차세계대전 종전 때까지 부족이나 원민족의 상태에 있다가, 종전 후에 새로이 부족들이나 원민족들을 통합하여 '신민족'을 형성하고 있는 유형이다. 주로 에티오피아 이외의 사하라 이남 아프리카에 사는 신민족들과 남태평양의 섬들에 사는 신생독립국가들의 주민이 이 유형에 속한다. 이 유형은 현재 민족의 구성요소들을 정책적으로 만들어 가면서 새로이 '신민족'을 형성하는 도중에 있는 것이 특징이라고 할 수 있다.

오늘날 제3세계의 연구자들은 서구의 사회적 역사적 사실만을 자료로 하여 정립된 서구의 사회과학 이론을 맹목적으로 추종할 필요가 없다고 본다. 만일 우리가 광범위한 제3세계의 사회적 역사적 사실들을 자료로 하여 주체적인 이론 정립의 작업을 전개한다면, 우리는 제3세계 안에서도 독자적 사회과학 이론을 정립할 수 있으며, 이러한 이론은 사실을 보다 사실에 적합하게 설명해 줄 뿐 아니라, 사회과학 이론의 보편성을 더욱 높일 수 있을 것이다. 이러한 문제의식에서 앞으로 사회학의 민족형성의 이론은 민족문제가 자기의 가장 중요한 문제의 하나로 되어 있는 제3세계의 여러 연구자들에 의하여 더욱 주체적으로 연구되고 발전될 필요가 있을 것이다.

(《韓國社會學研究》 제7집, 서울대학교 사회학연구회, 1984 수록)

韓國社會史의 대상과 '理論'의 문제

1. 머리말

1975년 처음으로 서울대학교 사회학과의 학부와 대학원에 韓國社會史, 韓國社會史研究의 강좌를 신설한 이래 이 새로운 과목이 무엇을 다루는 학문이며, 사회학과 어떠한 관련이 있는가 하는 질문을 수없이 받아 왔다. 이러한 물음에 대한 응답의 일부로서 필자의 생각을 간단히 적어보려고 한다.

필자의 견해로 社會史는 "사회가 형성되어 변동하고 발전하여 온 과정을 사회학적 이론과 관점에 의거하여, 분석하고 해석한 역사"이다. 따라서 한국사회사는 우리가 추적할 수 있는 과거로부터 현재까지 한국 사람들이 구성한 사회의 변동, 발전해 온 과정을 사회학적 이론과 관점에 의거하여 분석하고 해석한 역사이다. 이 포괄적인 과정을 처음부터 강조점 없이 다루기가 어려우므로, 특히 構造와 構造變動과 日常社會生活에 역점을 두면서 고찰할 것을 제의하고 있다.

사회사와 한국사회사에 대한 이러한 정의는 그 범위를 ① 대상에서 한정(限定)시키고 ② 접근방법에 있어서 한정시킨다고 할 수 있다. 첫째로 대상에서 한정시킨다는 말은 사회사의 대상이 종래 사회학이 그 고유의 연구영역으로 다루어 온 대상과 동일하다는 것을 의미한다. 둘째로 접근방법에서 한정시킨다는 말은 그러한 대상을 사회학적 이론 및 관점과 방법에 의하여 분석하고 해석한다는 것을 의미하는 것이다. 물론 두 측면을 모두 한정시키면 더욱 바람직한 사회사가 되지만, 어느 한 측면만 한정되어도 사회사 범위 안에 들어온다고 생각한다.

역사는 여러 가지 사회과학 이론에 의하여 분석되고 해석될 수 있다. 사회학은 사회과학의 한 분과 학문이다. 그러므로 우리는 이와 관련하여 사회사를 역사의 전부라고 보는 독선에 빠져서는 안될 것이다.

그러나 사회학은 그 다루는 차원에서 다른 사회과학과는 다른 큰 특징이 있음을 주목할 필요가 있다. 그것은 사회학이 사회의 제부분을 분석하는 사회학 이론과 함께 전체사회를 분석하는 사회학 이론을 동시에 발전시키고 있기 때문이다. 이 특징은 사회학이 가지고 있는 학문상의 큰 장점이라고 볼 수 있다.

사회학에 크게 의존하고 있는 사회사는 사회학의 이러한 특성과 관련하여 部分社會史와 全體社會史를 모두 정립하여 발전시킬 수 있다. 한국사회사에서도 물론 마찬가지이다. 최근 서구에서는 역사학자들이 특히 전체사회사를 크게 강조하고 있다. 전체사회사가 강조되면 될수록 불가피하게 사회학에의 의존도는 더욱 높아질 수밖에 없다. 서구에서는 부분사회사가 많이 밝혀졌으므로 오래된 綜合史와 全體史를 문제의식과 관련하여 그들의 미개척분야인 전체사회사를 특히 강조하는 것이 당연하다고 할 것이다. 부분사회사가 별로 밝혀져 있지 않은 한국사회사에서 부분사회사는 여전히 한국사회사의 중요한 부분이며, 당분간은 여전히 중심적인 부문이기도 하다. 그러나 한국사회사에서도 부분사회사와 함께 전체사회사를 처음부터 균형적으로 발전시키는 문제의식과 연구작업은 절실히 필요한 것이다.

사회사와 한국사회사는 종래 오랫동안 수많은 학자들에 의하여 주장되어 오던 사회학과 역사학의 협동 또는 재결합의 요청이 더 이상 미룰 수 없는 단계에 이르러서 성립된 학문이라고 할 수 있다. 역사학은 이미 발전해서 特殊個別的·記述的·無理論的 역사연구를 벗어나서 보다 일반적·보편적·분석적·이론정립적 역사연구를 지향하는 단계에 이르렀으며, 사회학은 종래의 무역사적·추상적·서구중심적 사회학 연구를 벗어나서 일반이론적 연구와 함께 역사적·사실적·주체적 사회학 연구를 지향하는 단계에 이르렀다. 두 학문은 상호간의 협동과 재결합을 주장하면서 이미 두 학문의 중첩된 영역을 하나의 독립된 학문이 정립되기에 충분할 만큼 우리 시대에 만들어 내었다. 두 학문은 그 연구대상이 인간생활과 인간행동으로서 동일하다 할지라도 자기의 고유한 전통과 인습으로 인해서 완전히 융합되기는 불가능하므로 두 학문의 독자성을 그대로 유지 발전시키면서 사회학과 역사학이 중첩되는 넓은 영역에 사회사와 한국사회사가 필연적으로 성립하게 되는 것이다.

그러므로 사회사와 한국사회사는 한 면에서 보면 사회학이 되고, 다른 면에서 보면 역사학으로 간주되는 특성을 갖게 되는 것이라고 말할 수 있다.

2. 實事求是의 과학으로서의 한국사회사

필자가 생각하는 한국사회사의 학문적 성격을 가장 잘 나타내는 용어는 '實事求是'이다.

널리 아는 바와 같이 《漢書》, 《河間獻王傳》에서 나오기 시작하여 조선왕조 후기 실학자들의 학문적 방법으로서 강조된 이 용어는 글자 그대로 "실사에서 옳음을 구한다"는 뜻이었다. 즉 정책이나 이론의 옳고 그름을 실사(實事·實行)에 비추어서 판별한다는 것이다.

이 실사구시의 방법을 학문에 적용시켜 현대적으로 좀더 확대해서 단계를 나누어 해석하고 발전시키면 우리는 다음과 같이 말할 수 있을 것이다.

① 사실(事實, 또는 實事·實相·實行·實踐)에서 이론을 도출하고 정립한다.

② 이론에 의거하여 사실을 조명(照明)하고 분석하고 해석한다.

③ 사실에 의하여 이론을 검증(檢證)하고 옳고 그름과 그 정도를 판별한다.

④ 사실을 모두 조명하지 못하는 부분을 이론이 모두 조명하도록 사실에 비추어 이론을 발전시킨다.

⑤ 사실과 이론과의 이 관계를 하나의 변증법적(辨證法的) 과정으로 되풀이하면서 '참 사실(眞實)'을 탐구하고 조명한다.

한국사회사는 이러한 실사구시의 현대적 방법에 따라서 한국사회가 변동 발전해 온 과정의 '참 사실'을 탐구하고 구명하는 새로운 과학이라고 말할 수 있다. 즉 그것은 현대적 의미의 '실사구시' 과학인 것이다.

일찍이 조선 후기에 茶山 丁若鏞은 이 실사구시의 방법을 자기 시대의 학문적 수준에서 선각적으로 잘 자각하여 학문에 적용하였다. 그는 五學論에서 실사구시의 학문관에 입각하여 자기 시대에 성행하고 있던 '性理之學' '訓詁之學' '文章之學' '過去之學' '術數之學'을 모두 虛學이라고 실랄히 비판하였다. 예컨대 당시 거의 절대적인 권위를 가지고 모든 선비들이 열심히 매달리던 성리학에 대하여, 그 한 구절만 보아도, 그는 다음과 같이 날카롭게 비판하고 있다.

오늘날 성리학을 하는 자는 理·氣·性·情·體·用을 말하고, 本然氣質을 말하며, 理가 發한다 氣가 發한다(理發氣發)하고, 이미 발했다 아직 발하

지 않았다(已發未發)하며, 하나만 지적한 것이다 겸해서 지적한 것이다
(單指兼指)하고, 이는 같은데 기는 다르다(理同氣異)하고, 마음은 善하여
惡이 없다(心善無惡)하며, 마음은 선해도 악이 있다(心善有惡)하고, 세 줄
기 다섯 가지에 천 가지 만 가지 잎사귀를 머리카락같이 나누고 실낱같
이 쪼개서 서로 성내고 서로 욕한다. 어두운 마음으로 묵묵히 궁리하고
는 기를 돋우어 목줄기를 붉히며 스스로 천하의 높고 묘한 이치를 다 깨
달았다고 생각해서 동쪽으로 흔들고 서쪽으로 부딪친다. 꼬리만 잡고 머
리를 잃어버린 채 문마다 깃발 하나씩을 세우고 집마다 보루를 하나씩
세워서 일생을 다하도록 그 爭訟을 능히 결단하지 못하며 대가 바뀌어도
그 원망을 능히 풀지 못한다. 들어오는 자는 주인으로 대하고 나가는 자
는 종으로 대하며, 같은 자는 추대하고 다른 자는 공격하면서 스스로 자
기가 의거한 바만 극히 옳다고 하니 어찌 疏漏하지 아니한가.[1]

정약용은 당시 모든 선비들이 열심히 모방하던 韓愈·柳宗元·歐陽
修·蘇軾의 문장도 實이 없다고 단호하게 이를 비판하였다.

한유·유종원·구양수·소식의 소위 序文이니 記文이니 하는 여러 문장
들도 모두 華할 뿐이지 實이 없으며, 기이할 뿐이지 바르지 않다. 내가
어릴 때 그들을 읽고 좋다고 기뻐하지 않았던 것은 아니나, 그러나 이러
한 학문은 안으로 修身하고 事親할 수 없고 밖으로 致君하여 牧民할 수
없으며, 종신토록 외고 흠모하여도 뜻을 얻지 못해 불평만 하다가 天下
와 국가의 일을 할 수 없게 된다.[2]

정약용은 또한 《經世遺表》에서 "實事를 생각하고 實職을 세우고
實心을 품고 實政하라"[3]고 하였다.

阮堂 金正喜는 '실사구시'야말로 학문의 最要의 道라고 하면서, 학

---

1) 五學論 一, 《丁茶山全書》(文獻編纂委員會版) 上, p.227.
2) 五學論 三, 위의 책, p.228.
3) 《經世遺表》, 春官 禮曹 弘文館條, 《丁茶山全書》 下, p.15.

파를 나누어 다룰 것이 아니라 실사구시를 적용하라고 다음과 같이 쓰고 있다.

> 《漢書》,《河間獻王傳》에서 실사구시를 말하였다. 이 말이야말로 학문의 最要의 道이다. …… 그러므로 학문을 하는 道는 漢學과 宋學의 경계를 나눌 필요가 없고, 鄭玄·王弼·程頤程顥·朱熹를 비교할 필요도 없으며, 朱熹·陸象山·薛瑄·王陽明의 門戶를 다룰 필요도 없다. 다만 마음을 평온하게 하고 氣를 靜하게 하여 널리 배우고 돈독하게 행함에 있어서 오로지 실사구시의 한마디를 행하면 가할 것이다.[4]

필자의 실사구시에 대한 위의 생각은 조선후기 실학자들의 이러한 실사구시의 학문론에서 배워 그것을 현대적으로 해석한 것이다. 조선 후기와 오늘날은 시대가 다르고 학문의 발전단계가 다를 뿐 필자가 여기서 강조하는 실사구시의 과학은 실학자들의 실사구시의 학문론과 같은 전통을 갖고 그것을 계승하는 것이다.

그러므로 필자가 생각하는 한국사회사는 그 학문적 성격에서 본질적으로 조선후기의 실학을 계승하는 '현대적 실사구시의 과학'이라고 보아도 좋을 것이다.

3. 韓國社會史의 3대부문

실사구시 과학으로서의 한국사회사 연구는 한국사회가 형성되어 변동 발전하여 온 과정을 사회학적 이론과 관심에 의하여 분석하고 해석함에 있어서 특히 어떠한 측면이나 부문을 특징적으로 강조하여 고찰하기 시작할 것인가?

---

4) 《阮堂先生全集》 卷1, 實事求是說 p.26.

필자는 한국사회사 연구의 삼대부문 또는 측면 또는 위상으로서 최소한으로 단순화시켜 ① 구조 ② 구조변동 ③ 일상 사회생활의 균형적 연구를 강조하고자 한다.

1) 構造의 歷史

이 중에서 '구조'의 연구는, 프랑스 사회사와 독일 사회사의 학풍과 연구방법을 취사선택하여 받아들일 것은 적극적으로 받아들여 섭취할 필요가 있다고 본다.

프랑스 아날르 학파의 거장 브로델(Fernand Braudel)은 블로끄(Marc Bloch)와 페브르(Lucien Febvre)의 전통을 계승하여 構造史의 이론적 기초를 제시하였다.[5] 그의 방법은 기본적으로 역사에서의 시간지속(duree)의 개념을 도입하여 이것을 ① 단기지속(courte durée) ② 중기지속(moyenne durée) ③ 장기지속(longue durée)으로 3분하고, 단기지속은 '事件'과, 중기지속은 局面(conjoncture)과, 장기지속은 구조와 관련시킴으로써 시작하고 있다.

그는 심지어 현재에 대해서도 이를 장기지속적으로 파악하여 그것을 장기에 걸친 과거 여러 흐름의 합쳐진 결과로서 과거와 현재가 상호간에 빛을 비추어 주는 것이라고 생각하였다.[6]

그가 이 방법에 의하여 종래의 사건사와 결별하고 장기지속의 構造史를 강조함으로써 역사의 보다 깊은 심층에서 작용하는 구조적 힘을 고찰하려 한 것은 획기적인 공헌이라고 하지 않을 수 없는 일이다.[7] 또한 독일 사회사 연구에서도 全體史·綜合史·集團史·長期史

---

5) Fernand Braudel, "Histore et sciences sociales : La longue durée", *Annales : Economies Societes Civilisation* 13, 1958 ; F. Braudel, *Ecrits sur L'hisoire*, 1969, pp.41~83 참조.

6) J.C. Perrot, "Le present et la durée dans l'oeubvre de F. Braudel", *Annales : E.S.C.*, 36-1, 1981, pp.3~15 참조.

7) 閔錫泓, 〈하나의 새로운 歷史 — Annales 학파에 관하여〉, 《歷史學報》 제79집,

로서의 사회구조사가 강조되고 있다.[8]

물론 역사에서의 구조 고찰은 프랑스 아날르 학파와 독일 사회사 학파가 처음 시작한 것은 아니고 그 훨씬 이전부터 존재하고 있었다.[9] 그러나 장기지속 구조의 중요성을 특히 강조하고 다수의 구체적 업적을 낸 것은 역시 프랑스 아날르 학파와 독일 사회사 학파와 영국 사회사 학파라고 말하지 않을 수 없다. 특히 프랑스 아날르 학파는 브로델 이후 상당한 변화를 겪으면서 눈부신 연구업적을 내었다.[10]

한국사회사의 연구에 있어서 적어도 '구조'의 연구에 관한 한 우리는 그들의 발전된 연구방법의 수용에 인색할 필요가 없다고 생각한다. 우리가 만일 그들의 연구방법과 관점을 받아들인다면 한국사회사 연구에 있어서 많은 새로운 사실의 발견과 새로운 해석의 정립이 가능할 것이다.

필자도 몇 년 전에 光武改革論爭에 참가했을 때 構造主義史學의 방법에서 보면 독립협회 운동은 우리나라 改革勢力의 集團運動으로서 서재필 등 특정 개인의 성향과는 차원이 엄격히 구분된다는 사실을 지적하여 그 전체사적·집단사적 관점의 유용성을 활용하여 본 적이

1978.

8) 李敏鎬, 〈西獨에 있어서의 社會史論爭〉, 《西洋史研究》(서울대학교 서양사학과) 제1집, 1979 ; 동 〈社會構造史學 — 綜合史를 위한 모색〉, 《學術論叢》(단국대학교), 1979.

9) 서양에서도 통찰력에 의거한 무의식적인 구조의 분석은 물론 아날르 학파의 출현 이전에 있었고, 물론 우리나라에서도 그러한 구조분석은 있었다. 예컨대, 조선후기 실학자들의 토지개혁론을 보면, 李瀷은 自作地의 下限을 설정하고 朴趾源은 所有地의 上限을 설정한 다음 그 이상의 面積의 土地의 自由賣買를 무제한 허용함으로써 數世代의 장기에 걸쳐서 이루어지는 土地所有의 均等을 주장하고 있는데 이것은 構造的 고찰인 것이다. 柳馨遠의 身分制度의 구조에 相應하는 土地再分配論과 丁若鏞의 閭田制에 의한 協業農場制度의 창설론은 모두 構造的 고찰에 의거하고 있는 것이다.

10) Michelle Perrot, "The Strengths and Weaknesses of French Social History", *Journal of Social History* 10-2, 1976, pp.166~177 참조.

있다.[11]

주위를 환기시키고 싶은 점은 서구의 구조사학을 도입하는 경우에도 주체적인 비판적 입장을 확고하게 가질 필요가 있다는 사실이다.

예컨대, 브로델의 '구조'의 개념에는 많은 문제점이 있다. 그는 구조를 건축물(architecture)과 같은 것으로 보면서 구조의 내용을 ① 소멸하는 요소와 ② 고정적 요소로 구분하고, 모든 세대에 걸쳐 거의 고정적인 요소만을 추려서 반부동(semi-immobilité)의 상태에 있는 구조로 봄으로써 자연환경의 요소까지도 크게 포함한 구조의 개념을 설정하여 여기에 집착하고 있다.[12] 그러나 우리가 보고자 하는 것은 '社會構造'이다. 그의 구조의 개념에 사회학적 구조의 개념이 결여되어 있는 것이 큰 문제점이라고 지적하지 않을 수 없다. 오히려 이 점은 독일 사회사학의 구조의 개념이 보다 더 사회학적 구조의 개념에 접근하고 있다고 할 것이다.[13]

또한 브로델의 구조의 개념은 '發生論的' 접근에 시종하고 있다. 따라서 그에 있어서는 구조는 반드시 장기적인 것을 고찰해야 나오는 것이다. 그러나 이것은 구조의 한 측면에 불과한 것이다. 구조에는 '형성과정으로서의 구조'와 함께 '형성된 결과로서의 구조'도 병존한다. 인간은 태어나자 이미 형성된 결과로서의 구조에 참여하기 때

11) 愼鏞廈, 〈金容燮著 '韓國近代農業史研究' 書評〉, 《韓國史研究》 제13집, 1976, pp.152~153. "서재필·윤치호 등이 모국 유학을 했다는 사실에 집착하여 문제점을 지적하는 역사가들도, 역사가는 개인에 대해서조차 철저한 역사주의적 고찰을 할 필요가 있음을 인정할 것이라고 생각한다. 그래도 혹시 특정 인물이 거슬리어 혹시라도 감성처리가 잘 안될 때에는 구조주의 사학의 방법을 도입할 필요가 있으리라고 생각한다. 이 관점에서는 민족운동은 사회세력의 운동이며 집단운동으로 명백히 관찰되고, 모든 개인은 일차적으로 익명성을 갖게되어 누구에게나 객관적이고 이성적인 역사연구가 가능하게 될 것이다. …… " 참조.
12) F. Braudel, "La longue durée" 참조.
13) Jurgen Kocka, "Sozialgeschichte-Strukturgeschichte-Gesellschaftsgeschichte", Archiv fur Sozialgeschichte 14, 1975, pp.1~42 참조.

문이다. 이 경우는 구조는 장기지속보다는 오히려 전체성에 더 직접 관련되어 있다고도 볼 수 있다. 우리는 전체를 분석하기만 하면 하루 또는 일주일 또는 한 달의 단기에서도 '구조'를 훌륭히 분석해 낼 수 있다.

한국사회사는 '구조'의 분석을 중요시하고, 서구 사회사학으로부터도 그 연구방법을 적극적으로 도입하되, 비판적 안목을 언제나 잃지 않아야 할 것이다.

2) 構造變動의 歷史

필자가 한국사회사에서 '구조'의 연구와 더불어 균형적으로 강조하려는 것이 '구조변동의 역사(history of structural change)' 연구이다.

프랑스 아날르 학파 특히 브로델과 레비스트로스는 구조의 분석을 강조한 나머지 구조변동의 분석을 등한시하였다. 아날르 학파는 구조사·전체사·계량사에만 거의 의도적일 만큼 집중하고 있다.[14] 뿐만 아니라 그들의 구조의 개념은 장기지속에서 거의 고정적인 요소 또는 半不動의 요소를 가리키고 있기 때문에 처음부터 구조변동의 분속에는 적합치 않게 되어 있다.[15] 아날르 학파는 구조에 고정성을 주도록 地理的 요인 뿐 아니라 기후까지도 강조하고 있다.[16] 독일 사회사학은 변동을 경과(Ablauf)와 운동(Bewegung)으로 다루기는 하나,[17] 아직도 그 강조가 불충분한 것이다.

사회학 이론에서 말하는 사회변동은 ① 경과와 함께 무엇보다도

---

14) Emmanual Le Roy Ladurie, "Evénement et longue durée dans l'histoire sociale : l'exemple chouan", *Le territoire de l'histrien* 1, 1973, pp.169~186 참조.

15) F. Braudel, "la longue durée" 참조.

16) Le Roy Ladurie, "Pour une histoire de l'environnement : la part du climat", *Le territoire de l'historien* 1, pp.456~471 참조.

17) Werner Conze, "Sozialgeschite", H. U. Wehler(Hg.), *Moderne Deutsche Sozialgeschichte*, 1966, pp.19~26 참조.

② 구조변동을 의미한다.[18] 양적 변동을 중심으로 한 개념으로서의 '과정'의 분석이 필요할 뿐 아니라 질적·근본적 변동을 중심으로 한 개념으로서의 '구조변동'의 연구가 절실히 필요하며, 우리가 사회변동에서 궁극적으로 밝히려 하는 것도 구조변동인 것이다.

브로델은 장기지속에서 구조를 발견하여 강조하였다. 그러나 필자의 생각으로는 시간의 장기성에서 발견되는 것은 오히려 '구조변동'이다. 구조는 장기성보다 오히려 전체성에 관련된 것이어서, 우리는 전체를 고찰하기만 하면 단기나 중기에서도 '구조'를 발견할 수 있다. 그러나 '구조변동'이야말로 시간지속의 장기에서만 명확하게 나타나는 것이어서, 구조변동이 본질적으로 장기성과 직접 관련된 것이다. 물론 혁명과 같은 급격한 구조변동은 단기에서도 포착되는 것이지만, 조금만 사려깊게 고찰해 보면 그것이 장기에 걸쳐 누적되어 폭발한 것임을 곧 알 수 있을 것이다.

그러므로 브로델은 '장기'에서 움직이지 않는 '구조'를 볼 것을 강조했지만, 필자는 '장기'에서 움직이는 '구조변동'을 볼 것을 강조하는 것이다.

만일 한국사회사 연구가 '구조'와 '구조변동'을 균형있게 분석하지 못하고 구조만 분석하는 경우에는 우리의 역사 연구에 어떠한 한계가 설정될 것인가? 무엇보다도 주목할 것은 이 경우 구조의 파악은 그것이 비록 '구조주의'라는 이름을 가졌다 할지라도 그 구조는 고정된 구조가 되어 정태적인 것이 되고 운동하는 것은 그 고정된 구조 내의 기능만이 남게 된다는 사실이다. 이것은 그 명칭이 구조주의일지라도 본질적으로 기능주의적 분석이 되는 것이다.[19] 물론 기능분석

---

18) Niel J. Smelser, "Social Change in the Industrial Revolution : An Application of Theory to the Lancashire Cotton Industry 1770-1840", 1967 ; 愼鏞廈, 同書評, 《韓國社會學》 제7집, 1972 참조.

19) 미국의 機能主義論者들이 그들의 방법론을 단순히 機能分析이라고 말하지 않

도 중요한 것이지만 역사에 있어서 구조변동의 분석이 없는 기능분석은 궁극적으로는 르 롸 라뒤리(Emmanuel Le Roy Ladurie)와 같이 不動의 역사(l'histoire immobile)가 되지 않을 수 없다는 것이다.[20]

필자의 생각으로는 역사는 본질상 변동하는 것을 포착하는 것이다. 부동의 역사란 있을 수 없다. 변동하지 않는 것은 역사가 아니다.

프랑스 아날르 학파가 구조변동을 등한시한 사실은 그들의 정치사에 대한 부정적 견해에까지 귀결되었다. 최근에 정치사에 대한 재고 논의가 있지만 매우 불충분한 것이다.[21] 독일 사회사학은 '과정'을 도입함으로써 정치사에 대한 배타적 태도를 어느 정도 극복하였지만 아직 충분한 것이라고는 볼 수 없다.

우리가 관점을 바꾸어서 '구조변동'을 중시하는 경우에는 그 동태적 변동을 촉진하는 주체 세력의 운동을 중시하게 되며, 따라서 운동사를 중시하게 된다. 운동사에서 중심이 되는 것은 정치사이다. 社會運動史도 정치사와 쌍둥이인 것이다. 그러므로 '구조변동'을 중시하는 사회사는 정치사에 대한 무익하고 부당한 배척을 철저하고 완전하게 불식할 뿐 아니라, 여기에 그치지 않고 정치사의 도움 위에서 사회사가 발전할 수 있는 것이다.

우리는 '구조변동'의 사회사를 강조함으로써 事件史에 대해서도 비슷한 사실을 지적할 수 있다. 우리는 사건들이 '구조변동'에 어떠한 관련이 있는가를 고찰함으로써 사건사를 구조변동사와 상호 보완적인 것으로 다룰 수 잇다. 콘체(Werner Conze)가 구조사와 사건사는 상호 보완적인 것이지 상호 배제적인 것이 아니라고 본 것은

　　고 반드시 構造機能分析(structural-functional analysis)이라고 말하는 것도 동일한 유의 것이라고 말할 수 있다.

20) Le Roy Ladurie, "L'histoirie immobile", *Le Roy Ladurie, Le territoire de l'historien* 2, 1978, pp.7~34 참조.

21) Jacque Le Goff, "Is Politics Still the Backbone of History?", *Daedalus*, 1971, 겨울호, 참조.

구조사를 구조변동사로 수정하여 볼 때 정곡을 찌른 지적이라고 할 것이다.[22]

그러므로 한국사회사는 '구조변동'의 역사를 중시해야 하며, 이와 관련하여 정치사를 매우 중시해야 할 것이다. 또한 사건사에 대해서는 그의 구조변동과의 관련을 중시해야 상호 보완적인 것으로 다룰 필요가 있다고 생각한다.

한국사회사가 구조변동사를 중시하고 사건사를 그의 상호 보완적인 것으로 고찰할 때, 역사적 사실에 대한 어떠한 새로운 해석을 얻을 수 있는가의 하나의 사례로 갑오경장을 들 수 있다.[23]

종래 갑오경장에 대해서는 이를 구조변동과 관련 없이 사건사로만 다루어 왔기 때문에 개화파 개혁은 하나의 사건으로, '동학농민혁명운동'은 다른 하나의 사건으로, 일본군의 간섭과 내정개혁 요구는 또 다른 하나의 사건으로 다루어 왔다. 그리하여 사건사로만 보면 일본측이 소위 내정개혁 요구를 제출하여 압력을 가하고 개화파가 이를 받아서 개혁을 단행한 것처럼 해석되기 쉬웠다. 그 결과 갑오경장 대개혁의 배후에 있는 일본군의 간섭이 부각되고 갑오경장의 타율성이 사실 이상으로 부각되어 왔다.

그러나 우리가 '장기'에서의 '구조변동사'를 중심으로 하여 여기에 사건사를 보완적으로 보면, 갑오경장에 대한 새로운 해석을 얻을 수 있다. 구체적 사례로 신분제도 폐지의 경우를 들어 보기로 한다. 우선 1세기 이상의 '장기'에 걸친 전체 사회의 '구조변동'을 보면, 우리

---

22) W. Conze, "Sozialgeschichte" 참조.
23) 愼鏞廈,《韓國近代史와 社會運動》, 문학과지성사, 1980, p.34. "甲午更張에 대하서는 종래 '事件史'의 측면에서만 이를 분석해 왔기 때문에 일본군의 간섭이 부각되고 그 심층에 있는 社會構造 變革의 大勢는 등한시 되어 왔다고 본다. 이를 '社會構造史'의 측면에서 보면 한국의 사회구조의 근대적 변혁과정이라는 大勢에 일본이 침략 목적으로 편승한 것이 밝혀지게 되며, 갑오경장은 재평가할 소지가 있다고 생각한다" 참조

는 신분제도를 폐지하려는 적어도 두 개의 뚜렷한 흐름이 1894년을
전후하여 합류하고 있음을 용이하게 발견하게 된다.

그 첫째는 조선왕조 후기부터 활발하게 전개되어 온 노비신분층
과 양인신분층의 신분제도 폐지운동의 흐름이다. 그 둘째는 조선후
기의 실학파로부터 초기 개화파에 이르는 선각적 개혁론자들의 신
분제도 폐지운동의 흐름이다. 1894년에 이르러, 먼저 첫째 흐름의
'노비신분층과 양인신분층'의 농민이 '동민혁명운동'의 형태로 이 운
동을 폭발시켜 아래로부터 양반 신분제도를 거의 파괴하게 되고, 다
음에 이를 받아서 둘째의 흐름과 개화파 정부가 法令으로서 신분제
도 폐지의 대개혁을 단행하였음을 볼 수 있다.

즉 갑오경장에서의 신분제도의 폐지는 장기에 걸쳐 발전하던 아
래로부터의 농민의 운동이 이를 부수어 나가자 뒤이어 위로부터 개
화파가 이에 응하여 신분제도 폐지의 법제적 조치를 단행함으로써,
장기에 걸친 아래로부터의 흐름과 위로부터의 흐름이 1894년의 시
점에서 합류하여 이루어진 것이었다. 장기의 구조변동과 전혀 관련
이 없는 일본군의 간섭은 이러한 두 개의 큰 흐름의 '구조변동'의 운
동의 대세에 '동민혁명운동' 후에 침략 목적으로 일시 편승한 데 지
나지 않은 하나의 작은 '사건'에 불과한 것이었다. 만일 일본군이 개
입하여 간섭하지 않았더라면 첫째의 농민의 흐름에 의하여 신분제
도를 비롯한 구체제는 더욱 철저하게 붕괴되었을 것임을 용이하게
알 수 있는 것이다.

사회사적·구조변동사적 관점에서 보면 갑오경장의 다른 부문의
개혁도 신분제도 폐지 유형과 기본적으로 동일한 것으로 볼 수 있다.

한국사회사는 '구조'와 함께 특히 '구조변동'을 중시하여 연구함으
로써 피상적 역사해석의 한계를 넘어서 심층의 새로운 역사해석을
정립할 가능성을 얻게 되는 것이다.

뿐만 아니라 한국과 같이 역사가 유구한 나라의 사회발전의 문제

는 '구조변동'과 관련되어 있다고 볼 수 있다. 이러한 문제의식을 고려할 때, 한국사회사가 '구조변동'을 중시하여 연구해야 할 필요성을 보다 깊이 인식할 수 있을 것이다.

3) 日常 社會生活의 歷史

한국사회사 연구영역의 또 하나의 중요한 부문으로 필자가 강조하고자 하는 것이 '일상 사회생활의 역사(history of everyday social life)'이다.

종래의 역사는 국민의 일상 사회생활을 등한시하고 주로 중앙정치나 구조 등과 같은 부문에 관심을 집중해 왔다. 심지어 사회사까지도 전체 구조를 보는 데 집중해 온 경향이 있다. 그 결과를 단순화시켜 말하면, 역사는 국민의 실제의 일상 사회생활에 대해서는 아무것도 조명해 주지 않는 역사가 되었다. 그것은 본질적으로 국민으로부터 유래된 역사이며, 국민의 역사라기보다는 정치가들과 연구자들의 역사에 가까운 것이었다.

역사연구의 발전단계에서 볼 때 물론 중앙정치와 전체사회의 구조의 연구는 매우 긴급하고 중요한 것이다. 그러나 여기에 그쳐서는 안된다고 생각한다. 다음 단계에서나 또는 그와 병행해서 사회사는 평범한 국민이 날마다 겪으면서 활동하는 평범한 일상 사회생활에 대한 역사로까지 발전해야 한다고 생각한다. 평범한 국민들이 날마다 가장 많은 시간과 노력을 투입하는 '實'생활의 역사,[24] 평범한 국민의 희로애락이 직접 얽히어 있는 '실'생활의 역사, 평범한 국민들의 살아 움직이는 '실'생활의 역사가 사회사의 중요한 부문이 되지 않을 수가 없다.

---

24) '實'生活의 역사에 대한 강조는 일상 사회생활의 역사에 대한 강조의 實學的 표현으로서, 일상 사회생활에 대한 朝鮮後期 실학파의 문제의식의 계승이라는 사실을 나타내기 위하여 사용하는 용어이다.

조선후기 실학자들의 문제의식의 하나는 국민 실생활의 개선에
있었다. 실학을 계승하는 한국사회사는 평범한 국민들이 날마다 겪
으며 활동하는 국민의 '실'생활로서의 일상 사회생활을 중요한 연구
대상으로 삼지 않으면 안될 것이다.

아날르 학파의 브로델은 일상생활은 단기지속적인 것이므로 중요
하지 않다고 이를 경시하였다.[25] 필자는 물론 이에 반대한다. 장기지
속의 구조만 고찰하면 우리는 뼈대는 알 수 있으되 살아 움직이는 살
과 피를 알 수 없다. 아날르 학파의 역사는 스스로 주장하는 바와 같
이 인간이 없는 역사이다.[26] 우리는 '인간이 있는 역사'를 알고자 하
며, 뼈대와 함께 살아 움직이는 국민의 '실생활'을 알고 싶은 것이다.

우리는 비슷한 문제의식을 문학에서의 사실주의 소설과 철학에서
훗설(Edmund Husserl)이나 슛츠(Alfred Schutz)의 '生活世界'의 개념
에서 볼 수 있다. 사회사에 있어서의 국민의 일상 사회생활의 역사
는 사실주의 소설과는 달리 사회과학적 분석에 의거하며, 이들 철학
자의 관념적·개인적·주관적 생활 세계와는 달리 평범한 국민의 구
체적·사회적·객관적 실생활이 분석되고 설명되는 것이다. 발자끄와
염상섭이 한 작업을 사회과학에 의거하여 사회사 연구가 하지 못할
까닭이 없을 것이다. 오직 연구자의 관심과 연구대상을 평범한 국민
들의 실생활로서의 일상 사회생활에 돌리지 못했기 때문에 연구작
업이 이루어지지 못한 것뿐이었다고 생각한다. 그러므로 한국사회사
는 미래에는 반드시 평범한 국민의 '일상 사회생활의 역사'를 중요한
연구부문으로 삼아야 할 것이다.

필자가 여기서 강조하는 국민의 일상 사회생활의 역사는 아날르

---

25) F. Braudel, "La longgue durée" 참조. Braudel은 일상생활의 고찰이 필요하다
　　고 볼 때는 '長期'에 걸쳐 존재하는 衣食住 등 物質的 조건만을 고찰하였다.
26) Le Roy Ladurie, "L'histore sans les hommes", *Le territoire de l'historien* I,
　　pp.419~423 참조.

학파의 현재의 민속사(또는 人類學的 歷史)와는 다른 각도의 것이다. 필자의 생각으로는 현재의 민속사는 너무 奇俗·奇習의 연구에 치중하는 감이 있다. 필자가 주장하는 일상 사회생활의 역사는 오히려 국민의 '다수'가 경험하고 '典型'을 나타내는 일상 사회생활의 역사를 말하는 것이다. 이러한 국민의 '다수'의 '전형적' 사회생활이야말로 전체 사회구조와 직결되며 이론에 의한 조명이 바로 가능하고 의미 있는 부문이 되는 것이다. 물론 민속사도 사회사의 일부임은 재언을 요치 않는다.

필자가 여기서 강조하는 국민의 일상 사회생활의 역사는 프랑스 아날르 학파와 영국 사회사 학파가 말하는 지방사(local history)와도 다른 것이다.[27] 일상 사회생활의 역사의 초점은 중앙과 지방에 있지 않고 중앙이나 대도시에서 일지라도 평범한 국민의 일상 사회생활과 '실'생활에 있는 것이다. 그러나 자료조사의 기술상의 문제로 지방민의 일상 사회생활의 역사를 연구한다면 이러한 지방사는 재론할 여지도 없이 사회사이고 일상 사회생활의 역사인 것이다.

필자가 한국사회사에서 중시해야 할 일부문으로서 일상 사회생활의 역사를 강조하는 것은 '역사의 민주화(democratization of history)'를 동시에 강조하는 것이다. 한국사회사는 평범한 국민들의 일상 사회생활의 삶의 질을 높이려는 문제의식과 결부되어야 하며, 궁극적으로는 평범한 국민들이 친숙하게 읽고 그들이 사랑하는 역사가 되어야 한다고 본다. 역사의 민주화는 즉 연구대상과 연구방법과 역사서술에서 모두 관철되어야 한다고 보는 것이다. 한국사회사는 궁극적으로 '국민과 더불어 공유하는 역사(social history shared with people)'가 될 필요가 있을 것이다.

---

27) Harold Perkin, "Social History in Britain", *Journal of Social History* 10-2, 1976 참조.

한국사회사의 일부문으로서 일상 사회생활의 역사는 따라서 연구자의 문제의식에 따라 국민의 모든 '실'생활 부문이 연구대상이 될 수 있다. 예컨대, 한국민족의 미래가 어린이 양육과 교육에 있다는 문제의식을 가진 연구자에게는 어린이의 사회사나 자녀 양육과 교육의 사회사를 연구할 수 있으며, 이 경우에는 사회학 이론 중의 하나인 '사회화 이론'이 원용될 수 있을 것이다. 국민의 실생활의 모든 부분이 사회사 연구자들의 연구를 요청하고 있다고 할 것이다.

여기서 주위를 환기시키고 싶은 것은 연구대상이 평범한 국민의 일상 사회생활이라 할지라도, 그 연구방법은 철저하고 엄격하게 과학적이고 학문적이어야 한다는 점이다. 연구대상이 국민의 일상 사회생활이라고 해서 연구방법이 일상적·상식적·일상생활적인 것이 되어서는 과학과 학문으로 정립되기 어려울 것이다. 또한 일상 사회생활의 역사가 앞서 든 '구조'와 '구조변동'과의 관련으로부터 분리되거나 또는 이론 없는 자료수집의 역사가 되어도 사회사의 성격을 상실할 위험이 있다고 할 것이다.

물론 한국사회사는 앞으로 발전되면 수많은 부문이 연구대상의 독특한 차원으로 정립될 것이며, 강조점도 시대와 조건에 따라 달라질 것이다. 그러나 한국사회사 연구의 초기 단계에서 우리는 적어도 '구조'와 '구조변동'과 '일상 사회생활'의 세 개의 차원만이라도 균형적으로 연구하는 문제의식을 갖고 새로운 과학으로서의 한국사회사를 발전시킬 필요가 있다고 보는 것이다.

4. 韓國社會史의 對象의 事例

한국사회사의 대상은 한국사회이므로 한국사회의 생성과 구조와 변동 발전과정을 전체와 각 부분에 걸쳐서 사회학적 이론과 관점에 의하여 분석하고 해석하면 모두 한국사회사가 되는 것이다.

특히 앞 장에서 든 '구조' '구조변동' '일상 사회생활' 등은 한국사회사 연구의 특징적으로 강조되는 부문 또는 측면이며, 이러한 기본적 부문들을 구명하는 데 도움이 되는 각 부분의 연구는 역시 한국사회 연구의 중요한 대상이 되는 것이다.

또한 사회학이 종래 그 고유의 영역이라고 간주해서 사회학 이론을 발전시켜온 민족, 사회신분, 사회계층, 사회이동, 공동체, 가족, 친족, 사회집단, 관료제, 인구, 사회사상, 사회운동 …… 등은 물론 한국사회사의 매우 중요한 대상이 된다.

또한 종래의 사회학에서는 간접적으로밖에 다루지 않지만 한국사회가 특수하게 경험한 사실들, 예를 들면 독립운동, 제국주의, 식민정책 …… 등도 사회학적 관점에 의하여 연구하면 물론 매우 중요하고 독특한 한국사회사의 대상이 되는 것이다.

필자가 이렇게 말하면 너무 추상적인 설명이 될 염려가 있으므로, 이제 몇 가지 한국사회사의 대상의 사례들을 들기로 한다. 다음의 항목 중에서 제3번까지는 한국사회사의 전체사회사적 연구에서 강조되는 부문들이고, 그 이하는 각 부문의 중요한 연구대상의 사례를 든 것이다(번호의 순위는 중요도를 나타내는 것이 아니다).

① 사회구조와 사회체제(社會體制)
② 구조변동(構造變動)과 사회변동(社會變動)
③ 일상 사회생활의 각 부분과 측면
④ 민족과 민족형성(民族形成)과 민족문화(民族文化)
⑤ 국가와 국가형성
⑥ 사회신분과 신분이동(身分移動)
⑦ 사회계층과 계층이동
⑧ 토지제도(土地制度)와 토지소유(土地所有)
⑨ 가족제도와 혼인제도(婚姻制度)

⑩ 친족제도(親族制度)와 씨족제도(氏族制度)

⑪ 농촌사회와 공동체와 농민

⑫ 향토사(鄕土史)와 지방사(地方史)

⑬ 도시사회와 도시화

⑭ 사회집단과 사회단체

⑮ 관료제도(官僚制度)와 정치제)

⑯ 산업조직(産業組織)과 경제제도

⑰ 종교제도와 종교운동

⑱ 교육제도와 교육운동

⑲ 인구변동과 인구사(人口史)

⑳ 사회 여론(餘論)과 언론과 매스 커뮤니케이션

㉑ 도서(圖書)·출판(出版)·독서(讀書)의 사회사

㉒ 지식과 학문의 사회사

㉓ 문학과 예술의 사회사

㉔ 대중문화의 사회사

㉕ 오락과 여가(餘暇)의 사회사

㉖ 사회규범(社會規範)과 일탈행동(逸脫行動)

㉗ 여성해방과 여성사(女性史)

㉘ 어린이와 사회학

㉙ 제국주의와 식민지정책과 독립운동

㉚ 사회의 근대화과정(近代化過程)

㉛ 사회사상과 사회의식

㉜ 사회운동과 문화운동

㉝ 농민운동과 노동운동

㉞ 특수사회집단의 운동

㉟ 사회관습과 민족(民族)

㊱ 사회복지와 사회보장제도

물론 한국사회사의 대상은 이상의 사례에 한정되는 것은 아니다. 이것은 이해를 돕기 위한 것으로서 어디까지나 사례에 불과하다.

한국사회사의 연구자가 한국사회의 과거와 현재에 존재하는 모든 사회적 사실과 역사적 사실을 사회학적 이론과 관점에 의하여 분석히고 해석하면 그것이 바로 한국사회사의 대상이 되는 것이다. 그러므로 한국사회사의 대상은 무한하다고 말할 수 있다. 오직 사회학 이론이 초기 단계에서 아직 충분히 반전되지 않았기 때문에 현재 수준의 사회학 이론이 다룰 수 있는 부문부터 다루는 것이 편의하다고 보는 것이다. 주의할 것은 한국사회사의 대상은 연구자의 관심에 따라 선정되는 것이며, 그것은 거의 무한한 것일 수 있다는 사실이다.

5. 韓國社會史와 '理論'의 문제

한국사회사는 일반적으로 이론과 어떠한 관계를 갖게 되며, 특히 사회학 이론과는 어떠한 관계를 갖는 것인가? 사회사는 이론과 밀착되어 있는 역사이다. 사회사 연구자들은 종래 역사에서 '反理論'주의를 반대해 왔다.[28] 그러나 사회사와 이론과의 관계에 대해서는 보다 근본적인 문제부터 검토해 볼 필요가 있다.

필자는 실사구시의 내용을 다섯 단계로 나누어 설명하면서 ① 사실에서 이론을 도출하여 정립하고 ② 사실을 이론에 의하여 조명하며 ③ 사실에 의하여 이론의 正否와 그 정도를 검증하고 ④ 사실을 모두 조명하지 못하는 부분을 모두 조명하도록 사실에 비추어 이론을 발전시키며 ⑤ 사실과 이론의 이 관계를 하나의 변증법적 과정으로 되풀이하면서 참 사실을 구명하는 것이 한국사회사 연구의 실사구시의 방법임을 지적하였다. 필자는 여기서 본질적으로 '사실'이 '이론'에 선행한다는 것을 전제로 하고 있다.

우리는 사회적 사실과 역사적 사실은 무한한 것이며, 이론은 그것

---

28) Jürgen Kocka, "Theory and Histoey : Recent Development in West Germany", *Social Research* 47-3, 1980, pp.426~457 참조.

이 어떠한 것일지라도 유한한 것이고, 때로는 매우 좁은 한계가 있음을 깊이 자각할 필요가 있다. 어떠한 학파의 어떠한 이론도 인류 역사의 무한한 사실을 모두 완벽하게 설명할 수는 없다. 이것은 비단 겸손한 말일 뿐 아니라, 참으로 '진실'을 나타내는 것이라고 생각한다.

만일 우리가 어떠한 이론이 사실을 완벽하게 설명할 수 있다고 본다면, 그 이론은 더 이상 발전시킬 필요가 없는 완벽한 것이 되며, 더 이상 연구의 필요성도 없어질 것이다. 과학적 이론에는 그러한 것은 없다. 그러한 이론은 과거에도 존재하지 않았고 현재에도 존재하지 않으며, 아마 미래에도 존재하지 않을 것이다.

과학적 이론이 수많은 연구자들에 의하여 끊임없이 발전되고 새로운 창조적 이론이 나오는 것은 "이론이 사실을 모두 완벽하게 설명하지 못한다"는 바로 이 사실로부터 나오는 것이다. 과학적 연구의 필요성과 그 사회적 공헌도 이 사실과 깊이 관련되어 있는 것이라고 볼 수 있다.

거듭 강조하거니와, 사실은 이론에 선행하는 것이며 사실은 무한한데 이론은 유한한 것이다.

그럼에도 불구하고 역사연구에 이론이 필요한 것은 무한한 역사적·사회적 사실을 그나마 보잘것없는 기존의 이론이라도 동원하지 않으면 불완전하게라도 설명할 수 없다는 데 있는 것이다.[29]

사회사와 한국사회사에서도 사정은 마찬가지이다. 사회사와 한국사회사 연구자가 구명하려는 대상으로서의 사회적·역사적 사실은 실로 무한한 것이며, 이 무한한 사회적·역사적 사실을 가능한한 조금이라도 더 많이 잘 알기 위하여 반드시 '이론'이 필요한 것이다. 그

---

29) Jürgen Kocka, 같은 책. Kocka는 전체사회사에 있어서의 理論의 기능을 ① 資料選擇의 기준의 제공 ② 檢證可能한 假設의 제공 ③ 比較分析을 위한 틀의 제공 ④ 時期區分을 위한 基礎의 제공 ⑤ 過去 현상의 現在 문제의식에서의 연결 제공 등 다섯 가지를 들고 있다.

것이 결과적으로 사실에 대한 극히 보잘것없는 '앎'에 귀결된다고 할
지라도 그 앎을 위해서도 이론이 필요한 것이다. 연구작업에 있어서
이론 없이 사회사를 한다는 것은 비유하면 무기 없이 전장에 나가는
것과 같다고 할 것이다.

　사회사가 최근의 추세와 같이 전체사를 지향하는 경우에는,[30] 연구
작업의 무기로서 의존해야 하는 것은 사회과학 전반이다. 전체사로
서의 사회사 연구를 위해서는 종합 사회과학 이론이 필요하며, 정치
학·경제학·사회학·인류학·법학·인구학·민속학·심리학·지리학·언어
학·커뮤니케이션학·철학 등의 이론에 대한 이해가 필요하다. 그러나
연구자들이 전문화된 사회과학의 제분과 학문에 통달하기는 어려운
일이므로, 이 중에서 한두 분야만을 꼭 들라고 굳이 요청한다면, 전
체사회사의 연구를 위해서 최소한으로 절실히 필요한 분과과학으로
서 사회학과 인류학을 들 수 있다. 복잡한 사회 예컨대 중세사회와
근대사회와 현대사회의 연구를 위해서는 사회학이 상대적인 의미에
서 가장 많은 이론을 갖고 있으므로 이에 의존하지 않을 수 없으며,
비교적 단순한 사회 예컨대 미개사회와 고대사회의 연구를 위해서
는 인류학이 상대적인 의미에서 많은 이론을 갖고 있으므로 이에 의
존하지 않을 수 없다.

　앞에도 지적한 바와 같이, 사회학의 큰 특징의 하나는 그 이론의
발전과정에서 전체 사회를 분석하는 이론적 틀과 분석용구를 정립하
여 왔고, 동시에 부분사회를 분석하는 이론적 틀과 분석용구를 발전
시켜 왔다는 사실에 있다. 이것은 사회학이 가지고 있는 학문적 지향
의 큰 장점으로서, 전체사회사는 물론이요, 역사학 일반이 사회학의
도움을 빌리지 않으면 안되는 이유의 배경을 이루고 있는 것이기도

---

30) E. J. Hobsbawm, "From Social History to the History of Society", *Daedalus*,
　　1971 겨울호 및 J. Kocka, "Sozialgeschichte-Strukturgeschichte-Gesellschaft-
　　reschichte" 참조.

하다.[31] 또한 부분사회사의 경우에는 그 대상이 종래 사회학이 그 고유의 연구영역으로 다루면서 이론을 정립 발전시켜 온 분야이기 때문에 사회학 이론의 도움이 반드시 필요한 것이다.[32] 부분사회사 주제에 따라서 사회학과 함께 정치학·경제학·인구학·민속학·인류학·법학·심리학·지리학·언어학·커뮤니케학·철학 등의 큰 도움이 필요함은 다시 말할 필요도 없을 것이다. 물론 이러한 사회과학의 이론들은 사회사에 바로 응용되기 보다는 수정과 재정립을 거치면서 응용되는 것이라고 보아야 할 것이다.[33]

한국사회사의 연구에서도 일반사회사와 마찬가지로 사회학 이론을 비롯한 사회 제과학의 이론들은 필수 불가결한 것이다. 종래의 한국사와 한국사회사의 연구는 '이론 없는 역사'가 대부분이었기 때문에, 만일 우리가 사회학 이론을 가지고 한국사와 한국사회사를 연구한다면, 현단계의 사회학 이론과 사회 제과학의 이론들 및 방법론의 도움만으로도 한국사에 대한 실로 새로운 많은 사실과 발견 및 새로운 해석의 정립이 가능하게 될 것이다.

그러나 또한 근본적인 문제와 관련하여 말할 때, 한국사회사에서의 현단계의 사회학 이론 및 社會諸科學의 이론들의 응용과 도움에 한계가 있다는 사실도 동시에 잊지 않아야 할 것이다. 이 한계는 기본적으로 다음의 세 가지 사실에서 나오는 것이라고 생각된다.

첫째, 그것은 모든 '이론'의 그 자체의 한계성에서 나오는 것이다. 이것은 이론이 가진 근본적인 문제점이라고 할 수 있다. 앞에서 지적한바, 인류역사의 무한한 사실을 어떠한 학파의 어떠한 이론도 그

---

31) E. H. Carr, *What is History*, 1962(Alfred A. Knopf 판) p.84 참조.
32) 全體社會史의 연구에는 사회학과 인류학의 응용이 각각 특장이 있지만, 부분 사회사의 연구에는 인류학이론은 사회학 이론에 비하여 상대적으로 매우 취약해지고 오히려 事例研究에 집중하는 경향이 있다.
33) Jürgen Kocka, "Theory and Social History" 참조.

것을 모두 포용하여 완벽하게 설명할 수 없는 사실을 상기할 필요가
있을 것이다.

둘째, 그것은 사회학 이론 및 社會諸科學의 이론들이 가진 한계성
에서 나오는 것이다. 사회학을 비롯하여 모든 사회 제과학이 근대과
학으로 확립되어 발전한 것은 日淺한 것이며, 따라서 그것이 가진 이
론들의 설명력에도 좁은 한계가 있는 것이다. 이것은 사회학 이론
및 사회 제과학의 이론들이 앞으로 더욱 발전되면, 그 한계의 폭이
점차 축소될 수 있을 것이라고 전망할 수 있는 바의 한계성이다.

셋째, 그것은 현단계의 사회학 이론 및 社會諸科學의 이론들이 주
로 구미사회의 사회적 사실을 자료로 하여 정립되었기 때문에 발생
한 한계성에서 나오는 것이다. 이것은 한국사회의 사회적 사실을 사
회학 이론 정립의 자료로 편입하지 않고 이론이 정립되었기 때문에,
그 사회학 이론이 한국사회사의 구명에 한계성을 갖는다는 것을 의
미한다. 이 점은 비단 한국사회사 뿐만 아니라, 구미 이외의 모든 아
시아·아프리카·라틴 아메리카 여러 나라들 이른바 제 3 세계의 사회
사에 대해서도 마찬가지이다. 물론 이것은 사회학 이론이 인류사회
에 대하여 보편성을 가진 이론으로 되어야 한다는 점을 전제로 한
말이다. 이 한계성은 한국사회와 아시아·아프리카·라틴 아메리카 여
러 사회들의 사회적·역사적 사실을 자료로 편입한 보다 보편적인 사
회학 이론이 정립되고 발전되면 대체로 극복할 수 있는 한계성이다.

끝으로 주의를 환기시키고 싶은 점은, 한국사회사의 연구가 한편
으로 사회학 이론에 크게 의존하지만, 다른 한편으로 한국사회사가
사회학 이론을 발전시키는 학문이라는 사실이다. 한국사회사가 사회
학 이론의 발전을 위하여 수행할 수 있는 역할로서 다음의 세 가지
점이 특히 주목된다.

첫째, 한국사회사의 연구결과가 이론정립의 자료로 들어감으로써,
사회학 이론의 보편성과 적합성을 더욱 확대하고 높이게 된다는 사

실을 주목할 필요가 있는 것이다.

둘째, 한국사회사의 연구에 기존의 사회학 이론을 적용해 봄으로써 그 이론의 적합도와 부적합도를 비교적 정확히 측정하여 기존의 구미에서 발전한 사회학 이론을 창조적으로 수정하고 변용할 수 있다는 사실을 주목할 필요가 있다.

셋째, 한국사회사의 연구가 자기 나라와 자기 사회의 사회적·역사적 사실을 연구함으로써, 그것을 자료로 하여 한국에서 독창적 사회학 이론을 정립하고 발전시킬 수 있다는 사실을 주목할 필요가 있다.

한국사회사는 그 자체가 독자적인 한문 영역일 뿐만 아니라, 사회학의 이론 분야에 대하여 이론정립을 위한 자기 사회의 자료를 공급해 줌으로써 우리나라에서의 독자적 사회학 이론의 정립과 발전을 고취하고 가능하게 하는 것이다. 이것은 물론 한국사회사에만 해당되는 것이 아니라, 각국의 사회사에 모두 해당되는 것이며, 특히 아시아·아프리카·라틴 아메리카 여러 나라들의 사회사에 절실히 해당되는 것이다.

필자가 특히 앞으로 많은 연구자들에 의한 한국사회사의 탐구에 기대하는 것은 셋째의 문제의식에 있다. 필자는 한국사회사가 한국에서 학문적 주체성을 확립하고 한국에서 독창적 사회학 이론을 정립하여 발전시키는 기초학문이 될 것을 기대한다.

이러한 문제의식을 학자들의 과욕이라고 해서 미리 움츠러들 필요는 없다고 생각한다. 하나의 예로 사회학 이론에 있어서의 '민족' 형성 문제를 들어보기로 하자. 종래 서구의 사회학 이론은 '민족'이 '근대'에 형성되는 것이며 그것은 자본주의 성립과 軌를 같이하는 것이라고 설명하여 왔다. 그들은 민족을 언어·지역·혈연·관습·문화·경제생활·심리의 공동체라고 정의하면서 서구사회의 발전의 역사에 의거하여 그들의 민족이 '근대'에 형성되었으므로, 그러한 내용의 민족형성의 사회학 이론을 정립한 것이다.

이러한 서구사회학의 민족형성이론은 한국사회사에는 적합하지 않음을 쉽게 알 수 있다. 한국사회에서는 그러한 개념의 민족이라는 인간의 공동체는 개화기에 형성된 것이 아니라, 그 훨씬 이전인 '전근대'의 시대에 형성되었다. 이 경우에 우리는 서구사회학 이론을 무리하게 적용하여 개화기에 한국 '민족'이 형성되었다는 사실에 맞지 않는 해석이나 설명을 할 것이 아니라 한국사회가 제공하는 사회적·역사적 사실을 자료로 하여 독자적으로 '원민족(선민족)' '전근대민족'과 '근대민족'의 개념을 새로 정립하고 '전근대민족으로부터 근대민족으로 발전하는 원리'를 정립할 수 있다. 동일한 양식의 착상으로 '부족'으로부터 '민족'형성에 서구의 사회학 이론이 자기의 사회사적 사실과 일치하지 않는 경우에는 우리는 '부족'과 '전근대민족' 사이에 '원(선)민족'의 개념을 정립하여 '부족 → 원(선)민족 → 전근대민족 → 근대민족'의 발전유형의 민족이론을 정립할 수도 있는 것이다.

만일 우리가 서구의 사회학 이론을 맹목적으로 추종하지 않고 한국사회사가 제공하는 자료에 기초하여 주체적인 이론 정립의 작업을 전개한다면, 우리나라 안에서도 독자적 사회학 이론으로서 '원(선)민족' '전근대민족' '근대민족'의 새로운 사회학적 개념과 '전근대민족'에서 민족이 형성되는 새로운 민족형성이론을 정립할 수 있다. 이러한 사회학 이론은 비록 한국사회사에서 도출되었다 할지라도, '전근대'시대에 자기의 '민족'을 형성한 모든 나라와 사회의 역사에 적용하여 그들의 역사해석을 보다 사실에 적합하게 해줄 수 있으며, 사회학에 대해서도 종래의 사회학 이론을 풍부하게 하고 그 보편성을 높일 수 있는 것이다.

한국사회사는 사회학 이론에 의거하여 한국의 사회와 역사를 보다 과학적으로 사실에 맞게 이해할 수 있게 할 뿐 아니라, 다른 한편으로 한국에 있어서의 독자적 사회학 이론의 정립과 발전을 고취하고 가능케 하는 기초학문이 될 수 있는 것이다.

6. 맺음말

이상에서 간단히 논급한 바와 같이 한국사회사는 우리 시대의 새로운 과학이다. 물론 본문에서 든 한국사회사의 대상들에 대하여 우리나라에 사회학이 도입되기 훨씬 이전에도 단편적인 연구가 있었으며, 그 이후에도 단편적이지만 중요한 연구업적들이 있었다. 한국사회사 연구의 前史에 해당되는 이러한 연구업적들을 계승하여 앞으로의 한국사회사 연구는 처음부터 의식적으로 현대 사회학 이론과 사회 제과학의 이론들을 응용하여 한국사회사를 발전시킬 필요가 있을 것이다. 처음부터 의식적으로 이론의 도움을 받아 과학으로서의 한국사회사를 발전시키는 것과 의식적인 이론의 도움 없이 진전된 연구 사이에는 현격한 차이가 나타날 것이다.

한국사회사는 그것이 성립되어 발전되면 한국의 역사연구와 사회학의 발전에 새로운 지평을 열고 큰 공헌을 할 수 있는 매우 중요하고 매력적인 새로운 학문 분야임은 명백하다 할 것이다.

주의해야 할 것은 이 가능성이 반드시 작품과 연구업적을 통하여 증명되고 실현되어야 한다는 점이다. 한국사회사에 대한 史論만으로서는 이 가능성은 주창되는 것이지 증명되거나 실현되는 것이 전혀 아니다. 오직 한국사회사의 영역에 우수한 연구업적들이 나오고 축적될 때 한국사회사의 학계와 사회에 대한 공헌이 실현될 것이다.

(《韓國學報》 제25집, 1981년 겨울호 수록 ; 신용하편, 《社會史와 社會學》, 창작과비평사, 1982 수록)

韓國社會學의 발전과 방향

1. 구한말의 社會學의 도입

꽁트(Auguste Comte)에 의하여 1839년 프랑스에서 처음으로 사회학이란 이름으로 새 학문이 탄생된 이후 사회학이 한국에 도입되기 시작한 것은 지금까지 밝혀진 바에 의하면 구한말의 애국계몽운동 기간이었다.

사회학은 한말에 두 개의 통로를 거쳐서 도입되었다.[1]

그 하나는 일본을 통해서 'Sociology'가 '사회학'이라는 이름으로 번역되어 들어온 것이다. 이것이 처음 활자로 나타난 것은 李人植이 1906년에 월간지 《少年韓半島》에 1호부터 5호까지 5회에 걸쳐서 사회학을 소개한 데 비롯된다. 이인직은 여기에서 주로 사회학의 정의, 사회의 종류, 사회이론의 중요성, 스펜서(Herbert. Spencer)의 사회진화론 등을 소개하였다.

다른 하나는 중국을 통해서 'Sociology'가 '羣學'이라는 이름으로

---

1) 崔在錫, 〈韓國의 初期社會學 — 舊韓末~解放〉, 《韓國社會學》 제9집, 1974 참조. 이 項은 이 論文에 크게 의존하였다. 讀者는 이 論文을 참조하기 바란다.

번역되어 들어온 것이다. 이 군학이 우리나라에 소개된 것도 1905～
1906년 전후인 것으로 추정된다.[2] 이것이 우리나라 사람에 의하여
처음으로 활자화된 것은 張志淵이 1909년에 그의 《萬國事物紀原歷
史》에서 '군학'이라는 새 학문을 소개하면서 이 학문은 法國의 堪德
(꽁트)에서 비롯되어 뒤에 영국의 斯賓塞(스펜서)에 의해서 완성되었
다고 쓰고 있는 곳에서 나타나고 있다. 장지연은 여기에서 '군학'의
원리는 '盖人事羣交의 原理定則'이라고 하고, 스펜서의 '第一原理'를
소개하였다.[3]

우리나라 사람에 의하여 활자화된 것은 일본으로부터 들어온 흐
름이 먼저이지만 실제로 한말에 먼저 도입되어 심대한 영향을 끼친
것은 中國으로부터 도입된 흐름이었다. 한말의 애국계몽사상과 애국
계몽운동은 여러 가지 영향 중의 하나로서 고전사회학 특히 사회진
화론(Social Darwinism)의 영향을 심대하게 받았었다.[4]

그런데 이것은 주로 중국으로부터 수입된 서적에 의거한 것이었
다. 중국어로 된 서적으로서 고전사회학을 소개하면서 가장 큰 영향
을 미친 것이 1902년에 초판이 나온 梁啓超의 《飮氷室文集》(상·하 2
권, 上海慶智書局판)이다.

이 책에서 양계초는 사회진화론을 주로 다윈(Charles Robert
Dawin), 스펜서(Herbert Spencer), 키드(Benjamin Kidd) 등의 학설을
소개하면서 설명하였다.[5] 이와 거의 같은 시기에 청국에서 중국어로

---

2) 스펜서(Herbert Spencer)의 사회학 원리를 淸國의 嚴復이 《羣學肄言》으로 번
   역한 것은 1903년이며, 梁啓超가 스펜서 등의 사회학을 소개한 그의 《飮氷室文
   集》(上·下) 初版을 낸 것이 1902년이고 訂正版·第三版을 간행한 것은 1905년인
   데, 이 책들은 刊行된 직후 우리나라에도 輸入되었으므로 '群學'이라는 이름으
   로 中國으로부터 사회학이 도입된 것은 1905～1906년 경으로 추측된다.

3) 崔在錫, 앞 논문 참조.

4) 舊韓末 애국계몽운동과 사회진화론의 관계에 대해서는 愼鏞廈, 〈朴殷植의 敎
   育救國思想에 대하여〉, 《韓國學報》 제1집, 一志社, 1975 참조.

5) 梁啓超, 《飮氷室文集》 下卷(上海慶智書局訂正三版), 1905, pp.26～31의 〈天演

번역된 사회학 서적이 국내에 수입되어 광범위하게 읽히었다. 이 가운데에서 가장 대표적인 것이 스펜서의 *Study of Sociology*를 嚴復이 《羣學肄言》이라고 번역한 책과, 다음이 키드의 *The Principles of Western Civilization*을 번역한 《十九世紀歐洲文明之原理》 등이었다.

한말의 애국계몽사상가들은 사회진화주의를 흡수 소화해서 이것을 제국주의의 이해와 당시의 민족주의의 정립에 활용하였으며, 사회진보의 사상을 정립하는 데 활용하였다. 즉 그들은 자기들의 시대가 弱肉强食과 優勝劣敗를 公例라고 하는 시대라고 하면서 제국주의는 바로 강자가 약자를 食하고 優者가 劣者를 食하는 강자의 원리라고 보았다. 약소민족이 이에 대항하여 생존하는 길은 스스로 진화 발전해서 강자와 適者가 되어 민족 간의 경쟁에서 승자가 되는 길뿐이라고 주장하였다.

여기에서 그들은 제국주의 침략 앞에서 한국민족이 살 길은 스스로 강자가 되는 '自强'의 길 밖에 없으며, 이를 위해서는 民智를 발전시키고 힘을 길러야 한다고 하여 국권회복을 위한 실력배양운동으로서 애국계몽운동을 정력적으로 전개하였다.[6]

구한말에 도입된 고전사회학은 이와 같이 도입과 동시에 한말 애국계몽사상의 체계 내에 흡수되어 국권회복운동과 한말 민족주의의 형성에 이론적 기초의 하나를 공급함으로써 한국 역사와 사회의 발전에 크게 기여하였다. 구한말 사회학의 도입이 처음부터 당시의 한국사회의 문제를 해결하기 위한 사회 이론으로 활용되었음은 주목할 필요가 있을 것이다.[7]

學初祖達爾文之學說及其略傳〉 및 pp.53~58의 〈進化論革命者頡德之學說〉에서 양계초는 다윈, 스펜서, 키드 등의 학설을 자세히 소개하였다.

6) 愼鏞廈, 앞의 논문 참조.

7) 중국으로부터 '羣學'이라는 이름으로 들어온 흐름과 일본으로부터 '社會學'이

특히 주목할 것은 구한말 애국계몽사상가들이 사회학의 사회진화론을 도입하여 소화할 때, 자기의 독자적 입장을 보이고 이를 비판적으로 흡수해서 동족 사회 내부의 설명원리로서는 받아들이기를 꺼리고 민족 간의 경쟁과 제국주의 설명원리로 비판적으로 받아들였다는 사실이다.[8]

2. 일제하의 사회학의 도입

구한말의 사회학의 도입이 처음부터 애국계몽사상과 결부되었기 때문에, 1910년 일제가 한국을 병탄한 후에는 애국계몽운동에 대한 전면적 탄압이 진행됨과 함께 사회학의 도입도 침체되었다. 일제 치하 36년간의 장기간에 걸쳐서 사회학이 도입 흡수된 중요한 사례는 손꼽을 정도에 불과한 것이다. 최재석 교수가 일제하의 사회학 도입 상태를 정밀하게 조사한 것이 있다.[9]

이를 정리하여 간단한 표로 만들어 보면 다음 표와 같다.

일제하의 사회학의 특징을 들면 대체로 다음과 같이 말할 수 있을 것이다.

첫째로, 구한말과 대비하여 볼 때 1910년대 사회학의 도입은 심한 정체를 보이었다. 구한말에는 사회학이 사회진화론으로 도입되어 국권회복을 위한 실력배양운동으로서의 애국계몽운동과 애국계몽사상

라는 이름으로 들어온 흐름이 竝存하다가 결국 '社會學'이라는 이름으로 귀착하게 되었다. 이것은 심지어 중국에 있어서조차 淸末까지는 '羣學'이라는 이름으로 사용되던 용어가 中華民國에 들어오면 일본 번역의 영향을 받아 '社會學'으로 불리게 된 것을 고려하면 불가피한 추세였던 것으로 보인다.

8) 愼鏞廈, 앞 논문 참조. 예컨대, 이 때문에 구한말 애국계몽사상가들은 사회진화론의 生存競爭을 '外競'이라고 수정하여 번역하였다.

9) 崔在錫, 앞의 논문 참조.

연도	저자	논문 또는 저서	제목	주요내용	발행 해 또는 게재지
① 1912	鄭廣朝			① 사회학의 창시자 꽁트 ② 사회의 종류 ③ 사회의 특질 ④ 사회의 범위 ⑤ 사회의 유기체설 등 소개	《天道敎月報》 제23·제24호
② 1920	崔珏淳	논문	〈社會生長의 社會學的原理〉	① 사회진보의 개념 ② 사회진보의 이론 ③ 사회진보가 가장 주요 요소로서의 상부성조 등 논급	《學之光》 제10권 제2호
③ 1926	高永煥	논문	〈社會의 進化思想의 變遷〉	1924년 4월 대회에서 제2회 대회에서 이탈리아 사회학협회가 행한 〈인류진보의 개념과 법칙〉을 해설하여 소개함.	《時鐘》 창간호
④ 1927	申彦俊	논문	〈自殺流行에 대한 社會學的 고찰〉	사회학의 자살론을 응용하여 자살유행현상의 설명을 시도함.	《朝鮮之光》 제67호
⑤ 1928	金相昞	논문	《模倣論》		《學之光》 제28호
⑥ 1929	趙哲英	논문	〈社會의 構造〉		《朝鮮講壇》
⑦ 1930	韓賢準	저서	《近代社會學》		
⑧ 1933	韓稚振	저서	《社會學槪論》		
⑨ 1933	孔鎭恒	저서	《社會科》		
⑩ 1931~1942	河敬德	저서	《社會學撮要》		

의 일환으로 흡수되었기 때문에 급속히 보급되기 시작하였으나,
1910년 8월 일제가 한국을 완전히 병탄하자 애국계몽사상에 대한 탄
압과 함께 사회학도 탄압의 대상이 되었다. 이 시기의 주목할 만한
사회학 소개서로서는 천도교 기관지인 《천도교월보》에 鄭廣朝가 꽁
트 이후의 사회학을 비교적 체계 있게 소개하고, 1915년에 익명으로
잡지 《公道》에 〈스펜서의 사회사상〉을 소개하여 구한말의 명맥을
이어보려고 시도한 정도였다.

둘째로, 1920년대 들어오면 1919년의 3·1독립운동을 전환점으로
하여 학적 분위기가 크게 달라지고 있다. 학문으로서의 사회학은 주
로 일본을 통하여 들어 왔으며, 일본 와세대 대학을 졸업한 崔珵淳이
사회학을 《學之光》에 〈社會生長의 사회학적 원리〉라는 논문으로 소
개하고, 또 익명으로 수 편의 소개 논문을 썼으며, 申彦俊이 《朝鮮之
光》에 〈자살유행에 대한 사회학적 고찰〉을 썼고, 그외 사회 관계에
대한 수 편의 논문들이 발표된 반면에,[10] 지적 관심은 사회사상과 이
데올로기 문제에 집중되는 경향이 나타났다. 민족독립 문제와 관련
하여 민족·국가·지식계급·사회계급·민족문화·민족주의·사회주의·
노동문제·소작문제 등에 관한 다수의 논문과 논설이 쏟아져 나왔다.
그러나 거의 모두가 사회학적 연구논문들은 아니었다.

셋째로, 1930년대에 오면 일본을 경유하지 않고 구미에서 직접 사
회학을 본격적으로 전공한 학자들이 생기어 사회학이 체계적으로
도입되기 시작하였다. 특히 주목할 것은 구미로부터의 사회학의 직
수입이 주요 각국의 사회학을 본격적으로 골고루 수입하기 시작하
였다는 사실이다.

우선 金賢準은 독일 라이프지히 대학에서 사회학을 전공해서
1928년 박사학위를 취득한 다음 귀국하여 보성전문학교에서 사회학

---

10) 崔在錫, 앞의 논문 참조.

을 강의하면서 1930년 8월에 《近代社會學》을 간행하였다. 이 책이 우리나라에서 최초로 나온 사회학개설서로서 제1편에 사회학원리와 개념(① 사회학 개념, ② 사회학방법론, ③ 사회학과 타학문과의 관계), 제2편에 사회학원리及 사회학발달사(① 사회학유래의 전제와 기경향, ② 근대사회학사상의 유물사관, ③ 사회학의 기원과 사회학상 제학설, ④ 사회학연구의 예비지식), 제3편에 사회학특별부문(응용사회학)(① 사회와 조직체, ② 공동체와 사회의 관계) 등의 내용을 포괄하였다. 이 책의 특징은 경험과학으로서 사회학을 체계적으로 자세히 소개했으며, 사회학적 방법론을 검토하고 사회학적 개념들을 상세히 설명하면서 끝 절에 〈조선사회의 조직론〉을 따로 節을 만들어 사회학과 우리나라 사회의 분석을 접합시키려고 시도하고 있는 점에 있다 하겠다. 金賢準에 의해서 독일 사회학이 체계적으로 처음 우리나라에 도입되기 시작하였다고 볼 수 있는 것이다.

다음에 韓稚振이 미국 남캘리포리아 대학에서 사회학을 전공하고 귀국한 다음 1933년 2월에 《社會學槪論》을 간행하였다. 이 책은 제1장에 사회학의 정의와 논건(① 사회학은 무엇인가, ② 사회생활의 특징, ③ 사회학의 목적과 방법, ④ 사회학과 제사회과학의 관계, ⑤ 사회학연구의 발달), 제2장에 인성론(① 인성론에 대한 흥미, ② 인성의 정의, ③ 社會心, ④ 사회력), 제3장에 사회조직과 통제(① 토지와 인민, ② 사회의 기원, ③ 사회조직, ④ 사회통제), 제4장에 사회진화론(① 진화와 진보, ② 진보의 문제, ③ 진보의 개념, ④ 사회진보의 표준, ⑤ 사회진보의 부정), 제5장에 사회병리론(① 사회병리의 성질, ② 빈곤의 원인과 퇴치, ③ 범죄의 원인과 퇴치, ④ 사회적 퇴폐), 제6장에 사회개조론(① 민족주의, ② 자본주의, ③ 사회주의, ④ 공산주의, ⑤ 사랑과 과학)을 내용으로 하고 있다. 韓稚振의 개론의 특징은 'Personality'를 '人性'으로 번역하여 이를 설명하고, 사회조직·사회통제·사회병리 등 미국 사회학에서 독특하게 발전한 사회학 이론들을 소개한 곳에 있다고 볼 수 있다. 그는 특히 워드(Lester Ward), 파크(Robert Park), 버제스(Ernest Burgess), 로스(E. A. Ross), 블랙크머(Blackmer), 보가더스(Bogardus) 등의 사회학 저서들을 소화 흡수해서 그의 사회학개론에 포함시켜 미국 사회학을 본격적으로 가장 체계 있게 도입하였다고 볼 수 있다.

역시 1933년 11월에는 孔鎭恒이 프랑스 소르본느 대학에서 사회학을 전공하고 귀국한 다음 천도교청년당에서 발행하는 自修大學講義의 시리즈의 하나(제5호)로 《社會科講義》를 간행하였다.[11] 이 책은 제1장에 사회원리의 기초관념(① 사회학적 생각, ② 사회학의 위치와 범위, ③ 사회학과 다른 사회과학의 관계, ④ 사회학연구법, ⑤ 사회학적 법칙, ⑥ 사회성립의 원리, ⑦ 개인과 사회), 제2장에 사회의 동력(① 사회력, ② 사회의 동력, ③ 社會心), 제3장에 사회의 내용과 조직(① 사회와 사회생활, ② 사회의 구조와 기능, ③ 사회성), 제4장에 사회개념(① 사회계약설과 사회유기체설, ② 사회적 문화, ③ 공동사회와 이익사회, ④ 사회연대성), 제5장에 사람 性論(① 사람 性, ② 사람의 고유성, ③ 습관, ④ 사람 性과 사회생활, ⑤ 생물유전과 사회유전), 제6장에 환경론(① 자연과 사람, ② 자연환경과 사회진화, ③ 자연환경과 사회제도조직, ④ 자연의 환경의 상대적 가치, ⑤ 사람주의), 제7장에 사회진화(① 진화의 원칙, ② 생물진화와 사회진화, ③ 사람사회와 짐승사회, ④ 사회진화의 법칙, ⑤ 인류의 기원, ⑥ 사회진화의 조건), 제8장에 가족적 생활(① 가족생활의 사회적 존재가치, ② 결혼의 성질, ③ 결혼의 여러 가지 형식, ④ 대가족제도와 소가족제도), 제9장에 정치적 생활(① 정치적 조직, ② 국가의 근원과 진화, ③ 정치력과 그 형식, ④ 국가의 성질, ⑤ 국가형성의 원동력, ⑥ 주권, ⑦ 국가의 기원과 작용, ⑧ 법의 의의, ⑨ 법의 사회적 성질, ⑩ 국가의 사회학적 고찰, ⑪ 민주적 경향의 발진),

---

11) 李萬甲, 〈韓國社會學〉, 福武 直編, 《社會學講座》 第18卷 《歷史と課題》 所收 참조.

제10장에 도덕적 생활(① 도덕의 의의, ② 도덕의 요소) 등을 주요내용
으로 하고 있다. 이 저서의 특징은 프랑스 사회학이 특히 강조하는
사회학연구법, 사회동학, 사회연대성, 사회도덕, 정치적 생활 등의 사
회학적 개념과 관점을 소개하고 사회학 본령의 하나인 가족생활을
독립된 장으로 설정하여 자세하게 취급한 곳에 있다. 또한 이 책은
'Personality 論'을 '사람 論'이라고 하여 사회학적 해석과 천도교의
인간관을 융합하려고 시도하였다는 점에서 그의 독창성과 함께 특
이한 성격을 가진 책이라고 볼 수 있다.[12]

  이상과 같이 김현준·한치진·공진항 등에 의하여 현대사회학이 독
일·미국·프랑스에서 사회학 전공자에 의하여 골고루 수입되어 흡수
되기 시작하였다는 사실은 한국에서 서구사회학의 정착이 광범위하
고 다양한 기초를 갖도록 출발되었다는 점에서 주목할 필요가 있는
것이라고 생각된다.

  바로 이에 뒤이어 河敬德이 미국 하버드 대학에서 사회학을 전공
하고 1930년 박사학위를 취득한 다음 귀국하여 연희전문학교에서
사회학을 강의하면서 그 강의안을 프린트 판으로《社會學撮要》로
발간하여 교재로 사용하였다.[13] 그 강의안은 지금 발견되지 않아서
그 내용을 정확히 알 수는 없으나, 하경덕은 그의 학위논문 "Social
Law : A Study of the Validity of Sociological Ceneralization"이 매
우 우수한 논문으로 평가되어 바로 1930년에 The University of
North Carolina Press에서 출판된 것을 보면, 하경덕에 의해서 당시
까지 미국 사회학과 서구 최신 사회학 이론이 매우 정확하게 자세히
소개되고 보급되기 시작한 것으로 보인다.[14] 河敬德은 1931∼1942년
에 걸쳐서 연희전문학교를 비롯하여 여러 대학에서 강의를 하여 당

---

12) 崔在錫, 앞의 논문 참조.
13) 安啓春, 〈우리나라 社會學의 先驅者 河敬德〉,《人文科學》第30輯, 1973 참조.
14) 李萬甲, 앞의 논문 참조.

시까지 서구 최신 사회학 이론을 정확하고 정밀하게 소개하였으므로, 그의 영향은 상당히 컸던 것으로 볼 수 있다.[15]

넷째로, 1940년대 경성제국 대학에서 일본인 사회학 교수 鈴木榮太郎이 사회학 강의를 하였으나, 당시에는 사회학 관계의 저작을 내지 않았고 1944년에 《朝鮮農村社會踏査記》라는 농촌여행기를 간행하였을 뿐이다. 일제 치하에서는 일본인학자들에 의한 사회학의 소개나 도입은 매우 미약하였다고 볼 수 있다.

일제 치하에서 서구의 대사회학자들에 대한 소개도 일부 이루어지기는 하였다. 1932년 잡지 《新興》에 權稷周가 〈역사적 사회적 현실과 이해작용〉이라는 논문에서 베버의 이해적 인식방법과 이념형의 방법을 소개하고 검토하였고, 1935년에 田元培가 잡지 《哲學》에 〈사회학의 이론적 구조 — 한 개의 소묘〉라는 논문에서 꽁트, 짐멜, 베버의 사회학 방법론을 소개하고 변증법적 방법이 사회학의 연구방법이 됨을 주장하였다. 또한 1940년 잡지 《朝光》에서 韓稚振은 〈미국사회학적 사상의 현단계〉라는 논문에서 미국 사회학의 방법론적 특징인 심리학주의, 과학주의, 실용주의 등을 소개하고 검토하였다.[16] 그러나 이들은 모두 단편적인 간략한 소개의 범위를 크게 넘지 못되었다.

일제하에서는 사회학적 분석방법이 아직 깊이 뿌리 내리지 못하여 한국사회에 대한 사회학적 연구는 큰 진전을 보지 못하였으나, 그 대상이 사회학적 연구가 되어야 할 중요한 주제들을 많이 연구하였다. 그 대표적인 예로 李能和의 〈朝鮮의 神事誌〉(1929), 《朝鮮女俗考》(1927) 등을 비롯한 사회관습과 풍속에 관한 수많은 자료수집적 연구와 논문들, 李相佰의 〈庶孼差得의 연원에 대한 일문제〉(1934), 〈조선에 있어서의 婦女再婚禁止習俗의 유래에 대하여〉(1937) 등을 비롯한

---

15) 安啓春, 앞의 논문 참조.
16) 崔在錫, 앞의 논문 참조.

사회관습과 민족문화에 대한 다수의 연구논문들, 孫晋泰의 〈조선상
고문화의 연구〉(1926), 〈조선의 率婿婚俗에 대하여〉(1933) 등을 비롯
한 다수의 연구논문, 白南雲의 《朝鮮社會經濟史》(1933), 《朝鮮封建
社會經濟史(상권)》(1937)와 다수의 논문들, 金斗憲의 〈조선의 조혼과
그 기원에 대한 일고찰〉(1935), 〈朝鮮妾制史考〉(1940)을 비롯한 다수
의 연구논문들을 들 수 있다. 일본인 학자로서는 四方傳이 〈李朝人
口에 관한 연구〉(1937), 〈李朝人口에 관한 신분계급별 고찰〉(1938)
등을 비롯한 다수의 연구논문을 발표하였다.

이 시기에 일본인 학자들과 일제조선총독부가 식민지통치의 기초
자료를 수집하는 작업으로 관습조사, 농촌조사, 무속조사, 유사종교
조사 등을 하여 자료집을 내었으나 이들은 사회학적 조사라고는 볼
수 없는 것들이었다.

일제 치하에서 사회학은 소수의 선구적인 한국인 사회학자들에
의하여 한말의 노력에 뒤이어 사회학을 본격적으로 도입하고 건설
하려고 하였으며, 다수의 연구자들이 사회관습과 민족문화에 대한
역사적 자료들을 활용하여 사회학적 연구를 진행하였으나, 전반적인
분위기는 일제의 학문에 대한 탄압과 민족문화 연구에 대한 탄압으
로 인하여 사회학의 도입과 연구가 침체되어 있었다고 보지 않을 수
없다.

3. 해방 후의 사회학의 도입과 발전

1945년 8·15해방으로 일제식민지 통치의 굴레에서 벗어나게 되자
사회학도 본격적인 발전의 여건을 갖게 되었다. 8·15 해방 후 사회학
의 발전은 이를 세 시기로 나누어 볼 수 있다. 즉 제1기는 사회학 건
설기(1946~1956), 제2기는 전후 서구사회학 소화기(1957~1969), 제3

기는 한국사회학 정립기(1970~1976)이다.

1) 사회학 건설기(1946~1956)

해방이 되자 소수의 선각적 사회학자들 사이에서는 우리나라에 본격적으로 서구사회학을 정착시켜 건설하려는 노력이 본격적으로 시도되었다. 이 중에서 가장 획기적인 사실은 1946년 서울대학교가 개교됨과 동시에 그 문리과대학 내에 우리나라 최초로 '사회학과'를 설립하였다는 사실이다. 이 독립학과로서의 '사회학과' 설립에 따라 연구자들의 재생산이 가능하게 됨으로써 한국에서 사회학의 건설이 구조적으로 비로소 가능하게 되었다고 볼 수 있다.[17]

독립학과로서 사회학과를 창설하고 사회학 재건을 주도한 것은 李相佰이었다. 그는 일본 와세다 대학의 철학과에서 사회학을 전공하고 해방 전에는 주로 진단학회를 중심으로 조선왕조 건국과정의 역사적 연구와 토지제도, 사회관습에 대한 사회학적 연구를 하고 있다가 해방이 되자 서울대학교 문리과대학 내에 사회학과를 창설하고 그 초대 주임교수가 되어 사회학 건설에 전력하였다.

이 시기에 사회학과의 교수단으로서는 주임교수인 이상백과 일본 와세다 대학에서 사회학을 전공한 梁會水, 일본 교토제국 대학에서 사회학을 전공한 邊時敏, 일본 도쿄제국 대학에서 사회학을 전공한 李萬甲, 일본 와세다 대학에서 경제학과 사회사상을 전공한 崔文煥 등 여려 교수로 구성되었다.[18]

이 시기는 해방이 되어서 새로운 교육을 받은 국민들에게 사회학을 재소개하는 데 많은 노력이 집중되었다. 이상백은 《學風》 창간호

---

17) 金彩潤, 〈學風한 世代 : 社會學〉, 《大學新聞》 제956호, 1976년 3월 29일자 참조. 여기서는 독립학과로서 사회학과 창설을 한국에서 사회학 발전의 가장 큰 계기로 보고 있다.

18) 李萬甲, 앞의 논문 참고.

에 〈과학적 정신과 적극적 태도〉(1948)라는 논문을 발표하여 꽁트의 사회학사상을 중심으로 하여 사회학의 실증주의적 경험주의적 과학적 방법과 연구태도를 소개하였고, 계속하여 《學風》(제13호)에 〈진보와 질서〉(1950) 라는 논문을 발표하여 꽁트가 사회학을 창립했을 당시 기본 문제의식으로서 진보와 질서 의미, 사회학 창건의 의의, 사회학 창설의 사회사적 배경 등을 밝히었다.[19] 이 두 개 논문은 독립학과로서 최초의 사회학과 창립의 문제의식을 사회학 창건의 문제의식과 대비하여 검토함으로써 해방 후의 한국에서 사회학 건설의 의의와 나아갈 방향에 대하여 하나의 기본 지침을 제시하였다고 볼 수 있다.

이 시기에 사회학개설의 보급을 위해서는 邊時敏이 《社會學》(1952), 《社會學新講》(1954), 《社會學槪論講義》(1954)를 간행하여 선구적 공헌을 하였으며,[20] 분야별로는 崔文煥이 《近代社會思想史》(1949)를 간행하고, 〈M. Weber의 현대적 의의〉 등 논문으로 사회사상 부문의 연구를 하였고, 방법론으로서는 李容明이 〈유물변증법과 '아들라'의 사회학적 해석〉(1956), 사회계층에 대해서 李相佰의 〈중간계급의 성격〉(1955), 민족에 대해서는 金斗憲의 《민족이론의 전망》(1947)이 간행되었다. 사회학과 인접과학과의 관련에 대해서는 이만갑의 〈사회학과 정치학〉(1950), 양회수의 〈사회학과 그 주변〉이 발표되었으며, 사회변동론에 대해서는 裵龍光의 〈사회변동과 진보의 문제〉(1954) 등이 발표되었다. 이외에도 수 많은 사회학 논문들이 발표되었으나, 대체로 기본 특징은 현대사회학을 국민과 대학생들에게 소개하고 계몽하는 논문들이었다. 이것은 해방 후 건설기에 필요

---

19) 崔在錫, 〈解放 30年의 韓國社會學〉, 《韓國社會學》 第10輯, 1976 참조.
20) 社會學槪論書로서는 이 이외에 李載壎의 《社會學槪論》이 1948년에 출간되고, 한치진과 김현준의 戰前의 槪論書도 복간되었다. 그러나 이 시기에 가장 큰 영향을 끼친 것은 邊時敏의 위의 개론서들이라고 볼 수 있다.

불가피한 경향이었다고 볼 수 있다.

이 시기에는 또한 일제 치하에서 한국인 연구자들의 연구업적이 정리되어 간행되었다. 그 대표적인 예로 이상백의 《朝鮮文化史研究論攷》(1947)와 《李朝建國의 研究》(1949), 손진태의 《朝鮮民族文化의 研究》(1948), 김두헌의 《朝鮮家族制度研究》(1949) 등을 들 수 있다. 이러한 전문적 연구논문집의 간행은 해방 후 사회학의 건설이 한말과 일제치하에서의 한국사회와 민족문화를 연구한 소수 연구자들의 피땀어린 노력이 융합될 수 있는 기초를 닦아주었다고 볼 수 있다.[21]

1954년에 서울대학교 다음으로 경북대학교에 배용광을 중심으로 독립학과로서 사회학과가 신설되어 두 개의 학과가 서로 협조하면서 사회학 건설에 노력하게 되었다.

이 시기에 가장 획기적인 사실의 하나는 그간 1950~1953년의 한국전쟁을 겪었으면서도 수많은 사회학 전공자의 학사들이 배출되었으며, 특히 1950~1956년 사이에 6명의 사회학 석사를 배출하였다는 사실이다. 뿐만 아니라 대학원 석사과정에는 다수의 신진 학도들이 재적하여 다음 단계의 사회학의 발전을 준비하게 되었다.

이 시기에서 사회학 건설의 기본 문제점은 크게 두 가지로 볼 수 있다.

첫째, 독립학과로서 사회학 건설을 주도한 여러 교수들이 하나같이 모두 일제하의 일본에서 사회학을 전공하였으므로, 아무래도 구미사회학을 직수입하여 정착시킴에는 불리하고 일본학계라는 필터를 거친 결과가 되었다는 사실이다.[22] 이것은 한국근대사에 36년간의 일제식민지통치기간에 있었기 때문에 나온 불가피한 저해요인이었

---

21) 해방 전의 이러한 연구업적들이 해방 후에 정리된 것은 李相佰이 顧問이 되어 乙酉文化社에서 《朝鮮文化叢書》를 간행함으로써 가능했던 것으로서, 李相佰의 貢獻은 이 부문에서도 지대한 것이었다.

22) 李萬甲, 앞의 논문 참조.

다고 볼 수 있으나, 곧 극복하지 않으면 안 될 과제가 되었다.

둘째, 이 시기에 소개되고 강의된 구미의 사회학 이론과 사회학방법론의 거의 대부분이 제2차세계대전 전의 이론들이었다는 사실이다. 이것은 위의 첫 번째 문제점과 관련된 것이기도 하며, 또 해방 직후의 정치적 사회적 혼란과 1950~1953년의 한국전쟁의 영향으로 학문연구의 여건이 극단적으로 불리하였으므로, 어찌보면 불가피한 사정이었다고 볼 수 있으나, 이것도 곧 극복하지 않으면 안 될 과제가 되었다.

그럼에도 불구하고 이러한 여러 가지 악조건 속에서도 해방 후 우리나라에 독립된 학문으로서 사회학을 새로 건설하고 독립학과로서 사회학과를 창건하였으며, 사회학 발전의 정초를 세웠다는 것은 획기적인 일이라고 하지 않을 수 없는 것이다.

2) 전후 서구사회학 소화기(1957~1969)

해방 후의 사회학의 발전에서 1957년의 한국사회학회 창립부터 1969년까지는 전후 서구사회학의 소화기로서 중요한 의의를 갖는다고 볼 수 있다.

한국사회학회는 1957년 5월 5일 서울대학교 문리과대학 내에서 창립총회를 갖고 초대회장에 이상백을 선출하여 정식으로 발족하였다. 한국사회학회의 창립 준비는 그 전년인 1956년 10월에 서울대학교에서 李相佰, 崔文煥, 邊時敏, 梁會水, 李萬甲, 李海英, 黃性模, 高永復, 崔在錫, 金大煥, 尹鍾周, 張基善, 金基周, 金彩潤 등 14명의 발기위원이 모여 한국사회학회 발기총회를 열고 장기간 준비를 진행한 끝에 이듬해 정식으로 한국사회학회를 창립한 것이었다.[23] 한국사회학회는 창립 이후 그 기관지로서 1964년부터 《韓國社會學》을 창

---

23) 崔在錫, 앞의 논문 참조.

간하였으며, 창립 이후부터 시행하여 오던 연구발표대회를 1965년부터는 봄·가을 연 2회로 실시하여 멸실공히 한국사회학 연구자들의 공동의 광장이 되었다.

한국사회학회 창립 이후부터 1969년까지 13년간의 한국에서의 사회학의 발전은 실로 눈부신 바가 있었다. 이제 그 중요한 특징을 극히 간단히 추려보면 다음과 같은 점을 들 수 있을 것이다.

첫째, 전후의 구미사회학의 최신이론이 직수입되어 소화되었다는 점이다. 이만갑, 이해영 등이 1956~1957년 미국을 다녀온 것을 계기로 하여 미국 사회학의 최신 조류가 바로 도입되어 소화되기 시작하였으며, 뒤이어 다수의 사회학자들이 미국에 유학하고 돌아옴으로써, 이 경향은 더욱 박차를 가하게 되었다. 또한 황성모 등이 독일에 유학하고 돌아옴으로써 독일 사회학계의 최신이론들이 도입되어 소화되기에 이르렀다. 뿐만 아니라 戰後 사회학과를 나온 신진학도들은 모두가 바로 서구의 각국어로 된 사회학 저작들을 읽을 수 있게 되고 외국서적의 수입이 비교적 자유롭게 되어 전후 서구사회학의 이론이 대체로 모두 소화되고 흡수되었다.

미국 사회학자로서는 주로 마키버(R. M. MacIver), 호만스(T. G. Homans), 파슨즈(T. Parsons), 머튼(R. K. Merton), 레비(Marion Levy Jr.), 라자스펠드(P.F. Lazarsfed), 란드버그(G. Lundburg), 스폿트(W. J. H. Spott), 블라우(P.M. Blau), 티마셰프(N. S. Timasheff), 스멜서(N. J. Smelser), 리스만(David Riesman), 벨(Daniel Bell), 렌스키(G. Lensky), 데이비스(K. Davis), 무어(W. Moore), 튜민(M. M. Tumin), 에치오니(A. Etzioni), 번츠(T. Burns), 스킨너(W. G. Skinner) 등의 전후 저작들이 번연되거나 자세히 소개되고 검토되었다.

독일 사회학자로서는 쾨니히(R. könig), 셸스키(H. v. Shelsky), 아도르노(T. W. v. Adorno), 셸팅(A. von Schelting), 하인라히(D. Heinrich), 다렌돌프(Ralf Dahrendorf), 프롬(Erich From) 그리고 프랑크푸

르트 학파의 전후 저작들이 번역되고 소개되었다.

프랑스의 사회학자 뀌빌리에(A. Cuvillier), 귀르비치(G. Gurvitc h), 아롱(Raymond Aron), 브라(G. Le Bras), 레비스트로스(C. Levy-Strauss), 르페브르(H. Lefevre) 등의 戰後 저작들이 번역되거나 소개되고 검토되었다. 이외에도 영국 사회학자 보토모어(T. Bottomore) 등을 비롯한 몇 사람의 서구사회학자들의 저작들이 번역되고 소개되었다.

무엇보다도 주목하여야 할 것은 구미 각국에서 발간되는 주요 사회학 전문 학술지 대부분이 바로 수입되어 국내에서 활동하고 있는 사회학 연구자들이 바로 읽음으로써 최신 서구사회학 이론들이 즉각 소화흡수하게 되었다는 사실이다. 13년간의 짧은 기간에 한국 사회학 연구자들은 戰前의 저해요인을 극복하고 구미사회학의 최신이론을 소화하여 흡수하는 데 성공한 것이며, 이제는 외국에서 발표된 신이론이 수개월 후면 국내에서 논의할 수 있게 되었다고 볼 수 있는 것이다.

둘째, 사회조사방법이 도입되어 한 때 열풍을 일으켰다는 사실이다. 사회조사방법은 이만갑이 미국 유학을 하고 귀국한 후 새로운 분야로서 소개하고 고등학교 3학년생의 취업에 대한 태도를 조사하여 1957년에 사회조사의 업적으로 〈도시학생의 직업관념〉이라는 논문을 발표한 것을 전환점으로 하여, 그 이후 사회조사는 한 때 사회학 분야를 열풍처럼 휩쓸어서 많은 업적들이 쏟아져 나오게 되었다. 그 대표적 업적으로서 이효재의 〈서울시 가족의 사회학적 고찰〉(1660), 이만갑의 《한국농촌의 사회구조》(1960), 고황경·이만갑·이해영·이효재의 《韓國農村家族의 研究》(1963), 홍승직의 〈한국대학생의 가치관〉(1963), 최재석의 〈한국가족의 주기〉(1964), 고영복의 〈도시인의 사회적 태도 연구〉(1964), 황성모의 〈한국공업 노동의 사회학적 고찰〉(1963), 이상백·김채윤의 《韓國社會階層研究》(1966), 이해영의 〈한국중간도시에 있어서의 가족의 크기에 관한 가치태도〉 (1966)과 〈한국가족형태의 일연구〉, 김일철의 〈농민집단의 Socio-gram〉, 윤종주의 〈서울시 출산력 및 이입인구에 관한 연구〉(1970) 등은 모두 사회조사방법에 의한 연구업적이었다. 사회조사방법을 실지로 적용한 연구는 이외에도 여기서 일일이 들 수 없을만큼 많이 나왔다.

특히 1957년부터 10여 년간 한국사회학계는 가히 사회조사의 붐 시대를 이루어서 거의 모든 연구분야에서 사회조사가 시행되고 보고서들이 쏟아져 나왔다. 그 중에서 학문적으로는 거의 무의미한 조사까지도 사회조사의 결과로 보고되기도 하였다. 이러한 사회조사의 열풍이 휩쓴 후에 1970년대에 접어들기 시작하면서 사회조사방법의 공과가 검토되고 사회조사 열풍에 대한 반성이 대두하게 되었다.[24]

셋째, 다양한 사회학방법론의 소화와 흡수를 들 수 있다. 1957년 이후 처음 도입된 전후 최신 사회학방법론은 구조기능주의(structural functional analysis)와 이에 관련된 행태주의(behaviorism)이었다. 주로 파슨즈, 머튼, 스멜서 등이 소개 검토되고 이 방법에 의거한 조사와 연구가 진행되었다.

그러나 이 방법이 갖고 있는 동태적·역사적·사회변동론적 분석의 불능이 비판되면서, 전후 서구사회학이 발전시키고 있는 각종의 연구방법론이 도입되어 검토되게 되었다. 그 대표적인 것으로 갈등이론, 현상학적 방법론, 상징적 상호작용론, 인간학적 사회학, 신사회진화론, 사회생태론, 역사주의적 사회학 등이 모두 흡수 검토되었다. 1963년의 사회학대회는 사회학 방법론에 대한 검토를 주제로 한 대회였다. 그리하여 이 기간에 한국사회학계는 전후 서구사회학계가 발전시킨 여러 가지 다양한 사회학방법론을 비판적으로 흡수할 수

---

24) 金彩潤, 앞의 논문 참조.

있게 되었다.

넷째, 이 기간에 한국사회학의 발전은 사회학과 증설, 사회학 연구
인구의 증대, 사회학 관련 연구소의 설립 등에서도 현저히 나타났다.

또 서울대학교 사회학과에는 전후 사회학을 전공한 이해영을 비
롯하여 뒤이어 黃性模, 高永復, 金彩潤, 金璟東 등이 충원되고 다른
단과대학에서도 崔弘基, 金一鐵, 吳甲煥, 愼鏞廈, 金晋均 등이 진출하
여 사회학 관련 과목의 교수를 하게 되었다. 경북대학교에도 權圭植,
柳時中, 鄭喆洙, 韓南濟 등이 충원되어 강화되었으며, 특히 획기적인
사실로서는 1958년에 高凰京, 李効再 등이 중심이 되어 이화여자대
학교에, 1963년에는 洪承稷, 崔在錫, 李舜求 등이 중심이 되어 고려
대학교에 독립학과로서 사회학과가 설치되었다.[25] 이외에도 국내 거
의 모든 대학이 사회학개론을 교양필수 과목으로, 그리고 일부 사회
학 과목을 교양선택 과목으로 교수하게 되어 사회학의 보급은 비록
만족할만한 것은 아닐지라도 이 기간에 현저히 증가하였다.

사회학 연구자의 인구도 현저히 증가하여 처음 14명으로 출발한
한국사회학회가 1972년에는 그 정회원이 72명에 달하게 되었으며,
그 다수가 연구기관에 종사하는 사회 관련 연구자들로 구성되었다.[26]
사회학 관련 연구소도 설치되기 시작하여 1964년에 이해영이 중심
이 되어 서울대학교 문리과대학에 인구문제연구소[27]가, 1964년에 고
려대학교에 홍승직이 중심이 되어 사회조사연구소가, 1972년에 이화
여자대학교에 이효재가 중심이 되어 농촌문제연구소 등이 각 사회
학과의 자매연구소로 설립되어 한국의 사회학 발전에 크게 기여하

---

25) 이외에 국민대학, 서울여자대학에 한때 사회학과가 설치되고, 숭실대학에 농
　　촌사회학과가 설치되었으나 중도에서 폐과되었다.
26) 李萬甲, 앞의 논문 참조.
27) 서울대학교 文理科大學의 〈人口問題研究所〉는 뒤에 〈人口 및 發展問題研究
　　所〉로 개칭되었다.

였다.

다섯째, 사회학 연구자들의 수의 증대와 관련하여 연구분야가 매우 다양하게 확충되었다. 최재석 교수의 조사에 따르면[28] 최근 15년간의 각 부문별 연구논문 편수를 보면, ① 사회학 이론 및 방법론에 42편 ② 가족에 79편 ③ 농촌사회에 129편 ④ 사회계층에 37편 ⑤ 인구에 58편 ⑥ 산업사회에 32편 ⑦ 도시사회에 73편 ⑧ 매스·커뮤니케이션에 27편 ⑨ 정치사회에 9편 ⑩ 사회사상에 8편 ⑪ 퍼스낼리티에 2편 ⑫ 가치관에 20편 ⑬ 일탈행동에 18편 ⑭ 사회변동에 25편의 학술연구 논문이 발표되었다.

이 기간에 한국의 사회학 연구자들은 사회학이 다루는 거의 모든 분야에 진출하여서 본격적인 연구를 전개하기 시작하였다고 볼 수 있다.

여섯째, 이 기간에 한국사회학계는 해외사회학계와의 교류를 크게 진전시키고 확대하였다.

이 시기에 대학에서 사회학을 강의하는 연구자 거의 대부분이 미국, 독일, 영국, 프랑스, 캐나다, 네덜란드 등 여러 나라에 유학하거나 교환교수로 다녀왔으며, 1966년에 한국사회학회가 國際社會學會에 가입하였다. 또한 외국의 사회학자들이 다수 국내를 방문하거나 교환교수로 다녀오게 되었고 각국 교수들과 협동연구도 상당수 진행되었다. 외국에 진출하여 교수하는 소장학자들이 각국의 저명한 사회학 연구지에 연구논문을 발표하였으며, 많은 사회학도들이 외국의 대학에서 교수를 하게 되었다.

끝으로 지적하여야 할 것은 이 시기에 서구 최신 사회학 이론과 방법론을 도입 소화 흡수하면서도 끊임없이 반성이 지속되었다는

---

28) 崔在錫, 앞의 논문 참조. 崔교수의 조사는 1960~1975년 15년간의 연구논문의 조사이므로, 이곳에서 시기 구분과는 일치하지 않으나 대체의 추세는 이 조사를 통해서 명백히 파악될 수 있으리라고 생각된다.

사실이다.

이 시기 한국에서 사회학 연구의 문제점은 일제 36년의 공백과 전후 한국전쟁에 의한 혼란의 영향으로 전후 서구의 최신사회이론의 도입에 치중하고, 그에 압도되어 그 소화에 대부분의 정력을 받치게 되었다는 사실이다. 물론 이 시기에도 대상을 한국사회의 사회현상으로 한 조사연구를 비롯한 다수의 연구논문들과 귀중한 업적들이 나왔으나, 이것은 새로운 이론정립보다도 오히려 새로이 수입된 사회조사방법론을 비롯한 새로운 사회학방법론의 한국사회 분석에의 적용의 의미가 더욱 컸던 것으로 보인다.

또한 이 시기에도 전후 서구사회학 이론과 방법론의 도입 및 소화에서 한걸음 더 나아가서 그에 대한 취사선택과 비판, 그리고 한국사회학자의 독창적인 이론정립과 방법론의 설정의 방향으로 나아가야 하지 않겠는가 하는 반성과 시도가 있어 왔다. 이것은 비단 이 시기에 일어난 것만은 아니고 이미 구한말에 사회진화론을 수용할 때에 이를 동족사회 내의 사회조직의 원리로서는 거부하고 민족 간의 경쟁, 제국주의를 해석하는 이론으로 수정하여 받아들이려고 한 곳에서부터 비롯되었다고 볼 수 있다. 이 시기에도 이러한 전통은 계속 계승되어 전후 서구사회학 이론에 대한 비판적 섭취와 취사선택이 꾸준히 논의되었다. 전후 서구사회학을 비판한 굴드너(Alvin W. Gouldner) 등의 저작이 널리 검토된 것도 이 때문이라고 볼 수 있다.

그럼에도 불구하고 이 시기의 특징과 사회학연구의 대세는 전후 서구사회학 이론의 도입·소화·흡수에 있었다고 말하지 않을 수 없는 것이다.

3) 한국사회학 정립기(1970~1976)

한국사회학계의 연구 분위기는 1970년대에 들어서 전후 서구사회학의 소화 흡수에 만족하지 않고 독자적인 한국사회학을 정립해 보

려는 방향으로 크게 전환하기 시작하였다. 1970년 추계 사회학대회
에서 〈현대사회학의 이론과 방법 ─ 한국사회에 있어서의 적용가능
성〉이라는 주제로 공동토의를 한 것은 이 방향전환의 한 계기가 되
었고, 뒤이어 1973년의 춘계 사회학대회에서 다시 〈사회과학이론의
보편성과 특수성〉이라는 주제로 공동토론을 전개한 것은 이에 더욱
박차를 가하게 하였다. 이 공동토론에서는 전후 서구에서 발전된 사
회학 이론들이 한국사회의 분석에 어느 정도 적용될 수 있는가에 대
한 적극적인 비판적 검토가 가해졌으며, 사회학을 중심으로 하여 심
리학, 경제학, 정치학 분야까지 확대하여 적게는 한국사회학, 크게는
한국사회과학이라는 다른 나라 사회학 이론과 구분될 수 있는 특징
을 갖는 학문적 경향이 정립될 수 있는가 하는 문제가 토론되었다.[29]

　이러한 공동토론에서는 물론 합의나 결론이 도출될 수는 없는 것
이었다. 그러나 이들 공동토론에서는 지금까지의 사회학대회 중에서
가장 열띤 논쟁이 전개되었다. 문제가 되는 것은 이 토론의 즉석의
결론이 아니라, 이 논쟁 이후 한국에서 사회학 연구 경향이 현저히
변화하기 시작하였다는 점이다. 그 몇 가지 큰 특징을 들면 다음과
같다.[30]

　첫째, 사회학자들이 서구사회학 이론을 대담하게 비판하는 경향이
일어났으며, 사회조사의 스케일 설정이나 이론분석의 틀을 독자적으
로 만들려는 강한 경향이 지배하기 시작하였다는 사실이다.

　물론 한국사회학자에 의한 독자적인 사회학 이론이 단시일에 나
오기는 어려우며 한국사회의 분석에 적합한 사회학방법론이나 조사

---

29) 〈社會科學理論의 普遍性과 特殊性〉(特輯), 《韓國社會學》 제8집, 1973 참조.
30) 《韓國社會學》이라는 特殊性을 강조하는 사회학이 이론분야에서 과연 정립될
　　수 있는가는 공동토론 때에도 이미 격렬한 논쟁이 전개되어 사회학 이론의 보
　　편성이 강조되기도 하였다. 여기서는 넓은 의미로서 한국사회학자들이 건설하
　　는 보편성을 갖을 수도 있는 '독창적'인 사회학 이론 또는 이론의 準據틀이라는
　　의미로 '韓國社會學'이라는 용어를 사용하기로 한다.

방법이 단시일에 이루어지기는 어려울지 모르나, 한국사회 분석에 적합한 독자적인 이론을 정립하려는 방향으로의 대전환이 이루어진 것은 사실이다. 따라서 이것은 연구의 축적에 따라 한국사회학이라는 특징적 경향을 갖는 학파나 학풍을 조성하거나 한국사회학자에 의한 독창적인 사회학 이론 정립의 가능한 분위기를 충분히 조성시켜 주었다고 할 수 있는 것이다.

둘째, 사회학자들이 연구 대상을 한국사회의 사회현상으로 집중하는 경향이 대폭 강화되었다. 사회학의 각 부문별 연구가 한국사회의 현상에 집중되어 비교적 단시일에 많은 논문들이 발표되었다.

이러한 경향은 한편으로는 사회학이 한국의 사회문제를 해결하려는 의욕과 노력을 나타낸 것으로서 많은 성과를 내기 시작했다고 볼 수 있으며, 다른 한편으로는 한국사회라는 살아 있는 구체적 대상을 연구함으로써 그곳에서 발견되는 특성을 검출하여 새로운 이론을 정립하려는 노력의 대두를 나타내는 것이라고 볼 수 있는 것이다.

셋째, 일부 사회학자들은 한국의 역사자료를 사회학적으로 분석함으로써 그 과정에서 한국사회의 분석에 적합한 사회이론과 사회학 방법론을 정립해 보려고 시도하고 있다.

이러한 노력은 주로 사회신분, 호적, 민족, 민족형성, 국가형성, 계층형성 사회사상, 민족운동 등에 대한 사회사적·역사사회학적 연구에 집중되어 있으며, 성과를 내고 있다.

1970년부터 뚜렷하게 대두한 이러한 새로운 경향은 서구사회학 이론의 소화 흡수에서도 새로운 경향을 가져왔다. 종래 최신 사회학 이론을 흡수하려는 노력이 전개되어 채 정평도 얻지 못한 실험적 이론까지 서둘러 도입되어 소화하려고 노력하여 왔음이 비판된 반면에, 서구사회학 이론의 고전적 저작들을 그것을 산출한 사회적 배경까지 깊이 연구함으로써 한국사회학 이론의 정립을 위한 양식으로 삼자는 주장이 강력하게 대두되었다. 이에 따라 한국사회학자들 사이에서는 최신 서구사회학 이론을 소화, 흡수하는 데 있어서도 현저한 태도 변화가 일어나기 시작하였다.

이 시기에는 몇 개 대학에 사회학과 설치도 이루어졌다. 1972년에 全炳梓, 安啓春, 朴永信, 宋復 등을 중심으로 연세대학교에 사회학과가 신설되었으며, 1975년에는 邊時敏, 黃性模, 沈允種 등을 중심으로 충남대학교에도 사회학과가 설치되었다. 뒤이어 1976년도에는 전남대학교와 부산대학교에도 사회학과가 신설됨으로써 전국에 독립학과로서 사회학과는 8개로 늘어나게 되었다. 서울대학교 사회학과에도 그간 韓完相, 權泰煥 등이 들어오고, 1975년 종합화에 의하여 다른 단과대학에서 崔弘基, 金一鐵, 吳甲煥, 愼鏞廈, 金晉均 등이 통합되어 들어옴으로써, 서울대학교 사회학과는 큰 규모의 학과가 되었다. 이러한 사회학과의 증설과 확대는 한국사회학의 정립을 위한 제도적 호조건을 마련하는 데 크게 기여하는 것으로 평가되고 있다.

이 기간에 한국사회학의 정립을 위한 학계 노력의 전환은 앞으로 어떠한 성과를 낼 것인지 큰 관심의 대상이 되고 있다.

4. 韓國社會學의 방향과 과제

대체로 지금까지 고찰한 바와 같은 추세로 발전해 온 한국의 사회학이 앞으로 어떠한 방향으로 발전하게 될 것인가? 그 전망과 과제를 간추려 보면 다음과 같은 점을 지적할 수 있을 것이다.

첫째, 한국의 사회학은 이제 도입된지 70년, 해방 후의 사회학 건설이 시작된 지 이미 30년이 되었으므로, 최근에 나타난 연구경향이 계속되어 한국의 독창적인 사회학 이론 체계를 정립하는 방향으로 나아갈 것이 전망된다. 이것은 한국사회학자들의 과제이기도 하며, 이 과제가 달성되는 데에는 장기간이 소요될지도 모르나, 이를 향한

학계의 노력은 앞으로 더욱 강화될 것으로 전망된다.

둘째, 한국사회학은 자기 사회인 한국사회의 분석에 적합한 사회학방법론을 발전시키려고 노력할 것이 전망된다. 이미 사회조사방법에서는 외국에서 도입한 조사의 척도가 한국사회의 조사분석에 적합하지 않음이 누차 증명되어 독자적인 조사 척도를 발전시켜 오고 있으며, 이러한 추세는 사회학방법론 전반에 걸쳐 전개될 것으로 전망되고 있다. 한국사회의 분석에 적합한 독자적 사회학방법론을 정립하려는 작업은 아마 한국사회학자들의 장기에 걸친 과제가 될 것이다.

셋째, 한국사회를 대상으로 한 본격적인 사회학적 연구가 더욱 박차를 가하여 강화될 것으로 전망된다. 한국사회에 대한 사회학적 연구는 한국 전통사회와 현대사회에 대한 연구로 나누어져 진행될 것으로 전망되며, 이 양면의 연구가 합치어 한국사회에 대한 포괄적 전체적 이해를 가능하게 해줄 것으로 보인다. 한국사회학자들이 한국사회 연구를 그들의 중요한 과제의 하나로 삼는 것은 한편으로 독자적인 한국사회학 이론과 방법론 정립의 가능성을 높여주면서 동시에 한국사회의 여러 가지 사회문제를 깊이 분석하여 그 해결에도 크게 기여하는 실천적 효과를 가져올 것이라고 내다볼 수 있다.

한국사회학자들은 연구영역 또는 부문이 어떻든지 각자의 전공에 따라 한국사회의 각 부문을 연구대상으로 삼는 것을 과제의 하나로 삼을 필요가 있을 것이다. 대상을 한국사회로 하는 것은 한국사회학계의 현상과 전망에서 볼 때, 매우 학문적 생산성이 높은 영역이 될 것이기 때문이다.

넷째, 한국사회학자들은 한국사회의 구조적 특징을 명확히 밝히기 위해서도 중국, 일본을 비롯한 동양사회와 기타 지역의 사회와의 비교연구를 위한 비교사회학에도 관심을 갖게 될 것으로 전망된다. 문화적 전통이 상대적으로 유사한 이웃나라 사회와 자기 사회의 비교

연구는 한국사회학자들이 정립할 것으로 상정되는 독자적인 사회학
이론과 방법론을 적어도 동양사회에는 적용 가능한 보편성을 갖도
록 만들 것이며, 그 연구결과와 해석을 세계 사회학계에 일반화시켜
줄 수 있는 영역을 제공하는 데 하나의 좋은 방법이 될 것이라고 내
다볼 수 있다.

다섯째, 한국의 사회학자들은 이상과 같은 연구작업을 진행하면서
도 외국 사회학계와 끊임없는 상호교류를 강화하여야 할 것이며, 외
국 사회학계가 정립하여 발전시키는 새로운 이론과 방법론들을 즉
각즉각 비판적으로 소화 흡수하는 작업을 계속하여야 할 것이다. 이
작업은 지금까지 장기간에 걸쳐 진전되어 온 작업이긴 하지만, 앞으
로 이와 관련하여 특히 유의하여야 할 과제는 어느 한 특정지역 또
는 특정국가의 사회학에 편중하여 이를 도입·소화·흡수할 것이 아
니라, 세계 각 지역 모든 중요한 나라의 사회학을 골고루 도입·흡수·
소화하여 한국사회학의 발전을 위한 자극과 참고로 삼아야 한다는
사실이다. 이 점은 앞으로 한국사회학자들이 의식적으로 배려하여야
할 점이라고 생각된다.

이 과제와 관련하여 주의하여야 할 점은 그것이 어느 지역 어떠한
학파의 사회학 이론과 방법론이든 간에 그것을 자기의 입장에서 비
판적으로 볼 수 있고, 취사선택하는 학문적 태도가 일관되어야 할 것
이라는 점이다.

여섯째, 한국사회학은 여타 사회과학에 대하여 사회학적 방법론을
공급하여야 하는 과제를 갖고 있다. 사회학은 자기 고유영역을 갖고
있는 사회과학의 한 분과과학임과 동시에 다른 한편으로 사회과학
의 기초과학이기도 하므로, 사회과학에 대하여 방법론을 공급하여야
할 위치에 있다고 볼 수 있다. 한국사회학이 과제를 효율적으로 수
행하기 위해서는 여타 사회과학에 대하여 사회학적 방법의 유효성
을 알리고 인식시키지 않으면 안 된다. 이를 위해서 사회학 측에서

먼저 각 부문에서 사회학적 방법의 응용에 의한 연구의 우수성을 증명할 필요가 있을 것이다.

일곱째, 한국의 사회학은 끝으로 한국사회학 자신의 발전을 위해서나 사회과학 일반의 발전을 위해서나 인접 사회과학과의 학문 상호간의 협동연구(interdisciplinary approach)가 절실히 필요할 것이다.

예컨대, 큰 분류에만 의거하여 나누어 보아도 가족연구에서 사회학은 인류학과 긴밀한 협동연구나 공동연구를 발전시킬 필요가 있다. 농촌사회 연구에서 사회학은 경제학, 정치학, 심리학, 인류학 등과 협동연구를 발전시킬 필요가 있을 것이다. 사회계층 연구에서 사회학은 정치학, 경제학, 역사학, 심리학 등과 공동연구를 발전시킬 필요가 있을 것이다. 인구의 연구에서는 사회학은 경제학, 보건학 등과 협동연구를 발전시킬 필요가 있을 것이다. 산업사회 연구에 대해서는 사회학은 경제학, 경영학, 환경학 등과 공동연구를 발전시킬 수 있을 것이다. 도시사회 연구에서는 사회학은 정치학, 경제학, 행정학, 환경학, 심리학 등과 협동연구를 발전시킬 수 있을 것이다. 매스컴 연구에 있어서는 사회학은 신문방송학과 협동연구를 발전시킬 수 있을 것이다. 사회사상 연구에서는 사회학은 정치학, 역사학, 경제학과 협동연구를 발전시킬 수 있을 것이다. 퍼스낼리티와 가치관 연구에서는 사회학은 심리학과 협동연구를 발전시킬 수 있을 것이다. 일탈행동 연구에서는 사회학은 심리학과 법률학 등과 협동연구를 전개할 수도 있을 것이다. 사회변동 연구에서는 사회학은 역사학, 정치학, 경제학 등과 협동연구를 발전시킬 수 있을 것이다.

이러한 대분류의 부문별 협동연구 이외에 구체적 주제에 대한 사회학과 다른 사회 제과학과의 협동연구는 낱낱이 예를 들 수 없도록 많아서, 여기서 이를 논의할 여유가 없다. 오직 강조하고 싶은 것은 사회학은 가능한 한 많은 주제에 대하여 인접 사회 제과학과의 협동연구를 적극적으로 발전시켜 사회학 자신의 연구와 함께 다른 사회과학의 발전도 자극하여야 한다는 사실이다. 이것은 한국사회학이 앞으로 수행하여야 할 가장 중요한 과제의 하나이며, 사회학이 다른 사회과학과 함께 나아가야 할 방향이라고 말할 수 있을 것이다.

(《社會科學論文集》(서울대학교 사회과학대학) 제1집, 1976 수록)

한국사회학의 독창적 발전을 위한 제언

1. '독창적 한국사회학'의 모색

오귀스트 꽁트(Auguste Comte, 1798~1875)가 진보와 질서를 원리로 하여 '사회학'이라는 새로운 학문을 정립한 지 약 160년, 그리고 구한말 한국에 최초로 사회학이 도입된 지 약 90년이 지났습니다. 그리고 한국 대학에 최초의 사회학과가 설치된 지 47년, 한국사회학회가 창립된 지 이제 36년째를 맞고 있습니다.[1] 그간 한국 사회학은 짧은 역사에도 불구하고 양적, 질적으로 괄목할 만한 성장을 이루었습니다. 그것은 사회학이란 학문을 한국사회에 접목시키려 노력했던 여러 선학들의 노력의 결과였다고 생각합니다.[2]

---

1) 한국사회학의 역사에 관하여는 《한국사회학 45년》(한국사회학회편, 1990)을 참고할 것. 한국사회학회는 1956년 14명의 사회학자들에 의하여 처음 창립되었는데, 당시 국내 회원은 28명이었다. 국내외 회원 및 단체회원을 포함하여 총회원수는 1993년 현재 약 600여 명에 이른다.

2) 《한국사회학 45년》은 해방 이후 사회학의 동향과 발전모습을 총괄한 대단히 좋은 자료집이다. 여기에 더 나아가, 한국사회학의 역사를 1900년대 초반으로 소급하여 이론, 방법론, 경험적 연구를 포괄한 모든 학문적 업적을 일일이 검토, 평가하는 작업이 이 시점에서 필요할 것이다. 이를 위하여, 역사자료 수집 및 정

그러나 한국사회학의 현재의 위상이 만족스러운 것이라고 볼 수는 없습니다. 오히려 이제야말로 한국사회학의 현실적합성을 보다 증대시키면서 학문공동체 내적으로는 전 세계에 내놓을 만한 독창적 이론을 창출해 낼 때가 되었다고 생각합니다. 이것은 전환기 한국사회가 우리 6백여 한국사회학자들에게 기대하고 있는 시대적 요청이며 동시에 우리 한국사회학계의 학문적 사명일 것이라고 생각합니다.

오늘 저는 한국사회학회 회장이라는 무거운 자리를 맡으면서 새삼 한국사회학이 이루어내야 할 시대적 과제를 절감합니다. 저는 이 과제를 '독창적 한국사회학의 정립'이라는 말로 요약하고 이에 대한 저의 소견을 피력하고자 합니다.[3]

먼저 저는 한국사회학이 그 출발부터 한국사회의 시대적 과제와 밀접히 연관되어 있었다는 사실을 강조하고자 합니다. 사회학은 1896~1910년 기간에 꽁트의 이론과 그의 '사회학(군학)'개념, 허버트 스펜서(Herbert Spencer, 1820~1903)와 벤자민 키드(Benjamin Kidd, 1858~1916) 등의 사회진화론을 중심으로 우리나라에 도입되었습니다.[4] 이들 사상은 구한말 박은식(1859~1926), 신채호(1880~1936), 장지연(1864~1921), 주시경(1876~1914)을 비롯한 수많은 애국계몽사

리를 위한 특별위원회를 한국사회학회 내에 설치하고 항구적으로 운영할 것도 검토할 일이다.

3) 만하임(Mannheim, 1934)이 미국 사회학과 독일 사회학을 비교·검토하면서, 독일 사회학의 장점을 십분 살려나가야 한다고 역설했던 지적 배경과 의미를 음미해 볼 필요가 있을 것이다(Karl Mannheim, "German Sociology 1918~1933" *Politica* 1(1934) : 12-33, reprinted in Essays on Sociology and Social Psychology. London : Paul Kecskemeti, Routledge & Kegen Paul, 1959). 만하임은 이 글에서 인간중심적 사고, 인식론적 깊이, 역사주의 등을 독일 지적 전통의 핵심 요소로 지적하고, '경박한' 미국식 경험주의에 경도되는 것을 경계하였다.

4) 초기 사회학의 도입과정에 대한 연구로는, 최재석, 〈한국의 초기사회학 : 구한말~해방〉《한국사회학》9, 1954 ; 신용하, 〈한국사회학의 발전과 방향〉서울대학교 사회과학연구소, 《사회과학논문집》1, 1976 참조.

상가들이 민족주의이론과 민족자강이론을 정립하는 데 커다란 영향
을 끼쳤습니다.[5]

그러나 이후 한국사회학의 학문적 발전은 결코 순탄하지 않았습니
다. 일제 식민지 지배는 한국의 독자적 학문세계의 성장을 원천적으
로 차단했습니다. 일제 치하에서 몇 분의 한국학도들이 프랑스, 독일,
미국 등에 유학하여 사회학을 공부해 오기도 했고,[6] 한 일본인 젊은
사회학도가 한국농촌을 답사하는 일을 하기도 했지만, 독자적 학문
공동체를 이룰 수 없었던 식민지 하에서 한국사회학이 뿌리 내릴 수
는 없었습니다. 따라서 해방이 한국사회학 발전의 가장 기본적인 전
제가 되었던 것은 두말할 필요도 없을 것입니다. 해방 이듬해인 1946
년에 이상백 교수(1904~1966) 등에 의해 한국 최초로 서울대학교에
사회학과가 설치되었고, 그 이후 각 대학교에 연이어 사회학과가 설
치됨으로써 한국사회학 발전의 제도적 기틀이 마련되었으며, 1957년
에는 이상백, 최문환(1916~1975), 변시민, 양회수, 이만갑, 이해영, 황
성모 교수를 비롯해서 당시의 선구적 사회학자들에 의해, 이상백 교
수를 초대 회장으로 하여 한국사회학회가 창립되기에 이르렀습니다.

그러나 이 시기 한국사회학의 학문적 기반은 대단히 취약한 것이
었다고 생각합니다. 해방 직후에는 구미사회학 이론을 일본학계에서
취사선택하여 해석한 것을 국내에 재수입하는 것이 주를 이루었고,
한국전쟁 이후부터 미국 사회학이 물밀듯이 직수입되어 초창기 작은
한국사회학계의 공간을 모두 자리잡아 버렸습니다. 이후 새로운 사

---

5) 박은식, 신채호 등 한말의 애국계몽운동가들은 梁啓超의 《飮氷室文集》과 중
   국어로 번역되어 수입된 《사회진화론》 및 《歐洲文明之原理》 등의 서적을 통해
   다윈, 스펜서, 키드, 콩트 등의 학설을 접하게 되었고 이 사상을 바탕으로 당시
   의 세계정세를 인식하고 또 한국사회의 과제를 제시하였던 것이다(신용하, 《박
   은식의 사회사상연구》, 서울대학교출판부, 1982 ; 《신채호의 사회사상연구》, 한
   길사, 1984) 참조.
6) 김현준, 한치진, 공진항, 하경덕, 고황경 등이 그들이다.

회학 이론과 개념들이 '보편성'의 옷을 입고 계속 소개되었지만 한국
사회 현실이나 역사적 경험과의 적합성 여부에 대하여는 문제의식조
차 제대로 갖추어지지 못한 상태였습니다. 분단으로 인한 이데올로
기적 대립과 냉전체제 하에서 대미종속성이 두드러졌던 한국사회는
미국 사회학의 압도적 영향을 받게 되었던 것은 한편으로 불가피한
일이기도 했고, 학문적 발전에 공헌한 측면도 적지 않았지만, 그것이
남긴 부정적 영향 역시 작지 않았다고 하지 않을 수 없습니다.[7]

물론 한국사회 현실을 해석하고 분석하려는 학문적 노력이 사회
학계 내부에서 성장하지 않았던 것은 아닙니다. 특히 4·19혁명은 한
국사회에 대한 독창적인 사회학적 해석이 시도되는 계기가 되었습
니다.[8] 그러나 그것도 돌이켜 보면 구미사회학에 의존했던 것이 대
부분이었다고 생각합니다.[9] 국가와 시민사회의 명백한 분화가 최초
로 가시화되고 민족문제에 대한 진지한 모색이 시도되었던 4·19혁
명의 경험은 사회학자들의 문제의식을 더욱 날카롭게 만드는 데 공

---

7) 1950년대와 1960년대는 구조기능론적 패러다임이 세계의 사회과학계를 석권
하였던 시기였던 만큼, 한국도 예외일 수가 없었다. 구조기능론은 사회과학을
급성장시키는 데에 눈부신 공헌을 하였지만, 사회학적 사고영역에서 역사적, 사
회적 특수성의 기반을 무너뜨림으로 해서 많은 문제점을 낳은 것도 사실이다.
1970년대 초반 미국자본주의가 쇠퇴의 징후를 보이면서 구조기능론적 패러다임
에 대한 반성적 성찰이 세계사회학계에서 제기되기 시작하였다. 이른바 '패러다
임의 전환'이 발생하였던 것이다. 구조기능론에 대한 비판과 패러다임의 전환에
관하여는, A.W.Gouldner, *Coming Chisis of Western Sociology,* New York :
Basic Books, 1970 ; Robert W. Friedrichs, *A Sociology of Sociology,* New
York : The Free Press, 1970 ; Larry T. Reynolds and Janice M. Reynolds,
*The Sociology of Sociology : Analysis and Criticism of The Thought,
Research, and Ethical Folkways of Sociology and Its Practitioners,* New
York : David Mckay, 1970.
8) 신용하, 〈4월 혁명의 역사적 성격〉,《한국현대사와 민족문제》, 문학과지성사,
1990 참조.
9) 예를 들어, 4·19 혁명 이후 대학에서 제시된 경제발전계획안은 대체로 근대화
론적 현실인식과 전략에 의존하였다고 볼 수 있다.

헌하였지만, 현실적합성을 충분히 확보한 사회학적 분석과 이론을
정립하기에는 우리의 힘이 턱없이 부족하였던 깃입니나.[10]

한국사회학계가 자기의 독창성을 정립할 필요를 자각하고 이를
위한 탐색이 본격적으로 시도된 시기는 1970년대 이후였다고 생각
합니다. 1970년대 초반에 있었던 한국사회과학의 토착화 논쟁이 그
한 예일 것입니다.[11] 이 논쟁은 추상적 방법론을 중심으로 이루어진
것이어서 급격한 공업화와 그에 따른 사회구조의 변화를 본격적으
로 문제시하지 못한 한계가 있는 것이었지만 '독창적 한국사회학'의
필요성을 절감했던 당시 사회학계의 긴장을 보여주고 있습니다.[12] 한
국사회의 구조적 문제점이 두드러지게 표출되었던 1980년대에 한국

10) 이에 비하면, 공산권 붕괴 이후 한국사회학계에서 최근 활발히 논의되고 있는
   시민사회론에 대한 관심과 이론적 경험론적 논의는 진일보한 모습을 보여준다.
   1992년 한국정치학회와 한국사회학회가 공동으로 주최한 학술세미나 주제가
   '한국의 국가와 시민사회'였다는 점은 4·19 혁명 이후 사회학계 관심과 연장선
   상에 위치한다(한완상, 〈한국에서 시민사회, 국가, 그리고 계급〉; 김성국, 〈한
   국자본주의의 발전과 시민사회의 성격〉, 한국정치학회·한국사회학회 편, 《한국
   의 국가와 시민사회》, 한울, 1992 참조. 또는 최장집·임현진 공편, 《시민사회의
   도전 : 한국 민주화와 국가·자본·노동》, 나남, 1993 ; 김호기, 〈그람시적 시민사
   회론과 비판이론의 시민사회론〉, 《경제와 사회》 19, 1993 등 참조).
11) 한국사회학의 토착화 논쟁은 1972년 후기 사회학대회에서 처음 본격적으로 논
   의되었다. 당시 이 학술대회에서는 '한국사회과학의 반성'을 주제로 약 20여 명
   의 사회과학자가 논문을 발표하였는 데, 모두 사회학을 공통적 기반으로 하여
   토착화를 위한 방법론적·인식론적 전환을 강조하였다는 점에서 주목할 만하다
   (긴성국과 임현진이 요약한 학술회의 보고문인 〈한국사회와 사회과학〉, 《한국
   사회학》 7, 1972 참조).
12) 위 보고문에는 20년이 지난 현재에도 적실성을 갖는 다음과 같은 구절을 읽을
   수 있다. "한국 사회과학이 공통적으로 해결해야 될 몇 가지 과제 — 한국사회에
   적합한 이론구성, 사회과학 내의 상호협동연구의 필요성, 사회과학의 비판적 기
   능 등 — 는 결국 한국사회에 적절한 사회과학적 이론의 구성을 통하여 한국사
   회의 문제해결에 주체적으로 대처하기 위한 사회과학자 본연의 사명감과 자각
   을 요구하는 것이다. 이 땅에 사회과학이란 서구적 학문이 이식된 지 적지않은
   시간이 흘렀지만, 현실사회의 공헌도에 비추어 볼 때, 미약하기 짝이 없는 자기
   존재의 취약과 나태에 대한 자성이 적실히 요구되는 것이다"(위의 책, p.83).

사회학의 현실적합성에 대한 심각한 자기반성과 새로운 지적 탐색
이 나타나게 된 것은 당연한 일이었다고 생각합니다. 1980년대에는
미국 이외에 유럽 각국의 사회학 이론들이 광범위하게 도입되었고,
제3세계적 배경을 지닌 이론들도 적극적으로 수용되면서 한국사회
학계의 이론적 다양성과 논의의 폭이 크게 넓어졌습니다.[13] 동시에
한국사회의 본질적인 변화를 설명해 줄 수 있는 보편적 개념과 이론
을 탐색하는 노력들이 진지하게 이루어졌던 것으로 보입니다. 1980
년대 사회학계 내부의 자기반성적 노력의 경험은 앞으로 한국사회
학의 독창적인 발전에서 소중한 자산이 되리라 생각합니다.[14]

그럼에도 불구하고 한국사회학계의 지배적 패러다임과 문제의식
은 여전히 외래적이라는 사실은 부인할 수가 없습니다. 1980년대의
지적 노력조차도 또 다른 구미이론의 보편성을 한국사회에서 확인
해 보려는 측면이 많았다고 생각됩니다.[15] 어떤 측면에서는 한국사회
학의 이론적 논의가 풍성해질수록 역설적이게도 외국 이론에의 종
속성을 탈피하기 보다는 오히려 더욱 매몰되어 간다는 느낌마저 들
었습니다.[16] 독창적인 한국사회학을 정립하는 일은 무엇보다도 한국
사회학의 학문적 주체성과 독자성을 확립하는 일로부터 시작되어야

---

13) 임현진,《현대한국과 종속이론》, 서울대출판부, 1987 ;《제3세계, 자본주의 그
  리고 한국》, 법문사, 1987 참조. 1980년대 사회구성체론을 둘러싼 제반 논의는
  박현채·조희연 편,《한국사회 구성체논쟁》1~4권, 죽산, 1989~1991 참조.
14) 1989년 한국사회학회 주최로 열렸던 '80년대 한국사회와 비판적 인식의 전개'
  라는 심포지엄은 1980년대 학계의 이러한 긴장을 반영하고 있다.
15) 1980년대 한국사회학계의 비판적 이론의 기초가 되었던 마르크스의 수용은 구
  체적인 현실분석과 연결성을 높이는 데에 실패하고 오히려 이론의 선험적, 이념
  적 측면을 강조하는 방향으로 전개되었다고 평가된다.
16) 특히, '포스트'의 접두사를 붙인 이론들 — 포스트 맑스주의, 포스트 구조주의,
  포스트 모더니즘 등등 — 에 대한 제반 논의들에서 이러한 인상을 지울 수 없다.
  포스트 맑스주의에 관한 논쟁을 집약한 것으로, 이수훈, 〈한국사회 맑스주의 논
  의의 회고와 전망〉,《경제와 사회》 14, 1992 참조.

할 것입니다.

'독창적 한국사회학'의 한 측면은 특수성을 통해 보편성의 확립으로 나아가는 그런 사회학을 의미하기도 합니다. 구미사회학이 정립해 놓은 이론으로 한국사회의 현실을 재단하는 것보다는 한국사회의 사회적 사실과 역사적 발전과정에 대한 탐구로부터 보편적인 이론화 작업으로 나아가는 사회학이야말로 지금 우리에게 더욱 절실하게 필요한 것이라고 생각합니다. 구미사회학의 엄격한 방법론이나 세련된 개념과 이론들에 대하여 우리는 항상 적극적이고 개방적일 필요가 있습니다. 그러나 문제의식과 분석시각이 우리사회의 뿌리로부터 유쾌하지 않을 때, 외래이론의 현실적합성이 떨어지는 것은 물론이고, 그 자체 학문적 종속성을 조장 강화하는 결과를 가져올 위험도 매우 큰 것이라고 생각합니다.

또는 이것은 '보편성'의 새로운 모색과도 같습니다. 역설적이지만 역사적 시련을 많이 겪은 나라일수록 독창적 학문의 토양은 풍부해집니다. 한국은 그 전형적인 나라의 하나입니다. 구미사회학이 자기 나라의 틀을 벗어나지 못하고 기존 사회학 이론의 보편성이 흔들리는 때일수록 인류사회의 보편성을 담보하는 이론은 한국과 같은 사회의 경험으로부터 나타날 수 있을 것입니다.[17] 한국사회의 특수한 경험을 통해 새로운 보편성을 획득하는 일은 한국사회학자들만의 관심이 아니라 제3세계권에 속한 대다수 사회학자들의 희망이기도 할 것입니다. 제가 강조하는 '독창적 한국사회학'이란 이런 뜻도 동시에 내포하는 것입니다.

---

17) 미국의 사회학자인 다니엘 벨이 이데올로기의 종언에서 강조하였던 것도 바로 이와 같은 점이다. 즉, 경제적 풍요도 정치적 안정도 성취하지 못한 제3세계에서 새로운 지적 도전과 이념이 나타날 것이라고 기대하는 것이다(Daniel Bell, *The End of Ideology : On the Exhaustion of Political Ideas in the Fifties,* New York : Collier, 1962와 30년 후에 다시 쓴 서문을 번역한 글인 〈이데올로기 종언에의 재초대〉, 《사상》 7, 1990 참조).

2. '독창적 한국사회학'의 과제

저는 독창적 한국사회학의 정립을 위해 한국사회학이 지향해야
할 문제의식과 새로운 지적 태도를 몇 가지로 나누어 말씀드리고자
합니다.

첫째로, 한국사회학은 학문적 자주성을 확립해야 한다고 생각합니
다. 이 말은 물론 한국사회학의 배타성이나 폐쇄성을 주장하는 것이
아닙니다. 구미사회학 이론의 불모성과 무용성을 주장하는 것은 더
더욱 아닙니다. 다만 사회학적 지식의 속성이 본질적으로 경험적이
고 역사적이라는 것, 따라서 구미이론은 그 자체로서 세계사적 보편
성을 얻을 수 없으며 한국사회에의 적용은 항상 조건적일 수 밖에
없다는 것, 진정한 이론화 작업은 자기 사회의 경험에 뿌리박은 자주
적 학문태도에서 가능하다는 것 등을 말하고자 하는 것입니다.

아직도 한국사회학은 구미사회학 이론의 무비판적 수용과 그에
대한 과도한 집착을 완전히 벗어나지 못하고 있다고 생각합니다. 우
리는 사회학이 사회적 사실로부터 귀납적으로 이론을 정립하는 경
험과학이라는 사실을 다시 한번 확인하고, 우리 사회의 사회적·역사
적 사실에 기초한 경험과학으로서의 한국사회학을 독창적으로 발전
시켜야 할 것입니다.[18] 그런데도 단순한 개념이나 특정 이론에서 만
이 아니라 연구방법과 연구대상의 설정조차 구미사회학이 보편타당
성을 담보하는 준거가 되고 있습니다. 따라서 구미사회학에서 개념

---

18) 물론, 이때의 '경험'이란 결코 실증주의적 방법론에서 시사하는 바의 좁은 의
    미, 원자화된 단순 사실에 대한 감각적 경험을 뜻하는 것이 아니다. 이것은 사회
    현실이 종합적이고도 역사적인 총체성을 지니고 있다는 그 '사실성'을 염두에
    둔 내용이다.

화되고 논의되는 주제가 아니면 아무리 한국사회 현실에서 중요한 주제라 하더라도 적극적으로 논의되지 않는 경향이 있다고 생각됩니다. 일례를 든다면 '민족'과 '민족문제'의 연구가 그러합니다.[19] '민족'과 '민족문제'는 한국 근현대 사회변동을 이해하는 데 핵심적인 것입니다. 또한 현재 전 세계적으로 민족문제가 폭발하고 있습니다. 민족은 '국가'와도 다르고 '사회'와도 다르며 다인종사회에서 논의되는 '인종집단'과도 다른 독특한 것입니다. 민족은 공동체의 일종으로서 본래 사회학의 고유한 영역이 되어야 하는 것입니다. 또한 민족은 한국사회에서 분단체제의 모순과 통일과제와도 밀접히 관련되어 있는, 강력한 현실적 힘을 가진 역사적 실체입니다.[20] 그런데도 한국사회학이 지금껏 이 문제를 소홀히 다루었던 것은 구미사회학에서 민족을 다루지 않고 있기 때문에 그에 추종하여 한국사회학도 민족을 다루지 않았기 때문이었다고 생각합니다.[21] 한국사회학은 이러한 유의 구미사회학의 종속으로부터 탈피하여 한국사회의 절실한 과제를 자주적으로 그리고 독창적으로 본격적인 학문적 관심사로 연구함으로써 한국사회학의 자주성을 확립할 수 있을 뿐만 아니라 이를 통한 새로운 독창적 이론정립도 가능해 질 수 있을 것입니다.[22]

둘째로 한국사회학은 '실사구시'의 사회학이 되어야 할 것으로 생각합니다. 일찍이 실학자들이 주장했던 '實事求是之學'을 현대적 형

---

19) 한국사회학계에서도 이른바 '민족사회학'을 정립하려던 의지가 없었던 것은 아니다. 김대환, 〈민족사회학의 전개와 과제(1)〉, 《한국사회학》 7, 1972 참조.

20) 신용하, 〈민족형성이론〉, 서울대 사회학연구회, 《한국사회학연구》 7, 1984.

21) 구미사회학에서는 민족 대신 국가형성에 대한 논의가 활발하였다. 예를 들어서, R. Bendix, *Nation-Building and Citizenship,* New York : Wiley 1964 ; Charles Tilly, ed., *The Formation of National States in Western Europe,* Princeton University Press, 1975. 그런데 최근 민족문제가 심각해지면서 이에 대한 구미사회학의 관심도 증가하고 있다.

22) 필자가 지금까지 연구해 온 한국민족주의에 관한 연구도 그 자체가 '역사적'이면서 동시에 '사회학적' 주제들이라고 생각한다.

태로 재창조하여 계승 발전시키는 것의 중요성을 저는 강조하고자
합니다. 실사구시의 학문이란 곧 사회적 사실이 이론보다도 선행한
다는 점을 겸허히 받아들여서 사실에 의거하여 이론을 정립하고 사
실에 비추어 이론의 진위와 적합도를 판별하는 학문을 말합니다. 사
회적 사실은 무한하고 다양하며 끊임없이 변화하는 것인데 반하여
이론은 유한한 것이고 제한된 것입니다. 사회학 뿐만 아니라 어떠한
학문의 이론도 인류사회와 인류역사의 전 과정을 완전히 설명할 수
는 없습니다. 우리는 사회적 사실의 무한성과 이론의 불완전성을 인
식하고 '실사구시'의 정신을 갖추는 일이 무엇보다도 필요한 것이라
생각합니다.

 이러한 주장은 지극히 당연한 것처럼 보일 수 있으나, 실천하기는
쉽지 않습니다. 예컨대 대학원 학위논문을 지도할 때, 먼저 구미사회
학 이론들을 가지고 이론적 분석들을 설정하게 하고 그에 맞추어 사
실들을 연구 분석하도록 하는 경우가 적지 않습니다. 그 결과 학생
들은 이론적 분석 틀에 사실을 맞추느라고 중요한 사실들을 짤라내
어 버리며, 사실로부터 이론을 정립하는 귀납적, 경험적, 실사구시적
연구작업을 진전시키지 못하고, 구미사회학 이론의 타당성 여부를
검증하는 정도의 결과에 그치고 마는 경우가 많습니다. 이것은 경험
과학으로서 사회학의 방법이 되기에는 너무 부족하다고 생각합니다.

 한국사회학은 이론 뿐만 아니라 사회적 사실을 확인하고 기술하
는 '사회적 사실 기술'도 중요한 학문적 영역의 하나로 발전시켜 나
가야 할 것입니다.[23] 저는 사실과 이론의 변증법적 상호작용을 강조

---

23) 사회사 연구의 이론적 방법론적 논의에 대하여는 다음의 글을 참조. 신용하
 편, 《사회사의 사회학》, 창작과비평사, 1982 ; 한국사회사연구회 편, 《사회사연
 구의 이론과 방법》, 문학과지성사, 1988 ; 《사회사연구와 사회이론》, 문학과지성
 사, 1991 ; 이민호·박은구 역, 《현대사회사학의 흐름》, 전예원, 1982 참조. 사회
 학적 연구의 다양한 형태에 대하여는 미국 사회학조차도 훨씬 개방적으로 인정
 하고 있다. 예컨대, 머튼(R.K. Merton)은 종래의 사회학 이론을 여섯 가지로 분

하면서, 동시에 어디까지나 사실이 이론에 선행하며 따라서 사실로
부터 출발해야 한다는 것을 강조하고자 합니다. 실사구시적 학문으
로서의 한국사회학은 ① 사회적 사실의 다양성과 구체성을 철저히
확인하고 ② 이 사실에 기초하여 개념화와 이론화를 시도하며 ③ 그
개념과 이론에 기초하여 새로운 사실들을 설명하고 ④ 새로운 사실
들에 의해 기존 이론을 수정하는 변증법적 절차에 충실해야 할 것으
로 생각합니다.

　셋째로, 한국사회학은 '한국사회 연구'에 더욱 집중하는 학문이 되
어야 할 것입니다. 이 말은 당연한 말이라 생각되지만, 그럼에도 불
구하고 실제 우리 사회학계의 구체적인 한국사회연구는 풍부한 편
이 전혀 못됩니다. 한국사회학 내부에 다양한 전공영역들이 있고 다
양한 접근방식들이 있지만, 모두가 한국사회의 연구분석에 보다 더
많은 학문적 노력을 집중해야 할 것이라고 생각합니다. 한국사회학
은 각 영역에서 우리가 태어나 살고 있는 한국사회를 더욱 구체적이
고 집중적으로 탐구하고 한국사회의 문제들에 정면으로 대결해야
할 것입니다. 한국사회학도 사회과학의 일부인 한, 사회성을 지니고
있으며 자기 사회와 인류사회에 공헌해야 할 학문적 의무가 있기 때
문입니다.[24)]

　한국사회는 역사가 매우 장구한 사회이기 때문에 역사적 전통과

───────────

　류하면서 '사후의 사회학적 해석(post factum sociological interpretation)'과 '사
　회학 이론(sociological thoery)'을 나눈다. 필자는 그가 말하는 사후의 사회학적
　해석수준에서 19세기 독립협회의 사회사상과 사회운동을 분석한 바 있다(R.K
　Merton, *Social Theory and Social Structure*, revised and enlarged edition,
　New York : Free Press, 1957 ; 신용하, 《독립협회연구》, 일조각, 1976).
24) 이점에서 우리는 사회과학, 특히 사회학의 실천성에 대하여 보다 깊은 관심을
　쏟아야 할 것이다. 막스 베버의 견해를 빌리면, 사회과학자는 모름지기 자기 사
　회에 대한 제반 문제에 대하여 '초연한 관심'을 가져야 한다. 이것은 현실문제에
　몰입하는 정치인의 관심과도 다르고 현실문제에 무관심한 지적 활동과도 다른
　것이다.

문화의 힘이 무척 강한 사회입니다. 한 사회의 역사성은 급격한 사회변동에도 쉽사리 소멸되는 것이 아닙니다. 현대 한국사회에서도 현대성만이 아니라 중세성이나 심지어 고대성까지도 동시병존하고 있습니다. 이러한 역사성은 생활세계 속에 깊이 용해되어 있어서 한국인의 의식이나 행위의 동기, 결합의 방식이나 제도에까지 큰 영향을 미칩니다. 그 결과 한국사회는 현대적인 제도나 문물만으로 이해될 수 없는 그 자체의 독특한 역사사회적 실체를 이루고 있습니다. 이러한 측면을 제대로 밝혀내려면 종합적이면서도 역사사회학적인 시각이 필요할 것으로 생각합니다. 따라서 역사적 전통이나 유산이 적은 미국사회의 사회학 이론이 한국사회의 독특한 측면을 밝혀주는 데는 한계가 있을 수 밖에 없습니다. 그렇다고 극단적으로 분화된 계급구조와 계급문제를 중심으로 발달한 유럽의 사회학이 '비동시적 요소들의 공존'이 어느 사회보다도 심한 한국사회를 적절히 설명하기도 어렵습니다. 결국은 한국사회학자들이 한국사회를 보다 깊이 연구하는 구체적 작업이 필요한 것입니다.

한국사회 현실과 사회역사에 대한 구체적 탐구는 한국사회학의 새로운 장을 열어 주게 될 것입니다. 다른 사회와 마찬가지로 한국사회도 인류보편적 측면과 특수한 측면을 함께 가지고 있습니다. 한국사회의 특수한 측면을 합리적으로 설명하려는 노력이 거듭되면서, 동시에 우리는 인류사회에 공통적으로 적용되는 보편적 이론의 정립에도 공헌할 수 있을 것입니다.[25] 또한 구미사회학 이론의 한계를 검증하여 그것을 수정하고 보편이론으로 발전시키는 부차적 성과도 얻을

---

25) 특수사회 연구를 통하여 보편이론을 구축하는 연구의 전형을 인류학 연구에서 많이 발견할 수 있다. 예를 들어, Bronislaw Malinowski, *Magic, Science, Religion, and Order Essays,* Glencoe, IL : Free Press, 1948과 A.R. Radcliff-Brown, *Structure and Function in Primitive Societies* : Essays and Addresses, New York : Free Press, 1961.

수 있습니다. 무엇보다도 강조하고 싶은 것은 한국사회 분석이 독창
적 한국사회학을 건설하는 데 필수 불가결의 작업 과제이며 지름길
이라는 사실입니다.

넷째로, 한국사회학은 개혁과 발전을 지향하는 학문이 되어야 할
것이라고 생각합니다. 꽁트가 19세기 초반에 진보와 질서의 원리를
기초로 사회학이라는 새로운 학문을 정립한 직접적 동기는 프랑스
대혁명 후 프랑스 사회의 재조직, 즉 개조를 위한 과학을 만들기 위
한 것이었습니다. 꽁트가 말한 '개조와 재조직'을 현대적 용어로 번
역하면 '개혁'입니다. 꽁트는 사회학을 '개혁의 과학'을 만들고자 하
였습니다.[26]

오늘날 모든 민주적 다원사회에서 사회학자들의 가치지향은 보수
적 성향에서 혁명적 성향에 이르기까지 다양한 분화를 보이고 있습
니다. 그러나 '사회비판으로서의 사회학(sociology as social critic-
ism)' 이란 말을 함축하듯이,[27] 대부분의 사회학자들은 '개혁적' 성향
을 지니고 있으며, 이는 한국사회학자들에게서도 마찬가지일 것으로
생각합니다. 권위주의 정권 하에서 각종 사회적 모순과 부조리에 대
하여 지성적인 저항과 비판을 계속해 온 사회학자들의 비판정신이
이를 전형적으로 보여주고 있습니다.[28] 이제 한국사회학은 비판과 저
항의 차원을 넘어 사회개혁의 프로그램을 과학적으로 제시해 주는
'개혁의 과학'이 되어야 할 것입니다. 현재 한국사회는 오랫동안 누
적되어 온 불합리한 제도, 관행, 의식을 타파하고 21세기를 향한 '대

26) Donald G. Charlton, *Positivist Thought in France During the Second Empire,* Oxford : Clarendon, 1959 ; Walter M. Simon, *European Positivism in the Nineteenth Century,* Ithaca : Cornell University Press, 1963.
27) Tom Bottomore, *Sociology as Social Criticism,* London : George Allen & Unwin, 1975.
28) 지난 30여 년 동안의 권위주의 체제에 가장 치열하게 저항하여 온 사회과학은 무엇보다 사회학이었다는 데에 이견을 제시할 사람은 아무도 없을 것이다.

발전'을 위하여 대대적인 개혁이 시급한 상황입니다. 한국사회학은 이러한 시대적 요구에 적극적으로 부응해야 할 의무가 있다고 생각합니다. 한국사회의 개혁과 재조직, 진보를 가능케 하는 새로운 질서를 위한 과학적 이론을 정립하여 개혁과 대발전을 주도하는 과학이 될 필요가 절실하다고 생각합니다.

이러한 점에서 현재 우리 사회에서 분출하고 있는 시민사회의 개혁요구나 문민정부가 추진하고 있는 개혁정책에 대하여 한국사회학자들은 깊은 관심을 가지고 지켜보아야 할 것입니다. 정부만의 개혁은 불철저하거나 선별적일 수 있으며, 기득권층의 강력한 반발과 교묘한 방해로 개혁이 중단되거나 좌초될 위험도 있습니다. 더구나 이 개혁이 정권차원을 넘어 국가적 과제로 지속될 수 있을 것인지 전혀 확신할 수도 없습니다. 한국사회학은 특정 정권의 개혁정책과는 별도로 독자적인 학문적 위치에서 한국사회의 개혁과 대발전을 위한 연구를 수행해야 할 것입니다. 그와 더불어 초당파적 초정권적 입장에서 정부의 개혁을 분석 평가하고, 때로는 개혁의 방향과 방안을 제시해 주기도 하며, 때로는 비판과 충고를 제시해 주는 일도 아끼지 않아야 할 것이라고 생각합니다.

한국사회는 우리들이 살고 있는 공동체이며 한국사회학의 존립의 터전입니다. 한국사회는 우리 후손들이 연면히 살아갈 생활공동체이기도 합니다. 한국사회학이 이러한 우리들의 공동체에 애정을 갖고 그 개혁과 대발전을 위한 이론과 정책을 정립하는 일에 노력해야 함은 우리 시대와 우리 사회가 한국사회학에 요구하는 역사적 책무의 하나가 아닌가 생각합니다.

다섯째로 한국사회학은 미래를 전망하고 준비하는 사회학이 되어야 할 것입니다. 제3차 자본주의적 세계체제의 형성이 맹렬한 속도로 진행되던 1990년대와 21세기는 가히 '대변혁의 시대'라고 해도 과언이 아닐 것입니다.[29] 이러한 추세에 따라 나타나는 사회질서의 재편과 사회문제는 기존의 시각과 이론들로 파악될 수 없는 전혀 새로운 것들일 수 있습니다. 사회학 뿐만 아니라 그 어떤 학문도 이 변화하는 시대적 상황을 제대로 포착하여 설명하지 못하면 살아남기 어렵다고 생각합니다.

근대 이후 사회학은 사회전반에 걸친 종합적이고도 현실적인 분석능력을 바탕으로 미래변동의 방향을 예측케 해주는 능력을 갖고 있었기 때문에 그 어느 학문보다도 급속히 성장하였고 사회적인 역할도 증대되었습니다. 그러나 최근에는 현실사회에 대한 설명력이 떨어지고 새롭게 발생하는 사회적 문제들에 적절한 대응책을 제시하지 못함으로써 사회학이 점점 주변적인 학문으로 밀려날 위험에 처해 있습니다. 미국의 경우이지만 재정이 궁핍한 대학에서 심지어 폐과의 위기에 처해지는 상황까지 오게 되었습니다. 실로 사회학의 위기라 할 것입니다.[30]

한국사회학도 긴장해서 분발하지 아니하면 예외일 수는 없습니다. 21세기의 급격한 사회변동에 대비하면서 스스로 내부 개혁과 혁신을 단행하여 새로운 분야를 개척하고 독창적 사회학 이론을 정립하여 발전시킴과 동시에 새로이 대두하는 한국사회의 문제들을 적절히 해결하기 위하여 혼신의 힘을 다해야 할 것입니다. 만약 그렇지 못하고, 폐쇄적인 학자들만의 자족적 활동에 머무를 때는 한국사회

---

29) 헝가리 경제인류학자인 폴라니는 1920년대를 대변혁의 기간으로 파악하는 데, 공산권 붕괴와 우르과이 라운드 협정을 핵심으로 한 세계체제, 국제질서의 급격한 재편과정에 처해있는 1990년대는 이에 못지 않은 변혁기간이라고 할 수 있다. 말하자면, '제3차 세계체제의 형성 전개'인 셈이다(Karl Polanyi. *The Great Transformation,* Boston : Beacon Press, 1944).

30) 현대사회학은 실용주의적 요구와 비판적 요구 사이에 적절한 균형을 이루어야 할 시대적 과제에 직면하고 있다. 아카데미즘에 너무 안주할 경우 현대사회에서 외면당하기 십상이고, 실용주의적 요구에 민감하게 반응할 경우 비판정신을 상실할 우려가 있는 것이다.

학도 한국사회로부터 무용한 학문으로 외면당할 가능성이 얼마든지 있다고 생각합니다.

사회변동의 속도와 질적 변화가 그 어느 때보다도 엄청날 21세기는 분석과 예측의 사회과학으로서의 사회학에 대한 요구와 기대가 더욱 높아질 것입니다. 한국사회학은 이를 위하여 미래전망적이고 개방적인 정신을 지녀야 하고 독창적인 대응능력을 지릴 수 있도록 노력해야 할 것입니다. 한국사회학이 21세기 한국사회가 절실히 필요로 하는 학문이 되기 위하여 한국사회학계는 그동안의 학문적 태도, 연구대상, 연구방법, 교과내용, 교육방식 등 전영역에 걸쳐 내부의 개혁, 혁신을 감행해야 할 것이라고 생각합니다.[31] 또한 21세기 사회에서 중추적 역할을 할 사회단위들을 사회학 영역 안에 적극적으로 포괄하여 새로운 사회학 분야들을 개척하고 새로운 사회학 분야들에서 독창적 사회학 이론들을 풍부하게 정립해야 할 것이다.

우리 사회학자들이 이러한 인식에 투철하면 한국사회학은 한국사회과학의 중심적 학문으로서의 위치를 보다 굳건히 할 수 있고 동시에 21세기의 선도적 사회과학이 될 수 있을 것이라고 생각합니다. 한국사회학은 제가 여기서 말씀드린 다섯 가지 과제를 수행해야 할 단계에 와 있고, 한국사회학자들은 이 과제들을 충분히 수행해 낼 수 있는 능력을 갖고 있으며, 이를 위한 사회적 조건들도 성숙되어 가고 있다고 확신합니다. 독창적 한국사회학의 발전을 위하여 한국사회학자들의 분발이 요망된다고 할 것입니다.

(한국사회학회 제16대 회장 취임강연(1993년 12월), 《한국사회학》 제28집, 1994년 봄호 所收)

---

31) 특히, 교과과정을 개편하는 일은 너무나도 절박한 과제이다. 현재 대학의 사회학 관련 교과과정과 개설과목은 거의 45년이 지난 낡은 것이 되어 버렸음을 인정하지 않을 수 없다.

참고문헌

고영복, 〈한국사회의 발전과 사회학〉, 《한국사회학》 17 : 3-11, 1983.

권태환, 〈사회학 방법론교육의 현황과 문제점〉, 《한국사회학》 17 : 17- 26, 1983.

김경동, 〈1960년대와 1970년대 한국사회학계 동향의 수량적 고찰〉, 《현대사회학의 쟁점 ― 메타사회학적 접근》, 법문사, 1980.

─── , 〈감정의 사회학 ― 서설적 고찰〉, 《한국사회학》 22 : 1-21, 1988.

김대환, 〈민족사회학의 전개와 과제(1)〉, 《한국사회학》 7 : 5-19, 1972.

김성국, 〈한국자본주의의 발전과 시민사회의 성격〉, 한국정치학회·한국사회학회편, 《한국의 국가와 시민사회》, 한울, 1992.

김성국·임현진, 〈한국사회와 사회과학〉, 《한국사회학》 7 : 85-96, 1972.

김영모, 〈한국에 있어서 사회학교육의 과제〉, 《한국사회학》 24 : 1-6, 1990.

김일철, 〈사회개발의 논리 ― 인간욕구와 사회구조 중심으로〉, 《한국사회학》 16 : 7-13, 1982.

─── , 〈사회발전과 갈등〉, 《한국사회학》 18 : 135-51, 1984.

김진균, 〈한국사회학, 그 몰역사성의 성격〉, 《한국사회학연구》 1, 1989.

─── , 《사회과학과 민족현실》 2, 한길사, 1997.

김채윤, 〈한국사회계층론 40년〉, 《한국사회학》 18 : 71-89, 1984.

김호기, 〈그람시적 시민사회론 비판이론의 시민사회론〉, 《경제와 사회》 19, 1993.

박노영, 〈아카데미 사회학의 인식론에 대한 비판적 고찰 ― 주체적인 사회학을 지향하며〉, 《한국사회학》 17 : 146-61, 1983.

438

박명규, 〈한국사회사 연구 40년 — 사회학계의 연구성과를 중심으로〉, 《한
　　국사회학》 19 : 27-48, 1985.

박영신, 〈사회학적 연구의 사회학적 역사〉, 《현상과 인식》 9 : 1, 1985.

──, 《역사와 사회변동》, 민영사, 1992.

박현채·조희연편, 《한국사회구성체논쟁》 1-4, 죽산, 1989~1991.

배용광, 〈현대사회의 위기와 재건 — 만하임(Mannheim)의 이론을 중심으
　　로〉, 《경대학보》 3, 1957.

변시민, 〈사회학방법론〉, 《문리대학보》 5 : 2, 1957.

──, 《사회학설사 — 사회학사적 고찰》, 박영사, 1978.

송호근, 〈한국 노동시장의 구조변화 — 제조업 조직부문을 중심으로〉, 《한
　　국사회학》 23(여름) : 1-27, 1989.

──, 〈중화학공업화와 불평등구조, 1972~1984 — 제조업 노동자의 임금
　　함수 분석〉, 《한국사회학》 23(겨울) : 53-72, 1989.

신용하, 〈한국사회학의 발전과 방향〉, 《사회과학논문집》 1, 서울대학교 사
　　회과학연구소, 1976.

──편, 《사회사와 사회학》, 창작과비평사, 1982.

──, 〈민족형성이론〉, 서울대 사회학연구회, 《한국사회학연구》 7, 1984.

안계춘, 〈우리나라 사회학의 선구자 — 하경덕〉, 《인문과학》 30, 1973.

양춘, 〈사회불평등과 배분〉, 《한국사회학》 12 : 35-44, 1968.

양회수, 〈마키바의 사회적 발전의 개념〉, 《사상》 1, 1957.

──, 〈한국농촌사회의 구조적 변동〉, 《한국사회학》 10 : 57-66, 1976.

윤근섭, 〈지역사회 및 발전의 사회학적 연구〉, 《한국사회학》 20 : 98-88,
　　1986.

윤종주, 〈한국사회의 사회지표개발을 위한 기초 연구〉, 《한국문화》, 1982.

이각범, 〈신국제분업명제에 관한 이론적 고찰〉, 《한국사회학》 17 : 74-93,
　　1983.

이동원, 〈한국사화학의 현재와 미래〉(1989년도 회장취임강연), 《한국사회
　　학》 23 : 1-12, 1989.

이동인, 〈사회학 교과과정의 학부교육의 과제〉, 《한국사회학》 17 : 27- 34,
　　1983.

이만갑, 〈한국사회학자의 지위와 역할〉, 《사회학보》 4, 1961.

――――, 〈역사학과 사회과학의 협조를 위하여〉, 《이상백박사회갑기념논총》, 1964.

――――, 〈과학적 사회조사의 문제점〉, 《최문환박사추념논문집》, 1977.

이상백, 〈과학적정신과 적극적 태도〉, 《학풍》 1, 1948.

――――, 〈진보와 질서〉, 《학풍》 13, 1950.

――――, 〈한국인의 사고방식의 연구방법론〉, 《한국사회학》 2 : 9-20, 1966.

이해영, 〈사회변화의 현단계〉, 《사회학보》 7, 1964,.

――――, 〈전통적 요인과 비전통적 요인 ― 경제학과 다른 사회과학의 협동을 위해〉, 《최문환박사추념논문집》, 1977.

이효재, 〈현대가족사회학의 이론적 기본문제〉, 《최문환박사추념논문집》, 1977.

임현진, 《현대학국과 종속이론》, 서울대출판부, 1987a.

――――, 《제3세계, 자본주의 그리고 한국》, 법문사, 1987b.

임희섭, 〈현대사회학이론에 있어서의 질서와 자유의 문제〉, 《인문논집》 22, 1978.

장경섭, 〈핵가족 이데올로기와 복지국가〉, 《경제와 사회》 가을호, 1992.

전병재, 〈사회학에 있어서의 통제적 접근〉, 《사회과학의 통계적 접근》, 연세대출판부, 1976.

정진성, 〈한국사회학연구의 이론 및 방법론 반성〉, 《한국사회학》 19 : 3-26, 1985.

정철수, 〈도시인의 정치의식〉, 《한국사회학》 3 : 30-46, 1967.

주낙원, 《사회학의 역사》, 교육과학사, 1990.

최문환, 《민족주의의 전개과정》, 박영사, 1958.

――――, 《막스 웨버 연구》, 지문각, 1966.

최신덕·노길명, 〈해방이후 한국종교계의 변동과정〉, 《한국사회회학》 10 : 97-124, 1976.

최장집·임현진편, 《시민사회의 도전 ― 한국 민주화와 국가·자본·노동》, 나남, 1993.

최재석, 〈한국의 초기사회학 ― 구한말~해방〉, 《한국사회학》 9 : 5-29, 1974.

――――, 〈해방 30년과 한국사회학〉, 《한국사회학》 10 : 7-46, 1975.

최홍기, 〈한국의 전통적 친족제도의 조직과 그 기능에 관한 일고찰〉, 《최문환박사추념논문집》, 1977.

─────, 〈친족제도연구서설〉, 《변시민박사회갑기념논문집》, 1978.

한국사회사연구회편, 《사회사연구의 이론과 방법》, 문학과지성사, 1988.

─────, 《사회학연구와 사회이론》, 문학과지성사, 1991.

한국사회사연구회편, 《한국사회학 45년》, 한국사회학회, 1990.

한상진, 〈사회학 대학원교육의 문제점〉, 《한국사회학》 17 : 35-43, 1983.

─────, 《중민이론의 탐색》, 문학과지성사, 1991.

한완상, 〈한국사회학의 반성 ─ 새로운 패러다임의 성격〉, 《현상과 인식》 11, 1987.

─────, 〈90년대 사회학의 진로 ─ '전통'과 '정통'의 비적합성을 지향하며〉, 《한국사회학》 25 : 1-25, 1922.

홍두승·구해은, 《사회계층·계급론》, 다산출판사, 1993.

홍승직, 〈한국의 사회학〉, 홍승직·임종철·김계수, 《한국사회과학연구 ─ 방법과 해제》, 1977.

황성모, 〈공장조사의 제문제〉, 《사회학보》 4, 1963.

─────, 〈한국농민의식의 역사적 발전 ─ 홍경래난에서부터 일제시대까지〉, 《최문환박사추념논문집》, 1977.

Bendix, R., *Nation-Building and Citizenship,* New York : Wiley, 1964.

Friedrichs, Robert W., *A Sociology of Sociology,* New York : Free Press, 1970.

Gouldner, A. W., *Coming Crisis of Western Sociology,* New York : Basic Books, 1970.

Malinowski, Bronislaw., *Magic, Science, Religion, and Other Essays,* Glencoe, IL : Free Press, 1948.

Mannheim, Karl., "German Sociology 1918-1933," Politica 1 : 12-33, 1934. Reprinted in *Essays on Sociology and Sociology Psychology.* London : Paul Kecskemeti, Routledge & Kegan Paul, 1956.

Merton, R. K., *Social Theory and Social Structure*, revised and enlarged edition, New York : Free Press, 1957.

Polanyi, Karl., *The Great Transformation,* Boston : Beacon Press, 1944.

Radcliff-Brown, A. R., *Structure and Function in Primitive Societies : Essays and Addresses,* New York : Free Press 1961.

Reynolds, Larry T., and Janice M. Reynolds., *The Sociology of Sociology : Analysis and Criticism of The Thought, Research, and Ethical Folkways of Sociology and Its Practitioners,* New York : David Mccay, 1970.

Simon, Walter M., *European in the Nineteenth Century,* Ithaca : Cornell University Press, 1963.

Tilly, Charles., *The Formation of National States in Western Europe,* Princeton : Princeton University Press, 1975.

찾아보기

448

450

456

458